La storia. Temi
81

Arnold Esch

Roma

dal Medioevo al Rinascimento (1378-1484)

Traduzione di Maria Paola Arena Samonà

viella

Prima edizione: gennaio 2021
ISBN 978-88-3313-453-6

Edizione originale: Arnold Esch, *Rom: vom Mittelalter zur Renaissance, 1378-1484*, C.H. Beck, München 2016

L'Istituto Storico Germanico di Roma e L'Associazione degli amici dell'Istituto Storico Germanico di Roma hanno reso possibile la traduzione e la realizzazione di questo volume.

ESCH, Arnold
Roma dal Medioevo al Rinascimento : (1378-1484) / Arnold Esch ; traduzione di Maria Paola Arena Samonà. - Roma : Viella, 2021. - 414 p. : ill., graf. ; 21 cm. - (La storia. Temi ; 81)
Bibliografia: p. [359]-399
Indice dei nomi e dei luoghi: p. [401]-414
ISBN 978-88-3313-453-6
1. Roma - Storia - 1378-1484 2. Roma - Vita artistica e culturale - Sec.14-15 3. Roma - Vita economica e sociale - Sec.14-15 I. Arena Samonà, Maria Paola

945.63205 (DDC 22.ed) Scheda bibliografica: Biblioteca Fondazione Bruno Kessler

viella
libreria editrice
via delle Alpi, 32
I-00198 ROMA
tel. 06 84 17 758
fax 06 85 35 39 60
www.viella.it

Indice

Agli amici romani

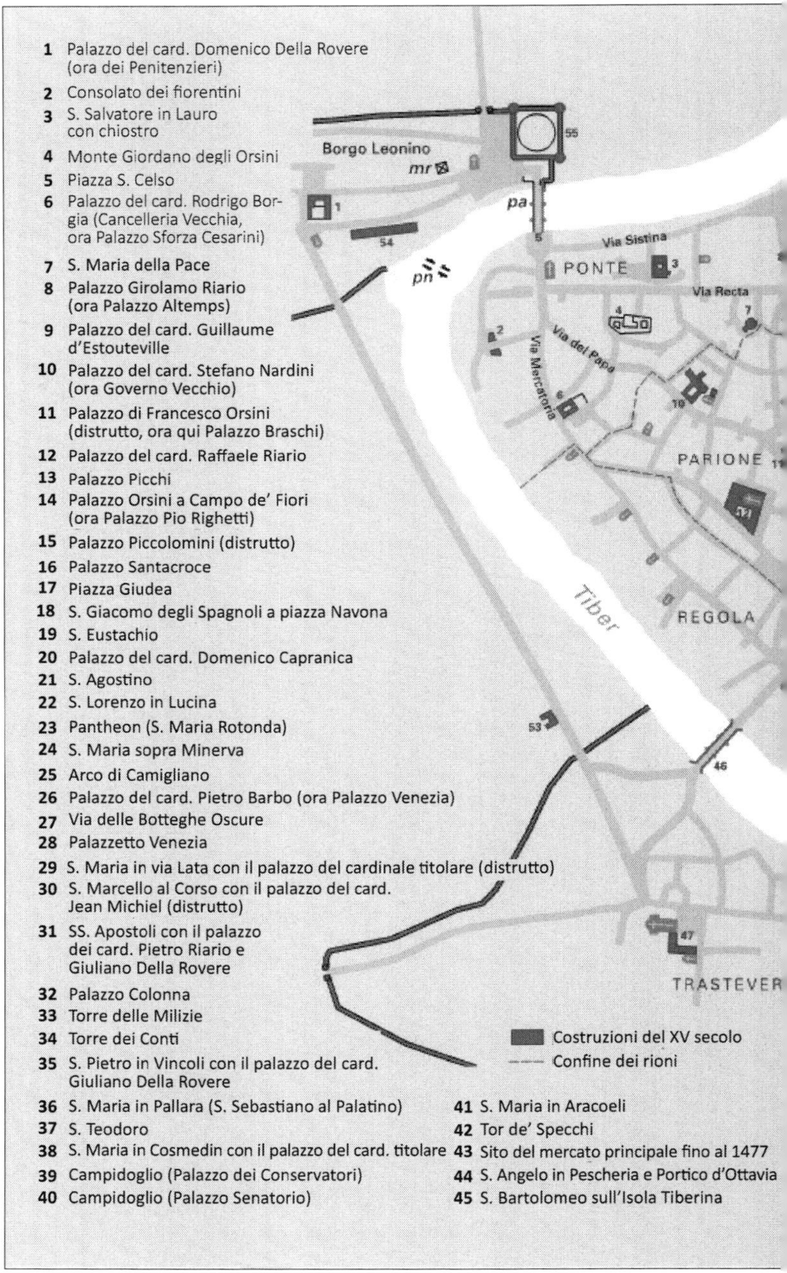
1 Palazzo del card. Domenico Della Rovere (ora dei Penitenzieri)
2 Consolato dei fiorentini
3 S. Salvatore in Lauro con chiostro
4 Monte Giordano degli Orsini
5 Piazza S. Celso
6 Palazzo del card. Rodrigo Borgia (Cancelleria Vecchia, ora Palazzo Sforza Cesarini)
7 S. Maria della Pace
8 Palazzo Girolamo Riario (ora Palazzo Altemps)
9 Palazzo del card. Guillaume d'Estouteville
10 Palazzo del card. Stefano Nardini (ora Governo Vecchio)
11 Palazzo di Francesco Orsini (distrutto, ora qui Palazzo Braschi)
12 Palazzo del card. Raffaele Riario
13 Palazzo Picchi
14 Palazzo Orsini a Campo de' Fiori (ora Palazzo Pio Righetti)
15 Palazzo Piccolomini (distrutto)
16 Palazzo Santacroce
17 Piazza Giudea
18 S. Giacomo degli Spagnoli a piazza Navona
19 S. Eustachio
20 Palazzo del card. Domenico Capranica
21 S. Agostino
22 S. Lorenzo in Lucina
23 Pantheon (S. Maria Rotonda)
24 S. Maria sopra Minerva
25 Arco di Camigliano
26 Palazzo del card. Pietro Barbo (ora Palazzo Venezia)
27 Via delle Botteghe Oscure
28 Palazzetto Venezia
29 S. Maria in via Lata con il palazzo del cardinale titolare (distrutto)
30 S. Marcello al Corso con il palazzo del card. Jean Michiel (distrutto)
31 SS. Apostoli con il palazzo dei card. Pietro Riario e Giuliano Della Rovere
32 Palazzo Colonna
33 Torre delle Milizie
34 Torre dei Conti
35 S. Pietro in Vincoli con il palazzo del card. Giuliano Della Rovere
36 S. Maria in Pallara (S. Sebastiano al Palatino)
37 S. Teodoro
38 S. Maria in Cosmedin con il palazzo del card. titolare
39 Campidoglio (Palazzo dei Conservatori)
40 Campidoglio (Palazzo Senatorio)
41 S. Maria in Aracoeli
42 Tor de' Specchi
43 Sito del mercato principale fino al 1477
44 S. Angelo in Pescheria e Portico d'Ottavia
45 S. Bartolomeo sull'Isola Tiberina
Borgo Leonino
mr
pa
pn
Via Sistina
PONTE
Via Recta
Via del Papa
Via Mercatoria
PARIONE
Tiber
REGOLA
TRASTEVER
Costruzioni del XV secolo
Confine dei rioni

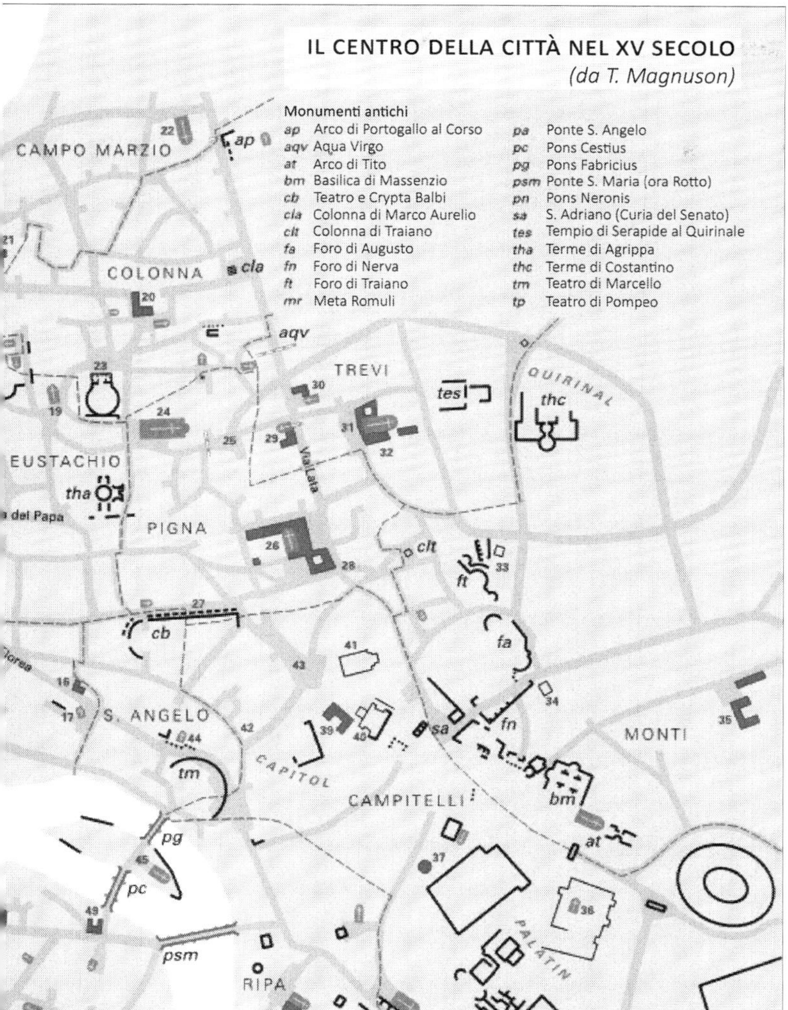

6 Ponte Sisto
7 Palazzo pontificio a S. Maria in Trastevere
3 Case degli Anguillara
9 Case dei Mattei
0 S. Giovanni dei Genovesi con chiostro
51 S. Cecilia
52 Casa dei Ponziani (s. Francesca Romana)
53 Villa del card. Raffaele Riario alla Lungara
54 Ospedale di S. Spirito
55 Castel S. Angelo

Introduzione

La storia di Roma illustrata in questo volume comprende i cento anni dall'inizio del Grande scisma d'Occidente nel 1378, che è ancora integralmente Medioevo, fino al termine del pontificato di Sisto IV nel 1484, che è già integralmente Rinascimento. Cento anni non sembrano molti nella vita di una Città eterna. Ma in questo XV secolo, dopo un lungo tardo Medioevo, molte cose si mettono in moto. La Roma dei papi e la Roma dei romani, pur essendo inestricabilmente legate tra loro, di tanto in tanto dovranno essere considerate separatamente: una distinzione alla quale si presta maggior attenzione negli studi più recenti, in modo da rendere giustizia alla Roma dei romani e rettificare in parte le asimmetrie nell'immagine della Roma pontificia e comunale che ci è stata tramandata. Quindi la corte e la città, la Roma dei papi e la Roma dei romani, saranno tenute temporaneamente distinte, per poi essere di nuovo ricongiunte. Inoltre, è necessario inserire anche un altro elemento di rilievo nell'orizzonte della narrazione: il signore di Roma esercitava il suo dominio non solo sulle persone di un territorio ma anche sulle anime della cristianità. Questa peculiarità conferisce a Roma, come a nessun'altra città, un'ulteriore dimensione, una risonanza mondiale. La storia di Roma è storia di una città intesa come storia mondiale.

Gli studi su Roma degli ultimi decenni hanno reso accessibili fonti cittadine romane che erano a lungo apparse troppo modeste a una parte degli studiosi a paragone di quelle vaticane, trattandosi di atti giudiziari, registri doganali e soprattutto documenti notarili, che, malgrado la natura poco appariscente degli affari, offrono una visione approfondita della vita della città. Gli storici di Roma si riconoscono interessati anche a questi modesti dettagli: il volume su Roma di Richard Krautheimer non tratta soltanto di facciate di chiese e mosaici absidali, ma anche di contratti di affitto, alberi di mele, sentieri tra le rovine.

Già la parola *stadtrömisch*, "della città di Roma", sembra pensata per richiamare l'attenzione sul fatto che Roma stessa rischia di scomparire dietro qualcosa di più grande. Dietro i poteri universali, il papato e l'impero, per i quali spesso viene usato semplicemente il sinonimo "Roma" e ai quali non è la Roma reale ma quella eterna ad aver dato legittimazione: all'imperatore contro il papa, al papa contro l'imperatore, all'imperatore contro il comune, al comune contro entrambi. Rischia di scomparire dietro l'idea-di-Roma (una separazione tra idea e realtà impensabile in altre città), che in effetti non è solo più nobile ma anche più efficace rispetto al presente storico della Roma del momento, che per sua sfortuna è ancora misurato sull'idea-di-Roma.

In questo contesto è necessario inserire anche l'immagine di Roma che non proviene da una rielaborazione dotta ma è un'idea annidata nell'uomo comune: non l'idea di Roma nata nella mente, ma l'aspettativa su Roma scaturita dal cuore. Perché prima di qualsiasi visione, prima di qualsiasi conoscenza, il semplice nome "Roma" evoca già delle immagini. Che tipo di immagine di Roma poteva avere davanti agli occhi, per esempio, un pellegrino quando si metteva in cammino dal profondo Nord? Si può partire anche da qui, dal fatto che anche in questi luoghi remoti le immagini di Roma avevano molto in comune: e solo Roma è in grado di produrre qualcosa del genere.

Lo stato delle fonti, disomogeneo e frammentario, richiede che accanto alla rappresentazione lineare dei risultati di tanto in tanto si discuta anche brevemente di problemi metodologici: l'effetto differente di quel che è tramandato per opportunità e quel che è tramandato per caso; la nuova composizione delle fonti narrative e letterarie, per lungo tempo predominanti, e delle fonti documentarie; l'applicazione del metodo prosopografico alla ricostruzione del ceto dirigente romano, e altro ancora. Le note indicano che l'esposizione attinge a numerosi studi che hanno messo a disposizione nuove fonti e si riallacciano anche a pubblicazioni personali: sono intenzionalmente concise, in quanto vogliono offrire soprattutto documentazione e non indicazioni bibliografiche esaustive.

È il problema costante della rappresentazione storica quello di tenere alla giusta distanza il proprio oggetto di studio e ricavarne ciò che si considera essenziale. Ogni autore deve deciderlo da sé. Qui si segue il principio secondo il quale dietro le istituzioni e gli eventi, dietro i rivolgimenti sociali e i processi storici si dovrebbero vedere ancora le persone, si dovrebbero riconoscere i volti delle persone, che – diversamente da noi storici, dal comodo punto di vista della posterità – non sanno ancora come andranno le cose e agiscono di conseguenza.

Questa non è storia quotidiana, ma il tentativo di non dare spazio nella rappresentazione storica solo alla categoria temporale "epoca" così come viene pensata dallo storico e di tenere invece conto anche dell'epoca così come veniva sentita e vissuta dagli uomini nel loro tempo, uomini che non ne sapevano nulla di "Medioevo" e di "Rinascimento". Perché «la vita è vissuta in avanti e viene compresa all'indietro» (Kierkegaard). Al tempo stesso si dovrebbe sempre rendere visibile la simultaneità in cui i viventi sperimentano la pienezza degli avvenimenti – che lo storico fraziona in sezioni tematiche e tratta separatamente – nel loro presente.

Dev'essere messo bene in chiaro che anche gli studi più recenti su Roma sono debitori della storiografia precedente. Questo vale per le ricerche prodotte da tutte le nazioni, molte delle quali a Roma hanno fondato propri istituti per utilizzare l'Archivio Vaticano e per studiare i monumenti. Per segnalare solo due tra gli studiosi di lingua tedesca, più citati che utilizzati: Ferdinand Gregorovius, che ha prestato tanta attenzione alla Roma dei romani. Se la generazione successiva di storici, imbevuta di positivismo, gli ha rimproverato mancanza di scientificità e un eccesso di fantasia nelle rappresentazioni, dipende anche dal fatto che conoscevano troppo poco le fonti a cui Gregorovius attingeva. Oppure Ludwig von Pastor, la cui voluminosa storia dei papi non è semplicemente una storiografia confessionale e apologetica, come spesso viene etichettata, ma ha reso disponibile una messe di fonti fino a quel momento sconosciute.

La vita con Roma e il lavoro di ricerca di molti anni sono impensabili senza collaborazione e scambio con amici e colleghi. Ringrazio tutti coloro con cui ho potuto discutere in un rapporto quotidiano problemi di studio e di reperimento di fonti, alcuni dei quali all'interno dell'associazione "Roma nel Rinascimento" hanno prodotto pubblicazioni e strumenti di lavoro divenuti imprescindibili per gli studi sulla città. Ringrazio i direttori e i collaboratori dei numerosi istituti di ricerca di Roma, fra i quali si trovano sempre le competenze necessarie a risolvere questioni particolari. Ringrazio i direttori e i collaboratori degli archivi che ho consultato nel corso degli anni, soprattutto il prefetto dell'Archivio Vaticano, S.E. Monsignor Sergio Pagano. Mia moglie ha fornito un aiuto prezioso per la decifrazione di complessi materiali d'archivio. La versione tedesca di questo volume è stata pubblicata nel 2016 dalla casa editrice C.H. Beck a Monaco di Baviera; la traduzione italiana in alcuni punti è stata integrata con i risultati degli studi più recenti e con aggiornamenti bibliografici (e quando le note erano troppo compatte sono state suddivise rendendole di più agevole lettura). Ringrazio il direttore dell'Istituto Storico Germanico di Roma Martin Baumeister e il presidente dell'Associazione degli amici dell'Istituto, Eberhard Nikitsch, di essersi adoperati per la traduzione italiana del libro; ringrazio inoltre la dottoressa Maria Paola Arena Samonà, che è da molti anni la mia traduttrice, per la sua traduzione. Ringrazio Cecilia Palombelli, della casa editrice Viella, per aver fatto conoscere questo libro ai lettori italiani.

E un ringraziamento anche a Roma. Perché se nel caso di alcuni lavori si riconosce che lo storico ha fatto qualcosa del suo oggetto di studio, per Roma è diverso: non è lo storico a creare Roma, ma è Roma a creare lo storico.

1. Lineamenti generali. Dalla città antica alla città medievale

Dal Medioevo al Rinascimento

Il Quattrocento a Roma cambia tutto. Questo periodo di transizione – per ottenere una prospettiva migliore della situazione di partenza e delle particolari condizioni romane – ha anche il vantaggio che nell'epoca immediatamente precedente, nel XIV secolo, la storia del papato e quella della città divergono temporaneamente. Il papato, dopo il suo trionfo sull'Impero svevo, ben presto viene fatto precipitare bruscamente dalle vette delle sue rivendicazioni – aumentate ancora con Bonifacio VIII –, ad opera delle potenze secolari ormai rinvigorite, e nel 1309 si trasferisce ad Avignone sotto la protezione e l'influenza del re di Francia. Da quel momento in poi, fino al ritorno del papato a Roma nel 1377, le due storie per sette decenni procedono divise, per cui possono anche essere esaminate separatamente, e i tratti specificamente romani vengono alla luce in maniera più nitida. O come è stato detto con un'immagine incisiva: quando il corso della storia pontificia si è spostato temporaneamente dal suo alveo romano in un altro, sul fondo del letto vuoto del fiume si sono fatti più visibili i flussi dell'acqua, altrimenti non riconoscibili, che dal sottosuolo genuinamente romano confluivano nella corrente maggiore.[1]

Quel che è emerso come contributo peculiare, si incarna nella figura – controversa oggi come allora – del notaio romano Cola di Rienzo (1313-1354). L'assenza dei papi lasciava spazio alla riflessione retrospettiva sulla propria importanza indipendentemente dal papato (e all'occorrenza anche contro di esso). Cola di Rienzo seppe plasmare, a partire da qui, una bizzarra ideologia di Roma: un programma esaltato ed eccessivo in cui si me-

1. Dupré Theseider 1952. Per il periodo precedente Wickham 2013; Maire Vigueur 2010.

scolavano in modo strano antiche reminiscenze e concezioni mistiche, un programma che si scostava nettamente dalla cupa realtà romana, che ad alcuni appariva come se Roma fosse stata «un tempo il capo e ora la coda del mondo» (Boccaccio, *Decamerone*, V 3). In effetti, a volte è difficile prendere sul serio quest'uomo. Ma sostenitori e avversari lo presero sul serio, perché fu anche capace di agire. Autonominandosi "tribuno" a due riprese, nel 1347 e nel 1354, si impadronì del potere a Roma. Attraverso manifesti altisonanti chiamava «tutta la santa Italia» ad unirsi sotto la guida di Roma. Gli riuscì comunque quel che ai suoi contemporanei apparve irraggiungibile: scacciare temporaneamente dalla città la grande nobiltà, i Colonna e gli Orsini, sebbene le loro clientele costituissero quasi per intero la società cittadina. Questi tratti apparentemente rivoluzionari e la fine drammatica sul Campidoglio ispirarono al giovane Friedrich Engels il canovaccio di un dramma e al giovane Richard Wagner la composizione di una delle sue prime opere, *Rienzi, l'ultimo dei tribuni*, i cui discorsi infiammati, in un crescendo esplosivo, entusiasmarono, com'è noto, il giovane Hitler.

Le prime ricerche, a cui si sono dedicati soprattutto studiosi di lingua tedesca, posero al centro la figura del tribuno e approdarono a giudizi molto contrastanti, da Jacob Burckhardt («fin dall'inizio un povero pazzo smarrito», una «stravagante commedia») a Konrad Burdach («l'audacissimo condottiero che voleva aprire la strada alla nostalgia nella terra del futuro»).[2] Gli studi più recenti invece si sono interessati maggiormente al suo ascendente: meno alla sua persona e più alla sua influenza, che ha plasmato e polarizzato la società e le istituzioni, meno al mito e più al realismo di un sogno politico che poteva essere concepito solo a Roma. Per la nostra rassegna, che spazia dal Trecento al Quattrocento, si deve partire dalla questione della sua influenza.[3]

In quest'ottica, è necessario esplorare più a fondo di prima la trama romana dei gruppi sociali, delle clientele regionali, delle fazioni politiche, per approdare a correlazioni corrette, che non si possono cogliere sulla base di idee schematiche sull'articolazione medievale dei ceti, ma devono essere rielaborate a partire dalle fonti locali. All'interno della nobiltà – e a Roma si deve assolutamente prestare attenzione a questo

2. Burckhardt 1860, pp. 14 e 176; Burdach 1913, p. 33.

3. Rehberg 2004; Modigliani 2004a; Collins 2002; Di Carpegna Falconieri 2002; Musto 2003; Maire Vigueur 2010; Giardina, Vauchez 2016. La fonte più importante rimane: Anonimo Romano 1979; cfr. Seibt 1992; Miglio, Modigliani 1992.

elemento – bisogna distinguere tra la nobiltà baronale chiaramente definita, composta solo da una dozzina circa di famiglie come i Colonna, gli Orsini, i Savelli, con possedimenti in un ampio territorio nei dintorni di Roma che rafforzavano la loro posizione in città (*nobiles maiores, magnates*), e la nobiltà che risiedeva in città, costituita da famiglie influenti nei rispettivi quartieri (*nobiles, milites, cavallerotti*): un centinaio di famiglie di origine più o meno antica, che in parte risalivano all'indietro fino al XII secolo, nettamente separate dai *barones* verso l'alto, ma non chiuse verso il basso, per cui nuove famiglie potevano innalzarsi fino a questo ceto. Gli osservatori provenienti dal Nord rilevavano con stupore il fatto che in Italia la nobiltà risiedesse anche in città e fosse aperta verso il basso. Il *popolo*, dal quale all'inizio Cola di Rienzo viene sostenuto e al quale apre la strada, è – e già questo spiega il suo successo – un ceto medio che si sta elevando, composto da proprietari terrieri, imprenditori agricoli, mercanti, giuristi e notai, artigiani qualificati, in breve: quello che nell'Italia del tempo era chiamato *popolo grasso*, e non il *popolo minuto* privo di diritti politici.[4]

Questa panoramica differenziata della società romana fa intuire che qui sono in gioco processi dinamici che vanno oltre i confini tra i ceti. In questo contesto la clientela si dimostra il fattore più importante e il clientelismo il principio di articolazione più utile: persone e famiglie, anche di ceti diversi, nobiltà cittadina e *popolo*, chierici e laici, erano uniti (analoghi raggruppamenti politici sarebbero oggi definiti "trasversali") dal fatto di orientarsi su un protagonista in azione, su una famiglia nobile dominante. A Roma sono i Colonna e gli Orsini. A loro la clientela dava tutto, da loro si aspettava tutto: protezione dai nemici e giustizia, tutela nell'ascesa sociale, prebende o cariche ecclesiastiche nelle chiese romane grazie all'intervento di un cardinale Colonna oppure Orsini. La clientela dei Colonna annoverava circa 80 famiglie note, tra cui anche famiglie dei *popolari*, anche se queste ultime erano sostanzialmente più vicine agli Orsini.[5]

Per definire queste appartenenze sociali, politiche, economiche lo strumento migliore è il metodo prosopografico. Per "prosopografia" si intende, diversamente dalla biografia di singole persone, la biografia collettiva di

4. Sulle peculiarità della nobiltà romana Carocci 1993 e i contributi in *La nobiltà romana* 2006; Maire Vigueur 2010; quel che colpisce gli osservatori stranieri: Esch 2006b.

5. Come si crea una clientela, sull'esempio dei Colonna: Rehberg 1999a con prosopografia; la clientela Orsini ivi, pp. 313-316 e Allegrezza 1998.

interi gruppi, per esempio: le famiglie del ceto dominante romano nella seconda metà del XIV secolo; il seguito dei cardinali romani; la clientela dei Colonna, e così via. Singole vite vengono, per così dire, accorpate, delineando l'immagine complessiva di un gruppo. Il fatto che ci siano individui che compaiono in differenti foto di gruppo prosopografiche diversifica il quadro, senza squalificare questo metodo. Negli ultimi anni il metodo prosopografico è stato applicato più volte con successo dai medievisti. Ovviamente richiede un enorme lavoro preparatorio: dalle fonti locali più disparate devono essere raccolte singole informazioni relative a tutti i nomi reperibili ed essere ricondotte al contesto (vicini, testimoni, procuratori, patroni riferibili ai singoli nomi). In tal modo dai nomi emergono le persone, e a partire da qui può essere intessuta la rete che rende così efficace la ricerca prosopografica.

Applicato alla Roma di Cola di Rienzo, questo tipo di ricerca fa emergere due grandi raggruppamenti, uno dei quali, la clientela degli Orsini e i suoi patroni, era molto più accessibile dell'altro al ribellismo del tribuno. Di loro il tribuno terrà realisticamente conto, e così facendo dal suo ruolo inteso come *super partes* ricadrà nella logica romana del partito. Entrambe le clientele assumeranno importanza anche in seguito, quindi la loro composizione dovrà essere definita più da vicino.

La forza d'attrazione di Cola di Rienzo sembra aver avuto realmente, per un certo periodo, l'auspicato effetto emancipatorio, unificante, capace di allentare i legami clientelari. E sebbene il tribuno – avversato dalla nobiltà, sospettato dal legato papale, non più tollerato dal popolo – dopo un breve ritorno nel 1354 sia finito in modo cruento, la sua fulminante comparsa lasciò dietro di sé un ricordo vivo, un'eredità che il comune romano continuò a portare ancora con sé. Il regime popolare che si costituì quattro anni dopo la sua morte con la riforma predisposta dal legato papale Albornoz, il cui esecutivo di sette riformatori (poi tre conservatori) si appoggiava su una milizia cittadina creata contro la nobiltà baronale, conteneva ancora in sé elementi dello spirito di Cola, come mostra un confronto tra gli ordinamenti programmatici *dello buono stato* del 1347 insieme ad altre disposizioni del tribuno e la nuova costituzione cittadina del 1360/63: esclusione della nobiltà baronale dal governo della città (non fu possibile comunque impedirne realmente le ingerenze concrete, tanto più che le loro clientele continuavano a risiedere in città), cariche assegnate solo sulla base di elezioni cittadine e altri elementi di continuità, senza che però venissero ripresi letteralmente i passaggi di suoi testi o che il suo nome fosse menzionato.[6] Ora ci si cautelava meglio dalla presa del potere da parte di un singolo.

Dato che l'imperatore era indebolito e il papa lontano, questa costituzione sembrò addirittura vicina alla realtà di un comune indipendente. La situazione non sarebbe rimasta invariata, e questo è uno degli argomenti fondamentali della trattazione che segue.

Ritorno del papato da Avignone e inizio del Grande Scisma

Alla fine il papato, reclamato in Italia in modo sempre più pressante, tornò a Roma da Avignone a cavallo tra il 1377 e il 1378. Il primo problema ora consisteva nel radicarsi di nuovo in Italia, e questo era impensabile senza che la curia e il collegio dei cardinali fossero "ri-italianizzati". Ma dopo i 70 anni francesi questo si rivelò estremamente difficile. L'ultimo papa avignonese, Gregorio XI (1371-1378), morì già l'anno successivo al suo arrivo a Roma. La scelta del successore nell'aprile del 1378 si svolse in modo tumultuoso: «Vogliamo un romano o almeno un italiano!» urlava il popolo durante il conclave. Questa pressione, come pure l'indole tirannica del nuovo pontefice Urbano VI (1378-1389), il napoletano Bartolomeo Prignano, diede a gran parte dei cardinali, in larga misura francesi, l'auspicata opportunità di eleggere pochi mesi dopo fuori Roma un antipapa, Clemente VII (1378-1394), che se ne tornò con i suoi elettori ad Avignone.[7]

Ebbe inizio così la grande divisione della Chiesa, il Grande Scisma d'Occidente, che per quattro decenni terrà col fiato sospeso la cristianità. A partire da questo momento furono in carica due papi, alla fine addirittura tre, che dovettero spartirsi le coscienze e le imposte della cristianità. Il raddoppiamento dei papi dimezzava la loro autorità e le loro risorse. Queste perdite furono compensate con grande inventiva grazie a metodi che screditarono gravemente il papato: vendita di benefici, di uffici, clausole preferenziali, applicazione eccessiva di sanzioni ecclesiastiche

6. Sull'influenza postuma di Cola nei testi della costituzione romana Rehberg, Modigliani 2004, vol. 2.

7. *Genèse et début* 1980, in particolare H. Bresc per i partiti cardinalizi, B. Guillemain per la società di corte, E.-R. Labande per l'atteggiamento di Firenze, M. Harvey per l'Inghilterra; A. Esch per il clan dei napoletani.

contro avversari politici, concessioni indegne per corteggiare esponenti di opposta obbedienza.[8]

Già Urbano VI – che all'inizio si mostrò saldo nei propri principi e presto fu abbandonato da tutti – fu costretto a ricorrere a questi metodi. La sua situazione si fece presto disperata. Dei suoi sedici elettori Urbano VI non ne aveva rivisto più nessuno. Dovette crearsi subito un collegio cardinalizio, una curia a Roma. Ma da dove li avrebbe reclutati? Non gli restò altra scelta che attingere tra i parenti e i concittadini, come si vedrà ancora durante i tre pontificati scismatici napoletani. Infatti, anche la situazione politica contingente si dimostrò precaria quanto la disponibilità del personale e delle risorse finanziarie. Quella parte della cristianità che lo sosteneva, la cosiddetta obbedienza romana, era solo una parte ridotta d'Europa, perfino la regina di Napoli finì per schierarsi con il fronte avignonese. Dietro questa obbedienza, però, c'era il potente regno di Francia, che ben presto avviò i preparativi per risolvere il problema dello scisma passando alle vie di fatto, cioè militarmente, mentre sul versante romano il re tedesco, Venceslao, non aveva alcun peso. La vicina Napoli, che avrebbe dovuto rappresentare per Urbano VI il sostegno più robusto, da quel momento in poi fu teatro della contesa fra i pretendenti al trono francesi e romani, mentre sia il Lazio settentrionale che quello meridionale erano in mano ai sostenitori dell'antipapa.[9]

Urbano risiedette per gran parte del tempo fuori Roma: accompagnato da un manipolo di cardinali, ne fece giustiziare alcuni, colpendo intorno a sé in preda a una profonda diffidenza, e vagabondò per l'Italia, da Napoli a Nocera, a Genova, Lucca, Perugia, tornando solo dopo quattro anni, nel settembre 1388, nella poco amata Roma. I romani si erano immaginati in modo molto diverso il papa italiano, che avevano desiderato così ardentemente durante il conclave, e ora sfruttarono la sua palese debolezza per conservare l'abituale spazio di manovra del periodo avignonese. Tormentavano i curiali in tutti i modi possibili, il papa ogni volta protestava e solo alla fine riuscì ad imporre il suo diritto di nominare un senatore come esecutivo.

La situazione che trovò il suo successore appariva priva di prospettive. Bonifacio IX (1389-1404), anche lui napoletano, era ancora meno esitante

8. Sulle finanze precarie dei papi dello scisma: Favier 1966, cfr. Esch in «Göttingische Gelehrte Anzeigen», 221 (1969), pp. 133-159.

9. Sulla persona e il pontificato: Ait 2000; Rehberg 2012b; inizi di Urbano e cambiamento: Esch 1972a; la curia con i suoi uffici nella sua struttura: *Offices et papauté* 2005; rapporti con Napoli: Fodale 1973.

nella scelta di metodi non ortodossi.[10] Fin dal principio, senza avere alcuna intenzione di riforma, sapeva di essere condannato al successo e agì di conseguenza. Ma perlomeno ci riuscì. Il giovane Pierino Tomacelli, a differenza del suo predecessore, non avrebbe mai visto un'amministrazione papale funzionante come quella avignonese. Sovrano pienamente temporale, privo di qualsiasi senso riconoscibile per i compiti spirituali del suo alto ufficio, improvvisando costantemente pilotò a vista la Chiesa (o ciò che gliene restava) attraverso le tempeste dello scisma. Alieno da compromessi solo nella sua pretesa di essere l'unico detentore di diritto della cattedra di Pietro, e quindi intransigente di fronte a tutti i tentativi messi in atto per superare la divisione della Chiesa, seppe comunque distinguere molto bene il possibile dall'impossibile, calcolando di volta in volta le esigenze contingenti senza riguardo per le conseguenze in una prospettiva futura più ampia. In effetti, così, e soltanto così, riuscì a tenere insieme alla meno peggio lo Stato della Chiesa, esposto alla minaccia di essere conquistato e dissolto, e ad affermare se stesso e la sua obbedienza. Ma il prezzo pagato per ottenere tutto questo fu elevato. E così Bonifacio IX, con tutti i riconoscimenti per il suo impegno e il suo successo, appare tanto ai suoi contemporanei quanto agli studiosi di oggi come la figura simbolica di una Chiesa bisognosa di riforma.

Nel nostro itinerario dal Medioevo al Rinascimento il lungo pontificato di Bonifacio IX (1389-1404) è ancora pienamente Medioevo. Eppure per Roma avrà un'importanza epocale. Perciò sarà esaminato più da vicino, in modo da condurci alle soglie di un'epoca nuova attraverso quattro temi: primo, la città nel suo sviluppo dalla tarda antichità e l'immagine della città, come veniva proposta intorno al 1400, prima che il nuovo secolo la trasformasse completamente. Secondo, il comune di Roma e il suo ceto dominante nell'ultima battaglia contro il papato, prima che la sua indipendenza, reclamata da due secoli e mezzo, dall'elevazione a comune nel 1143, svanisca una volta per tutte. Terzo, la società della corte papale sull'esempio del clan di famiglie nepotistiche napoletane, che per molti decenni, fin nel Quattrocento inoltrato, diede stabilità e al tempo stesso sfruttò il papato romano, finché il suo potere alla fine fu spezzato dal concilio riformatore di Costanza. E, quarto, un altro gruppo di persone in azione: i fiorentini, che soprattutto come mercanti e banchieri durante questo pontificato penetrarono in modo massiccio a Roma

10. Sulla persona e il pontificato: Esch 1969; Esch 2000c; v. anche sotto, pp. 61 ss.

e ben presto dominarono la finanza di corte e il settore delle importazioni romane, influenzando anche durevolmente la cultura del Rinascimento romano.

La città. Dalla città antica a quella medievale

Per dare un'immagine concreta dello spazio storico della città di Roma, gettiamo innanzitutto un breve sguardo sul suo sviluppo dalla tarda antichità al Medioevo, arrivando alla sua immagine al principio del XV secolo, per poter cogliere anche attraverso gli occhi le profonde trasformazioni avvenute fino alla fine del secolo. Il tessuto dell'insediamento antico si era dissolto presto. Questo non dipese solo dalla diminuzione drastica della popolazione, che ora si perdeva all'interno delle vaste mura della città antica che una volta contenevano quasi un milione di abitanti. Dipese anche dai nuovi centri di culto. La trasformazione della Roma pagana in quella cristiana innescò sul piano urbanistico una tendenza centrifuga, infatti i nuovi punti nevralgici religiosi, che ora attiravano insediamenti, erano situati in aree della città diametralmente opposte: le tombe dei due principi degli apostoli, l'una nell'estremo nord-ovest e l'altra a sud fuori dalle mura cittadine; del tutto decentrata a sud-ovest si trovava anche la basilica del Laterano, cattedrale della città e sede del vescovo; basiliche molto frequentate, costruite sulle tombe di altri martiri, erano situate anch'esse (dato che i defunti non avrebbero potuto essere sepolti all'interno delle mura di Roma) molto al di fuori del nucleo antico della città (fig. 1).[11]

Così i centri nevralgici dell'insediamento e della vita pubblica si spostarono. Bisogna tenere presente quest'immagine scissa dell'insediamento, perché darà la sua impronta anche alla Roma del Quattrocento. E mentre in epoca antica la popolazione si era concentrata nella *Suburra* presso il Foro romano e sui colli circostanti, il centro insediativo ora si spostò dall'altra parte del Campidoglio, nell'ansa del Tevere, in direzione di San Pietro e del Vaticano. Quest'ansa del Tevere era stata già edificata in epoca antica,

11. Lo sviluppo della città fra antichità e Medioevo: Krautheimer 1980; Pani Ermini 2001; Meneghini, Santangeli Valenzani 2004a; Esch 2002b; Magnuson 2004. Sul Foro romano e i fori imperiali in epoca precedente: La Rocca, Bauer 2002. Sull'insediamento antico nell'ansa del Tevere: Wiseman 1993; Esch 2018a, pp. 80-95.

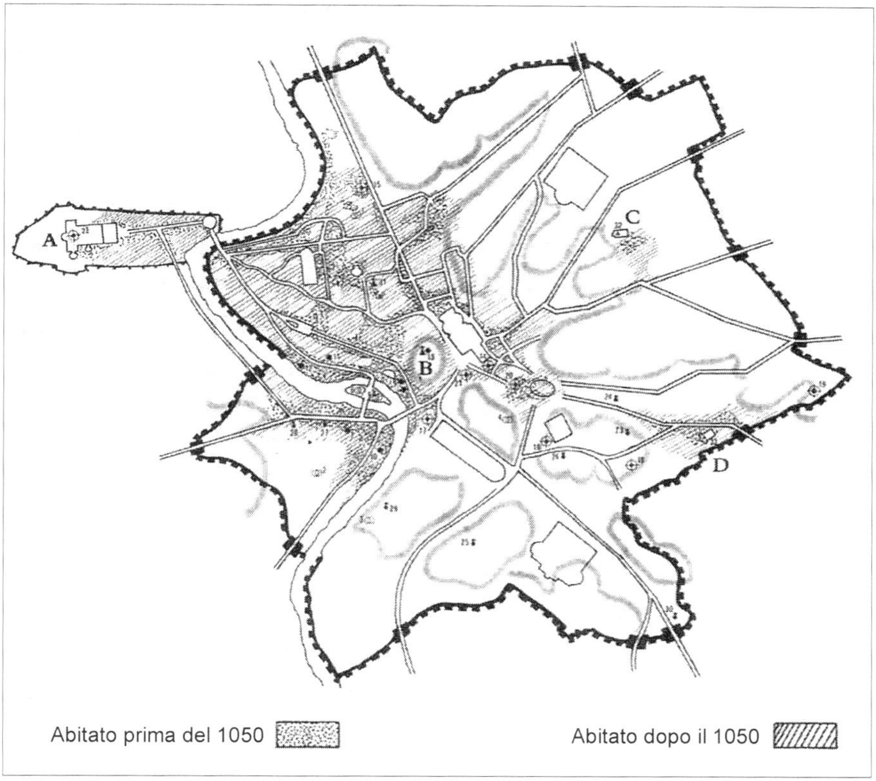

Fig. 1. La Roma medievale all'interno delle antiche mura cittadine con l'abitato nell'ansa del Tevere tra S. Pietro (A) e il Campidoglio (B) e le isole insediative intorno a S. Maria Maggiore (C) e S. Giovanni in Laterano (D) (da Krautheimer 1980).

ma soprattutto con templi, teatri, portici e altri edifici pubblici ("Campo Marzio"), tra le cui rovine monumentali ora si erano insediati alla meno peggio gli abitanti. In questa scelta, oltre alla forza d'attrazione delle reliquie di Pietro, dopo la decadenza delle infrastrutture e degli acquedotti potrebbe aver svolto un ruolo anche la vicinanza al fiume. Dei sette passaggi sul Tevere nell'area cittadina, nel Medioevo ne restavano solo tre: il ponte Sant'Angelo, i due ponti dell'Isola Tiberina *Fabricius* e *Cestius* e subito a valle il *Pons Aemilius*, rinnovato nel Medioevo come *Pons S. Marie* o *Senatorius* (oggi Ponte rotto).

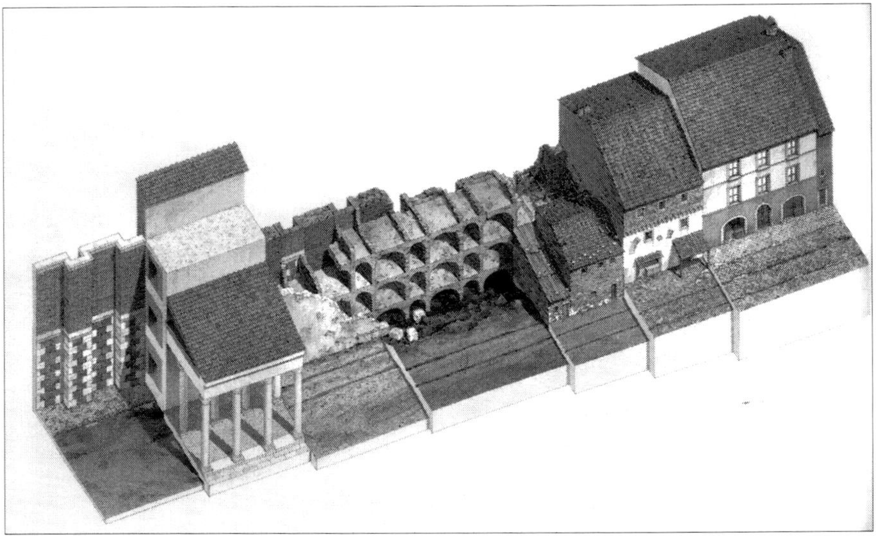

Fig. 2. La graduale trasformazione di edifici pubblici nell'ansa del Tevere visualizzata sull'esempio della Crypta Balbi e di via delle Botteghe Oscure (da sinistra: livello 3 tarda antichità, 4-5 alto Medioevo, 6-7 XIV e XVI secolo) (da Manacorda 2001).

Da questa ridistribuzione dei nuclei insediativi il Campidoglio, che con la creazione del comune politico nel XII secolo aveva riacquistato importanza, trasse le debite conseguenze e ruotò con tutte le sue facciate di 180 gradi: invece che sul Foro romano ormai abbandonato (come le facciate dei templi di Giove Capitolino e di Giunone Moneta e anche la chiesa di S. Maria in Aracoeli nel suo orientamento altomedievale), il Campidoglio d'ora in avanti guardò nella direzione opposta, verso la nuova concentrazione insediativa nell'ansa del Tevere.

In questi quartieri residenziali veri e propri, angusti e compressi, tutto si era trasformato. Dato che non si sgombravano sistematicamente le macerie degli edifici crollati, i rifiuti quotidiani, il fango delle inondazioni regolari del Tevere e la terra che si depositava cadendo dalle molte pendici collinose in mancanza di muri di contenimento sottoposti a manutenzione, il livello del terreno salì notevolmente e gli antichi assi stradali rettilinei scomparvero (salvo poche eccezioni come via del Corso e via dei Coronari). In mezzo alla massa di case medievali sporgevano i resti di edifici monumentali che cadevano in rovina oppure venivano smantellati, sottraendo le pietre finché le costruzioni non erano più riutilizzabili. Gli scavi nella Crypta Balbi, dove per una volta gli strati medievali non sono stati semplicemente rimossi ma interpretati, hanno reso possibile, sull'esempio del tracciato stradale di via delle Botteghe oscure, dimostrare il grado progressivo di trasformazione degli antichi monumenti in comuni case d'abitazione su un suolo che si innalzava continuamente (fig. 2).[12] Dove si era scavato l'antico livello stradale, il piano di contatto dello strato medievale, riconoscibile nelle pareti e nelle colonne consumate (fig. 3), ora si trovava molto al di sopra del suolo.

Fig. 3. L'orizzonte del contatto quotidiano (pareti e colonne consumate), ora molto al di sopra dell'antico livello stradale scavato, mostra il suolo notevolmente rialzato nel Medioevo. Arco di Settimio Severo.

Il riutilizzo dei monumenti in epoca post-antica conferma una volta di più l'idea che va inevitabilmente in rovina quello che le epoche successive non vogliono prendersi. Possibilità di uno sfruttamento di questo tipo erano offerte soprattutto dalle terme (più che dai templi, a causa della molteplicità dei loro spazi), ma anche dai teatri: al loro interno ci si poteva sistemare bene, da fuori sotto e da dentro sopra le file di sedili. E quando nel corso dei secoli scomparivano le gradinate per sedersi e le case crescevano in senso verticale, rimanevano ancora visibili solo

12. Sull'esempio del teatro e della Crypta Balbi: ora Manacorda 2001; il modello (fig. 2) ivi, p. 66; sull'esempio dello Stadio di Domiziano: *Piazza Navona* 2014, in particolare i contributi nel cap. I B e C; del Teatro di Pompeo: Capoferro Cencetti 1979. Piano terreno in origine, ora magazzino: fig. 5, foto Carlo Pavia. Per il tardo medioevo: Del Buono 2020.

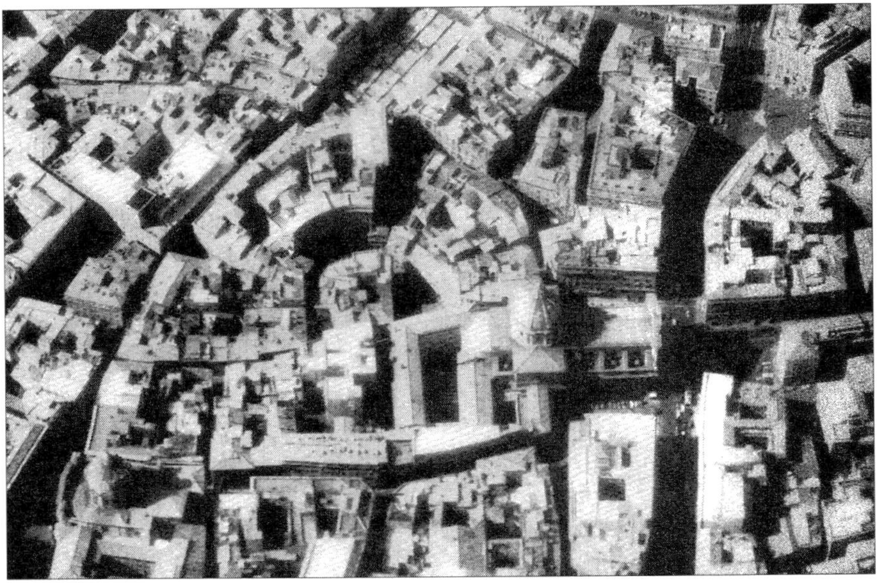

Fig. 4. Il Teatro di Pompeo nell'immagine aerea risalta come un semicerchio nell'odierno tessuto insediativo. Al centro in alto Campo de' Fiori.

i contorni dell'antica costruzione (fig. 4), e le volte del piano terra, utilizzate come officina, abitazione, magazzino, scomparivano sempre più in profondità nel terreno (fig. 5). Del resto, i teatri potevano essere trasformati con facilità, murando semplicemente le arcate esterne, in una fortezza urbana, solida e di prestigio, un punto d'appoggio ideale per le grandi dinastie aristocratiche romane in luoghi strategici all'interno della città: per esempio il Teatro di Marcello, a ridosso degli importanti ponti sull'Isola Tiberina, per i Savelli, il Teatro di Pompeo sull'asse principale fra Campidoglio e Vaticano per gli Orsini. Altre famiglie nobili si costruirono alte case-torri, accatastando antichi blocchi di pietra, per esempio nell'area dei Fori imperiali, il cui insediamento medievale è diventato riconoscibile solo grazie ai nuovi scavi (fig. 6).[13]

13. I risultati più importanti degli scavi dei Fori imperiali in Meneghini, Santangeli Valenzani 2004, per il XV secolo Meneghini 2004 e 2017. Sulla sopravvivenza dei monumenti a Roma, a grandi linee, Lanciani 1902-12.

Fig. 5. Roma sotterranea. Le volte del piano terreno di antichi edifici come in questo caso il Teatro di Pompeo, usate come officine e magazzini, nel corso dei secoli sprofondano sotto terra (foto: Carlo Pavia).

Quindi la Torre dei Conti nel *Forum Pacis*, non lontano da qui la Torre delle Milizie degli Annibaldi sulle rovine dei Mercati di Traiano, salendo sull'Esquilino altre torri di famiglie aristocratiche: è questo il mondo delle torri, da cui provengono i papi del XIII secolo. L'orizzonte della Roma tardo-medievale ancora non è definito dalle cupole, come accadrà a partire dal XVI secolo, in un gioco reciproco di armoniosi richiami, ma dalle torri che si fissano vicendevolmente con ostilità. Perché in questa città non si combatteva verso l'esterno, ma all'interno.[14]

Accanto al riadattamento funzionale di interi edifici, a Roma – e il rapporto con l'antico in questa città, anche alla luce del tema trattato, dev'essere indagato con particolare attenzione – era scontato il reimpiego di singoli pezzi di architettura. In questo contesto è necessario distinguere se i singoli pezzi, i cosiddetti materiali di spoglio, sono stati semplicemente riciclati come materiale per l'edilizia o sono stati usati con un intento consapevole, riconoscibile. Lo sguardo che lo storico rivolge al materiale di spoglio è diverso da quello dell'archeologo. Quest'ultimo si interroga

14. Il mondo delle torri: Krautheimer 1980, pp. 303-310 e 368-369; Bianchi L. 1998; Di Santo 2010.

Fig. 6. Il Foro di Nerva (o transitorium, in quanto passaggio dal Foro Romano alla Suburra fittamente popolata) nell'alto Medioevo. Ricostruzione sulla base degli ultimi scavi (Meneghini, Santangeli Valenzani 2007).

sulla provenienza e la funzione originaria di questi materiali, lo storico sul percorso e lo scopo del nuovo utilizzo. In generale, si potrebbe dire che a un reimpiego privo di regole, spesso indifferente a canoni e proporzioni durante l'alto Medioevo, segue nel XII e XIII secolo un uso selettivo, ponderato: capitelli pregevoli, colonne adattate, trabeazioni simili con ornamentazioni ben conservate, marmi preziosi (come il porfido, il materiale un tempo riservato all'imperatore) e belle iscrizioni – in gran parte non comprese – vogliono esibire prestigio, dimostrare vetustà, ma al di là di questo, soprattutto a Roma, anche trasmettere un messaggio politico programmatico. Perché dato che Roma è *caput mundi*, l'imperatore e il papa attraverso questo riferimento all'antico possono legittimare i loro diritti di dominio e il comune può reclamare il proprio specifico valore: doveva solo dare un accento leggermente diverso alla sua antichità, in un senso meno imperiale e più repubblicano. La scorta di riferimenti all'antico era a tal punto inesauribile che poteva fornire a ciascuno quello che desiderava esprimere in senso programmatico.[15]

Non solo nell'architettura religiosa romana del XII e XIII secolo, ma anche nell'immagine abituale delle strade ci si imbatteva ovunque nell'antico: saltavano all'occhio lungo le vie i portici costruiti con colonne di spoglio (spesso con capitelli ionici – disdegnati in altre parti d'Italia – autentici o rielaborati), nelle facciate restaurate se ne trovano sempre di più. Ne restavano a sufficienza per esportare materiali di spoglio caricando intere navi. Una forma qualificata di esportazione era offerta dalle famiglie di artisti romani del XII e XIII secolo, i cosiddetti Cosmati: lavoravano i marmi colorati che si potevano trovare in una simile quantità solo tra le rovine di Roma, usandoli come elementi delle loro caratteristiche ornamentazioni (per esempio colonne di porfido tagliate a fette come un salame), all'occorrenza scolpivano anche pezzi mancanti dello stesso tipo *all'antica* ed esportavano i loro prodotti – decorazioni per chiese e ornamentazioni per facciate – anche al di fuori di Roma. I Cosmati, antichizzanti sia nello stile che nell'iconografia, si servirono dell'antico come modello e al tempo stesso come materiale grezzo. Nel XIV secolo l'impiego dell'antico declinò visibilmente, nelle costruzioni gotiche i materiali di spoglio non trovano posto.[16]

Percezione dell'antica Roma nel Medioevo

Come l'antica Roma sia stata non solo rimossa o riutilizzata ma anche percepita nella sua grandezza, in questo presente medievale, si può ricavare da un tipo di testo noto con il titolo di *Mirabilia Urbis Romae* che proponeva una triplice suddivisione dei monumenti: secondo gruppi tematici (per esempio: porte, teatri) associati alle relative leggende (per esempio: cosa accadde nelle volte sotto il Campidoglio? E cosa significano i domatori di cavalli sul Quirinale?); e come percorso attraverso la città secondo un ordine sommariamente topografico (per esempio: sull'Esquilino, sull'Aventino). Le chiese, a differenza delle successive guide per i

15. Esch 2010; *Memoria dell'antico* 1984-86, in partic. i contributi di C. Frugoni, M. Miglio, M. Greenhalgh, G. Cantino Wataghin, e fondamentale S. Settis, ivi; *Reuse Value* 2011. Visione archeologica e storica: Esch 2005a. Strumentalizzazione: Esch 2001a.

16. Kinney 2013; reimpiego sull'esempio delle Terme di Caracalla: Kinney 1986; Tedeschi Grisanti 1990; sull'esempio dei portici: Pensabene, Pomponi 1991/2; Porfido: De Blaauw 1991. Lavorazione: Claussen 1987.

pellegrini, vengono citate sorprendentemente poco. I *Mirabilia* nacquero probabilmente intorno al 1140 e rappresentano una testimonianza eloquente dell'interesse per l'antico che si stava risvegliando in quel periodo, un interesse che nel 1143 servì da legittimazione politica al movimento comunale che si batteva contro il dominio dei papi sulla città. Un interesse per l'antico che si ridestava anche nelle cerchie colte della curia – e che ora poteva essere strumentalizzato in modi diversi: dal papato per la pretesa eredità imperiale, dai romani attraverso un riferimento diretto (noi, noi romani siamo i veri eredi di questo mondo monumentale!).[17] Allo stesso contesto del giovane comune romano e della sua «archeologia politica» (P.E. Schramm) potrebbe appartenere la *Graphia aureae urbis Romae* (fondazione di Roma, i monumenti secondo la concezione rimaneggiata dei *Mirabilia*, il cerimoniale della corte imperiale).

Non che i *Mirabilia* rappresentassero, come si potrebbe facilmente supporre, una percezione dell'antico che attingeva nel profondo dell'animo popolare: anche loro avevano un autore colto (che non è identificabile con certezza). E sapevano tutto. Il problema della letteratura del tipo *Mirabilia* non è che sa troppo poco ma che sa fin troppo (come talvolta accade ancora oggi con il sapere dilettantesco), che non considera il monumento antico da una distanza storica e ha una spiegazione per ogni cosa. Quindi i *Mirabilia* corrispondevano all'esigenza generale di comprendere i monumenti antichi con i quali si conviveva quotidianamente. L'esigenza di dare una spiegazione alla loro forma poco familiare e alla loro misteriosa destinazione, che facevano sorgere il sospetto che fossero abitati da forze magiche: era impossibile che i monumenti antichi non avessero un significato superiore. Inoltre, la percezione dell'antico alla maniera dei *Mirabilia* non corrisponde solo a una fase che può essere circoscritta in senso cronologico, ma è un tipo di visione che ancora oggi si può trovare nelle guide turistiche a Roma.

Questo si può dedurre già dalla denominazione dei monumenti antichi. Non solo nell'interpretazione intenzionale dei *Mirabilia* le rovine di Roma portavano nomi a cui stranamente si dava un altro significato; anche nel contatto quotidiano, nel sobrio riferimento ad antichi monumenti come segni di confine nei documenti fondiari all'interno e all'esterno della città, si trova il «bagno dell'imperatore», il «bagno di Venere» (*balneum impera-*

17. La più antica redazione in *Codice topografico*, vol. III, pp. 3-65; la *Graphia* ivi, pp. 67-110. Su quel che è stato tramandato Miedema 1996. Sulla *Graphia*: Bloch 1984.

toris, balneum Veneris, balneum Pelagi), nessuno dei quali probabilmente corrispondeva a edifici termali; il Circus Maximus diventava *Circulus maximus*, l'*Arcus Nervae* diventava l'*Archa Noe*, quindi l'Arca di Noè, l'obelisco vaticano diventava la tomba di Cesare.[18] Questo tipo di appropriazione dell'antico non è certo assimilabile a quello di un corso specialistico di archeologia di oggi. Ma si tratta pur sempre di appropriazione.

I *Mirabilia* ebbero un'ampia influenza. Una rielaborazione del tutto diversa fu spesso combinata in seguito con l'elenco delle indulgenze (*indulgentiae*), con cui si offriva al pellegrino tutto ciò di cui aveva bisogno. Si dovrà ancora mostrare che impresa sia stata superare la visione dei *Mirabilia* in cui tutto si accavallava.

Anche la *Polistoria de virtutibus et dotibus Romanorum* – che viene consultata spesso per capire l'antico a Roma a metà Trecento – dello scrittore pontificio e canonico di S. Maria Rotonda (Pantheon) Giovanni Cavallini, della famiglia romana dei Cerroni, non porta molto lontano, anche se la sua conoscenza degli autori antichi è notevole. Commovente nello sforzo sincero – e consapevole dei propri limiti – di suscitare l'entusiasmo degli indifferenti contemporanei per le virtù degli antichi romani, questo scritto dedicato a papa Clemente VI è solo una compilazione che, servendosi di autori antichi, testi biblici ed etimologie rare, criticando gli elementi leggendari con altrettante leggende, rappresenta attraverso una selezione moraleggiante e particolare la storia di Roma e quella della salvezza; e, sulla scorta della *Graphia*, anche nella descrizione della città (le porte cittadine, i sette colli, le 13 regioni) non offre nulla di sostanziale: tutto è pensato e niente è osservato.[19]

Petrarca, che imparò a conoscere Roma grazie a diverse visite piuttosto brevi, rimproverò duramente i romani per la loro incapacità di comprenderla ("in nessun luogo si conosce Roma meno che a Roma"). In una lettera al domenicano Giovanni Colonna ricorda una passeggiata insieme per Roma.[20] Ma la sua descrizione di Roma è solo una sequela di siti storici (*hic Evandri regia, hic Carmentis aedes*..., *hic discendit Curtius armatus*..., *hic Pompeii arcus*, e così via), sprovvista di identificazioni archeologiche e di una classificazione topografica che certamente non aveva nemmeno intenzione di fornire. La riappropriazione letteraria dell'antico precede decisamente quella archeologica.

18. Sommerlechner 2001; Esch 1996.
19. Cavallini, *Polistoria* 1995.
20. *Codice topografico*, vol. IV, pp. 6-10; cfr. Weiss 1969, cap. III.

Intorno alla metà del Trecento già Cola di Rienzo, che ogni tanto grazie alla sua conoscenza dell'antico può aver scoperto qualcosa che andava oltre i *Mirabilia*, rivolse la sua attenzione alle iscrizioni antiche. «Non c'era nessuno che sapesse leggere come lui le iscrizioni antiche» (*non era aitri che esso sapesse lejere li antichi pataffi [epitaphi]*), lo elogia il biografo suo contemporaneo, e già questa era una bella impresa. Ma le usò in senso politico piuttosto che antiquario, quando per esempio in un discorso pubblico citò la *Lex de imperio Vespasiani*, allora scoperta – con cui il Senato conferiva al nuovo imperatore ulteriori poteri in una forma il più possibile repubblicana – adducendola come prova dei diritti di cui il popolo romano sarebbe stato defraudato nel presente (*tanta era la maiestate dello puopolo de Roma..., ora l'avemo perduta*).[21]

Sono interessanti le notizie romane del medico e astronomo padovano Giovanni Dondi, amico di Petrarca, che in occasione di una visita in città intorno al 1375 scrisse alcune annotazioni. Vede chiese come S. Pietro e S. Paolo, monumenti antichi come il Pantheon, la colonna di Traiano, gli archi di trionfo, l'obelisco vaticano, e così via (dà una descrizione sorprendentemente sobria del Colosseo); conta i gradini e le colonne, prende sommariamente le misure (ma invece di fidarsi dei suoi occhi, talvolta alle sue misurazioni si sovrappongono ancora quelle delle autorità: cosa dice Eutropio? cosa dice Martino Polono a proposito delle misure?) e annota le loro iscrizioni.[22] Tuttavia, a prescindere dagli errori di lettura, di misurazione e di identificazione, si tratta di una semplice registrazione, non di una rielaborazione di quanto si è osservato, come si capisce ben presto.

I rimproveri rivolti ai romani, nell'opinione degli umanisti, avrebbero dovuto colpirli particolarmente, perché soprattutto loro erano tenuti a conoscere il valore di questo tesoro. Ma la *quantità* di cose antiche disponibili non è determinante. Ancora oggi, negli studi sui materiali di spoglio, si argomenta che i numerosi reperti antichi venuti inevitabilmente alla luce costruendo nuovi edifici e ampliando le città (per esempio abbattendo in Italia le mura tardo-antiche ricche di materiali di spoglio) – lavori necessari in seguito alla rapida crescita della popolazione nel XII e XIII secolo – avrebbero indotto ad occuparsi più intensamente dell'antico favorendo,

21. Anonimo Romano 1979, p. 143 (*Lex de imperio*: 148 s.); sulla sua collezione di iscrizioni: Calabi Limentani 1968, p. 132. Capacità: Calabi Limentani 1970.

22. *Codice topografico*, vol. IV, pp. 65-73.

di conseguenza, una notevole vicinanza di quest'epoca all'antico.[23] Questa argomentazione è troppo riduttiva, e può anche non essere corretta. L'antico disponibile *in loco* di per sé non porta a niente, prima bisogna appropriarsene. Infatti, se la disponibilità dell'antico fosse già un impulso sufficiente, il Rinascimento sarebbe dovuto iniziare a Roma. E invece è iniziato dove l'antichità a disposizione era scarsa, a Firenze. No: l'antico non si deve solo *avere*, bisogna anche *volerlo*!

La vicinanza all'antico non ha a che fare con la quantità ma con la sensibilità. Se a Roma una statua viene ritrovata nel 1180, nel 1380 o nel 1480, fa una grande differenza. Per questo i reperti antichi spesso nelle fonti scritte non sono nemmeno documentati. Nella Roma del Trecento si sarebbero potute trovare cento statue senza che restasse una sola notizia scritta su uno qualsiasi di esse. La situazione cambia solo quando al principio del XV secolo Poggio Bracciolini, Lorenzo Ghiberti, Ciriaco d'Ancona arrivano a Roma. È sufficiente che durante i lavori di canalizzazione nel quartiere dei fiorentini a Roma sia ritrovata una statua utilizzata come lastra di copertura: Ghiberti lo annota emozionato.

Il fatto che i romani vivessero con tanta leggerezza la loro quotidianità con i monumenti, indignava profondamente i primi umanisti. Che proprio i cittadini romani – «se si può chiamare cittadino, perfino uomo, qualcuno che agisce così» – si confrontassero in questo modo con l'antichità, li irritava al massimo grado, erano addirittura avidi di esempi negativi di un uso avvilente dell'antico, si deliziavano dell'incapacità di comprendere di quegli sciocchi dei romani.[24] Gettavano anche semplicemente le antichità nelle calcare: con una Venere nuda in definitiva non si poteva fare granché, però dal marmo ridotto in calce si ricavava la malta migliore – in questo tipo di transustanziazione ogni pezzo antico poteva diventare medievale. Quindi le statue (ne sono state ritrovate alcune parzialmente bruciate nelle calcare abbandonate) oppure interi edifici: nel 1426 Martino V consegnò a un consorzio di calcarari, per questo tipo di riutilizzo, la Basilica Iulia nel Foro, Giovanni XXIII aveva già ceduto a Paolo Orsini (che torneremo a incontrare) i blocchi di travertino di questo monumento o di uno vicino, si potrebbe dire che pagava il suo condottiero con materiali di spoglio.[25] E già

23. Greenhalgh 1989, cfr. Esch in «QFIAB», 70 (1990), pp. 556-572, Ghiberti 1912, p. 61.

24. Polemica umanistica, citazione: Cinzio Romano nel 1416 a Francesco da Fiano, Bertalot 1929/30, p. 224.

25. Interi edifici: Lanciani 1902-1912, vol. I, pp. 45-48, v. anche sotto, capitolo 10.

sotto Martino V si può desumere dai conti camerali che dalla pietra antica si ricavavano perfino palle di cannone: *pro dehumatione certi marmoris pro faciendo lapides pro bombardis*.

Non furono d'aiuto le leggi per la tutela dei monumenti, emanate già dal primo comune, da Cola di Rienzo e poi dai papi del Rinascimento: proprio loro eliminarono più antichità di tutti i papi medievali messi insieme. La sensibilità che induceva a conservare il pezzo antico ammirato nel suo contesto, a conservarlo per così dire in senso museale, era ancora sconosciuta.

Fra gli osservatori critici c'è anche un importante bizantino: Manuele Crisolora (circa 1350-1415), a lungo in Italia come inviato dell'imperatore di Bisanzio e docente di greco nei circoli umanistici.[26] A Roma dal 1411, nella sua *Synkrisis* mette a confronto l'antica Roma e quella nuova. La Roma che vede, malgrado tutta la sua venerabilità, non regge il paragone con Costantinopoli, che non è solo una seconda Roma ma una Roma potenziata, la figlia ancora più bella di una bella madre. E poi usa parole amare su questa Roma del presente che con le spoliazioni e il reimpiego dei materiali antichi, in certo qual modo, nutre e consuma se stessa. Qui le pietre antiche, nel migliore dei casi, sarebbero diventate una base per montare a cavallo o delle mangiatoie per gli asini.

E ora torniamo all'immagine post-antica dell'insediamento. Accanto all'ansa del Tevere e al Borgo vaticano solo Trastevere continuava ad essere fittamente popolata. Altre regioni, all'interno delle Mura aureliane divenute troppo ampie, si spopolavano. Qui si mantenevano solo isole insediative intorno a chiese importanti come S. Maria Maggiore e S. Giovanni in Laterano, dove il papa come vescovo di Roma risiedeva con le sue autorità: il Vaticano diverrà definitivamente residenza papale solo a partire dal 1378. Così, ampie superfici all'interno delle antiche mura cittadine divennero zone disabitate. La Campagna romana penetrava all'interno della città fino al Foro romano, che si era trasformato in pascolo per il bestiame e in un parcheggio per i carri dei trasporti provenienti da sud, e si arrestava solo alle pendici del Campidoglio. In quest'ampia zona la vegetazione che irrompeva dalla Campagna si mescolava alla flora esotica che traboccava dai giardini sontuosi dell'antichità. Sui colli e lungo le loro pendici c'erano numerose vigne, sempre menzionate nei contratti di affitto e di fornitura; gli avvallamenti qua e là erano paludosi

26. Manuele Crisolora 2001, cfr. Rollo 2001.

come nell'area dei Fori imperiali, divenuti *pantani* perché le acque non defluivano più nella *Cloaca maxima.*[27]

L'immagine della città intorno al 1400

Questa a grandi linee è l'evoluzione dell'insediamento e dell'immagine della città a partire dalla fine dell'età antica. Un quadro fosco, che si era rischiarato nel XII e XIII secolo, ma che ora, nella Roma dello scisma, assunse i suoi toni più cupi. Quindi, con le fonti solo di questi anni (nella misura in cui descrivono situazioni e non si dilungano nelle solite critiche su Roma), sarà delineata l'immagine della città intorno al 1400, per avere davanti agli occhi un quadro contrastato rispetto alla Roma del Rinascimento, all'altro estremo dell'esposizione.[28]

Allora Roma, che forse aveva 25.000 abitanti, conservava solo una frazione della popolazione antica, era una città più piccola di Firenze, di Napoli, di Venezia.[29] I pellegrini, che si aspettavano una città simile alla Gerusalemme celeste, trovavano quel che stavano cercando nelle reliquie e nelle indulgenze. Osservatori più spassionati, però, oscillavano tra stupore, compassione e scherno. Perché quel che si offriva ai loro occhi, nella Roma dello scisma, non poteva certo soddisfare le aspettative sulla città: un piccolo centro in mezzo a una cerchia muraria possente, che non racchiudeva più una capitale ma una campagna, attraverso la quale si poteva vagare a lungo su strade sterrate prima di raggiungere un insediamento compatto. Perfino l'asse stradale che con il nome altisonante di *via maior* conduceva dal Campidoglio al Laterano, era a tal punto mal ridotto che Bonifacio IX dichiarò quanto fosse urgente e necessaria la sua riparazione, «perché questa strada diventa ancora più pericolosa e alla fine scomparirà del tutto» (*quasi dissolveretur in totum*); e poco più tardi la definì «un deserto, o meglio: un covo di briganti a causa dei numerosi crimini che là venivano commessi» (*non via sed solitarius locus et quasi desertus, imo latronum spelunca*). Questa era la strada che collegava il

27. Sull'espansione e le isole insediative del *disabitato*: Krautheimer 1980, pp. 311-326; sull'aspetto dei Fori imperiali intorno al 1400: Meneghini 2004.

28. L'immagine della città intorno al 1400: Esch 1969, pp. 209-214; *via maior*, ivi, pp. 209 s. (1395, 1418); Esch 2018a, pp. 80-95; Simoncini 2004, I, pp. 13-60.

29. Numero degli abitanti: Gatto 1998; Hubert 1998; Esposito 1998a.

Fig. 7. Il Colosseo nella quotidianità romana. *Codex Escurialensis*, fol. 24v (fine del XV secolo), particolare.

municipio e la cattedrale, si pensi solo alla topografia politica in altre città di quell'epoca! E tutt'intorno un mondo inaudito di rovine monumentali morte sotto le piante che erano cresciute lussureggianti nell'arco di un millennio.

Questa strada portava davanti al Colosseo, di cui i romani si erano appropriati a modo loro (fig. 7).[30] Il possente edificio era occupato o abitato come officina, magazzino, sede nobiliare, era affittato o donato in segmenti: «Un quarto dell'intero Colosseo» (*quartam partem totius Collisei*) fu regalato all'epoca da un Colonna alla confraternita di S. Salvatore *ad sancta sanctorum*. L'interno, la *cavea*, era diventato un enorme cratere verde (fig. 8). Ancora intorno alla metà dell'Ottocento il botanico inglese Richard Deakin contava nel Colosseo, oggi così spoglio, 420 specie di piante che in parte a Roma si trovavano solo là: sotto erbe e garofani selvatici, mentre sopra, sui posti più a buon mercato, cresceva l'asfodelo.

30. Volte affittate: Krautheimer 1980, p. 300; vegetazione: Caneva 2004.

Fig. 8. L'interno del Colosseo intorno al 1780 prima degli scavi. Jean-Antoine Constantin, Aix-en-Provence, Musée Granet.

Se la *via maior* portava al Laterano, sull'altro lato del Campidoglio la *via papalis* oltrepassando il Tevere andava in direzione di S. Pietro.[31] Con un susseguirsi di tratti di strada stretti, in mezzo all'ansa del Tevere densamente popolata, era l'arteria di gran lunga più importante, in seguito anche la via processionale dei papi, quando dopo l'incoronazione a S. Pietro prendevano possesso della loro basilica, il Laterano. Lungo questa *via papalis*, nei rioni Ponti, Parione, Arenula fino a S. Eustachio, nel Teatro di Pompeo e anche sul Monte Giordano nei pressi di ponte S. Angelo cercavano di esercitare il loro controllo soprattutto gli Orsini. Mentre l'area dei loro avversari, i Colonna, si estendeva lungo via Lata, nei rioni Monti, Trevi, Colonna, le loro residenze si concentravano in-

31. *Via papalis*: Modigliani 1998, pp. 150-157; in occasione del *possesso*, v. sotto, pp. 178 s; Valtieri 2018. Assi delle clientele dei Colonna e degli Orsini: Rehberg 1999a, pp. 301-316. Per le questioni topografiche relative ai singoli rioni: Gnoli 1939, e ancora sempre utili i volumi di Adinolfi, Roma nell'età di mezzo, 1857-1881; per la topografia ecclesiastica: Passigli 1998.

torno al Mausoleo di Augusto, a Montecitorio e soprattutto, a partire da Martino V, ai SS. Apostoli.

Sull'altro lato del Tevere, sulle cui rive le case stavano con i piedi nell'acqua lungo la sponda priva di argini e non offrivano alcuna difesa contro le periodiche inondazioni, si innalzava Castel Sant'Angelo, il monumentale mausoleo dell'imperatore Adriano, ora riadattato come fortezza pontificia, allo scopo di sorvegliare efficacemente l'unico accesso diretto dalla città al Vaticano, ponte Sant'Angelo: solo ora, con Bonifacio IX, ne fu avviata la trasformazione, mentre in precedenza le capre si arrampicavano sull'imponente cumulo di detriti.[32] Così fu possibile sentirsi un po' più sicuri nel palazzo accanto a S. Pietro, che solo ora, dopo il ritorno da Avignone, divenne sede duratura dei papi e, subito dopo il trasferimento, non aveva un aspetto dignitoso. Anche lungo la strada che portava da Castel Sant'Angelo a S. Pietro, sulla quale si accalcava una fiumana di pellegrini, mercanti di oggetti devozionali, venditori di fichi, cavadenti, cambiavalute, fin dentro l'atrio della chiesa, il papa intervenne senza troppi scrupoli per fare spazio, senza che fosse costruito qualcosa di nuovo. Di certo non era una vista attraente, i contratti d'affitto parlano di «case piuttosto rovinate» e nel registro dei canoni d'affitto del Capitolo della basilica, che ne era danneggiato, si trova anche un'annotazione sarcastica: «Nessuna casa ha più le porte e in gran parte sono crollate; questo dipende dalla negligenza di papa Bonifacio IX buonanima, al quale giorno e notte stava sempre a cuore la chiesa di S. Pietro».[33]

Anche l'interno della città era poco invitante. Le disposizioni igieniche degli statuti in vigore all'epoca fanno temere il peggio, quando per esempio prescrivono che i macellai non gettino semplicemente per la strada le carcasse degli animali ma nel Tevere (e tutta la spazzatura che ci navigava tornava nelle strade durante le sue piene periodiche). Che la peste qui abbia trovato un terreno di coltura favorevole, tanto più quando masse di pellegrini invadevano la città, si riflette anche nei provvedimenti papali, per esempio nell'anno santo 1390, in cui si accorcia la durata del soggiorno prescritta ai pellegrini facendo riferimento al pericolo di peste. Quel che

32. Ricostruzione di Castel Sant'Angelo: Esch 1969, pp. 260-262. Le capre: questo dettaglio, insieme ad altri, è stato considerato una descrizione fantasiosa di Gregorovius, che però l'ha ricavato da fonti dei contemporanei, da Biondo e Infessura.

33. Banchi davanti a S. Pietro, situazione delle case secondo i *censuali* del Capitolo: Esch 1969, p. 263, lupi, p. 214.

il visitatore di Roma certo non si aspettava era la presenza dei lupi, che di notte si addentravano in città dalla Campagna e dall'area disabitata: il comune assegnò diversi premi a chiunque avesse ucciso lupi all'interno o all'esterno delle mura cittadine.

Anche le chiese erano in uno stato miserevole. Mentre si avvicinava l'anno santo del 1400, per il quale erano attesi numerosi pellegrini anche di obbedienza avignonese (per la parte romana questo anno non era stato nemmeno annunciato, solo l'anno santo precedente secondo il ritmo antico, il 1390, fu prolungato tacitamente fino al 1400), si pensò alle riparazioni più urgenti delle chiese importanti con l'ovvio timore che il loro aspetto potesse «turbare i pellegrini». In effetti, dando uno sguardo d'insieme alle descrizioni stringate della situazione nelle disposizioni sparse relative alle riparazioni, si ricava un quadro complessivo spaventoso. SS. Apostoli minaccia di «crollare completamente e di diventare una rovina (*totum devastari et in ruinam deduci*), come si deduce dalla relazione di alcuni esperti di edilizia e già dall'aspetto», S. Anastasia sarebbe «in rovina e crollata», S. Pietro in Vincoli «bisognoso di un restauro integrale».[34] Dopo 70 anni di assenza avignonese e altri 20 anni di scisma non ci si poteva aspettare niente di diverso.

Appariva brutta perfino la situazione delle basiliche più insigni, per esempio S. Paolo fuori-le-mura: nella chiesa erano alloggiati provvisoriamente i cavalli dei *condottieri*, i greggi della Campagna cercavano riparo qui dal maltempo, il capitolo non disponeva più di uno spazio dignitoso per le sue riunioni. Bonifacio IX, nell'aprile del 1400, convocò per il suo restauro un'apposita commissione edilizia, rinunciò alle offerte di denaro riservate al papa e dispose il trasporto di travi per la riparazione del tetto: soprattutto dagli Appennini (da lì, dalla Massa Trabaria, attraverso l'alta valle del Tevere, era giunta la maggior parte delle travi, *trabes*, per le basiliche romane che avevano dato il nome a quella regione boschiva), poi perfino dalle coste della Dalmazia, «perché là [Massa Trabaria] non si trovano legnami così lunghi (*legnamina ita longa*)», come dimostra una richiesta papale di transito a Venezia, nelle Deliberazioni del Maggior Consiglio[35] (Venezia si procurava qui i legnami lunghi per costruire le sue navi). Sostituire le vecchie travi nel tetto delle basiliche costantiniane era

34. Documenti d'archivio: Esch 1969, pp. 211 e 337 s.; vendita delle proprietà di chiese e conventi, ivi, pp. 226-228.
35. Esch 1969, p. 338.

un lavoro colossale, descritto in modo molto vivido dall'Anonimo Romano, il biografo di Cola di Rienzo, in occasione di una riparazione a S. Pietro nel 1340:

> Si trovò un'enorme trave di dimensioni sorprendenti. Io l'ho vista, era spessa dieci piedi. Era tutta avvolta da funi a causa della sua grande antichità. Grazie al suo spessore questa trave si era conservata così a lungo. Era di abete, come le altre. E si trovarono incise sopra le lettere CON, come se volesse dire: «Questa è una delle travi che il buon Costantino ha messo in questo tetto». Era antica quanto l'Alleluja, *era antiquo quanto che l'aleluia*. Questa trave fu tirata giù e dentro si trovarono buchi e cavità, che in parte erano provocati dall'età, in parte erano stati rosi dagli animali per farsi una dimora al loro interno. Si trovarono ratti enormi nelle loro tane, e si trovarono martore e perfino volpi insieme alle loro tane. Chi lo vide, non ci poteva credere. Questa venerabile trave fu sezionata e se ne ricavarono le assi necessarie per la ricostruzione. E molti nobili romani ne fecero tavole da pranzo, *ne àbbero tavole da manicare* [...].[36]

In una Città eterna si convive con i secoli anche nella quotidianità.

Bonifacio IX ha promosso anche in altri casi la riparazione degli edifici religiosi. Ma questo non significava nulla se, per un altro verso, imponendo di continuo al clero tributi per la guerra, faceva andare completamente in rovina le chiese e i conventi di Roma. Alcuni non riuscivano più nemmeno a sostenere le spese quotidiane più comuni con le entrate ordinarie – per esempio l'olio per l'illuminazione della chiesa – e, per far fronte alle imposte straordinarie, dovevano svendere pezzi delle loro già ridotte proprietà: beni del valore di 10.000 fiorini venivano ceduti per soli 800 fiorini, "perché sono comunque in mano ad alcuni nobili", e innumerevoli altri casi di svendite analoghe. Era inevitabile che una simile rovina finanziaria si riflettesse anche sull'aspetto delle chiese e dei conventi. In una città in cui le chiese erano così in risalto e per il visitatore contavano più di qualsiasi altro edificio laico, l'impressione desolante trasmessa da queste fonti (non resoconti soggettivi e magari polemici, ma motivazioni ufficiali per progetti di riparazione difficilmente sostenibili), rende ancora più cupa la nostra immagine della città.

36. Anonimo Romano 1979, pp. 30 s.

2. Roma e la curia

Il comune romano e il suo ceto dirigente

Tornando al comune romano al tempo di Cola di Rienzo come punto di partenza, ora prenderemo in esame i romani e il loro ceto dominante. Può sembrare strano trattare i romani a Roma come gruppo specifico. Invece la realtà era proprio questa. I romani non erano, come i fiorentini a Firenze o i veneziani a Venezia, signori in casa propria. Dovevano spartirsi questa Roma con un monarca che più *mono-archico* non si può: il papa. Questa situazione particolare aveva ostacolato anche il movimento comunale, così precoce e vincente in tanti altri luoghi: a Roma fu più debole, tardivo e con un raggio d'azione più limitato rispetto ad altre città, e tuttavia con rivendicazioni ideologiche altisonanti a causa del richiamo alle tradizioni repubblicane e imperiali dell'antica Roma. I romani, consapevoli di questa condizione particolare, la vivevano con sentimenti contrastanti. Quindi le oscillazioni nel rapporto fra papa e comune devono essere registrate con cura ed essere trattate come un tema fondamentale della rappresentazione storica.

Roma apparteneva ancora ai romani quando alla fine i papi, fra il 1377 e il 1378, rientrarono in città da Avignone. Il comune era diretto con polso fermo dai due banderesi, comandanti della milizia cittadina (*felix societas balistariorum et pavesatorum Urbis*), che accanto ai tre conservatori erano l'organo direttivo supremo ed ebbero nelle loro mani in misura crescente il potere esecutivo. I papi avrebbero avuto a che fare soprattutto con loro. A capo del comune ora c'era un senatore nominato dal papa, chiamato da fuori, che doveva amministrare la giustizia. Ma i tre conservatori, ciascuno dei quali restava in carica solo tre mesi (i tempi degli incarichi nei comuni italiani erano ovunque brevi, perché si diffidava del carattere umano), preposti all'amministrazione e alle finanze, tenevano rigidamente sotto controllo il senatore e lo sostituivano ufficialmente, come accadde sotto Bonifacio IX, se non veniva designato per molto tempo.[1]

Come all'interno della città, il comune vigilava gelosamente sui propri diritti anche sul territorio circostante, nel *districtus urbis*, che coincideva all'incirca con il triangolo Montalto-Terracina-Terni. L'ampia cintura di Campagna che circondava la città, spopolata o coltivata estensivamente, rendeva una questione di importanza vitale il diritto della *grascia*, cioè la fornitura dei viveri. In alcune località sotto il dominio diretto come Vitorchiano, Magliano, Tivoli, Velletri, Cori, il comune inviava regolarmente un podestà. A loro volta queste località dovevano partecipare ai «giochi di Navona e Testaccio», organizzati ogni domenica precedente al mercoledì delle ceneri a spese della comunità ebraica, soprattutto sul Monte Testaccio a sud della città.[2]

Questo "monte dei cocci", in realtà il cumulo di detriti dell'antico porto del Tevere situato nelle vicinanze, con la sua enorme discarica di anfore, era considerato dai romani una catasta di recipienti riempiti di terra che le province dell'antica Roma dovevano inviare alla capitale come tributo. La solennità di questo simbolo di sovranità universale, che anche al tempo di Bonifacio IX manteneva tale fama, contrastava in modo bizzarro con il rozzo divertimento del popolo che qui si sfogava in grottesche competizioni e in selvagge mattanze (per le località sottomesse, che dovevano mandare *lusores* ben equipaggiati, la partecipazione era un dovere gravoso). A un umanista non si potevano più raccontare cose di questo genere – anfore riempite di terra come tributo – e il carnevale romano, nella Roma divenuta pontificia, nel XV secolo assumerà forme più morigerate.

Che molti dei diritti avanzati dal Campidoglio nel distretto cozzassero con le rivendicazioni di sovranità del papa, era inevitabile e aumentava i motivi di attrito. A questo si aggiungeva il fatto che era in gioco un terzo elemento, contro il quale si indirizzava l'irritazione del comune, ancora più che nei confronti del papa: la nobiltà baronale. A differenza del papa, gli statuti potevano prendere di mira espressamente questa nobiltà. Dichiaran-

1. La costituzione del comune romano secondo gli statuti: Esch 1969, pp. 215-223, la realtà costituzionale, pp. 223-249. Sul ruolo dei banderesi: Maire Vigueur 2008.

2. Sui *ludi*: Sommerlechner 1999; Guarino 2012. Origine e struttura del monte: Remesal Rodríguez 2012/13.

Fig. 9. La milizia cittadina dei Banderesi e Pavesati, gli avversari più temuti dei papi a Roma: i loro rappresentanti, figurati su entrambi i lati dello stemma del comune (e sotto, gli stemmi dei conservatori), incisi nel cippo sepolcrale di Agrippina Maggiore divenuto la misura ufficiale per il grano.

do che il giorno della presa del potere da parte di Cola di Rienzo sarebbe diventato festa statale, gli statuti stabilirono che i nobili non avrebbero potuto assumere alcuna carica comunale né in città né nel distretto, e che non avrebbero potuto nemmeno mettere piede in Campidoglio. Dovevano impegnarsi sotto giuramento a non accogliere nei loro castelli nessuno che fosse stato condannato dal Campidoglio. La limitazione prevista in molti casi per il senatore di accertare da sé – quindi d'ufficio, anche senza una denuncia – una violazione nell'iter dell'*inquisicio*, non valeva sostanzialmente nei confronti della nobiltà, per la quale gli statuti prevedevano in più un provvedimento punitivo specifico, particolarmente duro, che dal *pedes* al *miles* o *cavalleroctus* fino al *potentior de magnatibus* di regola aumentava di quattro volte. E la milizia al comando dei banderesi era stata creata soprattutto per garantire l'indipendenza del comune nei confronti della nobiltà.

Questa era l'immagine del comune trasmessa dagli statuti, dalle fonti normative. Chi erano, però, gli uomini che all'epoca governavano il comune e rendevano la norma costituzionale una realtà costituzionale?

La realtà politica e sociale di Roma nel tardo Medioevo può essere ricostruita solo in modo imperfetto, la società in senso prosopografico può essere compresa solo in modo incompleto, perché a Roma mancano interi generi di fonte che in altre città italiane sono scontati e disponibili, motivo per cui talvolta bisogna «avvicinarsi al tardo Medioevo romano con i metodi della ricerca sull'alto Medioevo» (Lori Sanfilippo 2001). Perciò, innanzitutto, qualche parola sulla situazione delle fonti: quella della città di Roma, non la vaticana, che non solo è molto ricca ma appare equilibrata nelle sue diverse componenti.[3]

Per quel che riguarda i materiali di archivio, ci si potrebbe aspettare di avere a disposizione almeno i generi di fonte disponibili altrove. Le sedute del consiglio cittadino con le sue delibere, le «riformanze», che perfino la cittadina di Orte sul Tevere possiede, per Roma sono andate tutte perdute e si sono conservate solo a partire dal 1515. Oppure gli atti penali, ma sono stati tramandati solo pochi registri del tribunale penale del senatore. O alcune migliaia di dichiarazioni dei redditi con l'indicazione precisa della situazione economica personale come nel catasto fiorentino, o una bella serie di testamenti come a Bologna. Ma a Roma non c'è nulla di simile.[4]

Questa drammatica perdita di fonti è attribuita in generale al Sacco di Roma, lo spaventoso saccheggio subìto dalla città ad opera delle truppe imperiali nel 1527. Allora, in effetti, molto dev'essere andato perduto. Ma è provato che molti materiali d'archivio sono sopravvissuti al sacco. Del resto, bisogna considerare accanto alle fonti *andate perdute* a Roma anche quelle *mai scritte*: di norma non è affatto venuto in mente ai mercanti romani, non erano di certo i *marchands écrivains* fiorentini,[5] di lasciare «ricordanze», quell'attraente mescolanza di notizie sulla famiglia e sulla città, e gli scarni dettagli nei contratti di lavoro fanno supporre che molto sia stato stabilito oralmente. Inaspettatamente scarsa è anche la consistenza degli archivi delle famiglie a un livello inferiore dei Colonna e degli Orsini, e alla luce di questa «estrema parsimonia degli archivi familiari romani sotto la nobiltà baronale» (A. Modigliani 2008) è stato avanzato il sospetto che queste famiglie, dopo essere state elevate al rango nobiliare, non avessero più interesse a documentare il

3. Sulla situazione delle fonti: Lori Sanfilippo 2001, pp. VII e 3-14; Esch 1995.

4. Perdite di materiale: Lori Sanfilippo 2007, pp. 111-113. Delibere del consiglio cittadino tramandate: Rehberg 2010; Atti penali: Cherubini P. 2001.

5. Bec 1967; per Roma: v. sotto, pp. 94 s.

loro passato di bottegai.[6] E la storiografia cittadina romana? A paragone della cronachistica fiorentina o veneziana, malgrado il vantaggio di trovarsi al centro del mondo cristiano, è palesemente provinciale, come si vedrà in seguito.[7]

Se la situazione delle fonti romane elude spesso le nostre domande, altre volte invece ci riversa addosso informazioni che non avevamo chiesto. Così, all'improvviso, conosciamo 679 persone solo perché non avevano spazzato davanti alle loro porte e perciò nel 1467 erano entrate a far parte di un registro penale, che si è conservato casualmente, con nomi, cognomi, provenienza, nel quale troviamo anche artisti di cui altrimenti non sapremmo nulla: non la loro modesta arte ma la modesta trasgressione è la loro sola opportunità di essere tramandati. Una selezione di questo tipo può essere anche rappresentativa: infatti, tra quelli che non avevano spazzato intorno alla dogana, ci sono 1 doganiere, 1 maniscalco, 2 osti – proprio i servizi che possiamo aspettarci in una dogana.[8] Anche questo, alla luce della situazione delle fonti romane, è ben accetto. Ma preferiremmo sapere altro, quel che è andato perduto con le grandi serie di registri citati all'inizio. Al principio del XVI secolo cominciano a comparire tipi di fonte privati, ancora poco appariscenti: il registro di Maddalena *pizzicarola*, nel suo negozietto tra Ponte Sisto e Porta Settimiana, dove vende formaggio, sapone, aceto, con le annotazioni di un'infinità di mani inesperte di clienti e fornitori, a giudicare dal linguaggio e dalla grafia anche mezzi analfabeti, proprio per questo rappresenta una fonte particolare.[9]

I tipi di fonte più ambiti per gettare uno sguardo approfondito nella vita della Roma tardo-medievale e che, per questa ragione, saranno costantemente utilizzati nelle pagine seguenti, sono soprattutto le imbreviature notarili, quaderni in cui il notaio, in forma concisa (da qui il termine "imbreviatura"), registra i negozi giuridici dei suoi clienti: contratti d'acquisto, doti, prestiti, testamenti, arbitrati, assemblee di capitoli e corporazioni, atti costitutivi, così come si presentano giorno per giorno, permettendo di osservare il dinamismo di questo piccolo mondo. Nei sobri documenti notarili, però, si possono anche fare scoperte sorprendenti: il vecchio Poggio Bracciolini presta denaro a Roma; il giovane Michelangelo, solo da poco a Roma, è testimone accanto

6. Modigliani 2008; per le parti depositate nell'Archivio Vaticano (Della Valle/Del Bufalo, Santacroce): Pagano 1993.

7. Storiografia cittadina: v. sotto, pp. 314 s.

8. *Un libro di multe* 1984.

9. Petrucci 1978, con facsimilia.

a Jacopo Galli che lo ospitava.[10] Dai libri delle imbreviature si può dedurre quale fosse mediamente la mole di lavoro di un notaio, ricavare da tutte le notizie disponibili il numero minimo di notai attivi contemporaneamente in una città (anche se si è conservato un unico documento in merito) – e da entrambi i dati calcolare il numero presunto dei documenti notarili prodotti in questa città. Dalla differenza tra la produzione calcolata e la quantità effettivamente tramandata è possibile misurare la perdita di quel che poteva giungere fino a noi.[11] E questo vale proprio per Roma.

Le imbreviature notarili romane per lungo tempo sono state poco considerate (anche se già Gregorovius aveva utilizzato gli atti del notaio che lavorava per i Borgia), dato che ad alcuni storici la Roma dei romani appariva troppo modesta e quindi non le inserivano tra i documenti pontifici e imperiali. Solo a partire dagli anni Sessanta del Novecento una nuova generazione di storiche e storici romani si è dedicata in modo approfondito alle imbreviature notarili, ha raffinato la metodologia ed è approdata così a buoni risultati, ai quali faremo riferimento in queste pagine.[12] Infatti, se è stato individuato il notaio preferito di un cardinale, un imprenditore, una famiglia potente, una colonia di stranieri (i tedeschi, i francesi, i fiorentini a Roma) e le loro imbreviature si sono conservate, si ha facilmente accesso a tutte le istanze giuridiche del cardinale, dell'imprenditore, della famiglia, degli stranieri. Non che il materiale che si è conservato, a paragone per esempio di quello di Genova o Lucca o Firenze, sia particolarmente precoce o consistente (per il XIV secolo 80 quaderni di 16 notai, per la prima metà del XV secolo 43 quaderni di 22 notai, ma in seguito la mole cresce sensibilmente). Eppure la quantità è già rilevante, se le domande che vengono rivolte alle fonti sono quelle giuste. Solo che non si dovrebbero interpretare in senso statistico, perché di fronte a quel che si è tramandato casualmente bisogna chiedersi se l'immagine che ne emerge sia rappresentativa della realtà del tempo.

Sono stati esaminati in modo appropriato anche gli statuti di corporazioni e confraternite.[13] Statuti, regolamenti e altre fonti normative hanno

10. Corbo 1990, pp. 123-128; *Michelangelo e Jacopo Galli* 2018.

11. Ipotesi circa il numero di notai attivi contemporaneamente spesso non rappresentativo: Esch 1985a, pp. 532-544.

12. Gregorovius 1872; Lori Sanfilippo 2007; Ead. 2001, pp. 433-458; su Martino V: Ead., in *Alle origini* 1992, pp. 413-453; Verdi 2005; Lombardo 2012; *Notai a Roma* 2018; inoltre numerosi singoli lavori citati nel seguito.

13. Statuti delle corporazioni: Lori Sanfilippo 2001; fonti delle confraternite: *Storiografia e archivi* 1985.

maggiori chance di essere tramandati, offrendo allo storico il vantaggio di fornirgli una cornice solida entro la quale poter disporre le istantanee delle fonti di altro tipo. Perché le fonti normative consentono di riconoscere come si auspicava che fosse organizzato il mondo a quel tempo, perché mettono ordine nelle relazioni della vita. Solo che questo, naturalmente, non significa (nemmeno nella Roma odierna) che la realtà di allora corrispondesse a quest'immagine teorica. Per questo prestiamo attenzione alle fonti non normative (contabilità, documenti d'acquisto, liste di membri), che essendo comunque tramandate in modo frammentario, distorto, non riproducono fedelmente la realtà e perciò raramente restituiscono un insieme compiuto e rappresentativo.

Questo per proporre alcune riflessioni sul modo in cui lo storico deve misurarsi con l'asimmetria di quanto viene tramandato della Roma tardomedievale, per fare di necessità virtù in senso metodologico. Cercare un'illuminazione dall'esterno, visto che i materiali d'archivio tramandati sono insufficienti, e ricorrere a materiali stranieri, è certamente un supporto ma offre una prospettiva modesta. Infatti ai cronisti e agli autori dei carteggi interessa la Roma della corte, non la Roma dei romani. Solo quando il comune si disgrega nel 1398, le lettere sono più eloquenti di qualsiasi altra fonte romana: per esempio le lettere commerciali dell'Archivio Datini, perché i mercanti osservano in modo diverso, spesso meglio dei diplomatici. Per osservare correttamente il mercato ci vuole qualcosa di più delle congetture sulla malattia del papa o sulle prospettive del figlioletto di un principe di ottenere la porpora cardinalizia. Quel che vogliono sapere i mercanti, vogliamo saperlo anche noi.[14]

Deduzioni per analogia con altri comuni non sono in grado di colmare le lacune di quanto è stato tramandato, lo vieta il carattere particolare di questa città, con la contiguità di papa e comune, l'enorme estensione dei possedimenti ecclesiastici, l'insolita preponderanza del primo e del terzo settore (quindi agricoltura e servizi) nell'economia cittadina. E con questo torniamo dalla descrizione delle fonti alla realtà descritta.

Accanto alle solite professioni organizzate in arti e mestieri come i mercanti, i cambiavalute, i notai, i fabbri, i lanaioli, i macellai, i fornai, e così via, che però a Roma non sono mai riusciti a conquistare il potere di altri regimi delle arti, si possono citare come gruppo caratteristico i *marmorarii*, che qui non dovevano procurarsi il loro materiale da cave lontane

14. Lettere di mercanti, v. sotto, p. 57.

ma – a dispetto dei divieti emanati – lo trovavano *in loco* tra le antiche rovine, già predisposto in blocchi (dal blocco di un architrave è stata lavorata anche la statua di Carlo d'Angiò sul Campidoglio, come si vede sul lato posteriore), e talvolta è possibile localizzare gli edifici da cui sono stati ricavati i materiali di spoglio. E soprattutto la corporazione dei *bovattieri*.

I bovattieri, ossia i "proprietari di bovini", associati nella *nobilis ars bobacteriorum*, erano in verità rispettabili imprenditori agricoli come non ne esistevano in altre città, almeno di questo rango, e sono stati scarsamente considerati per lungo tempo anche negli studi romani;[15] un gruppo in ascesa di grandi allevatori di bestiame, che fuori nella Campagna acquistavano i possedimenti fondiari delle chiese romane impoverite come terre per il pascolo, oppure davano in affitto in grande stile i diritti di pascolo. Disponevano di un sicuro sbocco di mercato, considerando il fabbisogno di carne di una grande città, con una corte e tutte le attività collegate ai pellegrini (il fatto che alla ben documentata proprietà fondiaria ecclesiastica le cose all'epoca vadano palesemente male, non è ancora un indizio del declino dell'economia, se la terra della Chiesa finisce nelle mani di imprenditori pronti ad investire e decisi a sfruttare economicamente il suolo). Là fuori erano anche particolarmente esposti alle rappresaglie della nobiltà baronale che dominava sulla Campagna. Gli studi prosopografici con i loro criteri (consistenza delle dote, presenza dell'alta nobiltà a un matrimonio, nomina ad arbitro o procuratore, posizione di canonico in una basilica importante, ruolo nelle confraternite più illustri e naturalmente cariche comunali) hanno assegnato contorni via via più chiari a questo gruppo. Alcune di queste famiglie inizieranno presto la loro ascesa nella nobiltà cittadina, e noi continueremo a incontrarle.

Il comune romano, viziato nel suo sentimento di autonomia a causa della lunga assenza del papa, era abbastanza forte da vessare quotidianamente un papato debole com'era quello del periodo scismatico. Come già i suoi predecessori, anche Bonifacio IX, che da parte sua non poteva esercitare alcuna influenza sulle nomine e sull'amministrazione finanziaria del comune, fu ben presto molto occupato a fronteggiare la costante guerriglia che metteva il Vaticano in una posizione di assedio permanente. In conti-

15. Gennaro 1967; Maire Vigueur 1981; Cortonesi 1995, pp. 105-118; Lori Sanfilippo 2001, pp. 95-122. La produttività agricola sull'esempio del Lazio settentrionale: Cortonesi, Lanconelli 2016. Su questioni topografiche, proprietà fondiaria, casali della Campagna: Tomassetti 1910-1926/ 1979; Coste 1996; Carocci, Vendittelli 2004.

nuazione, anche più volte in una settimana, la curia doveva intervenire perché il Campidoglio, per esempio, non teneva in alcun conto le competenze separate delle giurisdizioni e portava i curiali dinanzi al suo tribunale: martedì si era adoperata per un canonico di S. Pietro imprigionato, il venerdì successivo addirittura per il custode del palazzo apostolico, il lunedì di nuovo per un collaboratore della cancelleria.[16]

A questa situazione intollerabile contribuiva non poco il fatto che gli statuti cittadini erano stati elaborati nel periodo avignonese, quindi i problemi pratici della coabitazione erano stati trascurati. Già per questo Bonifacio IX, nel contratto con il comune del 1391 che avrebbe dovuto eliminare gli «*scandala* che spesso sorgevano tra funzionari romani e curiali», chiese che gli articoli fossero inseriti, per così dire, come novelle agli statuti: «nei registri del comune come decreto, statuto o riformanza». Il papa andò addirittura oltre, facendo dipendere espressamente la permanenza della curia a Roma dal rispetto di questo contratto. Quando nemmeno questo fu d'aiuto, lasciò effettivamente la città e mercanteggiò il ritorno a Roma da Perugia o Assisi con un altro contratto, che nell'agosto 1393 chiedeva di più ed era definito con maggior precisione. Il più importante dei numerosi articoli era la concessione di poter nominare un senatore pontificio, che nell'esercizio del suo ufficio – come stabiliva espressamente un'appendice – non poteva essere ostacolato dai banderesi. La trascrizione palesemente guardinga di questo diritto (*possit si velit*, ma anche *in casu quo nollet*) fa capire che tale punto, avverso a conservatori e banderesi, dev'essere stato al centro di una dura trattativa; e anche il fatto che la nomina di un senatore non ebbe luogo, fa capire come nemmeno ora fosse ancora possibile imporre al comune l'influenza del pontefice.[17]

A questo si aggiungeva il fatto che papa e comune, sia in città che nel contado, entravano costantemente in conflitto, o per diritti di sovranità in competizione (nomina del podestà, imposizione di tasse, ecc.), o per la situazione esistente. Là fuori la nobiltà baronale era potente e i Colonna esercitavano un'influenza anche all'interno della città, e presto si cominciò ad imbattersi in sostenitori del papa avignonese (i bretoni nel Lazio settentrionale, Onorato Caetani in quello meridionale). Ostinato, ma più abile del suo predecessore (e sempre conciliante quando riusciva a imporsi),

16. Bonifacio IX e il comune romano: Esch 1969, in partic. cap. I 4; vessazioni quotidiane ivi, p. 224.
17. Contratti del 1391 e 1393, ivi, pp. 225-230.

Bonifacio IX evitò anche in questo caso un confronto aperto con il comune romano. Ma era ben consapevole dei rapporti di forza che un cronista dell'epoca espresse in questi termini: «Si diceva "la Chiesa di Roma" e non "la Roma della Chiesa"». Per un lungo periodo il papa non poté lasciare questa città impossibile (come Firenze talvolta gli consigliò), perché la sede presso le tombe degli apostoli era la sua legittimazione più importante di fronte al papato avignonese.

Così non gli restò altro da fare che stare all'erta, aspettando un'occasione per porre fine a questa situazione intollerabile. L'occasione gli si presentò, alla fine, nella piena estate nel 1398. Bonifacio IX ne approfittò immediatamente, e con abilità e risolutezza sferrò il colpo liberatorio che avrebbe cambiato per sempre il futuro di Roma.

Questo colpo gli riuscì perché il comune, che verso l'esterno, nel suo confronto con il papa, esercitava una pesante influenza, al suo interno era diviso in fazioni. E su questo si poteva far leva.[18]

Un indizio è rappresentato dal resoconto di un testimone ignoto, che trovandosi alla curia dal 1393 racconta in base alla sua esperienza personale che a Roma all'epoca c'erano due partiti: i cosiddetti *populares*, guidati da un certo Pietro Mattuzzi, e i *nobiles* di Pietro Cenci e Petruccio Sabbe. «Non erano proprio tanto nobili, erano semplicemente i cittadini più influenti della città». La vera nobiltà (e con questo intende la nobiltà baronale dei Colonna e degli Orsini) non si poteva nemmeno azzardare a trattenersi in città anche solo per tre o quattro giorni. I due partiti si sarebbero dati il cambio al governo in un'alternanza febbrile: le conseguenze sarebbero diventate così insopportabili per i curiali e per gli abitanti della città che entrambe le parti, alla fine, si rivolsero a Bonifacio IX, il quale poi agì *valde subtili modo* mettendo fine ai traffici dei banderesi attraverso la nomina di un senatore. Perché fino a quel momento i banderesi erano stati i signori della città.

Una ricostruzione delle liste degli uffici romani dimostra che quel Pietro Mattuzzi, nel 1394-95, aveva mantenuto la carica per un anno intero (e questo era insolito per un conservatore), «quasi come un signore». Quando fu scalzato, il papa con accortezza ottenne dal partito avversario solo l'esilio invece della condanna del capo dei popolari. A questo punto i nobili vittoriosi arrivarono al potere e per tre anni interi non lo cedettero più.

18. Divisione in partiti e prosopografia del gruppo dirigente ivi, pp. 238-249. Testimone oculare: ivi, pp. 239 s., cfr. Schimmelpfennig 1973, p. 118.

Nel giugno del 1398 Paolo Orsini lasciò il suo incarico come *condottiero* di Firenze e marciò su Roma con le sue truppe: al suo seguito c'era l'esiliato Pietro Mattuzzi, che tre anni prima come conservatore romano aveva anticipato al papa ingenti somme per assoldare proprio Orsini. Si attestarono davanti alla città e misero a ferro e fuoco i dintorni. Di certo chiesero ai mediatori il rientro dei popolari sconfitti in città. Il partito dei nobili al potere alla fine non seppe più che fare, se non affidare al papa la piena sovranità su Roma; e i popolari nuovamente ammessi – che fino a quel momento erano stati contrari alla sovranità del papa su Roma esattamente come il partito avversario – si associarono a questa *resignacio pleni dominii*. Già il 4 luglio Bonifacio IX concesse l'assoluzione a 30 esponenti dei nobili per il reato di cospirazione e di *lesa maiestas*, il 1° agosto anche a 14 esponenti dei popolari con Pietro Mattuzzi in testa. Qui compare per la prima volta la formula di cui il papa si servirà d'ora in avanti quando dovrà trattare questioni riguardanti il comune: *tam apostolica quam pleni et liberi dominii dicte Urbis auctoritate* («per il potere apostolico e la piena, illimitata sovranità sulla città»).[19]

L'atto di sottomissione ebbe uno strascico sanguinoso. Ancora in agosto i capi dei nobili tentarono di revocare con la forza la loro sottomissione e di introdurre di nuovo il regime dei banderesi. E nemmeno il partito degli Orsini si era immaginato questa messa sotto tutela. Ma Bonifacio IX ora seguì la sua linea di condotta con inflessibilità: i caporioni furono giustiziati, Pietro Mattuzzi esiliato, per gli altri fu emanata un'amnistia. Quel che aveva voluto da sempre, imporre un senatore di sua scelta a capo del comune, avvenne subito nei primi giorni, dopodiché, colpo su colpo, fu spazzato via tutto quel che si era frapposto alla sovranità del papa: la carica dei banderesi fu soppressa, le cariche comunali in futuro sarebbero state assegnate tutte dal papa attraverso una lista unica, le funzioni del senatore sarebbero state libere da qualsiasi limitazione, le finanze statali in pratica sarebbero state subordinate alla Camera Apostolica. Quasi tutte le disposizioni erano accompagnate dalla clausola *non obstantibus statutis Urbis* («anche se sono in contrasto con gli statuti cittadini»). Perché nulla era più come prima, ora era il papa a legiferare. Castel Sant'Angelo fu immediatamente messo in sicurezza con la demolizione delle case costruite intorno, fu fortificato con una torre centrale (che inglobò l'antico

19. Esch 1969, pp. 249-276 e 571-574.

basamento della quadriga di coronamento) e dotato di bombarde, mentre il palazzo del senatore sul Campidoglio fu munito di torri.[20]

Lo scossone dell'estate 1398 illumina, come un lampo nell'oscurità altrimenti assoluta delle fonti, anche i rapporti all'interno del comune. Non sapremmo nulla, altrimenti, di chi apparteneva al ceto dominante e della polarizzazione in due partiti. Quindi bisogna innanzitutto analizzare questa suddivisione per comprendere le dinamiche in atto all'interno del comune.

Qui e soltanto qui – con i detentori di cariche, i condannati, i giustiziati, gli esiliati, gli amnistiati – troviamo finalmente nomi che possono essere raggruppati in senso prosopografico. Un conservatore del 1393 si incontra già come commissario di guerra nel 1386, poi nel 1416 fra i governatori della città – così le vite appaiono intrecciate alla trama della storia comunale. Possiamo comprendere al meglio la composizione del ceto dominante romano proprio qui, e dobbiamo farlo perché si manterrà così anche nei due decenni successivi.

I nomi dei partiti, *nobili* e *popolari*, a prima vista fanno supporre che qui fossero contrapposti due gruppi sociali. Ma questo vale solo a grandi linee, si tratta di reminiscenze di rapporti più antichi: fra i *nobiles* c'erano anche vecchie famiglie di popolani e viceversa. In realtà, si tratta di due grosse clientele all'interno del ceto dominante: i *nobiles* clientela dei Colonna, i *populares* clientela degli Orsini. Eppure all'interno della clientela dei Colonna, nel 1398, si trovavano in effetti più antiche famiglie illustri (come Cenci, Sanguigni, Capodiferro, Pelosi, Cancellieri) che fra i sostenitori degli Orsini. Sono anche molto più spesso membri della confraternita elitaria di *S. Salvatore ad Sancta Sanctorum*; a differenza dei popolari sono citati più volte nella cerchia intorno alla curia; e può essere sintomatico il fatto che nelle fonti del tempo si riescano a trovare molte più notizie sui nobili piuttosto che sui popolari.

Il capo dei popolari, Pietro Mattuzzi, era commerciante, ma *huomo di picciola condittione*, un arrampicatore. La sua vicinanza agli Orsini (con i quali anche Cola di Rienzo aveva stretto un patto di opportunità) è dimostrata dalla marcia su Roma del 1398, la clientela risiedeva soprattutto nei rioni molto popolati dell'ansa del Tevere lungo la *via papalis*, dove dominavano gli Orsini. Che la nobiltà baronale, dalla sua base di

20. Misure di stabilizzazione ivi, pp. 253-271 (Castel Sant'Angelo: pp. 260-262). Su quel che segue (partiti e clientele, trasformazione dei rapporti clientelari): Rehberg 1999a, pp. 290, 397 s.

potere all'esterno (i Colonna soprattutto nel Lazio orientale, gli Orsini più nel Lazio settentrionale e nella Sabina), a dispetto di tutti gli statuti esercitassero la loro influenza anche nel comune, è emblematico – e anche in futuro a Roma lo sarà – della differenza tra la norma costituzionale e la realtà costituzionale.

È indicativo del carattere scarno delle fonti romane il fatto che su quest'evento, per quanto epocale, non c'è quasi nulla in queste fonti e qualcosa nelle fonti vaticane, siamo a conoscenza di alcuni dettagli solo dalle lettere che i mercanti fiorentini scrivevano da Roma. Non meno di 1634 lettere degli anni 1383-1407 sono conservate a Prato nell'Archivio del mercante Francesco Datini.[21] Le lettere commerciali contengono quasi sempre, accanto alle notizie riguardanti gli affari, anche notizie politiche, perché per tenere sotto controllo il mercato era indispensabile un certo fiuto per gli sviluppi politici. Così anche Giuliano di Giovanni Portinari, in 318 lettere inviate da Roma negli anni 1393-1406, commentava quel che accadeva sul Campidoglio (tanto più che Pietro Mattuzzi, il capo dei popolari, aveva rapporti d'affari anche con commercianti fiorentini) e descriveva i fatti come in nessun'altra fonte romana:

> Vorrei comunicarvi un evento spiacevole, che è accaduto qui oggi [!] fra l'ora nona e il vespro: a tal punto deplorevole che è perfino impossibile dirlo per le ragioni che seguono. Voi dovreste sapere che Piero Mattuzzi, che fino a oggi era considerato uno dei cittadini più importanti di questa città e già era stato conservatore per oltre un anno (*ed era chonservadore istato giae un anno e piue*), mentre si trovava nel palazzo sul Campidoglio insieme con i banderesi, lo presero e lo portarono in prigione e lo insultarono e lo misero ai ferri senza una qualche ragione nota, e ancora non si sa che ne sarà di lui, tranne che si presume che lo uccideranno.

Così nella lettera del 23 agosto 1395; e quattro giorni dopo: «È ancora in prigione, forse è morto... Ma si spera che presto sia liberato, perché il papa sta facendo tutto il possibile perché sia scarcerato».

Situazioni impossibili in questa Roma, ritiene il fiorentino: il modo in cui i banderesi agiscono contro di noi, una cosa del genere «non accade nemmeno nello stato con la peggior tirannia del mondo!» (*in 1ª terra di tiranni e fosse il pigiore del mondo*). Naturalmente il trionfo del papa sul

21. Importanza della corrispondenza Datini per Roma nel 1398: Esch 1976/77 (le lettere citate qui ivi, pp. 238 s. e 277; eventuali iniziative fiorentine, pp. 271-274), per il commercio a Roma intorno al 1400: Palermo 1979, pp. 229-269.

comune nel luglio 1398 viene salutato qui dai fiorentini, sebbene avessero sempre in bocca la bella parola "libertà" (esistono addirittura indizi di un coinvolgimento di Firenze in queste vicende). Quando poco più tardi, nel gennaio 1400, i Colonna – e questa volta alleati con Mattuzzi, nobili e popolari insieme! – tentarono ancora una volta di invalidare la loro sottomissione del 1398 (ma il colpo di mano fallì), il rappresentante della ditta Medici due giorni dopo scrisse sollevato da Roma: «Il papa ha mantenuto la sovranità e tutto è finito bene. Dio sia lodato – che possa restare così a lungo» (*così piaccia sia per lungho tenpo*). Questo auspicio si realizzò "per lungo tempo": per secoli.

Infatti è nel 1398 che al comune di Roma fu spezzata la spina dorsale, né prima né dopo. I romani, come si vedrà, si sollevarono ripetutamente contro il dominio papale mossi da nobili impulsi. Ma si trattò di episodi che rimasero privi di conseguenze.

Si può deplorare quest'evento e rammaricarsi per la fine del libero comune romano. Ma dev'essere chiaro che proprio questo, il livellamento del comune a città di residenza del papa, è stato il prezzo da pagare perché per Roma si aprisse un futuro nuovo. La Roma comunale non riuscì ad attirare gli strumenti e le energie che ora stava mettendo in moto la Roma pontificia. Solo a questo prezzo la Roma del Medioevo si trasformò nella Roma del Rinascimento.

Società di corte. I napoletani

La curia, che doveva affermarsi nella Roma ribelle dello scisma ed era scarsamente compatta, data la sua composizione disgregata nel 1378, aveva bisogno di elementi stabilizzanti se doveva servire come strumento di dominio al papato indebolito. Qui non si parlerà della sua struttura gerarchica, ma di come la percepivano i romani, della società di corte e di coloro che la dominavano. Erano i napoletani. Infatti dopo lo scisma un gruppo compatto di famiglie nobili napoletane prese inaspettatamente il potere all'interno della curia romana, mantenne questo potere sotto tre papi messi in trono da loro – dal 1378 al 1415 – e non lo cedette fin quando non gli fu strappato con la forza.[22]

22. Sull'ascesa, la composizione e il peso del clan familiare napoletano: Esch 1972a. Perdita del personale: Favier 1966, pp. 136-141.

Questo gruppo dominante ben definito di napoletani sarà esaminato da una distanza più ravvicinata, perché furono questi napoletani a provvedere, seppure a modo loro, alla ri-italianizzazione del papato, premessa basilare per i successivi sviluppi. Furono questi napoletani a portare i fiorentini a Roma (il che non era affatto scontato dopo la guerra di Firenze con il papato nel 1375-78) e a legarli di nuovo in modo duraturo al papato, e questo significò l'ascesa dei Medici nella finanza papale. E furono ancora questi napoletani a rendere visibile con particolare chiarezza l'essenza del nepotismo: non uno strano amore per i parenti (com'è spesso visto), ma un efficace strumento di dominio, di cui si serviranno anche i papi del Rinascimento.

La strada che portò i napoletani a Roma e al potere non fu tracciata chiaramente fin dall'inizio, tutt'altro. Infatti il napoletano Bartolomeo Prignano, ancora impregnato dello spirito avignonese, nel momento della sua elezione inaspettata nel 1378 fu considerato risoluto, incorruttibile e avverso a qualsiasi nepotismo («sarà il papa migliore da cento anni a questa parte, perché non ha parenti»). La situazione con Urbano VI cambiò presto e fu un susseguirsi di circostanze drammatiche: l'elezione di un antipapa, il passaggio dei cardinali e, ancora peggio, del camerario apostolico con il suo personale altamente qualificato, in prevalenza francese, al fronte opposto, alla fine anche la caduta della regina Giovanna I di Napoli – tutto questo tolse all'improvviso al papa il suo personale, ridusse perfino la riserva dalla quale in futuro avrebbe potuto attingere i suoi collaboratori. Cosa avrebbe dovuto fare? Era stato abbandonato e non aveva più scelta: doveva creare dal nulla una curia, doveva prendere, e prendere subito, persone fidate disponibili.

E fu questa l'ora dei napoletani, che in un primo tempo si proposero al papa, loro compatriota o perfino parente, e poi gli si imposero: non erano qualificati, ma almeno erano affidabili. Il papa coltivava ancora la speranza di tenere sotto controllo, attraverso queste famiglie, anche il Regno di Napoli, in modo da trovare un appoggio per lo Stato della Chiesa. Ma Urbano VI litigò addirittura con il proprio pretendente al trono di Napoli, Carlo Durazzo, della linea ungherese degli Angiò, contro l'Angiò francese, pretendente al trono del fronte avignonese, e la guerra civile che ne derivò cacciò di nuovo da Napoli i sostenitori del papa. E proprio perché avevano perso la loro base a Napoli conquistarono la curia, conquistarono la nave sulla quale erano saltati in cerca di salvezza.

E posero delle condizioni (così riferisce uno dei collaboratori del papa, Teodorico di Nieheim):

Presentarono al papa un rotolo da sottoscrivere, che conteneva molte richieste singolari. Il papa me lo consegnò perché io me ne occupassi. Trovai al suo interno parecchie richieste, con le quali si pregava il papa di conferire la dignità cardinalizia a questo o quello, e imploravano regolarmente questa dignità cardinalizia come di norma un qualsiasi povero chierico implora il papa per ottenere una qualche candidatura a una qualche prebenda che si è resa vacante.[23]

E ottennero i loro cardinali. Nella prima promozione (1378) su 25 cardinali 7 sono del Regno di Napoli, nella seconda (1381) sono 3 su 6, in seguito (1382-85) 2 su 3, nell'ultima promozione (1384) 5 su 9. Da questo momento in poi ogni crisi spingerà sempre di più il papa tra le braccia dei napoletani, più precisamente: tra le braccia di un gruppo la cui composizione, viceversa, ad ogni crisi si configura più chiaramente e da allora in poi, per decenni, fino alla fine, resterà immutata.

A questo clan di famiglie nobili napoletane appartenevano i Brancacci (la famiglia materna di Urbano VI) e i numerosissimi Caracciolo, che tennero a lungo le cariche di camerario apostolico e di maresciallo della curia; ne facevano parte i Tomacelli e i Filimarini (la famiglia paterna e materna di Bonifacio IX) e anche i Cossa e i Barrili (famiglia paterna e materna di Giovanni XXIII). Quanto fossero inestricabilmente connesse tra loro queste famiglie, lo dimostrano già di per sé le dispense per legami parentali nei registri pontifici del periodo precedente. Infatti, una dispensa di questo tipo esentava da un legame parentale già esistente più antico passando a un altro ancora più stretto. Dopo la peste del 1348, argomentavano nelle loro suppliche (per età la generazione dei genitori di Bonifacio IX e Giovanni XXIII), «i nobili sopravvissuti» avrebbero trovato «a stento ancora qualcuno che avrebbero potuto sposare senza dispensa in modo adeguato al proprio rango», tanto più che in ogni caso «siamo imparentati per nascita o per matrimonio con tutti i nobili di questa città». Insieme formavano una massa compatta – e questa è la sostanza di cui sarà fatto il papato per quattro decenni.

E ora giunsero alla corte di Roma quelli che a Napoli, a casa loro, avevano sacrificato tutto decidendo di schierarsi a fianco del papa contro il re: per il cardinale Tomacelli sua madre, i suoi nipoti, i suoi due fratelli, che ben presto acquistarono un notevole potere; per il cardinale Francesco Carbone suo padre, le sue quattro sorelle, i suoi tre fratelli; e così per tutti

23. Theodericus de Nyem 1890, p. 80.

i cardinali e i titolari napoletani di qualche carica. E i romani osservavano questa situazione con fastidio.

La curia si trasformò in una piccola Napoli. Gli eventi sia qua che là si assomigliano anche in modo vistoso. Se un documento a Napoli riferisce che una suora Prignano si è fatta prestare qualcosa da una suora Bulcano e ha depositato il pegno da una suora Brancacci, qualcosa di analogo accade nella curia tra papa Prignano, il cardinale Bulcano e il cardinale Brancacci. E insieme a questi grandi naturalmente erano giunti a Roma anche i piccoli napoletani: chi era abbastanza ambizioso e perseguitato, chi era abbastanza povero e imparentato, ora vedeva nella curia, com'è ovvio, l'occasione della sua vita.[24]

Sotto Pietro Tomacelli, successore di Urbano VI e imparentato con lui, poi papa Bonifacio IX (1389-1404), il regime dei napoletani raggiunse il culmine. Solo per questi Tomacelli, nei materiali d'archivio dell'epoca sono documentati più di 50 membri della famiglia. Poggio Bracciolini fa dire a un contemporaneo, a proposito dei Tomacelli (nome che significava qualcosa come "involtini di fegato"), che doveva essere stato un fegato gigantesco, per averne potuto ricavare così tanti ed enormi "tomacelli" (*ex quo tot tomacelli prodierunt et tam ingentes*). Già solo per la quantità, per la loro presenza massiccia, questi napoletani acquistarono un grande peso anche nella base, in tutti i piccoli uffici della curia e dello Stato della Chiesa – e naturalmente con le prebende. Un'incessante pioggia di grazie cadde su legittimi e illegittimi: ragazzini minorenni preposti a Magonza, arcidiaconi di Frisia, canonici di S. Pietro a Roma, se solo appartenevano alle famiglie giuste. Questo accadde a tutti i livelli e ovviamente valeva soprattutto per i vertici, dove ci si poteva adoperare per perpetuare questa posizione di potere. Quando Bonifacio IX una volta si ammalò gravemente, sembra che i cardinali napoletani abbiano deciso (è quel che riferisce l'inviato dei Gonzaga a Roma) che se il papa fosse sopravvissuto alla malattia, l'avrebbero indotto a creare altri cardinali del Regno di Napoli, «in modo che il papato non ci sfugga ancora per molto tempo» (*quod papatus non exibit extra nos longo tempore*). Quando questo secondo papa napoletano morì nel 1404, su 10 cardinali 8 erano del Regno e 5 erano imparentati con lui per nascita o per matrimonio!

24. Le singole famiglie (e le dispense per parentela): Esch 1972a, pp. 221-223; le loro residenze a Roma ivi, pp. 741-744; *ex quo tot tomacelli prodierunt*, Walser 1914; *Facezie* nr. 35, Poggio Bracciolini 1983.

Il loro quartier generale romano era l'Ospedale di S. Spirito in Sassia sul Tevere, non lontano dal palazzo pontificio. Non era solo un ospedale ma una sorta di hotel per personaggi altolocati. Qui scendevano i fratelli del papa, qui risiedeva il potente cardinale Francesco Carbone, qui soprattutto abitava la madre del papa, molto influente, che veniva cercata e consultata perfino dagli inviati stranieri, se per esempio la sede vescovile fiorentina doveva essere di nuovo occupata, o addirittura sul modo di affrontare un intervento francese in Italia. Non che Bonifacio IX sia stato una marionetta nelle mani dei suoi parenti. Ma è sufficiente immaginare che qui intorno al tavolo da pranzo si faceva politica, si occupavano cariche, si ostacolava qualsiasi ricomposizione dello scisma: si pensi, a proposito della questione dell'unione, non solo a Langenstein, Gerson, Ailly, non solo ai migliori di quel tempo, ma anche ai più potenti della curia!

Alla luce della difficile situazione del papato durante lo scisma si comprende agevolmente la funzione politica del nepotismo. La parentela offriva un serbatoio di persone la cui utilità non consisteva necessariamente nelle loro qualifiche (che in mezzo ci fossero degli imbecilli lo sapeva anche il papa), ma nella loro affidabilità: fidati non tanto per indole personale quanto piuttosto perché non potevano aspettarsi qualcosa da nessun altro, secondo il principio *cum moritur presul cognacio tota fit exul* («quando il papa muore tutto il parentado viene buttato fuori»). Quindi tutte le cariche più importanti nello Stato della Chiesa furono occupate da napoletani, e naturalmente anche il comandante di Castel S. Angelo era un Tomacelli. Infatti la minaccia – all'interno come dall'esterno – veniva avvertita con forza a Roma: la *via facti* per la soluzione della divisione della Chiesa, cioè la soluzione militare (accanto alla "via del compromesso" e alla "via dell'abdicazione"), prevedeva l'avanzata dei francesi nello Stato della Chiesa.

I napoletani erano visti anche dai romani come un gruppo chiuso, per il modo in cui si comportavano e venivano chiamati, erano scherniti e detestati per i loro strani nomi (Figliuolo, Boffoccio, Buffillo, e i nomi consueti per lo più al diminutivo): «Ammazzare tutti i napoletani», si disse durante una rivolta. Ma ancora non potevano spuntarla contro di loro.

Il predominio del gruppo dei napoletani non continuò con la serie dei papi romani, ma con la nuova, l'obbedienza pisana, che attraverso l'elezione di un terzo papa intendeva eliminare le altre due obbedienze. Già il concilio di Pisa le ricompose tutte di nuovo, e fu soprattutto grazie all'impegno del cardinale Baldassarre Cossa (il futuro papa dei pisani

Giovanni XXIII) che riuscì a trascinare i napoletani dalla sua parte. Con lui, nel 1410, salì un'altra volta al soglio pontificio un esponente del clan napoletano.[25]

Ma sotto questo pontificato il clan non riuscì più a esercitare un gran potere. L'ultimo papa napoletano non poté fare quel che avrebbe voluto. Infatti – già per venire incontro alle istanze morali di questa nuova obbedienza – dovette innanzitutto chiamare nel collegio cardinalizio vere teste pensanti e non solo creature della sua cerchia abituale. E inoltre il conflitto con re Ladislao di Napoli di lì a poco fece perdere Roma e lo Stato della Chiesa: da quel momento in avanti non ci fu più niente da amministrare, gli esponenti delle famiglie, se laici, persero le basi della loro esistenza anche nello Stato della Chiesa, come era già accaduto a casa loro a Napoli. Da allora, per vivere, ebbero solo quel che il papa gli concedeva – perfino le pieghe che Luisa Brancacci fa stirare nell'abito di suo figlio Giovanni Cossa ora vengono pagate dalla cristianità, come si deduce dagli ordini di pagamento: *pro stampatura dictarum frapparum... ut mandavit domina Loysia.* Gli ultimi residui di napoletani seguirono il loro ultimo papa a Firenze, a Bologna, a Costanza. La fine vera e propria arrivò con l'abdicazione del papa al concilio di Costanza nel 1415 (fig. 10). A Roma i napoletani d'ora in poi non ebbero più nulla da cercare.

Come gli stessi napoletani abbiano riconsiderato a posteriori il loro tempo, si può ricavare dalle lettere scritte dopo l'apertura del testamento del papa a Giovanni di Bicci de' Medici, il grande banchiere pontificio ed esecutore testamentario dell'ultimo papa napoletano. Nove lettere scritte nell'arco di sette settimane sono conservate nell'Archivio dei Medici, lettere colme di amara delusione, nelle quali non sono interessanti le lamentele (*do miseri nuy, che male cambio è questo!*) ma le argomentazioni. Infatti, gettano luce sul comportamento sociale di questo clan, segnalano gli investimenti e le aspettative, investimenti nella carriera di un membro della famiglia ancora prima che diventasse cardinale (*inanzi che fusse cardinale*)! Per esempio, in questa lettera del nipote del papa, Michele Cossa:

> Sul danno che ne ebbero mio padre e mio zio e tutta la mia famiglia, qui non voglio dilungarmi... Ora, calcolate le rendite mie e di mio padre, nei sette anni in cui sono stato in esilio, ho perso oltre 10.000 fiorini, senza contare gli altri miei zii, e senza le cose che abbiamo dovuto vendere: sia quel che

25. Sulla persona e il pontificato: Uginet 2000; Esch 1972a, pp. 758-771.

Fig. 10. L'ultimo napoletano. Papa Giovanni XXIII fugge travestito dal concilio di Costanza. Ulrich von Richenthal, *Chronik des Konstanzer Konzils*.

ha venduto Gasparre, sia quel che ha venduto Marino e quel che ho venduto io... si arriva ancora a 10.000 fiorini... Io dico: sia mio padre che io non ne abbiamo ricavato nulla tranne che un danno, e fino alla sua morte lui [Giovanni XXIII] mi ha arrecato danno: non so perché a me ha lasciato 5.000 fiorini e a Giovanni 10.000..., a me che pure ho 5 figli, di cui 2 femmine![26]

Questi sono calcoli che in parte si possono verificare (e i Cossa non potevano raccontare sciocchezze a un Medici), e i sacrifici che aveva dovuto affrontare l'ultima generazione di napoletani in termini di esili, di prigionie, di perdite – con malevola soddisfazione dei romani – non sono stati esagerati. Ma i tempi erano cambiati: Napoli era diversa, il collegio cardinalizio era diverso, la cristianità unita era diversa – solo loro erano rimasti gli stessi. I *nepoti* non comprendevano più il mondo.

I promemoria e le istanze erano perfettamente consapevoli che a Costanza, con Giovanni XXIII, non era stato esautorato solo un singolo papa ma anche un gruppo un tempo dominante. Nella formazione di questi blocchi di connazionali Pierre d'Ailly vedeva addirittura la causa principale dello scisma. Simili blocchi (e non è lo stesso del solito nepotismo, ma di più) in futuro avrebbero dovuto essere ostacolati, ovunque sorgessero, che fossero *ultra* o *citra montes* – che fossero limosini o napoletani: portavano in ogni caso alla *usurpatio papatus per successionem* (a «impadronirsi del papato attraverso la successione»). Sarà necessario osservare con attenzione se e in quale forma questi raggruppamenti nepotistici si possono individuare a Roma anche nel corso successivo del XV secolo.

26. Lettere dei nepoti di Cossa nell'Archivio Mediceo avanti il Principato e conteggio delle loro sovvenzioni: Esch 1972a, pp. 778-794 e 799 s.

I fiorentini a Roma. Commercio e finanza, arte e umanesimo

Una terza immagine di gruppo, intorno al 1400, ci mostra un'aggregazione di persone che, a differenza dei napoletani, avranno un futuro a Roma, che anzi qui lasceranno addirittura la loro impronta in modo profondo e duraturo, nel commercio e nella finanza, nell'arte e nell'umanesimo, e alla fine perfino sul trono pontificio: i fiorentini. E tutto questo ha avuto inizio allora.

Quel che li portò a Roma e li trapiantò durevolmente in città fu la finanza. Il papato del tardo Medioevo è stato una potenza finanziaria che non fu uguagliata da nessun'altra potenza dell'epoca, per quanto riguarda capacità di prestazioni, livelli di organizzazione e ricchezza inventiva. Ma il papa, che non ricavava i suoi introiti, come un sovrano secolare, da un territorio ma da tutto il mondo – come riusciva a ottenere il denaro che gli spettava in Norvegia, nella Spagna meridionale, in Irlanda e a Cipro? Ci riuscì la sua agenzia delle finanze, la Camera Apostolica, solo con i buoni uffici di ditte commerciali e banche che padroneggiavano tutta la strumentazione del settore: i trasferimenti di denaro senza contanti, il traffico delle lettere di cambio, il *clearing* fra debiti qui in cambio di un credito là, e così via; ed erano loro ad aver sviluppato questa strumentazione. Si tratta delle ditte toscane, soprattutto quelle fiorentine, che disponevano di una rete di filiali e di corrispondenti in tutta Europa.

Divennero realmente indispensabili durante lo scisma della Chiesa. Perché lo scisma dimezzò le entrate, ma senz'altro non le spese, dei papi rivali, anzi al contrario: la guerra che si fecero reciprocamente richiedeva ancora più risorse. Per compensare questa riduzione bisognava inventarsi qualcosa come la vendita delle indulgenze – e anche da questo punto di vista, nell'escogitare qualche supporto finanziario arrischiato, la competenza dei banchieri fiorentini era preziosa. I fiorentini erano coscienti dell'imprescindibilità dei loro servizi e questo darà al gruppo a Roma una solida consapevolezza.[27]

Ma prima dovevano stabilirsi a Roma, dopo i lunghi anni avignonesi, e soprattutto decidere se intendevano lavorare anche per l'obbedienza avignonese (con i suoi territori di Francia e Spagna altamente remunerativi dal punto di vista economico) oppure solo per il papa di Roma, alla cui obbedienza Firenze aveva aderito. Stabilirsi a Roma, quando il papa rientrò in città da Avignone, non era comunque possibile per i fiorentini, infatti

27. Sulla finanza pontificia nel contesto dello scisma: Favier 1966; Esch 1966.

Firenze allora era in guerra con il papa e Gregorio XI era a tal punto irritato da buttare fuori dal sistema delle finanze pontificie le banche fiorentine, facendo imprigionare e interrogare tutti i fiorentini.[28] Così facendo ha reso un gran servizio agli storici. In un certo senso, ha fatto cercare per noi i fiorentini in tutta Roma e li ha fatti interrogare su argomenti che rispondono con precisione alle questioni prosopografiche che abbiamo messo sul tappeto (anche se, naturalmente, mirando soltanto alle esigenze contingenti): quanto sono fitte le tue relazioni con la nemica Firenze? Quando sei arrivato a Roma e perché? Che proprietà possiede là tuo padre, e quali sono le tue qui? Qual è il tuo mestiere, ricevi merci da Firenze? E molto altro. Ma anche domande più cattive e insidiose: sostieni di non essere di Firenze ma di Carrara – e allora dicci: quante porte e quante torri ha Carrara? *Non bene respondebat*, il poveretto non dà la risposta giusta. E il modo in cui stai parlando non è certo il dialetto di Carrara!

A partire dalle 31 esistenze che ci sono state tramandate, ricavate secondo lo stesso schema dagli interrogatori, a cavallo tra 1377 e 1378, si delinea un'immagine di gruppo dai tratti piuttosto scarni. L'età media è di 36,7 anni, quindi gli anni di nascita sono intorno al 1340. A molti, otto lo dicono espressamente, sono già morti i genitori nella terribile epidemia di peste del 1348. In gran parte sono osti e piccoli artigiani. Le proprietà paterne non sono degne di nota, «perfino la sepoltura del padre è stata pagata con le elemosine», dice uno di loro, che ora fabbrica cassette e astucci al Pantheon. Alcuni posseggono qualcosa in più (8 hanno una vigna), altri molto meno, «solo i miei strumenti di lavoro», «solo una chitarra che mi sono fatto da solo».

Questa non è certo l'immagine che ci si fa di una colonia di fiorentini. Erano stati acciuffati solo i pesci piccoli, che durante gli interrogatori per il timore si erano mostrati ancora più piccoli di quanto già non fossero. I grandi, che non erano interessati alla città ma al Palazzo, allora non avevano ancora visto alcuna opportunità per stabilirsi a Roma.

Solo due decenni più tardi il quadro è totalmente cambiato. Stanco di improvvisazioni e defraudato della sua libertà d'azione a causa dello scisma, il papato romano negli anni novanta del Trecento si gettò di nuovo tra le braccia dei fiorentini. Le ditte fiorentine fecero irruzione un'altra volta nelle finanze pontificie e ben presto le dominarono completamente, scalzando a poco a poco altri concorrenti toscani come i lucchesi. Comin-

28. Interrogatori dei fiorentini 1377/78 in Palmieri 1890, pp. 35-59; cfr. Trexler 1967.

ciò così l'ascesa dei Medici: ascesa nella finanza pontificia e, grazie alla finanza pontificia, ascesa a Firenze.[29]

Il credito e le attività di queste famiglie fiorentine ben presto così importanti non erano ancora tanto consistenti nel XIV secolo, come in seguito ha preteso la storiografia ufficiale dei Medici. L'ascesa cominciò con Giovanni di Bicci (1360-1429), che in un primo tempo fu coinvolto nelle finanze papali come partner giovane di Vieri di Cambio de' Medici (m. 1395) e poi, a partire dal 1393 in autonomia, divenne il banchiere prediletto di Bonifacio IX. Dal 1385 al 1397 a Roma, in seguito da Firenze con una filiale nella curia, Giovanni diresse la sua impresa, che accanto alla «Tavola di Firenze» e a due manifatture di lana includeva anche le filiali di Roma, Venezia e Napoli, che si occupavano di denaro, merci e servizi. L'attività mostrava i tratti di quelle ditte fiorentine di medie dimensioni con filiali relativamente indipendenti sotto una solida copertura, che dopo la brutta esperienza della grande bancarotta fiorentina intorno al 1345 erano subentrate alle ditte sovradimensionate, con direzione centralizzata, innumerevoli filiali all'estero e un ingente capitale sociale come i Bardi e i Peruzzi.

La filiale romana rimase l'elemento trainante, attraverso le commissioni per i trasferimenti di valuta, i crediti, i depositi dei cortigiani, e fino al 1420 procurava non meno del 52% dei guadagni dell'impresa nel suo complesso! Giovanni, grazie a Roma, divenne il secondo cittadino più ricco di Firenze, ma solo suo figlio Cosimo (il Vecchio, 1389-1464) convertì la ricchezza in potere politico. Ma cominciò da qui – e finirà con due papi e due regine di Francia Medici.

In ogni caso era evidente che il gruppo dei napoletani e il capitale fiorentino si apprezzavano reciprocamente. Molti di questi napoletani ora avevano i loro conti nelle banche fiorentine con sede o agenzie a Roma, che assicuravano loro un vantaggioso servizio clienti: per esempio, concedevano credito allo scoperto e davano in affitto lontani benefici inglesi. Più ancora di Bonifacio IX, Giovanni XXIII, già quand'era il cardinale Cossa, fu in contatto con Firenze e i Medici (è possibile seguire tutti i movimenti del conto di Cossa presso i Medici nel loro libro mastro). Così al concilio di Costanza i testimoni dell'accusa incolperanno non solo il papa napoletano («avrebbe venduto anche Dio, se solo qualcuno avesse voluto comprarlo»), ma anche Giovanni di Bicci de' Medici per la sua complicità nelle manovre azzardate

29. Ascesa dei Medici: Brucker 1957; De Roover 1966, capp. III e IX; Holmes 1968. Clan dei napoletani e capitale fiorentino: Esch 1972a, pp. 771-779.

della finanza pontificia. Forse la loro intesa era anche più personale, se il Medici, dopo la deposizione del papa da parte del concilio, rimase un interlocutore dei nipoti come esecutore testamentario e diede incarico a Donatello di realizzare il monumento funebre del papa nel Battistero di Firenze!

Accanto ai Medici, all'epoca, tra i fiorentini che lavoravano a Roma per la Camera Apostolica c'erano anche Alberti, Altoviti, Bardi, Mannini, Ricci, Spini e molti altri.[30] Questa contiguità dei fiorentini al papato aveva poco a che fare con legami interni, molto di più con gli affari. In una seduta del consiglio cittadino di Firenze, nel 1408, viene detto con freddezza da un partecipante: «Gli sarebbe ancora più gradito se ci fossero 12 papi» (*vellet quod essent XII pape*). Infatti, questo avrebbe reso il papato ancora più malleabile, il suo peso si sarebbe ridimensionato ulteriormente e avrebbe concesso maggior libertà di manovra ai fiorentini. In poche parole: una concentrazione di potere finanziario, cultura e internazionalismo da parte dei fiorentini, che nella Roma dello scisma ancora non trovava risonanza, ma di cui sarà interamente pervasa la Roma del Rinascimento.

Già allora i fiorentini risiedevano in prevalenza nel rione Ponte, il quartiere cittadino nei pressi di ponte S. Angelo che durante il Rinascimento diventerà il quartiere dei fiorentini. Perché da lì si andava dal papa, e già questo dimostra che erano orientati verso la corte e non verso la città. Tutta l'ansa del Tevere si estendeva sotto i cannoni di Castel S. Angelo (fig. 11) e i romani lo avvertivano con forza – i contratti d'affitto potevano addirittura prevedere che in caso di cannoneggiamento da Castello il pagamento dell'affitto sarebbe stato sospeso nella zona di tiro! Ai fiorentini questo interessava ben poco, dato che sostanzialmente erano dalla parte del papa.

Di questa nuova colonia fiorentina, che qui abitava quasi muro a muro, restituisce un'immagine vivida il registro di protocollo di un notaio fiorentino, che lavorava quasi esclusivamente per i suoi conterranei. Il fascicolo cita, tra il 1401 e il 1406, non meno di 128 fiorentini che risiedono a Roma, dal barbiere fino al cardinale, e ci consente di seguire la strada percorsa regolarmente da questo notaio tra i fiorentini per redigere i loro contratti. Non doveva andare molto lontano: le ditte indispensabili per la finanza

30. Altre ditte fiorentine: per il periodo dello scisma integralmente in Esch 1966, pp. 282-321 e 374-385; in merito a singole ditte importanti in rapporti d'affari con Roma, per esempio: Tognetti 1999 (Cambini); Jacks, Caferro 2001 (Spinelli); Plebani 2002 (Tornabuoni). Commercio con Roma: Goldthwaite 2009, pp. 170-175; "12 papi": Consulte e Pratiche 1408, v. Herde 1973, p. 190. Atteggiamento di autoconsapevolezza nei confronti delle autorità ecclesiastiche, v. Daniels, Esch 2015.

papale avevano i loro uffici in un raggio di non più di 250 metri intorno alla testa di ponte S. Angelo sul lato della città, soprattutto nella strada che portava al ponte, *Canale pontis* (oggi via del Banco di S. Spirito), con SS. Celso e Giuliano che a quel tempo era la loro chiesa nazionale. Quindi il notaio, talvolta, in un solo giorno lavorativo riusciva a stipulare contratti e ratificare autorizzazioni in otto filiali! Ora è dai Medici, poi dagli Alberti (il padre del grande umanista Leon Battista Alberti), che per Bonifacio IX si occupavano soprattutto degli affari inglesi, un inglese è citato anche come testimone.[31]

Fig. 11. L'ansa del Tevere, fittamente popolata, si estendeva sotto i cannoni di Castel S. Angelo, che provvedeva alla sicurezza della residenza pontificia.

Qui non si tratta più degli artigiani, degli osti e dei cantinieri intimiditi dagli interrogatori del 1378, ma soprattutto di *mercatores* nel significato fiorentino (quindi commercio e operazioni finanziarie gestite insieme) e con tutto il peso di questo concetto, personaggi eminenti, di cui la signoria fiorentina si serviva anche per le missioni diplomatiche. Più della corte plasmata da napoletani mediocri, furono loro a portare nella Roma miserevole dello scisma una nota

31. La documentazione d'archivio in dettaglio in Esch 1972b, con prosopografia della prima generazione del Quattrocento fiorentino a Roma. Sul quartiere fiorentino v. anche Aurigemma 2001. La loro chiesa di Roma: *SS. Celso e Giuliano* 1966. Per il periodo successivo, mercanti v. sotto, pp. 283 ss.; umanisti e artisti pp. 197 ss.; architetti e maestranze: Borsi, Quinterio, Vasic Vatovec 1989.

nuova. «Allora i mercanti, i cambiavalute e gli usurai cominciarono a indossare abiti sontuosi alla curia», ricorda un curiale al tempo dell'ultimo papa napoletano, e una manipolazione del corso dei cambi già nel 1412 fa deplorare ai romani che non sono il magistrato o il papa i veri signori della città ma i fiorentini. Più di ogni altra cosa, si dice, avrebbero voluto ammazzarli tutti. Ma ai fiorentini ormai non si poteva più tenere testa, e a Roma avrebbero conosciuto un grande futuro.[32]

Tra questi fiorentini riuniti davanti a SS. Celso e Giuliano dopo la messa o in occasione della festa fiorentina di S. Giovanni, in una vivace immagine di gruppo – la loro colonia si può ricostruire in senso prosopografico con un minuzioso lavoro d'archivio – si riconoscono, a uno sguardo più ravvicinato, non solo i volti dei *merchant-bankers* ma già quelli di umanisti come Poggio Bracciolini (fig. 47, p. 269), che nell'ottobre del 1403, a 23 anni, giunse a Roma per occupare un posto di segretario presso un cardinale napoletano e subito dopo quello di *scriptor* nella cancelleria papale, e poco più tardi attirò a Roma anche il celebre umanista Leonardo Bruni, suo amico.

Di certo fu la presenza di una colonia di mercanti fiorentini a spianare la strada alla venuta a Roma di umanisti e anche di artisti: sempre nel 1403 arrivò per la prima volta in città Filippo Brunelleschi, forse in compagnia del giovane Donatello, per studiare gli edifici antichi, e in seguito anche Lorenzo Ghiberti (prima del 1416). Queste notizie, di cui gli storici dell'arte talvolta diffidano, sullo sfondo della colonia fiorentina diventano assolutamente plausibili, dato che la massa dei conterranei a Roma esercitava un'influenza allettante sugli artisti e l'attività imprescindibile dei banchieri papali fiorentini apriva loro qualsiasi porta. Portarono da Roma, con i loro studi dell'antico, quel che in seguito un'altra generazione fiorentina di architetti, scultori e pittori riporterà a Roma trasformato.

La presenza dei fiorentini a Roma – e alla fine il loro esempio – fu a tal punto massiccia che si produsse addirittura una toscanizzazione del dialetto romano: il *romanesco*, che naturalmente era parlato non solo dal popolo ma anche dalle famiglie illustri, e che tuttavia non era la lingua della curia.[33] Quindi *iente* ora divenne *gente*, *solli* divenne *soldi*. Si tenta di

32. La colonia fiorentina al principio del XVI secolo: Bullard 1976; Polverini Fosi 1994; Guidi Bruscoli 2000.

33. Ernst 2011; D'Achille 2009 e Id. 2012 a proposito del volgare sull'esempio delle iscrizioni. Una raccolta di testi poco appariscenti relativi alla quotidianità, per riuscire a comprendere la lingua al livello più basso, in Trifone 1999.

imitare la pronuncia "toscana" della *l*, quindi di parlare correttamente, ma a un romano risulta difficile da pronunciare, gli viene fuori una *r*, e quindi si arriva a strane forme di transizione: in origine si diceva *chiemenza*, si vuol dire *clemenza* e ora si dice *cremenza*; in origine si diceva *conchiave*, si vuol dire *conclave* e ora si dice *concrave*! Per giunta, dato che a Roma ormai risiedevano tutti gli italiani possibili, era pressante l'esigenza di una lingua italiana comune, e questa lingua, a partire da Dante, poteva essere solo il toscano – tanto più che i fiorentini ora la facevano da padroni a Roma. Nella linguistica è controverso solo se accanto al romanesco scritto anche quello parlato sia stato coinvolto da questa toscanizzazione.

Ora, al principio del Quattrocento, siamo solo agli inizi. D'ora in avanti i fiorentini, una generazione dopo l'altra, si impadroniranno di un nuovo pezzo di Roma: la cancelleria papale, le operazioni di importazione, le commissioni artistiche, il mondo delle rovine antiche. E alla fine anche il papato.

3. Sul baratro. Gli ultimi anni dello scisma, il nuovo inizio

Situazione caotica a Roma

Gli ultimi anni dello scisma fino al ritorno del papato a Roma, nel 1420, non saranno esaminati nel dettaglio, visto quanto sono parcellizzati il corso degli eventi e i suoi attori: papi privi di potere in lotta l'uno contro l'altro, potenze straniere in azione, chiamate o non chiamate, condottieri girovaganti, baroni romani e fazioni romane. Una baraonda confusa che non produce nulla di duraturo, nell'arco di quasi due decenni, finché il concilio di Costanza alla fine non sgombrerà la scena romana.

Qui, dunque, saranno descritte solo le direzioni principali in cui si muovono gli eventi. Ma senza comunque sottovalutare quel che cominciava a crescere nella curia in questi confusi anni romani, in un primo tempo in maniera appena percettibile. All'epoca, umanisti come Poggio Bracciolini (1403), Leonardo Bruni (1405), Antonio Loschi (1405), Pierpaolo Vergerio (1405), arrivavano già a Roma per trovare un'occupazione nella curia come *scriptores* e in seguito segretari. Con un linguaggio sempre più elegante composero lettere papali sempre più lontane dalla realtà.

L'umiliazione del 1398 non era stata ancora superata dal ceto dominante romano. Quello che il re di Napoli Ladislao, chiamato subito a Roma dal nuovo papa Innocenzo VII (1404-06) come mediatore fra il comune e il papato, riuscì a realizzare (un accordo che ridimensionava pesantemente il *plenum dominium* del 1398, anzi in pratica lo annullava), non resse a lungo. I romani ora pretendevano di più. La prepotenza dei Colonna a Roma e la condotta brutale nei confronti dei negoziatori romani (tra loro nomi noti del 1398) da parte del nipote del papa Ludovico Migliorati, irritato dalle pretese dei romani, fecero scoppiare una rivolta nell'agosto del 1405.

Perfino il palazzo apostolico fu saccheggiato, il papa fuggì a Viterbo e solo dopo sette mesi fu riammesso dai romani. Con il suo ruolo da mediatore, con i Colonna contro gli Orsini, Ladislao, che aveva riscosso l'apprezzamento dei romani, continuò a esercitare la sua influenza sulla città. La provincia dello Stato pontificio della Campania-Marittima, che si estendeva tra il suo Regno di Napoli e Roma, gli era stata ceduta dal papa e questo ora indicò la direzione al suo impulso espansionistico; la fine della divisione della Chiesa non gli interessava.[1]

Anche il successore Gregorio XII risiedette per gran parte del tempo fuori Roma, per facilitare l'incontro che gli era stato richiesto con l'antipapa avignonese Benedetto XIII, ostacolato però dai suoi nipoti veneziani. Il suo cardinal legato, inerme a Roma dove tutto andava a catafascio, assicurò ai romani perfino la reintroduzione dei banderesi. Quando l'incontro fra i due papi non approdò a nulla con grande sdegno della cristianità, i cardinali delle due obbedienze elessero a Pisa nel 1409 un altro papa e diedero vita a una terza obbedienza con Alessandro V, poi con il napoletano Giovanni XXIII Cossa (1410-15). Dal 1408 Roma era occupata da Ladislao e le entrate solenni del re sembrano essere l'unico spettacolo sontuoso nella città in questi anni torbidi: fece perfino il suo ingresso a cavallo nella cattedrale di Roma, la basilica lateranense.

Il papato pisano riuscì a riconquistare Roma per qualche tempo e a trattenersi in città, dopo ampie concessioni al comune (maggio 1410 - giugno 1413). Ma la spedizione del pretendente francese Luigi II d'Angiò contro Ladislao per il trono di Napoli, in accordo con Giovanni XXIII, fallì e dopo una breve intesa tra Giovanni XXIII e Ladislao (che quindi abbandonò la causa di Gregorio XII), il sovrano restituì il colpo, occupò Roma e ben presto anche metà dello Stato della Chiesa. Da quel momento Giovanni XXIII qui non ebbe più nulla su cui governare, gli restava solo la via del concilio di Costanza.[2]

Con la morte inattesa di Ladislao («la cui anima sia benedetta al rovescio», *benedicatur in contrarium*, annota il cronista romano), che aveva comunque esercitato il suo dominio su Roma, nell'agosto del 1414 an-

1. *Innocenzo VII*: De Vincentiis 2000; ingerenze di Napoli: Cutolo 1969, capp. IX-XIII.

2. *Gregorio XII*: Ortalli 2000; sulla persona, le origini, i nepoti Girgensohn 1996, capp. IV-IX; *Giovanni XXIII*: v. sopra, pp. 62 ss. Concilio di Pisa: *Die Konzilien* 2007; raccolte di fonti sul concilio Girgensohn 1998, pp. 456-519; ultimi risultati degli studi sul concilio di Costanza: Müller 2019.

cora una volta prese temporaneamente il potere sul Campidoglio Pietro Mattuzzi, il capopartito del 1398, «perché tutta Roma lo amava». E così ebbe inizio di nuovo la lotta con i Colonna, Roma fu ancora sotto il tiro di Castel S. Angelo, il cardinal legato Jacopo Isolani tentò alla meno peggio – prima in nome del papa, poi del concilio – di mantenere l'ordine, ma ben presto non riuscì più a difendersi dai condottieri. La loro stella cominciò a sorgere proprio in quel periodo: a volte al soldo di qualcuno e altre volte muovendosi in autonomia, rendevano insicuro lo Stato della Chiesa privo di un governante. Braccio da Montone e Muzio Attendolo Sforza furono i più importanti. Braccio fu il successivo conquistatore che i romani accolsero solennemente. E quando non riuscì più a tenere Roma, dove Castel S. Angelo continuava a essere dalla parte dei napoletani, dopo poche settimane, nell'agosto del 1417, il conquistatore seguente fu Sforza. Mai Roma sprofondò come in questi anni. Il concilio non libererà solo il papato, ma anche Roma.

La progressione degli eventi che qui è stata tracciata a grandi linee, può guadagnare in chiarezza se è integrata dall'esperienza personale. Un piccolo cronista romano, Antonio dello Schiavo, beneficiato di S. Pietro, negli anni dal 1404 al 1417 ha trascritto giorno per giorno le sue esperienze. Si tratta di un diario piuttosto che di una cronaca, semplici notizie locali senza badare granché al contesto (perfino il concilio di Costanza così importante per Roma viene citato marginalmente un'unica volta).[3] Non è la sequenza degli avvenimenti descritti a interessarci ma l'atmosfera: barricate e battaglie di strada, omicidi politici ed esecuzioni senza processo, papi che entrano in città e che l'abbandonano, Colonna e Savelli e Orsini che transitano a cavallo. Dall'alto della sua piccola vigna il cronista vede di tutto, lampi e nubifragi e perfino la neve, «che in molti quartieri della città ha creato statue di figure diverse» (*de dicta nive fuerunt facte in colibet regione multe statue de diversis figuris*) e «i pupazzi di neve resistettero più a lungo della neve».

E sempre l'assoluta incertezza, anche tra i funzionari, su quel che potrà portare il giorno successivo:

> Lasciai la mia casa e mi recai al Campidoglio. Per strada vidi il popolo in armi, con le fiaccole. Nella *via Pape* davanti alla casa di Lello Maddalene trovai uno dei vigilanti di quartiere, ossia quello del quartiere Pigna, insieme a Lello Capoccia e aspettavano novità su questo assembramento, perché non

3. Dello Schiavo 1917: Pietro Mattuzzi, p. 90; neve, p. 106.

> sapevano dove fossero diretti (*quia nesciebant quo ire*). Vidi nel contempo, nella notte, sulla scalinata del Campidoglio, le bandiere dei vigilanti di quartiere, ossia quelli di Ponte, Parione, S. Angelo, Ripa, Campitelli, che stavano là con tutto il loro popolo in armi. L'intera piazza del mercato [ai piedi della scalinata del Campidoglio] era gremita, e tutti urlavano: «Morte al re traditore [Ladislao di Napoli] e a tutto il suo popolo!» Vidi tra loro anche il signor Nicola Orsini a cavallo e armato con molti dei soldati di Paolo Orsini, sulla piazza del Campidoglio, davanti all'obelisco del Campidoglio [l'obelisco si trovava all'ingresso del convento di S. Maria in Aracoeli], con molte fiaccole, e aspettavano per vedere come sarebbe andato a finire l'assembramento di questa notte. Ma non era niente.[4]

Antonio ascolta le dichiarazioni di fedeltà dei romani («noi romani mangeremo piuttosto i nostri bambini prima di accettare la sovranità di questo drago») – e già il giorno successivo, dopo la fuga del papa, lasciano che il drago Ladislao faccia il suo ingresso in città senza combattere. Antonio vede Castel S. Angelo a volte resistere, altre volte capitolare; vede come bandiere e insegne nuove siano montate e poi distrutte e poi rimontate. E tutto questo più volte nell'arco di pochi anni. Eppure, questa sequenza banale di eventi scarni a Roma è ancora circondata da un'aura di straordinario, di esemplare, di apocalittico.

Questa è la Roma del periodo dello scisma vista attraverso gli occhi di un piccolo chierico romano. Alcune scene sono bizzarre. Vede il leone del Campidoglio, l'animale araldico vivente della città, ucciso e messo in mostra; durante i giochi a Testaccio, quindi fra gare di ebrei e cacce al maiale, vede la crocifissione di Pietro e la decapitazione di Paolo riprodotte dagli attori di un quartiere cittadino; vede la postazione nella grande piramide antica nei pressi di Castel S. Angelo (una seconda piramide Cestia, in seguito distrutta) equipaggiata attraverso una funivia collegata al castello. E vive periodi di carestia spaventosa: vede nelle strade animali che crepano di fame, compra pane scadente, «che in altre circostanze non avrebbero mangiato nemmeno i cani», e annota che dopo una delle rare notizie di pace il prezzo del grano scende subito da 8 a 4 fiorini.

Anche per lui, che non aveva mai vissuto in una Roma sicura, decorosa, tutto era diventato miserevole e rozzo. L'assegnazione di una carica senatoriale *sine nulo honore ut moris est* («senza nessuna delle cerimonie consuete»), le esequie in occasione della traslazione di Bonifacio IX *cum*

4. Ivi, p 21; i giochi a Testaccio, p. 85; esequie, p. 41.

multa miseria («molto miserevoli»), l'ospedale di S. Spirito in Sassia *totaliter depauperatum* («completamente impoverito»), la sua chiesa senza messe, le feste religiose solenni celebrate a S. Pietro *cum maxima paupertitate* («molto poveramente»), il porticato che conduce alla basilica di S. Pietro completamente deserto. E trova parole amare per descrivere lo stato di questa sua chiesa:

> Sapete che io, Antonio di Pietro, vidi la nostra chiesa di S. Pietro completamente abbandonata da tutto il capitolo. E questa era la verità, la basilica di S. Pietro è del tutto derelitta e abbandonata (*in totum et per totum...derelicta et abandonata*). Voi dovreste anche sapere che per Ognissanti, nel giorno dei morti o in una festività solenne degli apostoli, non venne neppure un canonico a celebrare nella nostra basilica, neppure per la preghiera corale del mattino o della sera...[5]

Il periodo dello scisma a Roma è riuscito a far sprofondare perfino S. Pietro. Bisogna considerare la nuova cura del Rinascimento nei confronti di S. Pietro sullo sfondo cupo di questa descrizione, per poter comprendere il divario tra l'antica S. Pietro e la nuova S. Pietro in una prospettiva che non sia solo architettonica.

Un nuovo inizio: Martino V

Nel frattempo a Costanza, in territorio imperiale "neutrale", lontano dalle capitali delle due obbedienze contrapposte, si era riunito il grande concilio che si era posto il compito di mettere fine alla divisione della Chiesa e affrontare la sua riforma.[6] Il concilio, inaspettatamente ricco per numero e rango dei convenuti, per spiritualità e intenzioni, malgrado tutte le opposizioni – superate con fermezza anche grazie al re tedesco Sigismondo – si prolungò per quattro anni (1414-18) e crebbe fino a diventare un organismo consapevole di sé che pose se stesso al di sopra del papa. L'ampliamento del diritto di voto non più limitato ai vescovi coinvolse forze nuove, la votazione basata sulle nazioni invece che sulle persone impedì l'ostruzionismo, infatti già i numerosissimi "mini-vescovi" dell'Italia meridionale avrebbero potuto ottenere la maggioranza nelle decisioni da prendere. Il concilio depo-

5. Ivi, p. 96.
6. Brandmüller 1991-1997; *Die Konzilien* 2007; *Das Konstanzer Konzil* 2014.

se i tre papi rivali, ma poi si trovò in disaccordo sulle priorità da seguire per i suoi due compiti principali, *causa unionis* e *causa reformationis* oltre alla *causa fidei*, la condanna delle eresie di Wyclif e Hus: se affrontare prima la riforma della Chiesa (erano favorevoli le nazioni tedesca e inglese) o l'elezione del papa (le altre tre nazioni e i cardinali). Le questioni relative alla riforma furono trattate solo parzialmente (in particolare la concessione di prebende); ma attraverso la convocazione periodica di concili (di riforma), ora deliberata, dovevano avere la priorità. Alla fine si trattava di revocare la "svendita" totale della Chiesa del periodo dello scisma e di indirizzare tutto su binari nuovi e ben tracciati. Il problema più urgente all'epoca, cioè la fine della divisione della Chiesa e l'elezione di un nuovo papa, fu risolto – e questo, considerando le nostre tematiche romane, riporta soprattutto a Roma.

Il papa che era uscito dal concilio dopo un'elezione inaspettatamente rapida e unanime, l'11 novembre 1417, era il romano Oddone Colonna, membro dell'antica e illustre famiglia che abbiamo già visto esercitare la sua autorità a Roma. Prese il nome di Martino V. La carriera ecclesiastica non aveva allentato i legami con la sua famiglia, come dimostrano le donazioni e le costituzioni in pegno a favore delle sue sorelle. Già nella curia sotto Bonifacio IX, cardinale dal 1405, si era recato al seguito di Giovanni XXIII al concilio di Costanza.[7]

Il ritorno del papa a Roma – allora non approvato da tutti, avrebbe potuto essere anche Basilea o Avignone – era scontato per il Colonna. La via del ritorno fu lunga, in senso sia metaforico che letterale: tra la partenza da Costanza e l'ingresso a Roma vi fu una sosta a Firenze di un anno e mezzo (febbraio 1419 - settembre 1420). Qui si riconciliò con il deposto Giovanni XXIII, al quale lasciò il cappello cardinalizio: i Colonna – e lo stesso Oddone – gli dovevano molto, e anche i Medici. La lunga sosta, malgrado le suscettibilità personali fossero state messe alla prova, fu l'inizio di un riavvicinamento fra il papato romano e Firenze, che andava molto al di là delle esigenze tecnico-bancarie già illustrate e che sarà di grande importanza per il prossimo futuro.

Oltre ai grandi compiti della Chiesa universale e della politica internazionale che ora dovevano essere riorganizzate, che Martino V affrontò rapidamente con accortezza ed energia, si trattava soprattutto di riappropriarsi di nuovo di Roma e dello Stato della Chiesa, e solo questa parte riguarda il

7. Sulla persona e il pontificato i contributi in *Alle origini* 1992; Bianca 2000; ritorno a Roma: Dykmans 1968.

nostro tema. Mentre era ancora sulla via del ritorno furono emanate ampie costituzioni per il riordinamento della Chiesa, furono indirizzate lettere a singole città e signori, in modo da confermare i rapporti di sovranità locali oppure regolarne di nuovi.

Nei confronti dei signori delle città (come gli Alidosi a Imola o gli Ordelaffi a Forlì) l'assegnazione del vicariato apostolico – concesso da Bonifacio IX a tempo indeterminato – che accordava ai signori, di cui il papa non poteva diventare sovrano, semplicemente un titolo papale, ora fu limitata a tre anni: questo era stato raccomandato dal concilio, in modo da arrivare di nuovo dalla mera supremazia nominale all'effettiva sovranità. Tra le grandi città perfino Bologna, lontana da Roma e a malapena governabile, acconsentì al dominio papale, ma continuò a esprimere la sua volontà autonoma. Riprendersi i suoi sudditi era tanto più necessario per il papa dato che il concilio, a causa del taglio degli introiti ecclesiastici, aveva indirizzato con forza l'attenzione del papato sugli introiti secolari: questo fece sì che i papi ora si radicassero in misura crescente nello Stato della Chiesa, diventando una potenza territoriale italiana.[8]

In questo scenario il papa dovette tener conto di un altro fattore: i condottieri. Il condottiero Braccio da Montone, che ora occupava la parte centrale dello Stato della Chiesa e impediva l'accesso a Roma, fu sgominato cercando in un primo tempo la trattativa e poi militarmente (sconfitta e morte all'Aquila nel 1424): solo questa vittoria liberò la strada che conduceva alla riconquista dello Stato della Chiesa. Ha inizio allora la grande epoca dei condottieri, Braccio, Sforza (padre e figlio), Niccolò Piccinino, Niccolò Fortebraccio, Gattamelata, e così via, che introdussero nella politica italiana un elemento di instabilità difficile da ponderare.[9] Cambiavano schieramento senza esitazione, se ne diffidava ma venivano altrettanto corteggiati, facevano la guerra risparmiando al massimo le loro truppe, ma rivaleggiando in modo sanguinoso per ascendere al rango di principi territoriali (questo riuscì solo a pochi: Francesco Sforza, nipote di un contadino, divenne duca di Milano nel 1450). Crearono scuole come gli artisti e gli umanisti e andarono in cerca di pubblici onori (monumenti dipinti nel

8. Stato della Chiesa, primi provvedimenti: Partner 1958 (sullo strumento del vicariato apostolico: Esch 1969, pp. 474-479 e 590-609); lo Stato della Chiesa si trasforma: v. Carocci 1996.

9. Mallett 1974; una buona visuale dentro questo mondo sulla scorta di un libro delle spese in Del Treppo 1973.

Duomo di Firenze, statue equestri per i condottieri veneziani). Nell'Italia consolidata della seconda metà del secolo i condottieri non ebbero più spazio, nel culto del Rinascimento del tardo Ottocento divennero degli eroi molto al di sopra del loro rango effettivo.

Per i rapidi successi ottenuti da Martino a Roma e nello Stato della Chiesa era stato decisivo l'accordo trovato con Giovanna II di Napoli (regina tra il 1414 e il 1435), sorella del re Ladislao. L'intesa sostanziale mise fine agli sconfinamenti di Napoli su Roma e fece ascendere i nipoti dei Colonna ad alte cariche nel Regno, in aggiunta a quel che lo stesso papa aveva in mente per i figli del fratello Lorenzo: Prospero divenne cardinale (e lo incontreremo di nuovo), Antonio e Odoardo, ampliando ulteriormente i territori dei Colonna nel Lazio meridionale, divennero signori di Paliano, Serrone, Nettuno e Astura; sua nipote Caterina sposò Guidantonio Montefeltro della casata in ascesa di Urbino. Che favorisse i suoi nipoti e li destinasse a posizioni di dominio non era solo per senso della famiglia, ma era anche frutto di una valutazione realistica degli strumenti a disposizione, e raggiunse comunque un livello che non ci si sarebbe aspettati da un papa conciliare.[10]

Il 30 settembre del 1420 Martino V alla fine entrò a Roma: una data di grande valore simbolico, perché solo d'ora in avanti il papato assunse stabilmente qui la sua sede, premessa di tutto quel che sarebbe accaduto nel futuro della città. E quello che tornava a Roma era un altro papato, passato attraverso il filtro del concilio e perciò molto più stimabile di tutti i pontificati precedenti. Gregorovius, con il ritorno del papato, ritiene concluso il Medioevo a Roma e fa iniziare il Rinascimento.

Si capisce da sé che questo papa, essendo un Colonna, con altre esperienze storiche, altri sentimenti politici, vedesse il comune romano con altri occhi rispetto ai papi non romani. I Colonna che abbiamo visto combattere negli ultimi anni nelle strade di Roma, battersi con gli Orsini, dirigere le loro clientele cittadine, saccheggiare il palazzo apostolico, in fin dei conti erano tutti suoi parenti prossimi. Comunque i Colonna di Genazzano, ai quali apparteneva Oddone, avevano procurato meno difficoltà a un Bonifacio IX rispetto all'antico ramo principale di Palestrina e anche nei confronti del comune romano avevano mostrato un atteggiamento meno scostante degli altri. Il papa comunque non rinnegò la propria famiglia: a Roma lo vediamo risiedere non solo a S. Pietro ma

10. Sul nepotismo di Martino V: Rehberg 1992; su Palazzo Colonna: Schelbert 2007.

anche presso la basilica lateranense (particolarmente cara ai Colonna), tuttavia trascorreva la maggior parte del tempo nel palazzo di famiglia dei Colonna ai SS. Apostoli e amava le villeggiature estive fuori città con la curia, nei territori dei Colonna a est di Roma, che del resto favorì concedendo l'esenzione dalle imposte.

Bisogna chiedersi se un collegio di elettori con una maggiore dimestichezza con le condizioni romane, meno internazionale rispetto a quello di Costanza, avrebbe insediato un Colonna a Roma. Martino a Roma si dimostrò l'uomo giusto al momento giusto, non però in merito alla questione della riforma della Chiesa. Non poteva eludere la convocazione di un prossimo concilio dedicato alla riforma (a Pavia nel 1423), ma non fece niente di più che salvare le apparenze. Riuscì a sottrarsi all'incarico del concilio per l'attuazione della riforma temporeggiando, in modo da non indebolire la posizione del papato: ha inizio già con lui la restaurazione della Chiesa gerarchica. Continuò a non essere un papa conciliare, fu quel che era nel profondo del suo essere: un papa fino in fondo romano.[11]

Ora, come si sarebbe relazionato con Roma un papa romano – che una volta i romani avevano reclamato a gran voce? Colonna aveva vissuto da vicino la demolizione del libero comune romano da parte di Bonifacio IX nel 1398. Il nuovo ordine che allora ne era scaturito, accantonando le concessioni estorte agli ultimi deboli papi, ora divenne anche il fondamento del suo dominio sulla città. Un senatore nominato dal papa esercitava la giustizia, erano nominati dal papa anche i tre conservatori e tutti i funzionari del comune in base a una lista unica; il vice camerario del papa divenne in pratica il governatore della città. Che Martino V abbia lasciato "completamente immutata" la costituzione comunale, gli ha procurato il plauso degli storici. Ma questo non significava nulla, avendo a disposizione tutte le cariche, esercitando un rigido controllo sulle finanze statali e la riscossione delle imposte, e intromettendosi nell'amministrazione della giustizia. In effetti Martino V confermò espressamente gli statuti comunali del 1360, compresi gli articoli che miravano a tenere lontana dalla città la nobiltà baronale. Questo rappresentava un appiglio ben accetto per ogni papa di Roma, perfino per un Colonna: avrebbe trovato il modo affinché queste delibere non si ritorcessero contro la sua famiglia. I suoi meriti nei

11. Riunione dei tre collegi cardinalizi: Richardson 2009; curia: Schwarz 1992; concilio di Pavia: Brandmüller 2002.

confronti di Roma sono notevoli – ma non dovrebbero essere attribuiti al suo rispetto per la costituzione comunale.[12]

La curia, che è parte integrante della vita di Roma e quindi dev'essere costantemente presa in considerazione, doveva affrontare il problema di un nuovo inizio. Era molto sovradimensionata, dato che Martino dovette tener conto in una certa misura delle aspettative del personale di ben tre papi deposti, quindi di tre curie soppresse; dunque tentò – in conformità con i dettami del concilio, ma senza una particolare enfasi – di riformare la curia e di ridimensionarla (e così le segreterie dalle 18 iniziali alla fine scesero a 4). La sua composizione era internazionale, ma con molti italiani nelle alte sfere e molti tedeschi nei ranghi medi e bassi. Che il papa e la curia finalmente fossero accessibili liberamente, fu particolarmente apprezzato dopo le esperienze del periodo dello scisma: la sicurezza delle vie d'accesso garantiva al tempo stesso il sostentamento della popolazione e la disponibilità di un mercato che stava diventando di nuovo interessante, il che ovviamente non sfuggì ai fornitori fiorentini della corte. Dovremo prendere di nuovo in considerazione la curia e la sua composizione, anche perché sarà proprio la curia a trasformare un'altra volta la città provinciale trecentesca in una città internazionale.

Eppure, è stata soprattutto l'attenzione del papa per la città, recepita con animo grato dai suoi contemporanei, ad essere riconosciuta dagli storici come un autentico nuovo inizio.[13]

Quando il papato nel 1420 tornò nella Città eterna, Roma era a tal punto decaduta che «non sembrava neppure più una città» (*ut nulla civitatis facies in ea videretur*) e «sembrava che gli abitanti fossero affluiti là dall'ultimo sudiciume dell'umanità» (*ex extrema omnium hominum fece commigrasse*, Platina). Il suo aspetto, già descritto nelle pagine precedenti per il periodo dello scisma, negli ultimi anni particolarmente caotici era diventato ancora più miserevole: l'immagine urbana trascurata, da nessuna parte nuovi edifici paragonabili ad altre città, l'ordine della vita cittadina disgregato. In questa situazione Colonna intervenne con risolutezza. La bolla *Etsi de cunctarum* del 30 marzo 1425 ripristinava l'ufficio dei «magistrati agli edifici e alle strade» (*magistri edificiorum et stratarum*), ampliava le loro competenze e

12. Martino V e il comune romano: Partner 1958, pp. 161-169; *Alle origini* 1992; Rehberg, Modigliani 2004, vol. II, pp. 112-114.

13. Il rinnovamento di Roma come programma: Miglio 1984 e 2003; McCahill 2013; Platina, *Liber*, p. 310; su Signorili: Pavan in *Alle origini* 1992 pp. 301-309.

segnalava in primo luogo la necessità di eliminare le situazioni indecorose che il lavoro di macellai, pescivendoli e pellicciai, se privo di regolamentazioni, generava com'era ovvio intorno a sé; di occuparsi della riparazione delle strade e dei corsi d'acqua; ma anche di sgomberare banchi, rivendite, logge e quant'altro sporgeva sulla strada o ostacolava il passaggio, di riparare la pavimentazione o all'occorrenza di lastricare di nuovo, e di imporre tutti questi provvedimenti con urgenza.[14] Se la situazione doveva cambiare – in modo generale e non solo puntuale – i proprietari e gli investitori dovevano avere la certezza che la rendita immobiliare legata alla proprietà nel centro cittadino fosse sensibilmente più alta della rendita legata a proprietà nelle zone periferiche o nella Campagna. Che in tutto questo per il papa fosse in gioco qualcosa di più che riparare case, regolare il flusso del traffico e ripulire le strade, lo dimostra l'incarico assegnato all'illustre notaio Niccolò Signorili (come si ricava dalla sua dedica) di descrivere la città con la sua storia, i suoi diritti e i suoi edifici in uno scritto programmatico, *De iuribus et excellentiis Urbis Romae*.

Erano – e vista la situazione non poteva essere altrimenti – le cose urgenti, più ovvie, quelle che ordinò di affrontare subito, non grandi costruzioni nuove. In primo luogo riparazioni a S. Pietro e nel Palazzo vaticano, nel 1423 il tetto in piombo del Pantheon, nel 1423/24 a S. Maria Maggiore, nel 1425 a S. Paolo fuori le mura e a S. Giovanni in Laterano (per dipingere l'interno convocò nel 1427 Gentile da Fabriano, per riparare i pavimenti dovettero essere reimpiegate pietre provenienti da chiese demolite). Inoltre si lavorò in molte altre chiese (per esempio ai SS. Apostoli, accanto al suo palazzo Colonna), e Martino esortò anche i suoi cardinali a restaurare le loro chiese. Altri conti riferiti all'edilizia documentano lavori di riparazione in numerosi ponti (Ponte senatorio, Nomentano, Salario, Milvio). Il Palazzo senatorio sul Campidoglio fu dotato, come già all'epoca di Bonifacio IX, di un'altra torre; a Ostia venne fortificato con un castello anche l'ingresso al Tevere.

14. Maestri delle strade: Verdi 1997 (ivi: App. 2 la bolla *Etsi*) e 2014; e ora i diversi contributi in *Mercato immobiliare* 2020. Fonti per l'architettura e l'urbanistica del suo pontificato in Müntz 1878, altre in Corbo 1969. Pittura (Gentile da Fabriano): Cavallaro 1997-98; Strinati 2008.

4. Tra conciliarismo radicalizzato e comune ribelle: Eugenio IV

Elezione di Eugenio IV

Martino V morì il 20 febbraio 1431. Immediatamente, tutto quel che aveva prodotto la nobile visione conciliare fu scalzato dalla visione partitica romana. Quel che era andato bene ai Colonna sembrò dover toccare agli Orsini: ora speravano di far eleggere nel conclave come prossimo papa il cardinale Giordano Orsini. Ma a Giordano mancò di stretta misura la maggioranza. Fu eletto, e incoronato l'11 marzo con il nome di Eugenio IV, il veneziano Gabriele Condulmer, uno dei nipoti del papa scismatico (di obbedienza romana) Gregorio XII, che lo aveva creato vescovo di Siena a 25 anni e cardinale a 26. Il concilio diede ben presto a Condulmer l'opportunità di dimostrare di che pasta fosse fatto. Se la riforma doveva «iniziare dalla testa» (come si amava dire), allora lui doveva stare in guardia. Eugenio non volle farsi condizionare né da un concilio, né dalla sua capitolazione elettorale, che era considerata particolarmente rigida e lo avrebbe consegnato completamente nelle mani del collegio cardinalizio anche per le questioni legate al governo temporale, rendendo di nuovo il papato una monarchia costituzionale.[1]

I papi non erano in condizione di sottrarsi allo sgradevole dovere di convocare il prossimo concilio nella sede già prevista, a Basilea, in conformità con il decreto conciliare di Costanza, *Frequens*, sull'obbligo di

1. Sulla persona e il pontificato: Hay 2000; capitolazione elettorale: Krüger 2006; inizi: Brandmüller 1967.

tenere periodicamente concili generali. Martino V, il 1° febbraio 1431, tre settimane prima della sua morte, aveva dato incarico al cardinale Giuliano Cesarini di aprire il concilio a Basilea. Eugenio IV confermò l'apertura e Cesarini nel ruolo di presidente del concilio, ma già alla fine dell'anno sciolse il concilio, iniziato il 23 luglio, dato che non si stava avviando nel modo desiderato, e convocò un nuovo concilio a Bologna, facendo riferimento a imminenti trattative di unione con i greci. Ora però si misero in moto le forze, sia secolari che religiose, per le quali non era più pensabile un futuro percorso della Chiesa senza una profonda riforma.

A questo punto, la volontà di riforma che ristagnava dal concilio di Costanza, ruppe gli argini. I partecipanti al concilio, che erano cresciuti per numero e rango, sempre più convinti dell'idea che il concilio fosse superiore al papa, non tennero conto della bolla papale di scioglimento. Si diedero un regolamento autonomo e affrontarono i compiti principali: libertà dalle ingerenze papali nell'elezione dei vescovi, svolgimento regolare dei sinodi, lotta agli abusi nel clero, limitazioni nell'applicazione dell'interdetto, regolamentazione per l'elezione dei papi e del collegio dei cardinali, e così via (accanto alle trattative con gli ussiti che portarono a una temporanea unità). Rimettere in riga il papato non era solo nelle intenzioni dei riformatori della Chiesa: i principi secolari avrebbero tratto vantaggio dai vuoti di potere che si sarebbero creati, consolidando la loro influenza sull'occupazione di cariche e benefici e tassando, a loro volta, il clero. Dichiararsi "neutrali" fra concilio e papa e mercanteggiare il passaggio dall'uno all'altro apparve come un metodo promettente anche sul piano politico.

La crescente radicalizzazione del concilio portò alla formazione di una minoranza moderata che non voleva semplicemente farsi separare dal papa, il quale, alla fine del 1433, spinto dalle pressioni generali aveva di nuovo riconosciuto il concilio. Il fatto che Eugenio IV nel 1437 abbia spostato ufficialmente il concilio a Ferrara e che i greci abbiano dato seguito a questo invito e non a quello del concilio, portò a una prima erosione piuttosto consistente: i padri conciliari di rango come Nicola Cusano, poi lo stesso Cesarini, lasciarono Basilea. Con tanta più risolutezza agì la maggioranza rimasta, da quel momento in poi sotto la direzione del cardinale Louis Aleman: dichiarò decaduto Eugenio IV il 25 giugno 1439 e il 5 novembre 1439 elesse come nuovo papa, con il nome di Felice V, il duca Amedeo di Savoia che si era fatto monaco.[2]

2. Helmrath 1987; *Die Konzilien* 2007.

Fu questo che spinse giorno per giorno all'azione Eugenio IV, e dobbiamo esserne consapevoli prima di vedere come si comportò con i romani. E i romani con lui.

A Roma il papa, dopo la sua elezione, individuò uno dei suoi compiti più pressanti nella necessità di scalzare una volta per tutte i Colonna dalla loro posizione di potere. Litigò subito con loro, accusò i tre fratelli di aver sottratto alla Chiesa insieme a Martino V l'enorme somma di 100.000 ducati e chiese che il denaro fosse restituito immediatamente. Vale la pena seguire questa accusa lungo i canali finanziari, infatti il denaro non venne fuori a Roma ma a Firenze.

La circostanza, in questo caso, aveva una sua ragione particolare. Firenze, per dimostrare a Martino V la sua compiacenza dopo il suo lungo soggiorno in città, aveva conferito ai suoi nipoti Prospero, Antonio e Odoardo la cittadinanza fiorentina. Questo dava loro il diritto di comprare titoli del Monte, il debito pubblico fiorentino (*quod ...possent acquirere de creditis montium dicti communis seu fieri creditores dicti communis super monte communi*), e a loro era stato concesso addirittura il limite insolitamente alto di 100.000 fiorini e un tasso di interesse particolarmente favorevole. In altre parole: i tre fratelli Colonna, tra cui il cardinale Prospero, potevano investire in modo vantaggioso i loro soldi a Firenze ed evidentemente avevano approfittato di questa opportunità.

Infatti, un interessante documento dell'archivio Colonna informa che i fratelli Colonna, il 17 febbraio 1432, un anno dopo la morte dello zio, avrebbero versato come donazione (*donatio inter vivos*) la somma di 100.000 ducati, che avevano investito nel Monte fiorentino (*quos habent et tenent in Monte de Florentia*), per servizi già prestati e da prestare niente meno che a Cosimo de Medici, il figlio maggiore di Giovanni di Bicci. Nessun dubbio che si trattasse di una fuga di capitali e di una donazione fittizia! Questo non aiutò i Colonna, Eugenio IV li raggiunse anche qui (in fin dei conti i Medici in futuro avrebbero dovuto fare affari con il papa in vita e non con quello defunto): già pochi giorni dopo i Colonna cedettero i loro titoli del Monte a Francesco Boscoli, direttore della filiale della seconda banca dei Medici a Roma e all'epoca anche depositario del papa. Così i depositi fiorentini dei Colonna finirono nelle mani di Eugenio, sicuramente come parte dell'accordo fra lui e i nipoti.[3]

I soldi dei Colonna quindi erano tornati indietro, ma non il cardinale Colonna. Prospero, di certo impressionato dal conflitto tra la sua famiglia e

3. Conflitto con i Colonna: Kirshner 1969 (qui pp. 357 s.); Esch 1992.

Fig. 12. La lapide bronzea di Martino V (particolare): non è stata fusa a Roma, come si riteneva sulla scorta di Vasari, ma consegnata da Firenze, come dimostra l'annotazione di un registro doganale del 1445. La lastra (la figura giacente) ora è considerata opera di Donatello. Roma, S. Giovanni in Laterano.

il nuovo papa, una notte aveva abbandonato Roma in segreto e si era recato a Basilea.[4] La riconciliazione fra Eugenio IV e i Colonna gli permise di tornare, e le sue presenze nella curia, da quel momento in poi, sono sempre datate con precisione attraverso le divisioni delle *solutiones*; infatti, dato che solo la partecipazione personale alle sedute del concistoro con il papa (o l'esplicita licenza) dava il diritto di essere partecipi delle tasse di nomina di vescovi e abati, le presenze venivano accuratamente annotate. Il 10 dicembre 1435 il manuale del collegio cardinalizio registra il suo arrivo da Basilea (*veniens de Basilea intravit Florenciam*), e da quel momento Prospero prende parte a tutte le sedute. All'epoca Eugenio IV risiedeva già a Firenze. Tutto questo ci tornerà di nuovo molto utile per la questione della commissione e del finanziamento della lapide di Martino V (che contrariamente all'opinione invalsa finora è stata realizzata a Firenze e non a Roma, fig. 12), ma al momento illustra solo la transizione da Martino V a Eugenio IV, densa di conflitti che coinvolgono direttamente Roma.

Nel frattempo – un cambio di pontificato rappresentava regolarmente un'occasione in questo senso – anche a Roma era esploso di nuovo con prepotenza il conflitto fra Colonna e Orsini, e Antonio Colonna fece irruzione in città dalla porta Appia. Ma, dato che il popolo non si sollevava, le truppe pontificie e gli Orsini riuscirono a cacciarlo e la guerra proseguì

4. Il ruolo di Prospero Colonna: Esch 1992, in partic. pp. 634-641; Rehberg 1992; ritorno di Prospero: Bianca 1994. Pietra tombale: v. sotto, pp. 348 s.

fuori, nel Lazio. La divisione in fazioni aveva un impatto a livello locale, ma poteva attirare anche cerchie più ampie perché i baroni, a differenza del comune romano, erano capaci di stringere alleanze. I Colonna fecero un patto con Filippo Visconti, duca di Milano, il cui principale avversario era Venezia e quindi non poteva avere in simpatia un papa veneziano; mentre gli Orsini ora potevano fare affidamento piuttosto sulla regina di Napoli. Il papa riuscì, nel 1431, a raggiungere un compromesso favorevole con i Colonna. Ma non poteva durare.

A questo si aggiungeva che diversi condottieri rendevano insicura l'Italia centrale, sia al soldo delle potenze italiane, sia operando in autonomia, e ora appellandosi addirittura al concilio. Come Martino V con Braccio e Sforza padre, Eugenio IV dovette vedersela soprattutto con Fortebraccio e con il giovane Sforza, Francesco, che era di un altro calibro rispetto alla maggior parte dei comandanti mercenari e sarebbe arrivato a diventare duca di Milano. Dato che il papa non poteva riuscire a domare il condottiero, adottò la solita soluzione, almeno per mantenere le apparenze di una sovranità intatta, nominando Sforza comandante supremo delle truppe pontificie e marchese della Marca di Ancona (da lui occupata), provincia dello Stato della Chiesa.

Con i condottieri all'esterno, le fazioni all'interno e tutt'intorno i baroni della Campagna che bloccavano a loro piacimento le strade d'accesso e disperdevano il bestiame, la situazione per i romani si faceva sempre più intollerabile. Il quadro che viene a delinearsi si disgrega in un percorso incoerente e frammentato, che non ha alcun senso esaminare nei dettagli: ora da una porta cittadina, ora da un'altra qualcuno arriva al galoppo, viene accolto con grida alterne, dopodiché nell'arco di pochi giorni questo o quello vengono giustiziati oppure eletti magistrati, per poi a loro volta torturare o elogiare i seguaci del partito più a portata di mano. E così via. Il corso degli eventi è sempre lo stesso, gli attori che cambiano interessano poco. Una costante è rappresentata, in ogni caso, dal conflitto tra Colonna e Orsini con i loro vassalli e le loro clientele. Ma anche qui gli schieramenti non erano sempre chiari.

In questa situazione intollerabile, in cui dal papa non ci si poteva aspettare nessun rimedio, i romani alla fine presero in mano il loro destino. Al grido «Popolo! Libertà!», il 29 maggio 1434 diedero l'assalto al Campidoglio, cacciarono via il senatore del papa, proclamarono il libero comune, scelsero sette loro esponenti come «governatori della Repubblica», si recarono rumoreggiando davanti alla residenza di Eugenio IV a Trastevere, presero prigionieri il camerario apostolico e il nipote del papa Francesco Condulmer. Castel S. Angelo riuscì a resistere, ma il papa fuggì travestito da monaco, con un solo accompagnatore, scendendo lungo il Tevere su una piccola imbarcazione sotto una pioggia di frecce e lanci di pietre dei romani. Alla foce del Tevere lo prelevò una nave che lo portò a Livorno. Da lì si spostò a Firenze. Avrebbe rivisto Roma solo dieci anni dopo.[5]

Che la rivolta contro il papa sia stata spontanea, come riferiscono le descrizioni dei cronisti, è stato messo in dubbio di recente basandosi sul ritrovamento di istruzioni in cui Firenze segnalò al suo inviato presso il papa, nel dicembre 1433 e nel febbraio 1434, di consigliare in segreto a Eugenio, messo sotto pressione dal concilio e non più al sicuro a Roma, di spostare provvisoriamente a Firenze la sua sede: *per sicurtà di suo stato e de la sua persona essere ne la nostra città*. Quindi i famigerati lanci di pietre non sarebbero stati la causa della fuga di Eugenio, ma la reazione dei romani delusi perché abbandonava la città. Che Firenze arrivasse fino a Roma con la sua *longa manus* non è affatto da escludere, nemmeno per gli eventi del 1398. Comunque sia: dobbiamo descrivere, per i dieci anni successivi, una Roma senza papa.

Solo cinque mesi più tardi i romani ne avevano già abbastanza del loro regime «che non sapeva governare» (*saper reiere et governare*): alla fine di ottobre anche la repubblica era finita, i cannoni di Castel S. Angelo e di Giovanni Vitelleschi, inviato a Roma da Eugenio, contribuirono a questo repentino cambiamento d'umore.

Il nome di Vitelleschi i romani non lo dimenticheranno tanto presto.[6] Membro di una famiglia in vista della vicina Corneto (oggi Tarquinia), vescovo di Recanati, dopo i suoi primi successi patriarca di Alessandria nel 1435 e arcivescovo di Firenze, cardinale dal 1437, Vitelleschi era un personaggio singolare, a metà strada fra l'uomo di Chiesa e il condottiero. Con inaudita brutalità avanzò verso Roma per pacificarla, servendosi di armi secolari e religiose (si diceva che avesse promesso ai suoi soldati per ogni albero d'ulivo abbattuto in territorio nemico 100 giorni di indulgenza). Ma diversamente, pensavano i suoi contemporanei, non si sarebbe venuti a capo dell'anarchia romana.

5. Le fonti sulla fuga del 1434 ora in Plebani 2012 (cfr. Ead. in *Congiure e conflitti* 2014, pp. 89-108); Boschetto 2014.

6. Su Giovanni Vitelleschi ora i contributi in *I Vitelleschi* 1998. Citazioni: Petrone 1912, pp. 9 s. e 19 s.; governare, pp. 29-36 e 41; Palestrina, p. 46 prezzo del grano, Nerone.

In un primo tempo mise ordine nel Lazio: annientò i de Vico, che da tre secoli erano i prefetti di Roma, distrusse le piazzeforti dei Savelli, umiliò i Colonna. Dal tempo di Bonifacio VIII nessuno aveva governato così, osserva il cronista romano Paolo di Lello Petrone, ed è addirittura deliziato quando descrive l'annientamento di Palestrina (al quale lui stesso partecipò): la sua distruzione sistematica durò un mese intero, finché Palestrina «fu completamente svuotata, il suolo fu spianato, ridotto in cenere, devastato e completamente spopolato». Anche con i prigionieri di alto rango Vitelleschi abbreviò i processi: il conte Antonio di Pontedera fu «impiccato con tutti gli onori, poi però durante la notte fu denudato, trattato senza riguardo, e se ne occuparono i lupi».

Dopo il suo trionfo sulla Palestrina di Lorenzo Colonna, Vitelleschi fu accolto solennemente a Roma nell'agosto del 1436, e i romani andarono ancora più in là, come apprendiamo da un'unica delibera del consiglio cittadino che si è conservata, del 12 settembre, in cui decisero per un omaggio fino a quel momento mai tributato: erigergli una statua equestre sul Campidoglio (*sit illi eius equo insidens in Capitolio statua*) con l'iscrizione: «A Giovanni Vitelleschi patriarca di Alessandria, il terzo padre di Roma dopo Romolo».[7]

Ma a questo non si arriverà. Dopo altri successi sanguinosi, che suscitarono anche la diffidenza di vicini come Firenze, Vitelleschi, il 19 marzo 1440, fu preso prigioniero a sorpresa dal comandante di Castel S. Angelo davanti alla fortezza e ucciso al suo interno. Subito ci si chiese se questo fosse accaduto per volontà del papa o se almeno fosse di suo gradimento. È rivelatore dell'ammirazione mista all'orrore da parte dei romani il giudizio di Paolo di Lello Petrone, quando assume come criterio quel che per il popolo era sempre prioritario, cioè il prezzo del pane e una posizione adeguata. «Finché fu in vita, il grano costava 12 carlini per ogni misura, dopo la sua morte si alzò nel giro di 2 settimane fino a 22!» E fra i suoi funzionari la situazione doveva essere la stessa, perché erano *peio che Nerone*, peggio di Nerone: però aveva provveduto alla sua gente, «perfino l'uomo più miserabile divenne castellano, podestà o esattore delle imposte nello Stato della Chiesa».

La brutalità e l'efferatezza del comportamento di Vitelleschi e l'aver visto nella sistematica eliminazione delle signorie il mezzo più efficace per imporre il dominio del papa nello Stato della Chiesa, si ritroveranno in se-

7. Petrini 1795; cfr. Esch 1998c, pp. 21 s.

guito in Cesare Borgia, che del resto era anche lui cardinale, ma si spogliò del cardinalato dopo cinque anni e dimenticò la sua dignità ecclesiastica.[8] Il fatto che Eugenio IV abbia lasciato imperversare in quel modo Vitelleschi nello Stato della Chiesa, si riverbera sull'immagine di questo papa.

Fu subito pronto un sostituto dell'assassinato Vitelleschi, Ludovico Trevisan (o erroneamente Scarampi), arcivescovo di Firenze, patriarca di Aquileia e presto anche cardinale (fig. 44, p. 268), un uomo d'armi come il suo predecessore ma più moderato.[9] La sua lunga iscrizione funeraria in S. Lorenzo in Damaso menziona quasi esclusivamente imprese guerresche (però raffigura solo libri e non spade), dalla battaglia di Anghiari fino alla crociata contro i turchi. La sua vittoria sul condottiero Niccolò Piccinino nel 1440 diede a Roma tranquillità nei confronti del nemico esterno, mentre alla tranquillità interna Trevisan provvide con il rigido dominio esercitato sulla città.

Così Eugenio, grazie al pugno di ferro di questi due prelati guerrieri, riuscì a far tornare Roma in suo potere. Ambascerie inviate dai romani lo imploravano di tornare. Ma lui esitava. Aveva trovato una buona accoglienza a Firenze (si può desumere dagli atti cosa significasse anche solo alloggiare la curia insieme ai cardinali in città). Mentre Eugenio si stava ancora organizzando a Firenze, il dominio degli Albizzi fu abbattuto e Cosimo de' Medici rientrò dall'esilio, probabilmente con il concorso del papa. Guiderà le sorti della città con mano ferma, da quel momento in poi, salvaguardando le forme repubblicane (ma anche creandosi clientele, manipolando le procedure elettorali, mandando in rovina gli avversari attraverso commissioni speciali e una prassi politica di tassazione) e per i quattro pontificati successivi determinerà la politica fiorentina nei confronti dei papi.

Eugenio rimase lontano da Roma quasi dieci anni, il suo lungo soggiorno fiorentino (a proposito del quale, come già sotto Martino V, non devono essere ignorati i malumori passeggeri tra ospite e ospitanti) fu interrotto solo da soste piuttosto lunghe a Bologna e Ferrara (dall'aprile 1436 al gennaio del 1438 e dal gennaio 1438 al gennaio 1439), dove aveva convocato due concili – per così dire, i "controconcili" di Basilea. Le conseguenze di questo soggiorno per la curia romana, addirittura per lo sviluppo del Rinascimento in città, non devono assolutamente essere sottovalutate:

8. Confronto con Cesare Borgia: così già in Gregorovius III, p. 37.
9. Il successore Ludovico Trevisan: Chambers 2006, pp. 45-46.

l'incontro quotidiano con gli umanisti fiorentini, con il fastoso stile di vita fiorentino (dai registri doganali emergono gli articoli di lusso fiorentini importati a Roma), con i banchieri di corte noti da Roma e ora a casa loro, con i delegati greci al concilio.[10]

Fra le potenze italiane il papa doveva fare attenzione, anche da Firenze, soprattutto al Regno di Napoli confinante a sud, che era sì uno Stato vassallo del papa ma a causa del suo peso specifico non poteva essere governato da Roma ed era in grado di minacciare tutto il confine meridionale dello Stato della Chiesa, perfino la stessa Roma. L'imprevedibile regina Giovanna II, nel 1421 e nel 1423, aveva appoggiato uno dopo l'altro e in contrapposizione due pretendenti, Alfonso V di Aragona-Sicilia e Luigi III d'Angiò (e dopo la sua morte nel 1434 suo fratello Renato di Bar e Lorena, *le bon roi René*). Quando la regina nel 1435 muore senza eredi ha inizio la battaglia, a lungo attesa, per la successione al trono, che per molto tempo terrà col fiato sospeso l'Italia meridionale e i papi. Solo la vittoria di Alfonso, strappata a fatica, e il suo ingresso a Napoli nel 1442 diede a Eugenio IV la spinta per decidere a favore dell'Aragonese contro l'Angiò, liberandolo così subito, con un duro colpo per Basilea, dallo schieramento dei suoi avversari. Questa decisione avrà due ripercussioni di lunga durata: dopo la Sicilia anche l'Italia meridionale diventerà spagnola (la Sicilia in unione personale con l'Aragona, l'Italia meridionale sotto la dinastia rapidamente italianizzata fino alla sua estinzione nel 1501, poi sotto i viceré spagnoli fino al 1713). E con l'elezione a cardinale di Alonso Borja, come ricompensa per le trattative andate a buon fine tra Eugenio IV e gli Aragonesi, ha inizio nella curia romana l'ascesa inarrestabile dei Borgia.[11]

Mentre il concilio di Basilea si sgretolava gradualmente, il conciliarismo cresceva in radicalismo e scemava in influenza e Roma era pacificata con la forza (successi da ascrivere più alla fermezza di Eugenio IV che all'abilità e al senso politico), al papa sembrò finalmente giunto il momen-

10. Sulla permanenza di Eugenio a Firenze e il significato per entrambe le parti Boschetto 2012: contratto con Firenze pp. 535-541; primo (1434-36) e secondo (1439-43) soggiorno; incontro fra curiali e umanisti fiorentini pp. 380-384, 485-495. Itinerario di Eugenio IV: Diener (†), Schwarz B. 2002. Cosimo: Rubinstein 1966; D. Kent, in DBI, vol. 73, 2009, pp. 36-43; inizi: Fubini 1994.

11. Passaggio dagli Angiò agli Aragonesi: Vitolo 1986; Del Treppo 1986; Pontieri 1975; sull'immigrazione di stranieri qualificati Del Treppo 1989. Esordi dei Borgia: *De València a Roma* 2006.

to di tornare a Roma: il 28 settembre 1443 entrò in città, «dopo 9 anni, 3 mesi e 23 giorni», così li contarono i romani, che non vedevano l'ora che tornasse.

L'aspetto della città era spaventoso. I curiali avevano visto ben altro per molto tempo, e gli osservatori fiorentini descrivono di nuovo con soddisfazione quel che c'era da ridire su Roma:

> Roma, a causa dell'assenza del papa, era diventata di nuovo come un accampamento di vaccari (*terra di vaccai*). Si tenevano le pecore e le vacche fin dove ora ci sono i banchi dei mercanti. Tutti andavano in giro avvolti in mantelli col cappuccio e con gli stivali, perché erano stati tanti anni senza la corte del papa, e a causa delle guerre che avevano avuto.[12]

Quello a cui aveva messo mano 23 anni prima Martino V dopo il suo ritorno a Roma, sembrava essersi già dissolto.

Quel che faceva agire i romani, non è facile venirlo a sapere da loro. La storiografia della città all'epoca è molto scarna. Si sono conservati testi di genere misto ai quali vale la pena dare un breve sguardo, perché parlano dal profondo della società romana. Consideriamo qui tre esempi che, mescolando in proporzioni diverse libro di famiglia (simile alle *Ricordanze* fiorentine, ma in questo caso di livello inferiore) e cronaca locale, raccontano la Roma di questi anni – testi poco appariscenti, di solito trascurati: si riconosce se uno storico è realmente interessato a penetrare in profondità nella società di una città, se decide di utilizzare questo tipo di fonte oppure di accantonarla.[13]

Le annotazioni di Stefano Caffari, degli anni 1429-52, sono quanto c'è di più vicino alle notizie familiari e personali: è un religioso di famiglia illustre che ha legami con la curia e fa parte della clientela degli Orsini. Canonico di S. Giovanni in Laterano, risiede nel rione Pigna (nei pressi del Pantheon) e possiede case anche nel contiguo rione S. Angelo (che in seguito diventerà il ghetto), dove i Caffari *in platea Judeorum* avevano una bottega di spezie.[14] Si tratta di un susseguirsi sommariamente cronologico di nascite di bambini, doti, giudizi arbitrali, atti giudiziari,

12. *Vespasiano da Bisticci* 1976, vol. I, p. 24.

13. Per la mescolanza dei generi, libro di famiglia e cronaca locale, bisognerebbe anche aggiungere, per esempio: Modigliani 2004b; Modigliani 2018.

14. Caffari 2009: inventario delle proprietà, p. 79; Dante, p. 28; alberi di arance, pp. 130 e 133; Medici, pp. 231 e 245; concilio, p. 87; candele, p. 107; leone, p. 94, Marforio, p. 194, Colonna, p. 117.

acquisto e affitto di case, inventari domestici («in tutto 65 ciotole, 6 saliere con piedi e 2 basse, 13 catini buoni e uno completamente rotto…»; apparentemente nessun libro, a parte il fatto che prendono in pegno un Dante), quietanze, crediti, successioni, prezzi di tessuti, cavalli, vacche, e così via; «piantato 16 alberi di arance», acquisto di tessuti nella filiale dei Medici, affari con gli ebrei, con fornai tedeschi. In mezzo a queste informazioni, la sepoltura di Martino V, una notizia (inserita malamente) sul concilio di Basilea, morte e conclave dei papi del suo tempo, naturalmente l'uccisione di Vitelleschi e il ritorno di Eugenio IV, un'eclissi di sole («che nei negozi sulla piazza degli ebrei sono state accese le candele»); topografia romana (un accordo stretto nel vestibolo del Pantheon, una concessione ottenuta sul Campidoglio «vicino al nuovo muro costruito da Bonifacio IX sul lato del leone [all'ingresso del Palazzo senatorio]», cioè di fronte alle misure campione, una fontana «nella volta verso il Marforio», una delle antiche «statue parlanti» del Campidoglio); battaglie sulle barricate dal punto di vista dei partecipanti (*venerunt ad nostrum obstaculum et sbarram… et ibi magnum premium fecimus*, e abbiamo respinto Stefano Colonna). E tutto questo in una successione molto personale, difficile da classificare.

Spostandosi dalle notizie familiari a quelle locali, ma anche in questo caso senza l'intenzione di renderle pubbliche, ecco il *Memoriale* di Paolo dello Mastro, un uomo semplice del rione Ponte presso ponte S. Angelo.[15] Anche qui molti matrimoni, nascite, casi di morte e altre faccende familiari, ma anche molti eventi locali, che non riguardano solo lui: gelate notturne che danneggiano le vigne (quasi tutti hanno una vigna, fig. 13, p. 101), le inondazioni del Tevere («e l'acqua giunse fino all'altare maggiore di S. Celso …e Santa Maria Rotonda [il Pantheon] rimase piena d'acqua per un mese intero, perché lo scolo era all'interno», quindi l'acqua veniva da sotto). Quel che si vedeva e si sentiva. E ci troviamo anche un primo dromedario descritto a Roma (probabilmente bottino di guerra turco, perché il cardinale Cesarini aveva inviato l'animale al papa poco prima di cadere a Varna, mentre era a capo dell'esercito crociato): «Si racconta che all'occorrenza possa coprire 100 miglia in un giorno, e se è stremato, spreme la sua gobba…; e ho messo [sul dromedario] mio figlio Rienzolo, era ancora molto piccolo». Al dromedario segue immediatamente la notizia della collocazione delle nuove porte bronzee in S. Pietro.

15. Dello Mastro 1912: acqua, p. 85; dromedario, p. 92; porte di bronzo, p. 93.

In questa intrigante mescolanza di domestico e di pubblico sono inseriti anche eventi importanti, determinanti per la vita di Roma, sempre in una prospettiva molto personale. Vede re Sigismondo cavalcare attraverso Roma in occasione dell'incoronazione imperiale e descrive la drammatica fuga di Eugenio IV sul Tevere, in direzione di Ostia, tenuto sotto tiro dai romani (*si trasero de reto certi iovini de Roma per terra con valestra e sassi, e si llo incalzaro per infino ad Huostia*).[16] Racconta l'uccisione di Vitelleschi e il ritorno del papa; riferisce minuziosamente le indagini seguite all'omicidio di un cardinale romano e l'esecuzione dell'assassino, un massacro in piena regola («sul Campo dei Fiori gli tagliarono le mani, poi fu impiccato, dopodiché squartato, i pezzi furono esposti sulle porte cittadine, il pezzo con la testa rimase appeso in Campo de' Fiori, le mani furono inchiodate su ponte S. Angelo», e così via). E descrive s. Bernardino da Siena in occasione di una delle sue prediche trascinanti sul Campidoglio, qui come ovunque in Italia con un'enorme affluenza: «…fece battezzare molti ebrei e bruciare la grande maga e strega Finiccola; e là sulla piazza del Campidoglio furono portati tutti i giochi da tavolo e di carte e le immagini magiche che c'erano a Roma, si fece una pira e tutto venne bruciato». Tutto è interpretato in modo personale, e così si vede come messaggi, slogan per la libertà, notizie raccapriccianti si propagavano come un'onda da un quartiere all'altro della città.

E per finire, una cronaca locale romana senza notizie familiari, perciò il più noto di questi tre testi, già utilizzato nelle pagine precedenti per descrivere gli eventi: la *Mesticanza* di Paolo di Lello Petrone per gli anni 1434-47.[17] L'autore è un notaio del rione Ponte, di una famiglia che è possibile ricostruire, pur se non la si incontra fra le alte cariche comunali: palese avversario dell'*antiqua maledetta casa Colonna* (è coinvolto personalmente nella distruzione della Rocca di Palestrina da parte del cardinale Vitelleschi), palese sostenitore degli Orsini (il cui cardinale Giordano «per questa vedovella Roma si è battuto come nessun altro») e molto attivo per la restaurazione del dominio papale a Roma.

«Poiché scrivo questo libro intitolato *Mesticanza*, devo anche scrivere di tutto» (*fa bisogno che de ogni cosa ne scriva*). E lo fa davvero.[18] Sto-

16. Fuga, ivi, p. 87, ritorno, p. 91; esecuzione, pp. 91 s.; s. Bernardino, p. 90 (ma con data sbagliata).

17. Petrone 1912. Sulla persona, Isoldi, *Prefazione*, ivi. Sulla cronachistica in volgare: *Cronache volgari* 2017.

18. Vedovella: Petrone 1912, p. 39; "scrivere di tutto", p. 6; Testaccio, pp. 34 e 38; concilio, p. 42; capriccioso, p. 62, nessun cardinale romano, pp. 43 e 62; esecuzioni, pp. 39 s. e 51 s.

riografia contemporanea semplice ma ricca di fatti descrive, in una lingua comprensibile, se possibile quel che ha vissuto in prima persona, e addirittura si scusa per la descrizione di quel che non è frutto della sua esperienza diretta. È la successione scarna di eventi frammentari che hanno svilito la Roma di quegli anni: la fuga del papa e la comparsa di Vitelleschi, le azioni dei malvagi baroni (*latroni baroni*), colpi di mano e contro-colpi di mano, fame e gelo. Che i giochi di Testaccio non abbiano avuto luogo per quattro anni, ai suoi occhi è un segno di quanto sia caduta in basso Roma. Questi fatti sono inframmezzati da osservazioni sul concilio di Basilea, con piena comprensione per l'avversione del papa contro quel tipo di assemblee ecclesiastiche (secondo un vecchio detto, «non era ancora mai accaduto che un papa fosse andato a un concilio senza tornare indietro da cardinale»). Ma anche critiche sul suo conto, «umorale e testardo» (*molto capriccioso e de dura testa*): fra i suoi cardinali nemmeno un romano, come ha potuto farci una cosa del genere, neppure uno degli Orsini, ai quali deve tanto! Ed eventi spettacolari come la comparsa del gigante, con i piedi ancora più grandi del foglio aperto di carta da scrivere di Petrone, ed esecuzioni in tutti i loro dettagli spaventosi.

Il lungo e inquieto pontificato di Eugenio IV volgeva al termine. Il concilio di Basilea ancora non si era completamente disgregato. Francia e Impero, dal 1438, avevano assunto nei confronti del concilio e del papa un atteggiamento neutrale, che ora contrattarono sulla base di consistenti concessioni. Alla fine il papa riuscì a trovare un accordo con il sovrano tedesco e i principi elettori, grazie alle importanti personalità che condussero le trattative in suo nome, tra cui due futuri papi, Tommaso Parentucelli ed Enea Silvio Piccolomini. Dopo l'accordo sulle concessioni da entrambe le parti Eugenio IV, nel febbraio 1442, accolse il giuramento d'obbedienza sul suo letto di morte.[19]

Si concluse così la battaglia fra papa e concilio, durata anni, con la vittoria del principio gerarchico-monarchico su quello corporativo-conciliare. Il papato e i principi si spartirono la vittoria sul movimento di riforma. Il papato riuscì di nuovo a consolidare grazie alla restaurazione la sua posizione indebolita dai concili – pagando comunque un prezzo molto alto: frenò la riforma ed ebbe in cambio la Riforma.

19. Sulla fine del concilio di Basilea, il dibattito sulla riforma e la restaurazione: *Nach dem Basler Konzil* 2008; Dendorfer, Märtl 2011; *Das Ende des konziliaren Zeitalters* 2012; Müller 2015; v. anche sotto, pp. 257, 263 s.

5. Società cittadina.
Vita quotidiana, articolazione sociale e mobilità

All'interno della società romana

Se vogliamo sintetizzare il pontificato di Eugenio IV per la storia di Roma – pontificato che apre una prospettiva su Basilea e Firenze più che su Roma – mettendo in risalto a partire dai frammentari eventi romani quelli più salienti per la storia successiva, si potrebbero citare, molto sinteticamente, le tre situazioni seguenti.

Quella di Eugenio IV nel 1434 è stata l'ultima fuga di un papa: dalla Roma ben presto addomesticata, per 400 anni nessun papa dovrà più fuggire, fino al 1849. La costruzione di una statua equestre sul Campidoglio, decisa dai romani nel 1436 per il tirannico legato Vitelleschi, è un inaudito atto simbolico di sottomissione, impensabile prima del 1398, già ammantato delle forme nuove del primo Rinascimento: addirittura una statua equestre per un vivente, ancora prima del Gattamelata di Donatello (e ci si chiede cosa avrebbe fatto Michelangelo con il Marc'Aurelio, se avesse trovato già una statua equestre sul Campidoglio!). E alla fine gli uomini che acconsentirono volontariamente ad umiliarsi, i cui nomi si possono rintracciare attraverso la ricerca prosopografica nelle due generazioni precedenti, sono i nipoti dei romani che con grande enfasi si ribellarono con Cola di Rienzo contro i baroni e il papato lontano; sono i figli di coloro che ogni giorno vessavano il papato rientrato da Avignone e che alla fine nel 1398 soccombettero a Bonifacio IX; e, ancora una volta insorti e di nuovo rapidamente rassegnati, saranno ben presto inquadrati anche loro nella società della nuova Roma, la Roma papale del Rinascimento. E questo nell'ambito di una configurazione urbana che ora mostrerà anche nell'aspetto esteriore la trasformazione della Roma del Medioevo nella Roma del Rinascimento.

Se per una volta si osserva questo passaggio non all'interno delle categorie dell'epoca (Medioevo, Rinascimento), ma nell'arco dell'esistenza di coloro che lo hanno vissuto, è in queste tre o quattro generazioni che si compie – o, letteralmente, si incarna – la trasformazione della Roma comunale in quella papale.

Una fonte insolita dà l'opportunità di esplorare la società romana del tempo dal suo interno: le deposizioni di un processo di canonizzazione.

Santa Francesca Romana, del cui processo si parla, è stata definita la più romana fra tutti i santi.[1] Vederla osservata e descritta nella sua vita quotidiana dalle donne romane, ci accompagna nel profondo della società cittadina in questi decenni decisivi. Già nell'anno della morte di Francesca, nel 1440, numerosi testimoni rilasciano dichiarazioni sulla loro vita a fianco della santa – dichiarazioni minuziose e piene di colore rese da 181 persone complessivamente! Sentire parlare tanta gente comune a Roma, dove gli umanisti, anche se non richiesto, prendono in ogni caso la parola, è già di per sé un bene. Quello che però rende ancora più interessante questo processo per il nostro progetto, è osservare che partendo da questo mucchio disarticolato di testimoni e di persone risanate, a uno sguardo più ravvicinato, si ricompongono famiglie che si rivelano quelle del gruppo dominante esautorato nel 1398, in poche parole: quelle che qui rilasciano dichiarazioni come testimoni su una di loro, sono le vedove, le figlie, le nipoti dei capi delle fazioni sconfitti all'epoca, e questa visuale consente di seguire lungo diverse generazioni il gruppo dominante romano nel passaggio dal Medioevo al Rinascimento.

Quindi la generazione di Francesca, quella dei nati tra il 1380 e il 1400, è la generazione dei figli di coloro che furono umiliati nel 1398. Altri appartengono ad epoche ancora precedenti, come l'anziana dama che nell'interrogatorio come testimone, nel 1440, alla domanda sulla sua età risponde di «essersi fidanzata quando papa Urbano V venne a Roma».[2] Una datazione genuinamente romana. Oggi uno storico non daterebbe in questo modo, perché per lui a segnare un'epoca non è il ritorno provvisorio di Urbano V da Avignone ma solo quello definitivo di Gregorio XI nel 1377. Ma per i romani era già un evento epocale che il papato si muovesse verso Roma; i romani erano in grado di comprendere questa bizzarra datazione del fidanzamento.

1. *Una santa tutta romana* 1984; e i contributi in *Francesca Romana* 2009. Edizione delle deposizioni: Lugano 1945. Gli scritti del padre confessore: Bartolomei Romagnoli 1994.
2. Lugano 1945, p. 9.

Fig. 13. Lavoro nella vigna dei Ponziani. Come molte famiglie romane, la famiglia di s. Francesca Romana possedeva numerose vigne all'interno e all'esterno delle mura cittadine. Tor de' Specchi, ciclo di affreschi del 1468.

Nelle dichiarazioni si viene a conoscenza di legami di parentela (che diventano ancora più fitti là dove il curatore dell'edizione degli atti processuali ha letto "amica", invece di leggere correttamente "amita", cioè zia), vicinanze regionali e politiche, del tessuto sociale di un quartiere, perfino dettagli sulla consistenza delle proprietà della santa.[3] Non che i testimoni siano stati interrogati espressamente su tutti questi argomenti. Però, per goffaggine linguistica o per un eccesso di sentimenti, hanno risposto in modo più circostanziato di quanto non fosse richiesto: dovevano dire molto per poter dire quel che volevano dire. E di questo dovrebbe avvalersi lo storico.

3. Le deposizioni considerate come fonte per la storia politica e sociale di Roma: Esch 1973 e 2009; ivi in dettaglio per le dichiarazioni citate nel testo.

Fig. 14. La comunità di donne romane che facevano vita comune a Tor de' Specchi con s. Francesca Romana (sulla destra). La Chiesa guardava con una certa diffidenza alle forme di religiosità femminile che si organizzavano al di fuori degli ordini riconosciuti in case sante per lo più modeste. Tor de' Specchi, ciclo di affreschi del 1468.

Santa Francesca, in realtà Ceccolella Bussa, nasce nel 1384 nelle vicinanze di piazza Navona, figlia di Paolo Bussa della piccola nobiltà cittadina romana. Dopo le nozze con Lorenzo dei Ponziani di Trastevere, di estrazione sociale simile, dà alla luce tre figli. Nel 1425 fonda una comunità di oblate del convento benedettino (congregazione di Monte Oliveto) di S. Maria Nova nel Foro romano. Nel 1433 queste donne fanno vita comune in una casa nei pressi del Campidoglio, verso Tor de' Specchi, dove abiterà anche Francesca dopo la morte del marito (fig. 14). Muore nel 1440, già nello stesso anno della morte viene avviato il processo di canonizzazione, a cui segue nel 1451-53 la raccolta di altre deposizioni di testimoni. Queste dichiarazioni piene di vita descrivono un'esistenza devota, a metà fra inclinazioni mistiche e attivo sostegno sociale: estasi vissute come ascesa mistica verso Dio nelle cerchie angeliche e accompagnate da visioni dalle quali emerge una particolare venerazione mariana (il culto mariano a Roma, che non aveva un vero e proprio patrono cittadino, assunse un valore speciale anche per il comune politico). E sempre al servizio attivo del prossimo.

Il mucchio di dichiaranti e di risanati, a prima vista così amorfo, a uno sguardo più ravvicinato si può articolare e distinguere per famiglie. Il quadro che se ne ricava non è eterogeneo come si potrebbe temere, ma è anzi abbastanza omogeneo sia sul piano geografico che sociale. In

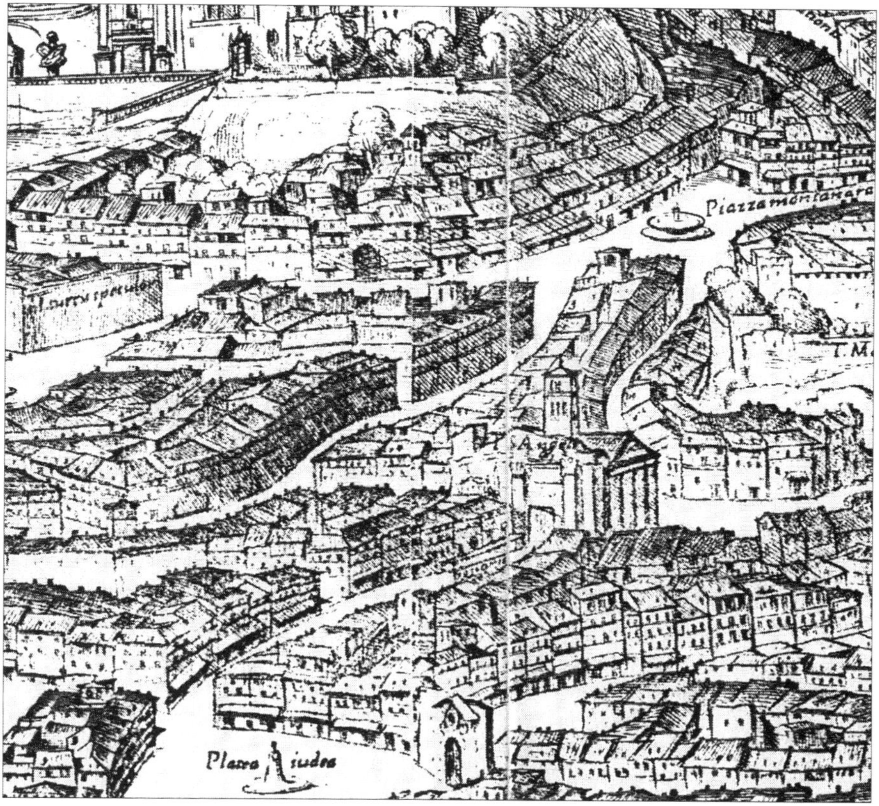

Fig. 15. Il quartiere tra Campidoglio e piazza Giudia (rioni Campitelli e S. Angelo). Sotto le pendici sud-occidentali del Campidoglio a sinistra la comunità di s. Francesca (*Turris speculorum*), a destra il Teatro di Marcello usato come fortezza dei Savelli, sotto il Portico d'Ottavia con la chiesa inglobata di S. Angelo in Pescheria, davanti il quartiere abitato da molti ebrei che nel 1555 diventerà il Ghetto. Pianta di Roma di Antonio Tempesta (1593), particolare.

senso topografico, i risanati e i testimoni, se li si individua su una mappa della città, appartengono prevalentemente a due soli quartieri cittadini, vale a dire i due rioni di Francesca: Campitelli, con Tor de' Specchi, la sede della comunità religiosa (fig. 15), e Trastevere con l'abitazione coniugale, il palazzo dei Ponziani in via dei Vascellari.[4] Solo dopo la sua

4. Esch 1973, figg. 3 e 4; la peste avanza nel quartiere ivi, p. 106.

morte Francesca diventa la santa anche di altri rioni, come si può desumere dalla localizzazione delle guarigioni miracolose che si verificano dopo il 1440.

Quindi rapporti di vicinato chiaramente delineati. Tutto accade entro un raggio visivo limitato: la madre di Camilla nell'urgenza del parto può chiamare Francesca dal suo letto; di tre testimoni a Trastevere, una abita vicino alla casa di Antonia, quasi folle dal dolore, l'altra nei pressi e la terza di fronte alla casa, e tutte l'hanno vista. Questi rapporti di vicinato si colgono in una luce drammatica se le dichiarazioni sparse sul progredire di una peste vengono organizzate e ricomposte in senso cronologico e geografico. Lenta e inarrestabile la peste avanza di famiglia in famiglia. Infatti, così ricordano i testimoni due anni più tardi: in maggio compare il primo caso di peste nel rione, in giugno si ammala un ventiseienne, in giugno la peste raggiunge anche – sempre nello stesso rione Campitelli – l'importante famiglia di Lello Petrucci, nello stesso mese comincia al di là del Tevere, dai Ponziani; in agosto si ammala una Clarelli, al tempo stesso la peste penetra sempre più in profondità a Campitelli nel parentado di Lello Petrucci e colpisce, ancora in agosto, una Margani; il marito fugge dalla moglie malata abbandonando la città.

Lo sguardo che queste dichiarazioni ci consentono di gettare nella vita e nelle pene di queste persone è ravvicinato e intimo. I testimoni (sono soprattutto donne, i mariti compaiono il più delle volte come destinatari dei miracoli), dato che la forza miracolosa della santa può essere mostrata nel modo più concreto, raccontano dei ferimenti subiti dagli uomini per lo più in risse di strada, delle brutte malattie delle donne, e lo fanno con vividezza e precisione: *ossa eius ad invicem resonabant ac si fuissent in sacculo* («le sue ossa scrocchiavano una contro l'altra come fossero in un sacchetto»), si dice di un ferito, e di una donna incinta sappiamo anche il numero dei gradini dai quali è ruzzolata.

L'effetto benefico della sua semplice presenza si rivela soprattutto dove Francesca sa aiutare le persone in preda anche ad angosce e depressioni. Di questi problemi psichici si parla spesso. Un uomo al quale inaspettatamente sono morti due fratelli, ora non riesce più a mangiare e dormire per paura della morte. Una donna, si racconta, si sente "angosciata e abbattuta" perché è perseguitata da qualcuno che «sta sopra di lei sia per il nome che per il ceto», forse un superiore o un padrone, magari ha vissuto quel che oggi viene chiamato mobbing o stalking (e quanto anche a Roma le donne subissero queste vessazioni o di peggio, compare chiaramente nelle fonti).[5] Oppure una donna malata che *ex desperatione* aveva soffocato suo figlio.

Ed è ancora più interessante quel che viene riferito in queste deposizioni in merito ai pensieri di suicidio, infatti di questo comportamento peccaminoso nelle fonti medievali si parla raramente.[6] Ma qui i testimoni vogliono proprio mettere in risalto l'influsso rasserenante, benefico, che da Francesca si trasmette anche alle persone che si trovano in situazioni esistenziali estreme: la donna che per disperazione vuole gettarsi nel Tevere; lo staffiere genovese dei Ponziani che si vuole affogare nel Tevere, quando gli rivelano che devono amputargli un piede; la dama aristocratica che in preda alla disperazione afferra la spada: il suo nome viene taciuto espressamente, *quia habet filios nobiles*. Ma in un interrogatorio più tardo veniamo a conoscenza del suo nome: era una Santacroce, una famiglia che all'epoca era impegnata in una vertiginosa ascesa sociale.

Quel che apprendiamo da queste testimonianze proviene dall'interno, dal profondo della società romana, proprio perché anche s. Francesca viveva in mezzo a questa società. Come persona impegnata ad aiutare, come amministratrice capace di un ingente patrimonio familiare e come madre era legata inestricabilmente all'ambiente sociale che la circondava. Che questa non sia l'immagine generica di una santa romana, ma quella specifica di una determinata romana in un determinato quartiere della città, si comprende agevolmente se invece si considerano i miracoli e l'ambiente sociale di altre due sante nella Roma del tardo Medioevo.[7] S. Brigida, che trascorse gli ultimi 25 anni della sua vita (1303-73) a Roma, nobile straniera della lontana Svezia, a Roma (e a Napoli) era in rapporto soprattutto con i suoi pari, con Colonna e Orsini. E s. Caterina da Siena, che passò a Roma l'ultimo anno e mezzo della sua vita (1347-80), non aveva certo il minimo timore di mescolarsi con i ceti inferiori, ma era venuta a Roma per offrire sostegno nello scisma appena iniziato al papa romano Urbano VI – e questo le alienò inevitabilmente il favore dei romani, che a proposito di questo papa dal carattere difficile dicevano di aver sofferto per lui più di Cristo per la redenzione dell'umanità.

5. Esposito 2018a.

6. Schmitt 1976.

7. Confronto con l'ambiente romano (completamente diverso) di s. Brigida e s. Caterina da Siena: Esch 1982. Per l'edizione delle lettere di s. Caterina da Siena v. i contributi in «BISIME», 121 (2019), pp. 369-442.

Le famiglie che si lasciano ricomporre ed estrapolare dal guazzabuglio di nomi di questa fonte, appartengono in prevalenza, come del resto Francesca e suo marito, alla piccola nobiltà cittadina (*nobiles, cavallerotti*), che era chiaramente bloccata verso l'alto, verso la nobiltà baronale di Colonna, Orsini e Savelli, ma era aperta verso il basso, per cui nuove famiglie riuscirono a dare rapidamente la scalata a questo ceto. In ogni caso Francesca fu assegnata dai testimoni alla nobiltà, *secundum more patrie nobilis domna erat* («secondo i criteri romani era una donna della nobiltà»), che doveva anche partecipare a visite d'obbligo, *ut moris est Romanarum domnarum* («come si conviene alle gentildonne romane»). Membri della nobiltà baronale compaiono solo perché avevano la propria clientela in queste famiglie.

Qui riportiamo l'esempio di una famiglia. Da una ricerca più approfondita si desume che non meno di 27 persone fra testimoni e risanati si possono assegnare a una famiglia di rango: sono tutti figli, nipoti o pronipoti di un Lello Petrucci del rione Campitelli (come curiosa controprova di questa appartenenza si può precisare che le malattie degli occhi guarite da Francesca riguardano soprattutto casi riferibili a quest'unica famiglia). Lello Petrucci nel 1396 era conservatore, quindi faceva parte del governo cittadino nella drammatica fase conclusiva del comune autonomo (uno dei suoi nipoti invece nel 1436 votò a favore della statua equestre di Vitelleschi!). Non sembra provenire da una famiglia antica. Era allevatore, comunque in grande stile, esponente di successo di quel nuovo gruppo di *bovattieri* e imprenditori agricoli che intorno alla metà del XIV secolo si elevarono di rango e acquistarono le proprietà fondiarie dei conventi romani impoveriti e della nobiltà baronale, temporaneamente tenuta a freno, e seppero capitalizzarle come terreni da pascolo per le loro grandi mandrie. La sua famiglia aveva legami con i Cenci, che nel 1398 erano stati fra i capi della restaurazione dopo il colpo di Stato, e con i Becchaluva, che si erano impegnati per la repubblica nel 1434. Delle 13 donne con cui Francesca fonda la sua prima comunità a Tor de' Specchi, non meno di cinque risultano membri di quest'unica famiglia.[8]

E anche i Ponziani, la famiglia di suo marito, che Francesca assisteva con accortezza nell'amministrazione delle proprietà terriere e degli alleva-

8. Posizione dei Petrucci e dei Bussa/Ponziani nella società e nelle fazioni comunali: Esch 1973, pp. 110-123 e prosopografia, pp. 137-151; *bovattieri*, v. sopra, pp. 52 s., mobilità sociale, v. sotto, pp. 113 s. Situazione abitativa, cfr. anche Broise, Maire Vigueur 1983.

menti. Non che i testimoni vogliano comunicarci qualcosa sulla situazione economica di questa famiglia. Ma devono farlo, per poter esprimere con quale modestia e spirito devoto viva comunque Francesca all'interno di un nucleo familiare benestante e operoso. Per esempio, come si senta sempre infastidita quando la sera, prima di andare a letto, si immerge nelle preghiere e nella meditazione, e suo marito vuole parlare ancora con lei, parlare *de gubernatione boum, bubalorum, pecudum* («dell'allevamento di buoi, bufali, pecore»), che pascolavano nella vasta proprietà terriera della famiglia. Oppure il parroco si meraviglia: perché, essendo così ricca e sposata, fa la comunione tanto spesso? Testimoni e confessori descrivono senza volere anche l'interno di palazzo Ponziani (nell'odierna via dei Vascellari). Infatti, solo così possono localizzare le battaglie di Francesca con il diavolo: la disposizione delle stanze intorno alla sala centrale (se il diavolo occupa questo punto strategico, non c'è più via di fuga); e se qualche volta il diavolo è salito per le scale sotto le spoglie di un maiale o di una pecora, in questa casa – sotto le stalle del bestiame, sopra la residenza padronale – a quanto pare non ha dato nell'occhio.

Ora possiamo fare un altro passo avanti e prendere in considerazione anche gli affreschi che nel 1468 – quindi mentre molti testimoni erano ancora in vita – raffigurano nella Cappella Vecchia di Tor de' Specchi i miracoli della santa: la maggior parte dei miracoli e delle persone rappresentati si possono identificare grazie alle iscrizioni sulle immagini (nel dialetto romano del tempo, perciò sono citate volentieri dai linguisti) e alle deposizioni, quindi precisano l'appartenenza familiare, senza la quale non sarebbe riconoscibile una rete sociale.[9] Quindi se sotto uno degli affreschi si dice: «Qui era morto un bambino, che era soffocato di notte accanto a sua madre», e si vede il bambino che giace inerte sulle ginocchia della madre ed è risvegliato da Francesca, per la gente ovviamente non era un bambino qualsiasi ma un bambino ben preciso. Nel corso del processo compare come testimone perfino la madre: «Non ero stata io a soffocare a morte il mio piccolo Francesco, era stata la balia...». E anche il padre può testimoniare il miracolo – e si rivela il nipote del grande *bovattiere* Lello Petrucci. Anche Jacovella, che nell'affresco lì accanto appare paralizzata, appartiene a questa importante famiglia, che con una simile presenza forse era tra i committenti del ciclo di affreschi, e in ogni caso ne aveva anche i mezzi.

9. Sugli affreschi: Cavallaro 1992, pp. 211-216. Le iscrizioni in volgare relative alle immagini: D'Achille 1987. Identificazione delle persone raffigurate: Esch 1982, pp. 92 s.

Un altro miracolo qui raffigurato, Paolo salvato dal Tevere, riguarda la famiglia Guidolini, che due generazioni prima, nella restaurazione dopo il colpo di stato del 1398, fornì un portavoce nella persona di Antonio di Lorenzo Guidolini, che in un primo tempo fu escluso dall'amnistia generale di Bonifacio IX: uno dei suoi figli, nel 1436, è favorevole come *caporione* alla statua equestre dedicata a Vitelleschi. Così, aggirandosi tra i personaggi di questi affreschi, si può conoscere da vicino la cerchia più stretta di Francesca anche in immagine e ricostruire il passato politico della famiglia.

Nell'ultima turbolenta comparsa del comune prima della sua liquidazione sanguinosa nel 1398, era coinvolta del resto anche la famiglia d'origine di Francesca. Suo padre Paolo Bussa fu conservatore nel 1395, suo fratello Simeozzo lo fu nel 1397, il suo futuro cognato Paluzzo Ponziani fu addirittura uno dei quattro consiglieri della temibile milizia. In questo momento critico le due famiglie unirono le forze con un matrimonio – disposto dal padre, accettato da Francesca – di certo un matrimonio politico di convenienza.

Non appartenevano al nocciolo duro dell'opposizione antipapale, ma quanto emerge ora (come rivelano le testimonianze) sui discendenti di persone compromesse, giustiziate, espressamente amnistiate nella cerchia di Francesca, la dice lunga sull'impegno politico di entrambe le famiglie a quell'epoca. Tra di loro un'intima amica di Francesca, Margareta Martelluzzi, i cui padre, zio, fratelli erano coinvolti in tutte le congiure contro il papa; Margareta era a capo di una piccola comunità di donne religiose, le Mantellate vicine agli Agostiniani. L'esperienza storica dei figli e dei nipoti è già diversa da quella della generazione del 1398: il ceto dirigente romano è già esautorato, e malgrado alcune rivolte estreme si orienterà in misura crescente, nelle sue carriere, a passare dal comune alla corte. La vita di questi uomini non è più interessante di quella delle loro mogli che affiancano s. Francesca.[10]

Poiché dalle deposizioni è possibile ricostruire il mondo sociale e politico in cui si muove Francesca, ora si può rivolgere l'attenzione anche alla vita religiosa e all'atteggiamento della Chiesa. Anche qui è riconoscibile un cambiamento, lo si può cogliere in Francesca, infatti la Chiesa della nuova restaurazione post-conciliare, esitando nella sua canonizzazione, rimodella la figura della santa ed elimina tutto quello che esula da un profilo conforme alla Chiesa.[11]

10. In dettaglio Esch 1973 e 1982b.

11. A questo proposito i contributi in *La canonizzazione di S. Francesca Romana* 2013. Sugli sviluppi del processo di canonizzazione agli inizi: Vauchez 1988, pp 39-67; sugli aspetti giuridici (messi in risalto nel nuovo processo): *Procès de canonisation* 2004.

A uno sguardo più ravvicinato si nota che i tre interrogatori di testimoni (1440, 1443, 1451-53), sebbene siano vicini nel tempo, si differenziano tuttavia l'uno dall'altro: non perché si volesse sapere *di più*, ma perché si voleva sapere *altro* e perciò si chiedevano cose diverse. A questo aspetto si dovrebbe prestare attenzione. Del resto era ancora possibile ritrattare successivamente una dichiarazione: «Non era Francesca, era Vannozza!», un testimone anni dopo rettifica davanti al notaio la sua dichiarazione a proposito del miracolo del vino.[12] È interessante, innanzitutto, vedere come cresce rapidamente la venerazione nei confronti di Francesca nel suo vicinato più prossimo: dei 130 testimoni del 1451 (di nuovo donne per due terzi), solo il 17 % dei quali aveva già rilasciato una dichiarazione nel 1440, non provenivano più solo dai quartieri di Francesca, Campitelli e Trastevere, e lo stesso vale per i miracoli ora riferiti *post mortem*.

Tutti quanti raccontano unanimemente che Francesca ha condotto una vita di santità. Ma perché Francesca allora non è già stata proclamata santa? Quando il processo fu nuovamente ripreso un secolo e mezzo dopo, gli auditori della Rota incaricati della verifica del processo precedente, dichiararono insufficiente quello del 1440 e manchevole di *forma probans*. Erano in primo luogo mancanze formali (gli articoli sottoposti ai testimoni non erano ordinati correttamente, i testimoni non erano stati interrogati separatamente o in ogni caso erano stati registrati con risposte collettive, mentre nel 1443 e 1451 i testimoni sono citati singolarmente). La fresca spontaneità dei testimoni del 1440 – si vede perfino come interloquiscono reciprocamente e si scambiano l'un l'altro ricordi personali – non aveva alcun valore probante agli occhi severi dei canonisti.

In effetti il processo del 1451 è diverso. Non solo per il fatto che venivano soddisfatti i requisiti formali. Vengono chieste anche cose diverse, si vuole sapere altro, e questo consente di riconoscere un cambiamento che merita attenzione, se inoltrandosi dentro il secolo si vogliono notare anche le minime sfumature. Ai testimoni ora vengono accorciate le briglie. Le nuove domande – non più così aperte e vaghe come nel 1440, ma con uno schema preciso – ora mirano soprattutto a sapere se Francesca, in tutte le tappe della sua esistenza, abbia vissuto in conformità con i precetti della Chiesa: quindi battesimo, cresima, confessioni, frequentazione della chiesa e, cosa importante, *de eius reverentia erga personas ecclesiasticas*: ha mostrato nei confronti dei sacerdoti, della gerarchia, il dovuto rispetto?

12. Esposito 2018b.

Certo, molte di queste notizie si possono ricavare anche dalle dichiarazioni del 1440, ma qui sono formulate fin dal principio in articoli distinti che suonano ben diversamente dai primi articoli del 1440.[13]

Questo aspetto ora è più interessante della religiosità vissuta nel quotidiano. Francesca diventa più convenzionale, disciplinata, meno incline alle estasi: non esagerava nelle visioni, nel mendicare elemosine, neppure nella devozione. Qui Francesca non è più ritratta, come nel 1440, con rapide pennellate quasi impressionistiche; viene rimodellata secondo l'immagine di come dev'essere una persona laica, per di più una donna, da santa, in conformità con l'idea della Chiesa. Un ulteriore passo in direzione dell'adeguamento, ora secondo il modello della santità post-tridentina, sarà compiuto dalla bolla di canonizzazione di Paolo V.

Non si chiedeva l'individualità e l'originalità ma la conformità. Adattare questa romana entro una cornice confacente alla Chiesa non era però così semplice. Di una suora di clausura Francesca aveva ben poco, e non voleva averlo affatto. Come donna in mezzo a questo mondo aveva uno sguardo libero sulle cose, aveva divergenze di opinione con il suo confessore, si era perfino permessa di rivolgere un pressante appello al papa per l'unione con il concilio di Basilea (questi passaggi li ha espunti dai suoi scritti il suo confessore Giovanni Mattiotti, per non mettere a rischio la loro approvazione da parte della Chiesa e la canonizzazione di Francesca). Anche la situazione contingente del papato – incuneato tra conciliarismo radicalizzato e comune sempre ribelle, al cui ceto dominante apparteneva Francesca – sconsigliava di far assurgere una donna di questo tipo a modello di santità femminile. E così Francesca, la cui canonizzazione già allora era richiesta con forza dai romani, dovette attendere ancora un secolo e mezzo: una Roma più tranquilla e un papa romano, Paolo V Borghese.

Del resto, la Chiesa guardava con una certa diffidenza alla vita religiosa che si organizzava al di fuori degli ordini tradizionali. Qui non si tratta delle confraternite, dalla cui vita religiosa le donne a Roma non erano escluse (anche la rinomata confraternita del Salvatore ammise al suo interno le donne a partire dal 1452): per lo più erano comunque parenti dei membri

13. I processi del 1440-1451 a confronto con le nuove richieste del processo del 1602-1608: G. Zardin in *La canonizzazione* 2013, pp. 53-78; Barone ivi, pp. 125-137; Esch in *Canonizzazione di S. Francesca Romana* 2013 pp. 39-51; le differenze messe in evidenza in Barone 1984, pp. 60-64 e Bartolomei Romagnoli 1994, pp. 51 s. e 144 s.; sull'autocensura del padre confessore ivi, pp. 42-50.

maschili, a loro erano destinati determinati compiti, come l'assistenza ai malati e quella sociale, perfino modeste cariche. È più interessante – e problematico nella prospettiva della Chiesa – il mondo della devozione laica femminile, che cercava l'esperienza religiosa e il senso della vita al di fuori dell'esistenza regolata dei conventi: il mondo delle terziarie, delle oblate, delle cosiddette "bizzocche" e delle *religiose mulieres*.

Queste forme di religiosità femminile al di fuori del convento sono documentabili a Roma nel XV secolo, in seguito però con maggior frequenza. Per condurre una vita comune nella preghiera e al servizio del prossimo queste donne si riunivano in piccole comunità, facevano giuramento (ma non nella forma rigida dei voti perpetui conventuali) di castità, povertà, obbedienza e si affidavano alla direzione spirituale di un ordine, in prevalenza, per quanto è verificabile, agli ordini mendicanti dei francescani, domenicani e agostiniani – con tipiche eccezioni, infatti proprio la più importante di queste donne, s. Francesca Romana, aveva promesso obbedienza come oblata ai benedettini (il cui attivo interesse sarà anche il motivo per cui questa "casa santa" non affonderà subito come le altre). All'attrattiva di questa forma di vita nella Roma dell'epoca deve aver contribuito il fatto che la rete del ceto dirigente romano era stata indebolita dagli eventi politici. Ma anche senza questo fattore, era la possibilità di restare nel mondo soddisfacendo al tempo stesso le proprie esigenze religiose in una cerchia che condivideva lo stesso orientamento, a rappresentare un'attrattiva per molte donne per le quali era irraggiungibile una vita conventuale o che non ci pensavano neppure.[14]

Così vivevano in numerose "case sante" distribuite in tutti i quartieri della città, spesso molto piccole e dalla vita effimera, nelle quali, oltre a queste donne, talvolta trovava riparo una parente povera, una malata, una vedova priva di risorse. E vivevano in una condizione di autentica autonomia, spesso del proprio lavoro manuale, e già per questo motivo erano immerse nel mondo. Inoltre, non gradivano una tutela troppo severa da parte degli ordini costituiti: terziarie che protestano contro i francescani, mantellate contro gli agostiniani. Esistevano anche piccoli ospizi e case

14. Fondamentali i contributi in *Le confraternite romane* 1984; *Storiografia e archivi* 1985, con una panoramica sui patrimoni archivistici, inoltre inventari relativi alle singole confraternite, per esempio: Pagano 1990. Sulle forme della devozione laica femminile a Roma soprattutto Barone 1994, Esposito 2004a e 2009; sulle fonti caratteristiche: Esposito 1998b; Sensi 2013. Oblate: Picasso in *Francesca Romana* 2009, pp. 23-31 e Bartolomei Romagnoli, ivi, pp. 87-160. Terziarie ribelli: esempi in Esposito 2009, pp. 160 s.

sante che erano stati fondati per occuparsi di donne sole, prive del sostegno di una famiglia. Questo, infatti, era un problema che nel tardo Medioevo richiamò in misura crescente l'attenzione ed emergeva tanto più a Roma, dove l'afflusso dal resto d'Italia e dall'estero spesso faceva sì che dopo la morte del marito la moglie, essendo straniera, non disponesse di alcuna risorsa e quindi non avesse i mezzi necessari né per restare né per tornare. Erano piccole fondazioni collegate per lo più alle nazionalità ed erano gestite da una qualche istituzione religiosa (come la chiesa nazionale tedesca di S. Maria dell'Anima). A giudicare dalle dotazioni e dagli inventari spesso erano organizzazioni davvero miserevoli.

Uno sguardo nella minuta quotidianità romana è offerto anche da altre deposizioni di testimoni e dagli interrogatori, che spesso fanno parlare le persone con immediatezza, come dimostrerà una breve occhiata ai pochi atti giudiziari del Senatore che si sono conservati.[15] Ascoltiamo un uomo affermare con parole concitate il suo diritto di proprietà su un muro nel rione S. Angelo: «Da 100, 90, 80, 70, 60, 50, 40, 30, 20, 10, 5 anni e 1 anno e ancora meno e fino ad ora e ora e per molto ancora» lui e la sua famiglia hanno posseduto questo muro, in cui il vicino ora ha aperto un grosso buco; scazzottate con insulti verbali («asino di merda»!), tremende blasfemie (che già per questo furono severamente punite, perché si credeva che la punizione divina colpisse non solo il bestemmiatore ma l'intera comunità), alcuni fatti con una localizzazione precisa (*commissa fuerunt ... in platea S. Marie Rotunde prope concam lapideam positam in dicta platea*, quindi nei pressi dell'antica vasca di porfido sulla destra davanti al portico del Pantheon; oppure «in platea s. Celsi», quindi davanti alla chiesa dei Fiorentini). Oppure ascoltiamo gli uomini nella festa comunale a Monte Testaccio (i brutali e pericolosi *ludi agonis et Testacii* l'ultima domenica di carnevale), dove i tori venivano lasciati liberi e catturati e i carri venivano lanciati giù dal monte (*ad carroctias proiciendas de dicto monte*), di nascosto slegavano uno dei tori e lo facevano abbattere giù a Trastevere, per spartirselo e fare come se lo avessero vinto in una competizione onorevole (*quisto è lu toro che avemo uadagnato nui*!).

Ora torniamo all'articolazione sociale del ceto dirigente romano, nel quale abbiamo potuto gettare uno sguardo grazie alle deposizioni dei testi-

15. Archivio di Stato Roma, Tribunale criminale del Senatore 4, f. 12r (1481); Testaccio: ivi, 1, f. 29r (1454). Sulla fonte P. Cherubini 2001. Riconciliazioni extragiudiziali emesse da privati per ricomporre le inimicizie: Palmer 2014.

moni sull'ambiente in cui si muoveva Francesca: le linee dell'evoluzione storico-sociale saranno ripercorse, a questo punto da una distanza maggiore, a partire dal crollo del comune nel 1398 fino al XV secolo inoltrato.

La fine del libero comune ebbe ripercussioni durature anche sul piano sociale. La perdita di potere agì nel senso di un livellamento. I diversi gruppi del ceto dominante crebbero fino a configurarsi come un ceto nobiliare più omogeneo.[16] Questo si può dedurre partendo da alcuni indizi. Non solo dal titolo di *nobilis vir* che viene impiegato sempre più spesso (e che talvolta viene sopravvalutato dagli studiosi). La fusione è riconoscibile soprattutto nei legami matrimoniali, anche nella consistenza della dote, che rappresenta sempre un indicatore del prestigio di un uomo (e di una famiglia) e perciò anche della sua ascesa sociale. Il limite per le doti, come stabiliva la legislazione romana anti-lusso, salì da 400 fiorini correnti (che valevano all'incirca metà del *ducatus/florinus auri*) al tempo di Martino V fino a 800-900 sotto Paolo II e a 1.000 sotto Innocenzo VIII, con una tendenza in ulteriore crescita. Le famiglie ambiziose naturalmente seguivano questo corso, di certo contribuivano addirittura al rialzo.

La crescita comune delle famiglie in ascesa insieme a quelle già consolidate è riconoscibile anche nel fatto che le confraternite elitarie, come quella del SS. Salvatore *ad Sancta Sanctorum*, non sono più così esclusive, e che nella processione solenne della reliquia del Salvatore ora sono coinvolti gradualmente come portatori dell'immagine anche membri delle famiglie emergenti, finalmente arrivate al traguardo. Che li si veda ancora fortemente impegnati anche in confraternite meno elitarie, dipende forse in parte dal fatto che il comune esautorato offriva ben poche occasioni di visibilità sociale alle famiglie in ascesa. Il numero delle confraternite crebbe nella Roma del XV secolo, la quantità dei compiti caritativi aumentò rispetto alle finalità religiose.[17]

Ma l'ascesa si nota soprattutto nella circostanza che anche queste famiglie ora fanno il loro ingresso nei capitoli – riservati in principio alle famiglie più antiche – delle grandi basiliche di S. Pietro, S. Giovanni in La-

16. Modigliani 1998b; Modigliani 1994b; Esposito 1994; immagine di sé nelle famiglie arrivate e in quelle in ascesa v. anche Miglio 1992 e 1995; Lori Sanfilippo 2006; Esch 2006a. Consistenza delle doti: Esposito 2005a. I monumenti funerari: Garms, Sommerlechner, Telesko 1981-94.

17. Liste di nomi per la processione del Salvatore in Modigliani 1994b, pp. 254-273; Pavan 1984. Ora v. i contributi in *Tra Campidoglio e Curia* 2017. Sull'immagine del Salvatore e la sua processione Helas, Wolf 2011.

terano e S. Maria Maggiore.[18] Questo fenomeno aveva avuto inizio già nella seconda metà del Trecento, ma ora si impone con particolare forza: «Nomi come Altieri, Massimo, Ponziani, Venettini e Della Valle, della cerchia dei *bovattieri* in ascesa, mercanti e notai si trovano solo dopo il 1400 nei grandi capitoli» (Rehberg). Ora avevano finalmente ottenuto il prestigio sociale necessario, ma anche una base che garantiva "libertà", spazio, alla famiglia (*Abkömmlichkeit*, detto con Max Weber), quindi dava la possibilità di destinare un suo membro a una carriera ecclesiastica di rango elevato o allo studio del diritto. Finché ogni elemento disponibile della famiglia doveva dare una mano nel casale, nella bottega, nell'officina, nella taverna, non ci si poteva permettere di sottrarre qualcuno a queste mansioni. Così l'ascesa sociale si poteva realizzare anche tramite lo studio del diritto. Della base economica di queste famiglie emergenti torneremo a parlare.

La nobiltà cittadina romana era un contenitore davvero ampio, senza *serrata* (detto alla veneziana), dove molte cose trovavano spazio una accanto all'altra: il nobile di città membro di un'antica famiglia, ma anche l'imprenditore agricolo, il proprietario terriero, il mercante, il venditore di spezie. Per fare un esempio della vertiginosa mobilità sociale nella Roma del XV secolo basta citare due famiglie: i Santacroce e i Massimo.

L'ascesa dei Santacroce comincia solo nel primo decennio del Quattrocento con il giurista Andrea, che è già documentato in alcune cariche, poi Paolo, menzionato nei registri doganali come importatore di tessuti, infine Prospero, proprietario di casali e coinvolto in affari finanziari.[19] Eppure già prima della metà del Quattrocento sono considerati *nobiles* (non riveliamo il nome della suicida, dissero i testimoni di s. Francesca, «perché lei – Vannozza Santacroce – ha figli nobili»); Prospero già prima della fine del secolo è chiamato *magnificus vir* (suo figlio ottiene allora, nel 1495, dal conte di Anguillara – e questo conte è davvero un *magnificus vir* – una dote enorme); la famiglia si è già costruita, prima della fine del secolo, una genealogia che risale all'indietro fino ai romani Publicola e un palazzo di rappresentanza secondo il gusto architettonico più recente, cioè in bugnato, come il Granovitaja Palata edificato nel Cremlino da architetti italiani negli stessi anni, intorno al 1490 (fig. 16). E tutto questo nell'arco di poco più di un secolo!

18. Entrare nei Capitoli: Rehberg 1999b, pp. 172-186 (in partic. 177). Cfr. *La mobilità sociale nel Medioevo italiano* 2017.

19. Santacroce: Esposito Aliano 1981; Ait, Esch 1993, pp. 394-413; Esch 2007a, *ad indicem*.

Oppure i Massimo.[20] Anche loro compaiono solo intorno al 1400, in un primo tempo con una bottega di spezie. Anche in altri casi questo si dimostra un buon inizio, infatti gli speziali non commerciavano solo in spezie destinate alla cucina, ma anche in medicamenti (che potevano preparare loro stessi), droghe, minerali, incenso, e con quest'assortimento ampio ma sofisticato godevano di una visibilità e una fama corrispondenti. Del resto, diversamente dai mercanti di corte, erano autenticamente romani, con una sede di rappresentanza – dal tempo di Martino V fino a oggi – a S. Lorenzo in Miranda: nella cella e nel podio del Tempio di Antonino e Faustina al Foro.

Fig. 16. Palazzo di una famiglia della nobiltà cittadina: Palazzo Santacroce.

Quindi i Massimo, impegnati in questa professione ricca di prospettive, si incontrano intorno al 1400 – e alla fine del secolo soddisfano già tutti i requisiti di coloro che sono "arrivati": nome di famiglia, titolo, patrimonio, cariche, confraternita del Salvatore, figli che hanno studiato. Mancavano solo il matrimonio con una *magnifica* e un cardinale. Sono ancora pienamente attivi in tutti e tre i settori dell'economia. Non bisognerà aspettare molto e anche loro si adegueranno al nuovo gusto, si ritireranno dalla logorante vita degli affari, vivranno di rendita e saliranno a livelli sociali ancora più prestigiosi. In poche parole: la mobilità sociale nella Roma del Quattrocento è estremamente intensa. Tra le famiglie che vengono definite nobili nei *Nuptiali* di Marco Antonio Altieri (composti tra il 1487 e

20. Massimo: Modigliani 1994b; Ait 1996a, pp. 53-68; Esch 2007a, pp. 66-70, 149-152; che i Massimo si siano adoperati per darsi una formazione da commercianti, lo dimostra un *Libro d'abaco*: Cherubini P. 2007. *Nuptiali*: Miglio 1995a.

il 1520), ce ne sono alcune che non sono state ancora nominate una sola volta nei primi decenni del Quattrocento! *De primatibus Urbis* sono alla fine del secolo anche i Margani, che insieme ad altri sono attivi pure nel settore minerario.[21]

Ma i romani – ai quali il papa tolse la libertà e offrì la corte – che da quel momento in poi cercarono il prestigio e l'ascesa sociale in prossimità della corte, dovettero accorgersi ben presto che non erano più padroni in casa propria. Le cariche cittadine occupate dalle famiglie del ceto dirigente, i diritti e gli introiti che si facevano concedere dal comune: su tutto questo metteranno le mani in misura crescente la curia e la Camera Apostolica. In preda a una rabbia impotente i romani dovettero stare a guardare come il papa, nel caso di cariche in realtà riservate a loro, ai cittadini romani, concedesse semplicemente in anticipo ai suoi *protégés* la cittadinanza romana. E anche le donne romane avevano motivo di irritarsi. Infatti il papa si intrometteva perfino nella legislazione anti-lusso, che era in vigore qui come in altre città, e a partire da Paolo II liberò da queste restrizioni, a discrezione, membri della nobiltà baronale e famiglie non romane della corte: in quei casi le scollature potevano essere più ampie e i capelli scoperti! Alla fine le cariche cittadine non furono più assegnate sul Campidoglio mediante elezione o a sorte, ma vendute o concesse dal papa a suo piacimento. Il cronista Stefano Infessura arriverà addirittura ad affermare che le cariche comunali erano state spartite come benefici tra i cardinali in conclave dopo la morte di Sisto IV.[22]

Il clero

Completamente all'ombra del papa, dei cardinali, degli alti prelati della corte, troviamo una parte notevole della popolazione romana, verso la quale, alla luce della sorprendente densità di chiese e conventi, ci si aspetterebbe una maggior attenzione – allora nel presente e oggi nella ricerca – dato che era determinante per la vita religiosa quotidiana del popolo: il clero cittadino. In questa panoramica non è il caso di trattare il clero come

21. Margani: Ait 2010. Una nuova ascesa sull'esempio dei Frangipani (potenti già nel X secolo, decaduti nel XII): A. Fara in «RR», 2018, pp. 363-396.

22. Concessione della cittadinanza e assegnazione delle cariche comunali: v. sotto, pp. 116 e 315 s.; contro il lusso: Esposito 2005.

status e le sue istituzioni, ma solo la sua posizione all'interno della società cittadina.[23] A questo scopo faremo riferimento a due ambiti in cui il clero e la società erano particolarmente vicini: la rappresentanza delle famiglie romane nei capitoli delle grandi basiliche e la presenza degli ordini mendicanti in città. Il ruolo del clero nella sorveglianza sulle confraternite laiche e nell'assistenza per la cura delle anime delle grandi colonie straniere, oppure la mescolanza internazionale del clero romano degli ordini, sono tutti argomenti che saranno trattati al momento opportuno.

Nella Roma tardo-medievale, tra gli ecclesiastici romani, nelle fonti si incontrano per lo più i canonici delle grandi basiliche, dato che queste cariche erano diventate, per così dire, un bene a disposizione delle famiglie baronali politicamente influenti: i Colonna (soprattutto il ramo principale di Palestrina) e la loro clientela sedevano nel capitolo di S. Maria Maggiore e, in posizione non proprio dominante, prendendo il sopravvento solo gradualmente sugli Annibaldi, in S. Giovanni in Laterano (dove sarebbe stato sepolto il papa Colonna Martino V); invece gli Orsini sedevano nel capitolo di S. Pietro. La basilica di S. Pietro era la chiesa più importante della cristianità, però S. Giovanni era la chiesa del vescovo di Roma e la più vicina al comune, anche perché la confraternita del Salvatore, che custodiva l'immagine del Redentore *ad Sancta Sanctorum*, era la più elitaria della società romana. E ancora oltre, verso sud-est, si arrivava anche in quella parte del Lazio dove si concentravano i possedimenti dei Colonna.

E comunque gli Orsini (anche loro ovviamente suddivisi in numerosi rami), nelle loro politiche ecclesiastiche e dei benefici, non furono inferiori in nulla ai Colonna e seppero procurarsi per la loro clientela e per loro stessi, nelle chiese soggette alla loro sfera di influenza nell'ansa del Tevere (SS. Celso e Giuliano, S. Lorenzo in Damaso e altre), incarichi e benefici altrettanto prestigiosi, rivaleggiando naturalmente con i Colonna anche in molte altre chiese. Alcune di queste famiglie più in vista erano addirittura rappresentate in tutti e tre i grandi capitoli, mentre altre famiglie riuscivano

23. Sulla vita religiosa nel tardo Medioevo a Roma: Barone 2001; il volume 132 (2009) di «ASR», a cura di G. Barone e A. Esposito, con una significativa introduzione e un riepilogo di S. Boesch Gajano e A. Vauchez sulle peculiarità romane all'ombra della storia dei papi a cui si è prestata maggior attenzione: qui T. Di Carpegna Falconieri sul clero secolare, A. Marini sui conventi femminili, G. Barone sulla devozione laica, G. Wolf sulle immagini devozionali. Sulle confraternite le raccolte *Le confraternite romane* 1984, *Storiografia e archivi* 1985.

a ottenere almeno un capitolo.[24] E sapevano cosa questo comportava per loro, infatti opposero una resistenza accanita quando Eugenio IV convocò da fuori canonici regolari per il Laterano, e sotto Sisto IV ottennero che il capitolo fosse composto solo da clero romano e che quei canonici stranieri fossero spostati a S. Maria della Pace. Già i cittadini non avevano gradito che i papi non romani del XV secolo (diversamente dalla situazione esclusivamente romana del periodo avignonese), un pontificato dopo l'altro, portassero in città sempre nuove infornate di candidati stranieri destinandoli alle posizioni migliori in città.

Questa presenza nei capitoli non riguardava solo la grande nobiltà e le grandi basiliche. Per ogni famiglia che organizzava la propria ascesa sociale (e la seconda metà del XIV secolo, come già si è visto, è stata una fase di energica ascesa delle famiglie del ceto medio romano che avevano raggiunto il successo economico; in effetti, la composizione sociale di questi capitoli ora cambiò a favore dei popolari e della nuova aristocrazia), era importante e segno visibile di successo poter esibire un proprio rappresentante in uno dei grandi capitoli di Roma. E non solo nelle grandi basiliche. Anche altre chiese (le numerose piccole chiese parrocchiali qui non sono prese in considerazione) furono amministrate da un collegio sacerdotale, e anche i canonicati di queste collegiate romane furono oggetto dell'interesse delle famiglie dominanti del rione (era tipico di Roma che l'elemento geografico non fosse la parrocchia ma il rione, con cui il notaio definiva l'identità di un abitante). È sorprendente quel che riuscirono a ricavare i Colonna, che diedero la priorità a canonicati senza obblighi legati alla cura delle anime, per le famiglie della loro clientela in termini di benefici e cariche, soprattutto nelle chiese dei loro rioni Monti, Colonna e Trevi. E gli Orsini riuscirono a ottenere ancora di più.

Un elemento importante era, come dappertutto, la presenza in città degli ordini mendicanti. Tra il clero secolare e il clero degli ordini tradizionali nel XIII secolo si erano fatti avanti i nuovi ordini mendicanti – molto vicini al mondo e per questo percepiti ben presto dai preti secolari come rivali: i francescani, in un primo tempo decentrati in S. Francesco a Ripa a Trastevere, poi, dopo essere subentrati ai benedettini, soprattutto

24. Canonici Colonna: Rehberg 1999a e 1999b; Orsini (breve confronto Id. 1999a, pp. 313 ss.): Allegrezza 1998. S. Salvatore: v. sopra, nota 17. Come i papi, dopo il trasferimento in Vaticano della loro residenza e l'addomesticamento del comune, si siano relazionati con il Laterano, lo illustra Nesselrath 2001.

nel capitolo di S. Maria in Aracoeli a partire dal 1249, che era la vera chiesa dei romani (e a Natale lo è ancora oggi) anche in senso ufficiale, infatti da quando nel 1143 si era costituito il comune romano la chiesa e il convento sul Campidoglio erano intimamente legati al governo della città. Qui e nel chiostro avevano avuto luogo assemblee consiliari, sedute del tribunale, atti solenni («il convento diventa in certo qual modo un Palazzo senatorio di fortuna», Buchowiecki 1967), nella sacrestia era collocato l'archivio dei notai capitolini, qui con i francescani furono custodite anche le urne elettorali del comune. Anche l'ordine femminile si vide trattato in maniera privilegiata, infatti furono i Colonna a portare le clarisse nel 1285 a S. Silvestro in Capite e nel 1308 a S. Lorenzo in Panisperna, facendo di entrambi una sorta di conventi familiari riservati ai membri della famiglia oppure alle vedove e alle figlie non sposate del ceto dirigente.[25]

Anche i domenicani ben presto furono attratti dai luoghi che più si confacevano agli ordini mendicanti dediti alla cura delle anime: in mezzo al popolo. In un primo tempo si stabilirono in posizione decentrata a S. Sabina sull'Aventino, poi, all'incirca a partire dal 1260, anche loro in centro a S. Maria sopra Minerva nei pressi del Pantheon: qui e non in Vaticano si tennero i conclavi nel 1431 e nel 1447. Gli eremiti agostiniani prima furono a S. Maria del Popolo, poi più all'interno della città, a S. Trifone, ora S. Agostino: entrambe le chiese furono ricostruite per loro quasi contemporaneamente, sotto il pontificato di Sisto IV, in un bello stile protorinascimentale. Per rendersi conto dell'incredibile forza d'attrazione dei nuovi ordini anche sull'esempio romano, basta osservare le lapidi sepolcrali in S. Maria in Aracoeli (una quantità di lapidi medievali fu sgombrata già nel XVI secolo): qui si fanno seppellire i Savelli, cardinali, senatori romani; mercanti importanti ed esperti di diritto, anche a prescindere dalla parrocchia di appartenenza; qui riposano cavalieri tedeschi caduti durante le battaglie di strada al tempo dell'incoronazione imperiale di Arrigo VII; l'uomo nel cui terreno era stato ritrovato il Laocoonte (e lo fa inserire nella sua iscrizione funeraria), e molti altri.

25. Sugli ordini mendicanti a Roma: Barone 1984b, pp. 208 s. Francescani e confraternite: Barone 1984b; francescani e comune: Brancia di Apricena 2000, in partic. pp. 82 s. e 113 s.; lapidi in S. Maria in Aracoeli: Garms, Sommerlechner, Telesko 1981-94, vol. I, pp. 112 ss., vol. II, pp. 64 ss. Francescani e Colonna: Rehberg 2018a; sugli agostiniani e il loro quartiere: A. Mazzon e A. Esposito, ivi.

Questo era l'aspetto socialmente prestigioso, spesso addirittura alla moda, del rapporto della società con gli ordini mendicanti. Ma quando li si ascoltava predicare, come accadde a Roma nel 1427 con s. Bernardino da Siena dalle guance incavate (che lo rendono subito riconoscibile in tutti gli affreschi), la spiritualità francescana e la retorica della predica tenuta nella lingua del popolo pervadevano tutti quanti, anche la gente comune. Perfino tra gli umanisti critici della curia, che tendevano a giudicare tutto con una certa irrisione (e alcuni frati mendicanti addirittura li provocavano con l'eccessiva originalità dei comportamenti e delle prediche), nella Roma di allora le prediche di Bernardino erano l'argomento del giorno. Del contenuto delle sue argomentazioni non tutti erano convinti, però tutti erano impressionati dalla potenza delle sue parole e Poggio Bracciolini, nel suo dialogo *De avaritia*, fa comparire tutti i suoi colleghi romani che esprimono le loro opinioni su Bernardino. D'altronde, se Bernardino in molte sue prediche attaccava le divisioni interne, come potevano non sentirsi colpiti i romani, spaccati com'erano tra Colonna e Orsini, tra nobiltà e popolari, tra comune e papa, che cacceranno dalla città solo pochi anni più tardi. Bernardino le rappresenta giustamente come un male comune agli italiani:

> Dimmi dov'è più bello vivere che in Italia? Se l'Italia non avesse il peso dei partiti, nient'altro si potrebbe paragonare ad essa… Dunque: tu sei ricco, possiedi in abbondanza, vivi in pace, non sei in guerra con nessun paese. Tutti ti apprezzano: tienilo a mente, tienilo bene a mente, perché il dissidio che è in te ti farà finire male. Mi hai compreso? Sì![26]

26. Fubini 1982, pp. 509-540; citazione: Bernardino da Siena, *Le prediche volgari*, a cura di P. Bargellini, Milano 1936; predica IX.

6. Roma dall'esterno. L'immagine di Roma e le aspettative su Roma

Roma immaginaria e reale

Le aspettative dei pellegrini, che pensavano di trovare «le piazze d'oro e le strade arrossate dal sangue dei martiri» (come riteneva santa Brigida), non venivano soddisfatte. Nella Roma tardo-medievale nulla era d'oro e il sangue versato ogni giorno nelle strade cittadine era quello dei suoi abitanti.

Le aspettative e la realtà non avevano quasi nulla a che fare l'una con l'altra. Ma è sbagliato credere di doversi concentrare sulla realtà. Al contrario, si scoprirà che l'*idea* di Roma è perlomeno altrettanto "reale", potentemente efficace, della miserabile realtà romana.

Già la semplice denominazione "Roma" evoca *prima* di qualsiasi visione, *prima* di qualsiasi conoscenza, un'idea della Città eterna. Dunque cos'avevano davanti agli occhi i pellegrini quando lungo la strada verso sud pensavano "Roma"? Che tipo di immagine di Roma può aver portato dentro di sé quel capo vichingo, del quale in una fonte si dice che quando entrò nella piccola città romana in rovina di Luni, nelle vicinanze di Pisa, credette di aver conquistato Roma?[1] Forse gli avevano esaltato una città vescovile costruita in legno sul Mare del Nord come la "Roma del nord" – e quindi aveva creduto di essere già nella vera Roma, quando si era trovato di fronte al suo primo anfiteatro.

Questa è Roma vista con gli occhi *interiori*, sono le aspettative su Roma, è la visione di Roma. E quindi, in primo luogo, ci chiederemo non che cosa sia l'idea di Roma, sulla quale sono state scritte intere biblioteche, ma come sia stata rappresentata, a quel tempo, questa Roma semplicemente

1. Le aspettative su Roma del vichingo: Dudo de St-Quentin in Migne, *Patrologia latina* 141, col. 625 (ad 860).

Fig. 17. Gli elementi consueti dell'immagine di Roma, distribuiti a piacimento su qualsiasi immagine di una città che veniva così riconosciuta come Roma: Castel Sant'Angelo, Pantheon, le due colonne a rilievo, Torre delle Milizie e Tor de' Conti, Piramide, S. Pietro, da ridurre o ampliare con o senza Colosseo e Obelisco. Miniatura del *De civitate Dei* di s. Agostino (1459). Parigi, Bibliothèque de Sainte-Genèvieve, Ms lat. 218 fol. 2r (particolare).

immaginata nella pittura fuori dall'Italia: immaginata da lontano, dai luoghi da cui provenivano i pellegrini. Già la concessione di indulgenze stazionali romane da parte del papa alle chiese e ai conventi del nord invitava a compiere un percorso attraverso la Roma immaginaria, anche se era un pellegrinaggio solo spirituale e non in carne e ossa: «Ottava di Natale: in S. Maria in Trastevere 50 anni di indulgenze; domenica delle palme: in S. Giovanni in Laterano indulgenza plenaria…». Quando le domenicane del convento di S. Caterina ad Augusta avevano ricevuto dal papa il privilegio di poter concedere autonomamente le indulgenze che a Roma si ottenevano visitando le sette basiliche principali, fra il 1499 e il 1504 si fecero dipingere nella sala del capitolo le immagini di queste chiese. Quelle che pittori come Hans Holbein il Vecchio e Hans Burgkmair dipinsero per le monache come chiese di Roma, non sarebbero state riconosciute da nessun romano.[2] Ma non era importante, "significava" ugualmente Roma. Per i pittori italiani erano tutt'altri gli elementi della Città eterna che ne incarnavano il significato: la Piramide e l'obelisco, soprattutto gli edifici circolari come l'anfiteatro e la chiesa della Rotonda (fig. 17). Ma di questo torneremo a parlare.

2. Schawe 1999.

Oppure la rappresentazione di Roma nella grandiosa incoronazione della Vergine di Enguerrand Quarton. Infatti, dato che a Villeneuve-lès-Avignon non si è conservato solo il quadro ma anche il contratto (Avignone, 1453) con le indicazioni precise del committente per la raffigurazione di Roma che desiderava, è possibile verificare come siano state convertite in immagine – e di che tipo di Roma si è accontentato il committente. La basilica di S. Pietro doveva essere raffigurata con una pigna di bronzo davanti, *une pome di ping de cuivre* (quindi la pigna nell'atrio della basilica), e ampi gradini che portavano in piazza S. Pietro – così desiderava espressamente vedere rappresentata Roma il committente nel contratto, e dovevano comparire anche Castel S. Angelo e ponte S. Angelo: *au bout de ladicte place est le chastel Saint Ange et ung pont sur le Timbre qui vire en ladicte cité de Romme*, ecc. Fortunatamente nel contratto è specificato, altrimenti non sarebbe mai stato possibile riconoscere Roma nella città raffigurata.[3] Eppure un'iconografia della Roma non vista, ma semplicemente immaginata, non è meno interessante di un'iconografia della Roma reale.

La strada verso Roma, alloggiare a Roma

Seguire nel loro percorso i pellegrini che giungevano nella Roma reale sarebbe interessante, ma non è questa la sede per farlo. È però almeno il caso di richiamare l'attenzione sul fatto che, a prescindere dai resoconti di viaggio, sono pochi i tipi di fonte presi in considerazione che riferiscono notizie importanti sull'itinerario e le circostanze del viaggio.[4] I libri dei conti e gli inventari dell'ospizio sul passo del Gran S. Bernardo consentono di scoprire molte cose per il XV secolo: la massa di viaggiatori non identificati assiderati lungo la strada del passo e portati nella camera mortuaria dell'ospizio (pagamento *pro curando les cherners... et pro faciendo foveam in qua sepulti fuerunt*); le somme variabili di denaro nella cassetta delle elemosine a seconda dell'intensità stagionale del traffico (*recepi de pecuniis trunchi*); la sistemazione con materassi e lenzuoli per l'accoglienza e l'approvvigionamento (aringhe dal nord, tonno dal sud).

3. Enguerrand Quarton: Le Pichon 1982, in partic. pp. 17 s. Abbreviature romane: Garms 2000. Sulla Roma reale e immaginata: Maddalo 1990 e 1997; Esch 2000b, pp. 13-20.

4. Pellegrini tedeschi in Italia: Schmugge 1995. Una tipologia dei tipi di fonte disponibili sul percorso verso Roma in Esch 2005b, pp. 155-244; sugli ospedali per i pellegrini *ibidem*; il significativo esempio di Siena: Piccinni, Travaini 2003.

La contabilità di questi ospizi rivela il lievitare della massa di pellegrini verso Roma negli anni santi (nel 1450, nell'ospedale di Losanna, nove pellegrini su dieci che muoiono di peste sono chiamati esplicitamente "pellegrini di Roma") e il numero elevato di pellegrini che non tornano più da Roma (i soldi che hanno depositato e che non sono stati più ritirati). Un dizionario precoce tedesco-italiano (composto a Venezia nel 1424 da un cittadino di Norimberga) mostra quali parole, frasi, situazioni fosse necessario tradurre per il mercante con la sua attività, ma anche per i viaggiatori comuni in Italia. Cosa significa "lenzuolo", "cimici", "mettere il chiavistello alla porta"? Oppure «questa salsa non ci piace»? O «non dire anche tu che i tedeschi sono sempre ubriachi» (*dì pur anche tì cossì che le todeschi sian imbriági*).[5]

Di particolare interesse è una mappa del percorso verso Roma che il prototipografo Erhard Etzlaub realizzerà alla fine del XV secolo come singolo foglio a stampa ad uso dei pellegrini tedeschi che si recavano a Roma (fig. 18). Questa insolita mappa, un esemplare noto nella storia della cartografia per la sua precisione e il carattere innovativo, indica per la prima volta dall'antica *Tabula Peutingeriana* anche le strade e fornisce, segnalate da punti, addirittura le distanze esatte: ogni punto corrisponde a un miglio tedesco (7,4 km). Il foglio con la mappa era già praticamente orientato alla meta, quindi Roma era posta sul margine alto del foglio, la Germania in basso. Il viaggiatore poteva scegliere fra le varie strade – che in questo caso portavano effettivamente tutte a Roma – quelle migliori rispetto al suo punto di partenza in Germania (Gottinga, oppure la Marienburg nella Prussia orientale, o Lubecca sul Mar Baltico), e in base ai punti che segnalavano le distanze poteva pianificare in anticipo le sue tappe giornaliere: da Innsbruck 3 miglia fino a Matrei, poi 2 fino al Brennero, e così via, oppure superando il valico dello Spluga o attraverso il Gran S. Bernardo. E affinché il viaggiatore diretto a Roma, procedendo verso sud dove le giornate si accorciavano, non arrivasse trovando chiuse le porte cittadine, trovava registrata sul margine destro della mappa, alle diverse latitudini, perfino la durata del giorno più lungo. Con questa mappa il viaggiatore, al passaggio del Po a Ostiglia, poteva già decidere in anticipo se voleva prendere la via Flaminia in direzione di Roma, passando per Rimini, oppure la via Cassia ovvero Francigena passando per Lucca, e già fin d'ora poteva pregustare l'ultimo *countdown* per la Città eterna: *Aquapendent, Monteflascon, Viterbo.*[6]

5. Vocabolario: Pausch 1972.
6. La mappa di Etzlaub: Bagrow, Skelton 1973, pp. 191-193.

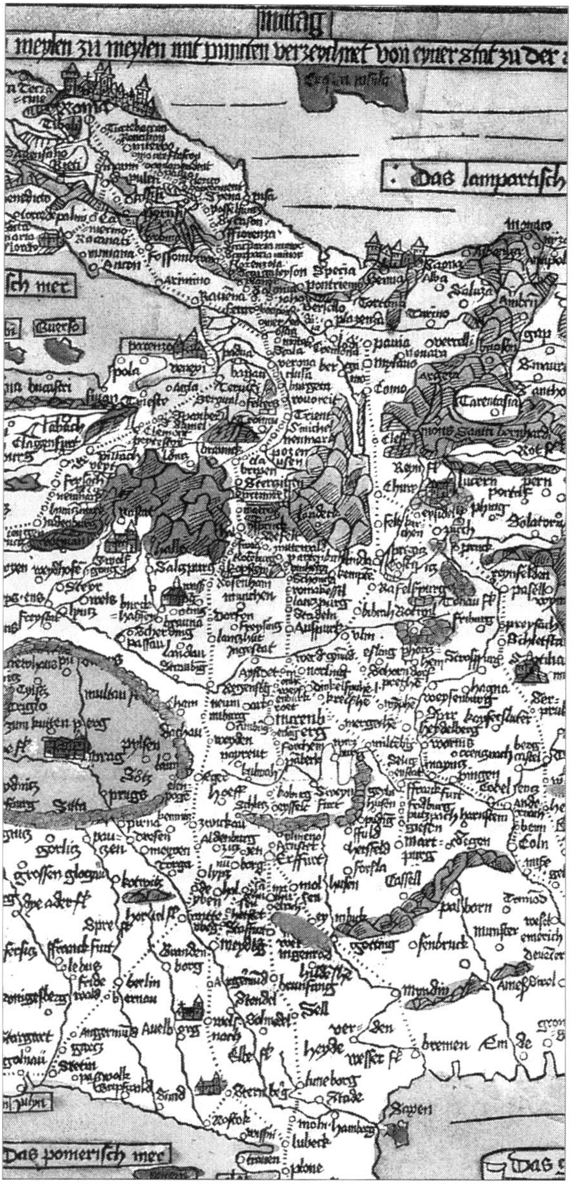

Fig. 18. Carta delle strade che portavano a Roma destinata ai pellegrini. Erhard Erzlaub, foglio a stampa della fine del XV secolo (particolare). La carta è orientata verso la meta, Roma è in alto, la Germania in basso; con l'indicazione delle distanze (ogni punto corrisponde a 1 miglio tedesco = 7,4 km), in modo che il pellegrino, con la lunghezza delle giornate segnata sul margine della carta, potesse programmare le sue tappe giornaliere – per esempio da Gottinga a Roma. Monaco, Bayer. Staatsbibliothek.

Fig. 19. La prima veduta di Roma per i pellegrini, se entravano dalla via Francigena e poi dalla via Trionfale passando per Monte Mario. Visione panoramica da Tor de' Conti o dal Campidoglio a sinistra fino al Vaticano a destra. *Codex Escurialensis*, fol. 7v-8r (fine del XV secolo).

Esiste un indizio particolare del fatto che sulla via Francigena, la strada dei Franchi o dei Francesi (che seguiva l'antica via Cassia), in effetti si incamminavano in direzione di Roma anche molti pellegrini francesi. Sull'ultimo tratto fra Viterbo e Roma saltano all'occhio, lungo la strada, molti toponimi che fanno riferimento all'eroe Orlando: un sepolcro romano di forma circolare si chiama «la Ruzzola di Orlando», un raggruppamento di monumenti sepolcrali a torre romani sono detti «le Torri di Orlando», una tomba etrusca a camera è chiamata la «Grotta natale di Orlando», perfino nella vicina Nepi la clausola penale di un'iscrizione del 1131, accanto al solito Giuda Iscariota e a Ponzio Pilato («a chi infrange questo accordo, gli capiterà come a...»), cita anche Gano di Magonza *qui suos tradidit socios*, che tradì i suoi compagni di battaglia, cioè Orlando a Roncisvalle. Questa messe di reminiscenze su Orlando testimonia la conoscenza delle *Chansons de geste* francesi che sulla via Francigena hanno trovato la loro strada verso il meridione.[7]

7. Toponimi collegati a Orlando sulla via Francigena: Stopani 1988, pp. 43-52; Esch 1997b, pp. 38 s. Sulla via Francigena esiste una rivista, pubblicata dal 1993, «De strata Francigena».

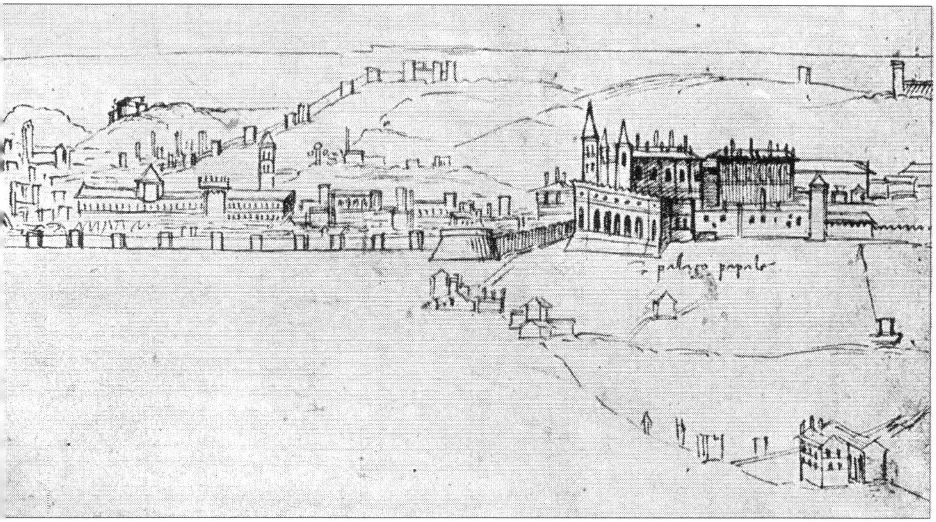

Ora i pellegrini sono arrivati a Roma. Già prima di entrare in città potevano venirgli incontro delle persone per raccomandare che «l'alloggio da loro era migliore di quello di altri», come si può dedurre dalle licenze papali per acchiappare clienti: i viaggiatori tedeschi potevano essere apostrofati da un mercenario tedesco scartato dal servizio, dal garzone vispo di un fornaio tedesco, da un chierico tedesco sottopagato, che li attiravano cercando di persuaderli e così facendo si guadagnavano un po' di companatico. Poi un primo sguardo a Roma, la silhouette della Città eterna vista da Monte Mario, come era rappresentata all'epoca nel *Codex Escurialensis* (fig. 19): a destra la strada che scendeva al Vaticano con la basilica di S. Pietro, il palazzo papale (*palazo papale*) e la Cappella Sistina, poi la torre circolare di Niccolò V; a sinistra, la nuova costruzione molto allungata dell'Ospedale di S. Spirito; sopra, le mura aureliane che salivano verso il Gianicolo a Porta S. Pancrazio; proseguendo a sinistra, l'antica piramide funeraria (la cosiddetta *meta Romuli*, demolita nel 1499, che fissa il *terminus ante quem* del disegno), Castel Sant'Angelo, il Pantheon con la chiesa di S. Agostino (ultimata nel 1483), il Palazzo senatorio appena accennato sul Campidoglio e la Torre delle Milizie.[8]

8. Veduta di Roma: v. fig. 19 con Egger 1905-06, vol. I, p. 63. Procacciarsi clienti: Lee 1978 pp. 238 s.

In caso di affluenza massiccia – tanto più negli anni santi, ma anche in anni ordinari quando la stagione dei pellegrinaggi era al culmine – non tutti i pellegrini ovviamente riuscivano a trovare un alloggio regolare. I più poveri si infilavano sotto l'antica volta più vicina oppure, come viene detto espressamente, si introducevano nelle vigne, presenti in gran quantità all'interno delle mura cittadine divenute ormai troppo ampie. Sulla scorta delle fonti romane si può dedurre come si alloggiava a quel tempo in città – dai semplici pellegrini ai viaggiatori con maggiori pretese, dall'abitazione privata al modesto ricovero destinato ai pellegrini fino all'hotel a cinque stelle.

In primo luogo l'alloggio in case private, spesso molto spartano e poco al di sopra dell'accamparsi all'aperto: «ogni casa era albergo e non bastava», si dice in occasione dell'enorme affluenza di pellegrini per l'anno santo del 1450. Come potesse apparire questa situazione, ce lo rivela una pratica che si riesce eccezionalmente a ricostruire combinando diversi generi di fonte. Nel giugno del 1474 due italiani del meridione e una siciliana si riunirono di fronte a un notaio, per poter avviare una locanda con mescita di vino in una casa di Trastevere per tutta la durata dell'anno santo (*societas ad exercitium taberne et hospitii fiendi*). Si provvedeva ai letti e alle pulizie, era prevista una cassa con due serrature per gli incassi, furono stabilite le forniture di vino dall'Italia meridionale. In effetti, dai registri doganali romani si può ricavare che Gentile, dalla costa del Vesuvio, consegnò con la sua imbarcazione quantità piuttosto consistenti di vino destinate a questa osteria, ma anche per i cardinali Giuliano della Rovere e Stefano Nardini.

Nell'anno del contratto Gentile viene registrato alla dogana con la sua imbarcazione altre cinque volte, con vini di qualità differente (l'assortimento più caro per i cardinali, il vino più economico per l'osteria), con mandorle, capperi, noci, pasta (*vermicelli*) e altri prodotti tipici del sud, ma anche materassi e coperte. Qui si inserisce la terza fonte, il registro delle imposte sul vino: il 3 maggio 1475 uno dei soci scarica il vino nel porto, l'altro ritira il vino per questo alloggio privato, che viene localizzato a *Ripa Romea*, quindi accanto al porto romano sul Tevere, dove si poteva sempre contare sulla presenza di viaggiatori[9] (qui le osterie sono raffigurate ancora nei quadri del XIX secolo, interni con Thorvaldsen come cliente). Meglio documentati e studiati rispetto agli alloggi privati sono gli ospizi per pelle-

9. La gestione dell'ospitalità, sull'esempio di un alloggio privato 1474/75: Ait, Esch 1993; ospizi per i pellegrini e altre forme di ricovero: Romani 1948; collegati alle chiese nazionali: v. sotto, pp. 126 ss.

grini, molto numerosi a Roma, spesso collegati alle chiese nazionali come S. Maria dell'Anima, nel cui libro della confraternita sono registrate negli anni santi schiere di pellegrini.

Consultando una fonte vaticana insolita, che registra l'accoglienza di un seguito principesco, ci troviamo a un livello completamente diverso del sistema romano degli alloggi. Nel periodo di Natale del 1468 comparve a Roma, dove era stato incoronato imperatore nel 1452, Federico III, in veste di pellegrino, per adempiere un suo voto: un viaggio privo di significati politici, commentato con sarcasmo dagli osservatori italiani, ma comunque con un seguito che doveva essere alloggiato a Roma. Dato che l'imperatore era ospite del papa, la sistemazione, con tutti i costi e le modalità, finì in una contabilità scrupolosa e ben tramandata, cioè quella vaticana e non l'imperiale, e veniamo così a sapere facilmente ogni cosa: i nomi di 27 alberghi e dei loro proprietari, la distribuzione delle 320 persone e dei 396 cavalli, i costi per il pernottamento, il pranzo di Natale, il cibo per gli animali.[10]

Da qui si ricavano informazioni estremamente interessanti sul sistema romano dell'accoglienza nel XV secolo, infatti gli ordini di pagamento della Camera Apostolica nei mandati camerali e la detrazione delle spese corrispondenti da parte del tesoriere in *Introitus et Exitus* sono molto precisi. Ecco un esempio:

> A Nardo, locandiere della *Campana* a Monte Giordano [nei pressi di ponte S. Angelo] 40 fiorini camerali d'oro e 36 bolognini per le spese per 35 persone e 38 cavalli dal 24 dicembre all'8 gennaio [1469] detratte 40 carrate di fieno che sono state fornite dal palazzo papale.

Oppure: 20 persone e 20 cavalli per 28 fiorini alla *Nave* vicino Campo de' Fiori, e così via.

Gli alloggi registrati, a differenza di quelli privati, hanno tutti un'insegna, un nome, e in linea di massima è possibile anche localizzarli con una certa precisione. Si raggruppano sostanzialmente in due zone alberghiere: intorno a Campo de' Fiori e a Monte Giordano, vicino alla testa di ponte S. Angelo sul lato della città. È il caso di fare attenzione, infatti di alcune insegne ne esistevano due che è necessario distinguere: due *Campane*, due *Angeli*, due *Corone*, una delle quali si trovava a Campo de' Fiori mentre l'altra a Monte Giordano. Di *Sole* ce n'erano addirittura diverse,

10. Esch, Esch 2000; sulle categorie di prezzi ivi, p. 454; localizzazione e zone di locande, pp. 451-453; consumo, pp. 452 s.

qui si intende quella costruita all'interno dell'antico Teatro di Pompeo, in cui si può alloggiare ancora oggi (senza che all'interno sia ormai possibile riconoscere il teatro, per esempio dall'andamento radiale delle pareti delle stanze). Una terza zona di alberghi, al Borgo vaticano, a eccezione dell'*Asino*, non viene citata. Questo si può spiegare perché il papa ospitò l'imperatore con tutti gli onori vicino alla basilica di S. Pietro, ma preferiva tenere a distanza per motivi di prudenza il suo seguito armato.

Si potrebbe proseguire individuando le categorie degli alberghi, quando è possibile mettere a confronto i prezzi indicati e ammesso che non siano inseriti espressamente servizi straordinari («inclusa cena per 18 persone», «cibo per gli animali»). Infatti dall'*Angelo* l'alloggio per una persona con un animale costa 5,8 bolognini al giorno, al *Leone* a Monte Giordano 6,8 bol., al *Corona* a Monte Giordano 15 bol., dall'altro *Angelo* 9 bolognini. Solo al *San Giovanni* il prezzo sembra indicato direttamente: *ad rationem XVIII bon. pro quolibet*, quindi 18 bolognini. Con uno scarto tra 5,8 e 18 bolognini al giorno a persona con animale, la differenza è plausibile, e il divario non è di certo maggiore di quello fra un albergo di oggi a due o a cinque stelle; nella gran parte dei casi calcolabili (cinque su sette) lo scarto è molto piccolo: da 5,8 a 9 bol., o da un ottavo a un dodicesimo di fiorino d'oro.

Un dato che non si riesce a stabilire è quanto fossero elevati i consumi negli alloggi. Ma il registro dell'imposta sul vino al *Galea*, nei pressi di ponte S. Angelo, dove risiedono per due settimane 29 persone con 26 cavalli, mostra che il loro locandiere francese, solo nei primi 12 giorni di quel gennaio del 1469, visto che la sua cantina è stata svuotata dal seguito dell'imperatore, ha acquistato 8 botti e mezzo ovvero 4460 litri di vino di importazione, e fino a maggio altri 14.700 litri. Quanto vino e burro potesse far fuori questo gruppo di tedeschi forse ha destato stupore anche a Roma, come già accaduto a Ferrara: «Quanto hanno mangiato!» (*mangiono tanta roba*), «Hanno mangiato una quantità di burro e hanno bevuto Trebbiano e Malvasia, che potevamo solo stupirci».

Cosa volevano o dovevano vedere a Roma i pellegrini, è l'argomento di un genere di testo conosciuto con il titolo di *Mirabilia Romae vel potius Historia et descriptio Urbis Romae*, che è stata la guida di gran lunga più diffusa di Roma per i pellegrini (ma il titolo è moderno, questi testi nel Medioevo venivano definiti più *Indulgentiae* che *Mirabilia*). Il testo comunque va distinto tassativamente dai già citati autentici *Mirabilia*. Nella sua forma ultima, la più completa, era costituito da tre parti: introduzione storica (*Historia* dalla fondazione di Roma fino all'elenco degli imperatori; la più recente delle tre parti composta solo per la stampa); elenco delle chiese di Roma con le loro reliquie e indulgenze (*Indulgentiae ecclesiarum Urbis Romae*); calendario che indicava quale chiesa romana in quale giorno fosse la chiesa stazionale (*Stationes ecclesiarum Urbis Romae*: queste due parti ben presto furono tramandate anche autonomamente). Le varie parti ci sono giunte in rielaborazioni molto diverse e attraverso numerosi manoscritti in latino e in volgare (italiano, francese, inglese, tedesco, olandese) e soprattutto a stampa.[11]

La stampa ai suoi esordi si impadronì subito di questo lucroso affare, riunendo addirittura le tre parti in modo duraturo in un testo standard. È possibile riconoscere le priorità di queste edizioni, che facevano riferimento scrupolosamente alla situazione più aggiornata quando si trattava di dare informazioni sulle nuove indulgenze, mentre i nuovi monumenti venivano ignorati: per esempio, si preferiva enumerare i ponti antichi distrutti piuttosto che citare il nuovo ponte Sisto costruito nel 1475. Che queste guide fossero pensate per il grande afflusso di pellegrini degli anni santi, lo si deduce già dal fatto che per i *Libri indulgentiarum* il 15% di tutte le stampe del XV secolo è stato prodotto a Roma fra il 1471 e il 1475 e il 45% solo nel 1499-1500.

Si può desumere quali tesori di reliquie e indulgenze si presentassero davanti agli occhi dei pellegrini sfogliando la guida a loro destinata. Per esempio in S. Giovanni in Laterano: qui i pellegrini potevano già cedere alla tentazione e portarsene via un pezzo, come confessa quest'uomo di Lucca nel 1455 nella sua richiesta di assoluzione:

> Dalla colonna dell'Annunciazione di Maria nella basilica del Laterano staccò un piccolo frammento e lo portò via con sé. Nella stessa chiesa prese da una colonna che odorava di violetta [cioè odore di santità] un frammento e lo portò via con sé. E dalla scala da cui Cristo salì per recarsi da Pilato, sempre in questa chiesa, cioè dal gradino dove si dice che gli ebrei avessero dato a Cristo uno schiaffo, prese un altro frammento e lo portò via con sé...[12]

Oltre a chiese e reliquie molti pellegrini visitavano anche i monumenti antichi più spettacolari, come si ricava dai loro racconti di viaggio indivi-

11. Miedema 2003 (cfr. Miedema 2001); cfr. *Scrittura, biblioteche e stampa* 1980, p. 240. I *Mirabilia* altomedievali, v. sopra, pp. 33 ss.; aggiornamento: Buccilli 1990.

12. S. Giovanni in Laterano: Miedema 2001, pp. 166-196; reliquie, pp. 217-231 indulgenze; furto di reliquie (e citazione): Esch 2014, p. 252.

duali, che intendevano essere al tempo stesso fonte di consigli e devono essere consultati accanto alle guide standardizzate per pellegrini.

Il Colosseo, per esempio – come in questa canzone satirica, che imitando la pronuncia tedesca dell'italiano si faceva beffe della smania teutonica per Roma e faceva dire a un lanzichenecco immiserito, che mendicava sulla via del ritorno da un anno giubilare (*pofer lanze sventurate / che da Roma siam tornate / delli sancte giubilei*): *Noi afeme in Rome sancte / Cholisee tutte fetute*.[13]

L'eremita agostiniano inglese John Capgrave, provinciale dell'ordine giunto a Roma nell'anno santo 1450, descrive nella prima parte della sua guida per pellegrini *Ye solace of Pilgrimes*, ricca di *mirabilia*, anche monumenti antichi in una singolare mescolanza, pre-umanistica, di leggenda e interpretazione, compreso il Colosseo. Lo considera un tempio anticamente coperto e pensa, con una di quelle etimologie ineffabili che vanno cercando ovunque un significato più profondo, che *Coliseum* venga da *colis eum*, "tu lo adori" (si intende il diavolo), ma sarebbe meglio che significasse *colis Deum*, "tu adori Dio". Anche Lutero menziona il Colosseo tra i monumenti antichi del suo viaggio a Roma, osservando acutamente che si sta seduti «a strati» (e nelle catacombe si viene sepolti «a scomparti», come nei cassetti di un armadio): un'evidenza plastica che non poteva essere copiata dai *Mirabilia*.[14]

Non sappiamo cos'abbiano recepito questi viaggiatori a Roma dei nuovi edifici proto-rinascimentali. Sono state addirittura enumerate le chiese e i palazzi rinascimentali che i viaggiatori (come Lutero) avrebbero dovuto vedere e menzionare a Roma. Ma cosa si vede, e soprattutto: cosa si comunica? Nelle numerose lettere conservate negli archivi svizzeri, scritte dalla Lombardia durante le guerre milanesi da capi mercenari, quindi ufficiali aristocratici, che erano in grado di distinguere perfettamente fra un palazzo e una semplice abitazione, non si trova da nessuna parte un'osservazione su S. Maria delle Grazie di Bramante o sull'Ultima cena di Leonardo da Vinci. Hanno in mente tutt'altro: vedono quel che hanno in testa! Percepire un'architettura con un occhio non istruito e descriverla con un linguaggio non allenato, è una questione complessa, e fra i numerosi resoconti di viaggio dei pellegrini del tempo saltano

13. Canzone satirica da *Florentine Festival Music* 1981, p. 100.

14. Capgrave 1911 e 1999: v. sotto, pp. 220 ss.; "schichtig", "schränkicht": Luther 1925, pp. 15-21.

all'occhio i pochi autori che vanno oltre la frase "la chiesa è bella", "la chiesa è più grande della nostra parrocchia".[15]

Anni santi

Nel pellegrinaggio a Roma gli anni giubilari o anni santi rappresentano fasi di particolare intensità durante le quali i problemi dell'afflusso dei pellegrini, di accoglienza, assistenza e cura spirituale si possono osservare con particolare chiarezza e una gran ricchezza di fonti.[16]

Un primo anno santo fu annunciato nel 1300 da Bonifacio VIII. Il papa promise un'indulgenza plenaria a tutti coloro che avessero visitato a Roma le basiliche dei due principi degli apostoli. Il successo fu sensazionale. Da allora in poi ogni 100 anni si sarebbe dovuto celebrare un anno giubilare. Ma dato che un simile evento rafforzava il prestigio del papato ed era utile ai romani, fu scontato abbreviare l'intervallo di tempo. Così, con l'aggiunta di altre chiese romane, il 1350 fu l'anno del secondo giubileo; nelle ambasce dello scisma il papa romano fece ricorso a questo potente strumento e diminuì ancora l'intervallo di tempo, per il 1390, a 33 anni (gli anni della vita di Cristo e in considerazione dell'aspettativa di vita, «perché molti non raggiungono i 50 anni»), mentre l'obbedienza avignonese mantenne il ritmo dei 50 anni, quindi il 1400. Se il papa avignonese avesse proibito ai suoi credenti di dirigersi a Roma e il papa romano avesse negato ai suoi la proclamazione di un anno giubilare nel 1400, non sarebbe stato d'aiuto a nessuno dei due, la forza d'attrazione di Roma era troppo forte, la Roma immaginaria era più forte della Roma reale.

Sull'organizzazione dell'anno santo del 1390 – di certo improvvisato come tutto a Roma durante lo scisma – sappiamo poco, l'afflusso si delinea vagamente attraverso le elargizioni di denaro sull'altare maggiore di S. Pietro (annotate nelle *Divisiones oblationum maioris altaris* del capitolo), con le loro oscillazioni stagionali: 300 fiorini a settimana nel periodo pa-

15. Descrizione di architettura: Esch 2018a, pp. 96-109.

16. Sugli anni santi nel loro complesso: *Storia dei Giubilei* (qui voll. I e II); Pagano 2016. Sul primo anno giubilare (1300): Paravicini Bagliani 1997, pp. 168-183; riduzione intervallo a 33 anni, concessione dell'indulgenza da parte di Bonifacio IX: Esch ivi, pp. 278-293; anche i contributi in *I Giubilei nella storia della Chiesa* 2000; *Giubilei. Spiritualità* 2016.

squale, 80 all'inizio dell'estate, 200 in autunno. Non è molto. Però non si doveva venire per forza a Roma per ottenere l'indulgenza. Bonifacio IX, il papa degli anni giubilari 1390 e 1400 e dall'indole decisamente secolare, concesse gradualmente l'indulgenza romana a tutta l'Europa, dalla Scandinavia alla Sicilia; ma si aspettava che i fedeli pagassero con un'offerta in denaro proporzionata alle spese di viaggio risparmiate. Questo ovviamente avveniva con i buoni uffici dei banchieri italiani, che ritiravano *in loco* questo denaro e lo trasferivano senza contanti a Roma. È meglio conosciuta la spedizione di un nunzio accompagnato da un banchiere italiano per elargire l'indulgenza: coraggiosamente penetrarono a est attraversando il Reno, ma come Quintilio Varo non ritrovarono la via del ritorno.

Questo evento fece scalpore e portò a criticare la "vendita" delle indulgenze, soprattutto in Germania.[17] La grande attrattiva di quest'indulgenza consisteva nel fatto di essere plenaria, *a pena et a culpa*. Sul piano dogmatico era corretto, perché in ogni caso pentimento ed espiazione erano le premesse perché il sacramento potesse essere efficace. Ma i credenti ingenui fraintendevano facilmente, come se non solo si cancellasse la punizione per il peccato ma anche il peccato, un particolare che forse i predicatori non sempre ponevano nella giusta prospettiva. Le critiche nei confronti di Roma sono costanti nel Medioevo. Ma dalle argomentazioni dei riformatori già si intuisce come si potesse supporre che, nel concedere l'indulgenza, il pensiero fosse rivolto fin dall'inizio anche al suo sfruttamento economico e questo danneggiò gravemente l'immagine della *Roma sacra* già sotto Bonifacio IX.

Gli anni santi dovrebbero essere considerati non solo come eventi di massa romani, ma anche nella loro dimensione spirituale e nelle ripercussioni che hanno avuto sulla storia della Chiesa. Quel che alla fine riuscirà a ricavare dall'indulgenza dell'anno santo 1475 un Raimond Peraudi, commissario per le indulgenze ancora ricco di inventiva, fece crescere le aspettative a un livello che non fu mai più superato e che portò a fraintendimenti e abusi – con le ben note conseguenze.

Si stava avvicinando il 1400, l'anno giubilare di Avignone, ma da celebrare naturalmente nel luogo di sepoltura degli apostoli. Per il papa romano una situazione difficile, che si fece ancora più difficile perché già un anno prima – iniziando in Provenza, quindi sotto l'obbedienza avi-

17. Sui problemi e la prassi dell'indulgenza: Paulus 1923, in partic. vol. III, pp. 181-183 e 330-332, e ora: *Ablasskampagnen des Spätmittelalters* 2017.

gnonese – mise in movimento una massa di persone che, ingrossandosi di città in città, alla fine prese la direzione di Roma: i cosiddetti "Bianchi" del 1399, un movimento spontaneo di flagellanti. Tra gli studiosi è controverso se abbia avuto a che fare con l'eccitazione dell'attesa dell'anno santo 1400 o se sia nato autonomamente. Che Roma restasse la meta anche per questi movimenti spontanei, che non perdesse il suo potere di irradiazione anche in questi tempi confusi, in fondo doveva rallegrare il papa romano, ma gli faceva anche presagire cosa lo aspettasse l'anno seguente. Stava rotolando una slavina di diecimila persone, a malapena riconoscibili sotto i loro mantelli bianchi con il cappuccio, in ogni città raggiunta svuotavano le prigioni e volevano ristabilire la pace (anche una pace non richiesta): come sarebbero andate le cose in una città come Roma in cui i partiti appena sciolti e i Colonna aspettavano solo un'occasione per sferrare il contrattacco? Comunque si riuscì a disinnescare il corteo ancora in tempo, a Sutri, "smascherando" chi li guidava come *pseudopropheta* e giustiziandolo.[18]

Restava il problema dell'anno giubilare 1400. Un anno con due zeri doveva essere un anno santo, e non solo nelle aspettative dei credenti di obbedienza avignonese. Il papa romano risolse il problema in questo modo: conciliando fedeltà di principi e profitti finanziari, non proclamò ufficialmente un anno giubilare 1400, ma fece estendere fino al 1400 l'indulgenza del 1390 senza soluzione di continuità. Che il papa, per non irritare le schiere di pellegrini attesi, abbia fatto riparare alla meno peggio le chiese più importanti, è già stato detto.

Sull'assalto che stava per iniziare getta luce una fonte insolita: lettere di mercanti alla ditta di Francesco Datini a Prato.[19] Non meno di 500 missive originali su questo evento sono conservate nell'archivio locale della ditta. I mercanti sono osservatori informati e acuti, infatti le aspettative di guadagno e le possibilità di investimenti dovevano essere spiegate al partner d'affari: quali affari si possono concludere con l'equipaggiamento delle navi dei pellegrini? Ora la cera è sicuramente redditizia! Pensare alle lettere di cambio, che ora riscuoteranno i pellegrini spagnoli a Roma (*fare cambi per là*)! E così via, sempre facendo riferimento «al perdono

18. L'anno giubilare "avignonese" del 1400 e i suoi problemi: *Storia dei Giubilei* I, pp. 285-293; i *Bianchi*: Tognetti 1967. Riparazioni delle chiese: v. sopra, pp. 43 ss.

19. Lettere di mercanti (informative come le lettere di Datini del 1398, v. sopra,. pp. 96 ss.): Melis 1984 (la citazione: p. 247); spendere denaro: Rucellai 1960, pp. 77 s.

di Roma» (*l'indulgenza di Roma*). Già in marzo, già prima di Pasqua, le strade di accesso erano intasate (*è tanta gente che cupino le strade*), Roma era piena zeppa: *tutta Francia, Spagna, Brettagna passa di qui al perdono di Roma*.

«Per l'indulgenza di quest'anno santo arriva un'infinità di persone. 9 su 10 sono francesi, è una gioia vederli e ascoltarli...» – e nella stessa lettera del 28 marzo una notizia insolita:

> Essi aperta una porta, qui, a Santo Giovanni Laterano, che è anni 50 più no' ssi aperesse: che chi passa per essa 3 volte, a lat' a lato, dicie à perdonanza di pena e di cholpa. Ed è un miracholo la gente passa per essa. Nel giubileo che fu or fa 10 anni detta porta non ssi apersse: ché non volle il papa [Urbano VI]. Sì che, se vuoi andarne in paradiso, vienci. Cristo chon techo.

Non veniamo a sapere della prima apertura della porta santa da una fonte locale romana o ecclesiastica, ma dalla lettera di questo mercante! E in effetti per i mercanti ne era valsa la pena: ancora nell'anno giubilare 1450 tra i fiorentini si raccontava che l'altare maggiore di S. Paolo fuori le mura, che negli anni normali ricavava offerte che ammontavano a 1.500 ducati, «nel precedente anno giubilare del 1400» era arrivato a 60.000 ducati!

Come era accaduto nell'anno santo 1390, anche l'invasione di massa del 1400 si concluse quasi inevitabilmente, in modo ancora peggiore, con una peste, all'inizio della stagione più calda. Notizie spaventose raccontano di morti e moribondi fuori dalle mura nella Campagna; a Viterbo, l'ultima grande stazione sulla via Francigena prima di Roma, da un conteggio ufficiale del vescovo risultò un numero di morti per la peste che ammontava a 6663.

Anni giubilari annunciati eppure poco frequentati, non annunciati eppure di gran successo: questo non è ancora il susseguirsi regolato di epoche più tarde; perfino quest'idea grandiosa con l'inasprirsi dello scisma poteva diventare poco redditizia, se nel 1410 i romani nelle loro trattative con Alessandro V, il nuovo papa della terza obbedienza, quella pisana, richiesero come condizione per accoglierlo a Roma la proclamazione di un anno giubilare straordinario nel 1413![20] E al papa non rimase altra scelta: «Dando seguito alle vostre richieste riteniamo, solo per questa volta (*hac vice dumtaxat*), di dover annunciare un anno giubilare».

20. De Vincentiis in *Storia dei Giubilei* I, pp. 298 s.

Per conoscere le caratteristiche del pellegrinaggio a Roma è particolarmente indicativo l'anno santo 1450, che divenne uno straordinario successo ed è ben documentato nelle fonti.[21] Dato che per il successivo anno santo, il 1475, saranno utilizzati tipi di fonte completamente diversi, per il 1450 daremo voce in modo esauriente a una fonte narrativa: al cronista locale Paolo dello Mastro. Dopo aver definito le condizioni per ottenere l'indulgenza (la durata del soggiorno prescritta, le chiese prescritte), descrive dal suo quartiere a ridosso di ponte S. Angelo, da vicino e con impegno, il corso di questo evento sconvolgente, che lo colpisce nel profondo, allibito di fronte all'andirivieni della fiumana di pellegrini: «Tanti da Natale fino alla fine di gennaio, poi quasi più nessuno, quindi i commercianti erano molto scontenti e credevano già di essere rovinati»; poi a Pasqua e fino all'Ascensione un'affluenza enorme, poi di nuovo... e così via. Ma erano questi, come si dimostrerà anche in seguito, gli alti e bassi di ogni anno di pellegrinaggio a Roma.

Ecco il suo resoconto, in cui Roma, zeppa fino ad esplodere, è descritta in modo impressionante:

> E c'erano così tante persone, che andavano a dormire in tutte le vigne (*per tutte le vigne stavano a dormire*), perché c'era bel tempo. E nella settimana santa accadde molte volte sulla rampa di ponte S. Angelo che tra coloro che tornavano da S. Pietro e coloro che vi si recavano la ressa fosse così grande, fino alla seconda e alla terza ora della notte, che la guarnigione di Castel S. Angelo e molti giovani del rione Ponte uscirono fuori; e io, Pavolo, più volte fui insieme con gli altri con i bastoni in mano per disperdere la massa (*colli bastoni in mano a sfollare la gente*), altrimenti molte persone sarebbero rimaste uccise. E dato che la massa era così grande e non diminuiva e calava la notte, i poveri pellegrini rimanevano a dormire sotto i portici e sui banchi del mercato. E chi aveva perso suo padre o i suoi figli o i compagni, vagava da una parte all'altra chiamandoli da far pietà; e andò avanti così fino all'Ascensione in maggio. Poi la gente diminuì, perché a Roma scoppiò una grave peste e molte persone morirono e molti di questi pellegrini; e ne morirono così tanti che tutti gli ospedali, le chiese e ogni luogo erano pieni di malati e di morti, e giacevano morti sulla strada come cani.

Il papa a causa della peste diminuì la durata della permanenza per i non romani a 5 giorni e poi ancora meno, aumentò l'ostensione del velo della Veronica e delle altre reliquie più importanti e lui stesso lasciò temporaneamente la città.

21. Sull'anno giubilare 1450: Miglio in *Storia dei Giubilei* II, pp. 56-73.

E poi giunsero di nuovo così tante persone che a Roma non si poteva più trovare alloggio, e ogni casa divenne un ricovero, eppure non bastava. Andavano in giro e chiedevano per amor di Dio di dare loro un riparo in cambio di soldi. Ma non trovavano nulla, restavano a dormire vicino ai banchi del mercato e si assideravano fino a morire, da far pietà. Non c'era abbastanza pane, perché non bastavano i mulini per i forni (*per i molini che non bastavano alli forni*). Il papa ordinò che ogni sabato fossero mostrate le teste di Pietro e di Paolo e ogni domenica il Volto Santo, e quando la gente usciva da S. Pietro, concedeva la benedizione e l'indulgenza plenaria, in modo che anche chi restava solo un giorno ottenesse l'indulgenza plenaria (*che n'avea fatto uno die avesse plenaria indulgenza*): lo fece perché la folla era così grande. Eppure tutto questo non bastò, perché Roma si svuotava ogni domenica, quando le persone andavano via, e la domenica successiva era di nuovo tutto pieno, da non poterle contenere. Se vai a S. Pietro, non riesci ad aprirti un varco per la quantità di persone nelle strade, e altrettanto pieno era a S. Paolo, S. Giovanni e S. Maria Maggiore.[22]

Poi, poco prima di Natale, la folla in preda al panico sul ponte S. Angelo: 172 pellegrini sono calpestati o precipitano nel fiume, i mucchi di cadaveri sono descritti dal nostro testimone oculare Paolo dello Mastro, che viene ingaggiato anche come "poliziotto" di supporto. E non dimentica di fare un bilancio economico per i suoi romani:

All'inizio e alla fine l'anno giubilare andò bene. Le categorie che ottennero i guadagni migliori furono, in primo luogo, i banchieri, i commercianti al dettaglio e i pittori del Volto Santo, che fecero grandi guadagni (*questi ferno gran tesoro*), poi vennero le osterie e le taverne, soprattutto quelle all'aperto, in piazza S. Pietro e a S. Giovanni in Laterano. E a tutti loro andò davvero bene.

Con "banchieri" ovviamente non si intendevano solo i banchieri di corte fiorentini, ma anche i piccoli cambiavalute sui loro banchi di fronte a S. Pietro, che grazie al cambio delle numerose valute straniere ottenevano lauti guadagni. È comprensibile che, oltre alle offerte dei pellegrini alle chiese, tutta la vita economica subisse un incremento e che allo stesso modo lievitasse il gettito di tasse e dazi, e lo si potrà notare con chiarezza ancora maggiore nei successivi anni giubilari.

Un altro resoconto personale, da una prospettiva sociale e culturale completamente diversa, è quello delle *Ricordanze* dell'illustre mercante

22. Dello Mastro 1912, pp. 93-95.

fiorentino Giovanni Rucellai.[23] All'inizio dell'anno giubilare trascorse tre settimane a Roma, quindi più del tempo prescritto, dato che oltre all'indulgenza – di cui parla molto seriamente – per ovvi motivi aveva previsto di visitare anche la Roma antica. Anche la sua attenzione è divisa. Di mattino visita a cavallo, con suo cognato Lorenzo di Palla Strozzi, le quattro basiliche prescritte, S. Pietro, S. Paolo fuori le mura, S. Giovanni in Laterano, S. Maria Maggiore, mentre il pomeriggio è riservato ai resti antichi (*le muraglie antiche*). Descrive nel dettaglio diverse chiese, il loro interno (facendo a volte i soliti paragoni: «è grande come S. Croce a Firenze»), le loro reliquie; le opere di Giotto vengono messe espressamente in risalto, i tipi di marmo definiti con precisione, il porfido è sempre nominato. Poi – diciamo nel corso del pomeriggio – i monumenti antichi (con un'interpretazione aderente ai Mirabilia, la distanza nei confronti del suo contemporaneo Flavio Biondo è ancora notevole): Castel S. Angelo, il Pantheon, il Colosseo, il Circo di Massenzio, Monte Testaccio, e così via, i bronzi del Laterano. Ma anche un palazzo cardinalizio "moderno", quello del cardinale d'Estouteville, *casa murata alla moderna* – e Rucellai se ne intendeva, in fin dei conti fu committente di architetture ambiziose del primo Rinascimento (Palazzo Rucellai, la facciata di S. Maria Novella a Firenze), affidate a Leon Battista Alberti.

In questa percezione di Roma da parte di un pellegrino colto l'anno santo non è l'unico tema, ma occupa solo uno spazio limitato. L'insolita affluenza di pellegrini, che è vissuta dal cronista romano come un trambusto quotidiano e assorbe tutta l'attenzione, in Rucellai è condensata brevemente in cifre: numero dei pellegrini stimato (non specificato); 1022 osterie autorizzate «con l'insegna all'esterno», e poi tante altre senza l'insegna; offerte all'altare maggiore di S. Paolo in anni normali e in un anno giubilare: 40 volte di più nell'anno santo 1400, i dati per il 1450 non erano stati ancora presentati. Ma secondo una valutazione dell'epoca si arrivò a oltre 100.000 fiorini di introiti papali attraverso i Medici in veste di depositari pontifici.

L'incredibile forza d'attrazione di questo anno santo 1450 emerge anche in altre fonti, per esempio nelle istanze per la Penitenzieria Apostolica, che si occupava di tutti quei casi la cui soluzione era riservata al papa.[24]

23. Rucellai 1960, pp. 67-78 (cfr. la sua descrizione del Pantheon: v. sotto, pp. 219 ss.). Guadagni dei Medici nel 1450: Vespasiano da Bisticci 1976, pp. 56 s.

24. I casi tedeschi in Schmugge 2000; i casi non tedeschi in Esch 2014, pp. 251 s.

Una donna della diocesi di Cambrai aveva fatto voto in gioventù, «se fosse arrivata viva al giubileo» (*si supravivere possit usque ad Jubileum annum*), di recarsi a Roma. Si mise in cammino addirittura una reclusa in un sobborgo di Siviglia, ma non arrivò lontano. Una suora sessantenne della diocesi di Ivrea era giunta a Roma, ma non tornò indietro al suo convento. Perfino le persone più deboli ora volevano essere a Roma. Naturalmente anche i laici avevano fatto voti per il giubileo, per esempio un mercante genovese a Lisbona, Daniele Lomellini, che solo 14 anni più tardi si farà sciogliere dal voto. Anche alcuni monaci, malgrado non avessero ottenuto il permesso dal loro abate, erano partiti ugualmente alla volta di Roma e quindi ora dovevano farsi dare l'assoluzione. Fra loro molti provenienti dalla Germania, anche suore tedesche, tre solo dal convento di Kumbd. Tutte a Roma nel 1450!

Altri affrontavano l'anno giubilare in modo piuttosto bizzarro: un prete dell'Italia meridionale aveva fatto voto in carcere a s. Bernardino da Siena di fare un pellegrinaggio a Roma per l'anno santo se fosse tornato in libertà entro 10 giorni – ma solo a questa condizione, «altrimenti no»! Ma il santo non rispettò il termine imposto e così il prete, da parte sua, non si sentì obbligato in nulla. Un benedettino francese, per mascherare una scappata con la sua concubina, approfittò dell'anno santo a Roma come pretesto con il suo abate (*fingens se anno Jubileo... almam Urbem... visitare velle*). I pellegrini che il cronista locale aveva descritto come una massa compatta nella Roma del 1450, qui invece li vediamo in faccia, nella loro individualità.

L'esperienza positiva del 1450 aumentò le aspettative per l'anno santo seguente. Nel 1470 Paolo II, con la bolla *Ineffabilis providentia*, facendo riferimento alla durata della vita umana, diminuì l'intervallo di tempo da 50 a 25 anni, la cadenza che ancora oggi è in vigore. E quando già l'anno dopo morì inaspettatamente, il suo successore Sisto IV si mise subito prudentemente all'opera per preparare un anno giubilare nel 1475. Papa Della Rovere non lasciò nulla all'improvvisazione: con tempestività revocò per il 1475 tutte le indulgenze plenarie al di fuori di Roma, provvide alla sistemazione delle strade d'accesso (si pensò perfino a falciare il sottobosco, per proteggere meglio i pellegrini dai banditi di strada!), ma soprattutto alle misure necessarie per l'edilizia a Roma.[25]

25. Sull'anno giubilare 1475: Esch 1998b.

Se Bonifacio IX per il 1400 aveva messo mano alla meno peggio alle riparazioni dei tetti, in modo che «i pellegrini non si risentissero», Sisto IV nel suo programma edilizio andò molto oltre quest'argomentazione difensiva. L'anno santo per lui rappresentava solo un'occasione fra le altre per modernizzare la città e per dare una nuova immagine di Roma e del papato attraverso una sostanziale *renovatio Urbis*. Di questo si parlerà in un altro contesto, per il momento ci limitiamo a questo: furono numerosi i restauri delle chiese romane, le cui iscrizioni in parte fanno riferimento espressamente all'*annus Jubilei*; *per imminentem annum Jubilei* furono accelerati i lavori di ricostruzione del vecchio ospedale centrale di S. Spirito in Sassia. Anche la costruzione e l'ampliamento delle strade furono giustificati con l'intensificarsi del traffico «soprattutto nel periodo delle indulgenze dell'anno santo», e con la realizzazione di un collegamento più breve tra Monte Mario e Borgo fu creato per i pellegrini un accesso più diretto dalla via Francigena. Ma soprattutto la costruzione di ponte Sisto, che alleggeriva la situazione del traffico, di nuovo con un riferimento esplicito nell'iscrizione alle «masse di pellegrini che verranno per l'anno giubilare», il che è comprensibile dopo la catastrofe su ponte S. Angelo nel 1450. Infatti l'aumento del traffico di persone comportava anche l'aumento, per il necessario approvvigionamento, del traffico delle merci, con tutti i suoi problemi (fig. 20).[26]

Non tutto era già ultimato quando l'anno giubilare fu inaugurato solennemente nel Natale del 1474: la strada tra ponte S. Angelo e piazza S. Pietro doveva essere lastricata, come dimostrano i conti relativi ai lavori edili, gli operai (tra i quali troviamo nomi truci come Paolo Demolito, Brusa Porco, El Cornuto) lavoravano, per così dire, tra le gambe dei pellegrini. Ma l'inizio fu positivo: nel gennaio 1475 comparve con un gran seguito il re Ferrante di Napoli, poi anche la regina di Danimarca e il *Grand Bâtard* di Borgogna. Ma una volta passate la Pasqua (questa volta molto bassa, cadeva il 26 marzo) e l'Ascensione, mancarono le grandi schiere di pellegrini su cui tutti avevano sperato. Questo fatto si ripercuote anche sulla scarsità di notizie fornite dalle fonti narrative a proposito dell'anno santo – e fu una delusione ancora maggiore, visto che questo giubileo era stato preparato con molta più cura del precedente.

26. Sui provvedimenti edilizi con espresso riferimento all'anno giubilare: v. anche sotto, pp. 325 s. (Ponte Sisto, pp. 321 e 325); pavimentazione: Lee 1982. Importanti fonti mantovane sulla visita di Ferrante in Roth 1991, pp. 511-541.

Fig. 20. Incidente stradale tra il Colosseo e l'Arco di Tito. Immagine votiva di Tommaso "Fedra" Inghirami (1470-1516), canonico di S. Giovanni in Laterano e S. Pietro, prefetto della Biblioteca Vaticana, che qui, corpulento e strabico come nel ritratto di Raffaello, è steso sotto le ruote di un carro. S. Giovanni in Laterano, Sala Capitolare.

Prendendo come esempio il 1475, consideriamo gli aspetti economici di quest'anno santo – e degli anni santi in generale – perché anche i grandi eventi di carattere religioso hanno i loro risvolti terreni.[27]

Così, oltre agli investimenti del papa nella preparazione di questo giubileo del 1475, è possibile riconoscere anche le reazioni dell'economia privata. I contratti d'affitto romani prevedono talvolta espressamente che il canone d'affitto nel caso di un anno giubilare (o di un'incoronazione imperiale, ma questa circostanza era diventata rara) possa essere aumentato: *in casu quod annus Jubilei fieret vel dominus imperator veniret ad Urbem vel alius gentium concursus esset in Urbe*.[28] In effetti, per il 1475

27. Sugli aspetti economici Esch in *I Giubilei nella storia della Chiesa* 2000, pp. 341-358, in partic. p. 348.

28. Curcio 1986, p. 711.

questo si può osservare in diversi contratti e dimostra che si era pienamente consapevoli che la domanda crescente dava la possibilità di rialzare i prezzi. E non solo i contratti d'affitto fanno riferimento all'anno giubilare: un contratto tra due fornai tedeschi deve essere valido *usque ad annum Jubilleum*, un'estinzione del debito nel 1473 prevede un particolare scaglionamento: fino all'anno giubilare 2 ducati al mese, nell'anno giubilare 6 ducati, poi 3 ducati, perché il debitore, un oste, aveva calcolato per il giubileo profitti più alti.

La visuale migliore nella situazione economica, nei problemi di approvvigionamento, nelle attività connesse ai pellegrini è fornita dai registri doganali romani. Per descrivere le attività turistiche di quest'anno santo si possono consultare altre fonti sparse: i registri penali mostrano come gli ospiti siano stati raggirati (una cuoca a Borgo imbroglia sul pane, un oste a Campo de' Fiori sul vino),[29] la contabilità del capitolo di S. Pietro mostra dove erano piazzati i venditori della Veronica davanti alla basilica (all'ingresso principale molti banchi di tedeschi). Eppure sono i registri doganali a fornire la maggior parte delle notizie. Con 6130 consegne registrate in terraferma e 1019 noli marittimi solo per questo anno, offrono un materiale corposo, al quale si possono rivolgere molte domande.[30]

Prima di tutto la curva delle importazioni complessive. Corrisponde alle oscillazioni stagionali degli anni normali, ma nell'anno giubilare i picchi sono fortemente accentuati. L'abituale animazione autunnale ora, nel 1474, viene fortemente trainata dalle ditte fiorentine, un indizio infallibile è il fatto che tra i commercianti anche i più professionali speculavano su possibilità di vendite maggiori; e questa volta manca l'abituale recessione in dicembre, con 684 consegne del valore di 19.100 ducati, infatti si è già vicini a Natale, l'inizio dell'anno santo. Poi, come al solito, c'è un calo vertiginoso e all'avvicinarsi della Pasqua di nuovo una risalita, questa volta particolarmente forte: se in gennaio solo nove consegne hanno raggiunto un valore superiore a 200 ducati, in aprile non sono meno di 27. L'estate è sempre fiacca e lo è perfino in questo anno, a partire da settembre si registra di nuovo un rialzo, ma solo le feste religiose del tardo autunno, come Ognissanti, hanno portato ancora qualcosa – e di gran lunga meno di quanto si sarebbero aspettati i romani.

29. Lombardi D. 2018, pp. 157-173

30. Curva dell'importazione e importazioni specifiche nel 1475: Esch 2007a, pp. 157-167; v. anche sotto, pp. 294 ss.

Questo per quanto riguarda il corso abituale dell'anno romano – solo intensificato dal giubileo –, dove l'anno dei pellegrini, come si vedrà in seguito, era una sovrapposizione del calendario liturgico e di quello agricolo. Dato che la dogana registrava ogni merce introdotta, ci si potrebbe chiedere se le importazioni in un anno giubilare consentono di riconoscere un assortimento specifico legato alle esigenze dei pellegrini.

In effetti, alla dogana compaiono quadretti di santi e statuine di gesso, centinaia di *volti santi* e *agnus Dei*, migliaia di cordicelle per la preghiera (non solo quelle nordiche, economiche, fatte di osso, ma anche, in gran quantità, il genere più costoso dei *paternostri* fabbricati con vetri veneziani). Ma questo tipo di oggettistica religiosa è comunque menzionato nelle importazioni anche al di fuori degli anni santi, e se ne può dedurre che molte di queste cose non compaiono nel registro doganale perché venivano confezionate a Roma, attraverso le istituzioni religiose, che si procuravano in franchigia il materiale grezzo necessario. Anche le guide per i pellegrini, che in un anno santo avevano un buono smercio, già venivano pubblicate a Roma, per esempio grazie allo stampatore tedesco Adam Rot.[31] È notevolmente elevata l'importazione di cera, e non ci si poteva aspettare niente di diverso.

Come alla dogana di terra, in questo anno anche alla dogana portuale i prezzi oscillavano, tanto più che i beni di consumo di massa, senza i quali è impensabile un evento di massa come l'anno santo, giungevano a Roma per nave. Quel che salta subito all'occhio è già il numero delle navi provenienti dal mare, che nel 1475 risulta quasi tutti i mesi al di sopra della media rispetto agli anni normali, in aprile addirittura arriva quasi al doppio. Che sulle navi giungessero anche i pellegrini lo si capisce, ma non lo si desume da un registro doganale – dato che i pellegrini viaggiavano in franchigia – o vengono citati solo fuggevolmente (*roba de pellegrini, nichil*, «cose di pellegrini, niente da pagare»).

Il bene di gran lunga più importante per i nostri scopi, consegnato dalle navi e registrato accuratamente dalla dogana portuale, è il vino.[32] Se si pensa che il vino allora era ancora la bevanda per antonomasia, e nella Roma di quel tempo rimpiazzava il caffè, la birra e la coca-cola, un'importazione maggiore, quindi un fabbisogno maggiore, dovrebbe indicare un evento di massa come l'anno giubilare. Infatti deve bere anche il turi-

31. Guide per pellegrini stampate: v. sopra, pp. 130 s.

32. Sull'esempio del vino (importazione, consumo, oscillazione dei prezzi): Esch 2007a, pp. 183-190, 194-199; cfr. Lombardi D. 2018, pp. 331-351.

sta con lo zaino in spalla, la cui sosta di breve durata (che salta all'occhio ai cronisti locali romani: la domenica la città si svuota, il sabato è di nuovo piena per l'ostensione delle reliquie più importanti e le benedizioni papali) altrimenti non si riflette in un registro doganale. In effetti l'importazione di vino, nell'aprile 1475, con 4.000 botti o 2 milioni di litri per un valore di circa 65.000 ducati, raggiunge un livello massimo mai toccato in altri anni, che si può spiegare solo con il consumo di massa di una grossa concentrazione di persone: questo per quanto riguarda il solo vino d'importazione, al quale si aggiunge (non specificato nelle quantità) il vino locale, per esempio quello dei Colli Albani! E come le quantità, si possono calcolare – secondo indicatore importante di una richiesta aumentata – anche i movimenti dei prezzi: nell'aprile 1475, nella fase culminante dell'anno santo, i prezzi di tutte e tre le qualità («vino latino», «vino corso», «vino greco») sono palesemente al di sopra dei valori normali di aprile. Del resto, anche la tassa sul vino d'importazione mostra che il consumo di vino in questo anno è stato nettamente più elevato. Poi sarà dimostrato che la corte papale riceveva una quota consistente del vino d'importazione.

Un paragone tra gli anni giubilari del 1450 e 1475 sotto il profilo economico è fornito da Giovanni di Iuzzo, cronista della vicina Viterbo. «L'anno giubilare di papa Niccolò iniziò con sovrabbondanza e si concluse con carenza (*intrò dovizioso e uscì con carestia*), e quello di papa Sisto cominciò con carenza e poi venne la sovrabbondanza a causa delle molte scorte accumulate e perché a causa delle guerre vennero in pochi».[33] In altre parole: nel 1450, l'offerta all'inizio superò la domanda, poi il rapporto si invertì a causa dell'incredibile affluenza; e nel 1475 andò esattamente al contrario. Un'osservazione appropriata – e se talvolta si afferma che una percezione dei processi economici è impensabile prima del XIX secolo, si può solo dire che perfino un s. Antonino da Firenze o un s. Bernardino da Siena, nelle loro prediche e nei loro trattati, mostrano maggiori capacità di comprendere l'economia di alcuni medievisti odierni.

In effetti, come riferiscono le poche fonti narrative e confermano i registri doganali, l'anno giubilare 1475, dopo le feste religiose della primavera (per l'Ascensione l'agente dei Gonzaga vide ancora una quantità considerevole di pellegrini), non ha più conosciuto nessun vero slancio.

33. Giovanni di Juzzo in Miglio 1998, p. 60.

Guerre in Europa, si disse, e un'inondazione violenta del Tevere nel tardo autunno con la conseguente peste ostacolarono l'accessibilità, sia S. Pietro che S. Paolo furono temporaneamente raggiungibili solo in barca. Sisto IV alla fine ne trasse le conseguenze e per la Pasqua del 1476 concesse l'indulgenza plenaria anche a chi arrivava a Bologna. Per i romani rappresentò una nuova esperienza deludente che anche in un anno santo annunciato con tempestività e preparato con cura l'afflusso dei pellegrini potesse restare al di sotto delle aspettative, perché la sensazione di minaccia e la concessione dell'indulgenza plenaria anche in altri luoghi teneva i pellegrini lontani da Roma.

7. Stranieri a Roma. Sedi, confraternite, attività

Le diverse nazioni

Tra coloro che si recavano a Roma da tutti i paesi della cristianità, oltre ai pellegrini c'erano anche tante persone che non arrivavano solo per visitare le chiese ma per combinare un affare o esercitare un'attività. Alcuni di loro restavano a Roma addirittura a lungo termine. Tutti questi stranieri sono parte integrante della storia di Roma. Perché Roma riusciva ad attirarli e a trattenerli in modo differente da qualsiasi altra città. Quindi prenderemo in esame tedeschi, inglesi, francesi, spagnoli e altri che si stabilirono a Roma in quel periodo.

Il centro della vita religiosa e sociale per gli stranieri a Roma erano le confraternite della loro "nazione". Infatti le confraternite offrivano un involucro caldo e protettivo, davano l'opportunità di vivere la fede in comunità con i propri connazionali e rappresentavano anche una componente importante dell'identità collettiva.

Per i tedeschi a Roma ("tedesco" qui è sempre da intendere, nell'uso ampio che allora si faceva del termine, come appartenente all'Impero e all'area linguistica tedesca), la confraternita più nota era quella di S. Maria dell'Anima, la "chiesa nazionale" nei pressi di piazza Navona.[1] Il registro della confraternita, al quale si iscrivevano anche interi gruppi di pellegrini,

1. V. i contributi raccolti nel volume *Santa Maria dell'Anima* 2010. Il *Liber confraternitatis* dell'Anima in Egidi 1914, pp. 3-105. Per le iscrizioni Nikitsch 2014. Per il confronto con le liste dei membri del Camposanto: Schulz 2002, in partic. pp. 32 ss. Per capire cosa si intendeva per "tedesco" all'epoca: Schulz 2004, pp. 133-178. Sulle chiese nazionali ora *Identità e rappresentazione* 2015.

mostra l'immagine di una comunità elitaria in cui predominavano l'elemento religioso e curiale e il ruolo dei laici si fece sempre più modesto. Altrettanto importante, ma con un'articolazione sociale completamente diversa e composta più da artigiani che da prelati, era la confraternita del Camposanto Teutonico, il cimitero subito accanto a S. Pietro. Anche qui si sono conservati elenchi dei suoi membri che sono stati analizzati con cura. L'opinione iniziale che i membri fossero in gran parte stranieri, che grazie all'iscrizione intendevano usufruire da lontano delle indulgenze concesse a questa confraternita, in tempi recenti è stata rettificata. E dagli elenchi è emersa l'immagine di un gruppo che per dimensioni (circa 500 al principio del XVI secolo, con un'elevata percentuale di donne), composizione ben amalgamata sul piano professionale e corporativo (con al vertice fornai e fabbri, ma anche cantori papali, liutai, orafi), rapporto equilibrato fra tedeschi settentrionali e meridionali, era in qualche modo rappresentativa di una *communitas Theotonicorum in Urbe*.

Se ora guardiamo alla struttura del gruppo di popolazione tedesca, dovrebbero essere citati in primo luogo i curiali.[2] In nessun altro periodo tanti tedeschi sono stati attivi nella curia romana come durante il Grande scisma (quando il personale francese, prevalente a causa della lunga presenza della curia ad Avignone, dovette essere sostituito in fretta e furia) e nel XV secolo. Nella corte composita in senso internazionale di Martino V si contano (complessivamente, non in contemporanea) 521 tedeschi, sotto Eugenio IV 473, sotto Paolo II ancora 365 (se si considerano solo i titolari di cariche e non i curiali in senso più ampio, come i familiari dei cardinali, ecc.), in un primo tempo soprattutto renani, poi anche tedeschi meridionali. Tuttavia queste quantità vanno non solo calcolate ma anche vagliate, e in questo caso, a uno sguardo più ravvicinato, si delinea un quadro meno imponente: dopo la metà del secolo i tedeschi spariscono totalmente dalla Camera Apostolica, diminuiscono costantemente tra il personale della Cancelleria (scrittori e abbreviatori), e lo stesso accade tra i giudici (ma non i notai) della Rota. Li troviamo come personale di guardia e di cucina nel palazzo papale, ma anche come cubicolari e referendari, quindi nella cerchia più stretta del papa, in particolare sotto Pio II che amava circondarsi di tedeschi. C'erano pochi cardinali dell'Impero e personalità di basso profilo (a prescindere da Nicola Cusano): basta metterli a confronto con i francesi.

2. Curiali tedeschi: Schuchard 1987; per la seconda metà del XV secolo: Schuchard 2004; Frenz 1986.

Anche se si deve tener presente che la composizione della curia aveva una dinamica propria con le sue situazioni clientelari, e di regola non era programmata di volta in volta dai papi, quest'evoluzione è molto eloquente. Quel che si percepisce nello sfondo è il peso calante dell'Impero e il peso crescente degli stati monarchici europei, ma anche il declino dell'attrazione esercitata dalla curia romana, ridimensionata dai concili per la riforma e sempre più italianizzata.

È forte la presenza tedesca a Roma anche tra gli studenti dell'università della curia e di quella cittadina.[3] Al tempo di Martino V sono documentati circa 40 studenti universitari dell'Impero, sotto Eugenio IV più o meno altrettanti, nei pontificati successivi fino al 1471 circa 60-70, in crescita nell'università cittadina, in prevalenza tedeschi occidentali e poi anche molti meridionali. Sono cifre considerevoli e i biogrammi disponibili nel *Repertorium Germanicum* mostrano quanti di loro – con una tendenza in calo – sono stati contemporaneamente o in seguito al servizio del papa come *scriptores* nella cancelleria, notai nel tribunale della Rota, procuratori della curia per terzi. Spesso gli studi a Roma erano preceduti da quelli in un'università tedesca.

Tra gli artigiani tedeschi il gruppo più consistente a Roma è di gran lunga quello dei fornai.[4] Il registro di ammissione che si è conservato per gli anni 1478-83 cita, con circa 40 nuovi ingressi all'anno, una crescita che all'epoca non è mai stata raggiunta neppure lontanamente da nessuna corporazione in nessuna città tedesca. Sulla base di questi dati si è calcolato che a Roma abbiano lavorato contemporaneamente circa 200 fornai tedeschi. In effetti, li si incontra a ogni piè sospinto – la Roma del tardo Medioevo e del Rinascimento mangiava pane tedesco. Ci si può chiedere quanti membri di una corporazione così folta avevano intenzione ed erano in grado di integrarsi nell'ambiente romano: incontrando sempre compagni di mestiere tedeschi e standosene insieme la sera nella *scola pistorum theotonicorum*, tanti di loro non avranno avuto occasione di fare molta

3. Gli studenti: ora considerati integralmente in Schwarz 2013a, appendice prosopografica di C. Schuchard, pp. 649-762; sulle carriere dei singoli la banca dati (avviata da R.C. Schwinges) *Repertorium Academicum Germanicum*. Sulla distinzione tra università della curia e università cittadina: v. sotto, pp. 207 ss.

4. Schulz, Schuchard 2005; fornai, pp. 51-77, 102-114, 371-398, 421-426; calzolai, pp. 79-93, 115-136, 399-419, 427-471. Locandieri: *Der Briefwechsel* 1912, p. 239; *Enee Silvii Piccolominei* 2007, p. 239; lista degli alberghi nel 1468: v. sotto, pp. 129 s. Sulla colonia nel suo complesso: Maas 1981.

pratica di conversazione in italiano. Nel caso restassero a Roma, per la generazione dei loro figli le cose andarono molto diversamente e la volontà di assimilazione e di integrazione sociale aumentò nettamente. Questa situazione poteva portare in tempi rapidi così lontano che gli interessati dichiaravano ancora la loro origine tedesca (condizione per essere ammessi nelle confraternite di connazionali), ma non sapevano neppure più parlare tedesco. Però solo il XIX secolo, che vedeva dappertutto "questioni nazionali", ne sarà scandalizzato.

Quasi altrettanto numerosi, e in ogni caso rappresentati all'eccesso in questo mestiere, erano i calzolai tedeschi, come dimostra l'elenco dei membri della loro confraternita. Inoltre i tedeschi lavoravano spesso come albergatori (papa Pio II dichiarò addirittura che «in Italia la maggior parte delle locande sono gestite da tedeschi, e dove non trovi tedeschi non trovi nemmeno locande»); nella lista degli alberghi della Camera Apostolica, in occasione della visita dell'imperatore a Roma nel 1468/69, sei degli albergatori vengono definiti espressamente tedeschi.

I tedeschi occupavano una posizione particolare, addirittura esclusiva, nella professione più moderna e qualificata dell'epoca: quella dello stampatore.[5] La prima generazione di stampatori è composta dappertutto da tedeschi, a Roma anche la seconda. Nella sede della curia potevano contare su un mercato ricettivo e su finanziatori interessati, se non si possedeva un capitale proprio. Per giunta, potevano avere la certezza di non essere intralciati da grossi impedimenti giuridici, infatti questa professione innovativa era sorta al di fuori dei tradizionali ordinamenti corporativi, con le loro limitazioni, per cui ancora Erasmo poteva ritenere che fosse più facile diventare stampatore che fornaio.[6] E potevano anche essere sicuri – un aspetto da non sottovalutare – che in questa città avrebbero incontrato una folta colonia di connazionali.

Quindi giunsero presto a Roma, mentre ancora era in vita Gutenberg, e in numero crescente: Ulrich Han stampava qui fin dal 1466, Arnold Pannartz e Konrad Sweynheym (che avevano stampato i primi libri in Italia nel 1465-67 nel vicino convento di Subiaco) iniziarono a stampare a Roma

5. Geldner 1970, vol. II, pp. 25-61; i contributi in *Scrittura, biblioteche e stampa* 1980 e 1983; in *Gutenberg e Roma* 1997; in *La stampa romana* 2016. Sugli esordi della stampa di libri a Roma (l'edizione a stampa più antica a Roma è del 1466!): Modigliani 1989; Miglio 2002; Esch 2006c e 2007b; Farenga 2020.

6. Erasmo, *Adagia*: *"Festina lente"*, in Erasmo 1703, col. 403 s.

nel 1467, incoraggiati dai Massimo. Le aspettative di vendita, ovviamente, erano rivolte anche in questo caso alla corte e non ai romani. La quantità di libri in possesso dei romani non era di certo impressionante, negli inventari di eredità esaminati finora solo uno su otto contiene libri, per lo più pochi, e Dante fin qui è documentato solo due volte.[7] Ma in una città con un'università e gli studi degli ordini religiosi, con tante autorità ecclesiastiche e civili, un grande fabbisogno di copisti e molti intellettuali, si poteva contare su una domanda costante. Per esempio, nel luglio del 1470 vediamo che l'inviato milanese a Roma Nicodemo Tranchedini spedisce a casa diverse stampe di classici di Pannartz e Sweynheym; Hartmann Schedel nello stesso anno prende nota, con i rispettivi prezzi, dei libri di questa stessa stamperia «presso Campo de' Fiori» (fig. 21), e tra i curiali circolavano regolarmente le liste dei prezzi (*precia librorum venalium qui fiunt Rome in forma per theutones*). E se uno faceva male i suoi calcoli stampando troppi classici, come Pannartz e Sweynheym, si potevano sempre recuperare le spese con i testi di diritto, i proclami papali, i discorsi della corte, le guide per pellegrini, gli statuti: nel 1469 tutti gli avvocati, procuratori e notai della *Curia Capitolii* furono obbligati dal governo pontificio a procurarsi entro otto giorni un esemplare degli statuti comunali del 1363 stampati da Ulrich Han, nella versione rivista sotto Paolo II.[8]

Si è tentato di valutare le vendite di libri a stampa a Roma esaminando il contenuto di diverse biblioteche di conventi, cardinali, umanisti (S. Agostino, S. Maria del Popolo, S. Maria sopra Minerva, Collegio Inglese, e così via). La quota accertata di incunaboli in questi primi decenni è comunque molto diversificata. A prescindere dalle preferenze individuali (Federigo da Montefeltro, com'è noto, non voleva vedere nella sua biblioteca libri a stampa), dipendeva naturalmente dalle esigenze contingenti: i domenicani di S. Maria sopra Minerva per un certo periodo non comprarono libri a stampa perché di codici erano ben forniti, i canonici regolari di S. Maria della Pace comprarono molto fin da subito, perché da quando avevano lasciato il Laterano non avevano libri.[9]

7. Possesso di libri e vendita, per esempio: Spotti Tantillo 1975; Modigliani 2001. Gauvain 2015. Sul profilo del copista romano (fra loro ancora molti usano la scrittura preumanistica): Caldelli 2006. Tranchedini: Davies 1997; sulla sua persona: Senatore 1998, pp. 64-72.

8. Statuti comunali: Modigliani 1999.

9. Patrimonio librario a Roma nel XV secolo: *Scrittura, biblioteche e stampa* 1980 e 1983; Bianca 1997; Lombardi 2003.

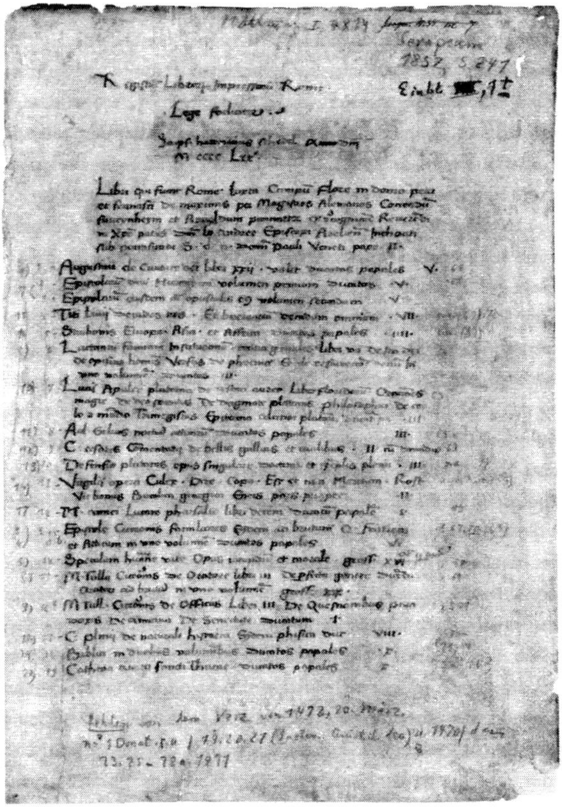

Fig. 21. Titoli e prezzi dei libri acquistabili "da Pietro e Francesco Massimo a Campo de' Fiori" dei primi stampatori tedeschi Pannartz e Sweynheym, di mano di Hartmann Schedel, 1470: «Agostino De civitate Dei in 22 libri, valore 5 ducati papali», ecc. Monaco, Bayer. Staatsbibliothek.

Cardinali influenti come Piccolomini, Cusano (anche se nessuno dei due visse gli esordi della stampa a Roma) o Torquemada riconobbero presto cosa comportava quest'innovazione rivoluzionaria. La prima notizia sulla stampa della Bibbia di Gutenberg si deve addirittura a Piccolomini, che durante la fiera in occasione della dieta di Francoforte, nell'ottobre del 1454, vide le prime segnature della Bibbia a 42 linee, che gli furono mostrate da uno stampatore (forse lo stesso Gutenberg?), e ne scrisse con entusiasmo al cardinale Juan de Carvajal («potrai leggerla anche tu senza occhiali!»).[10] Da questo, e non dal successo economico, scaturì la fama

10. Lettera di Enea Silvio Piccolomini: Meuthen 1982.

che la giovane professione degli stampatori tedeschi si conquistò ai suoi esordi, proprio nelle cerchie colte della corte papale, e questo facilitò la loro ascesa a posizioni privilegiate (come le *familiae* di papi e cardinali), dando loro basi di partenza più favorevoli per il conseguimento di benefici ecclesiastici.

Alcuni di loro, giunti a Roma da laici (come Sweynheym), qui si fecero chierici, solo così infatti potevano avere accesso ai benefici ecclesiastici, le cui entrate avrebbero potuto consolidare la loro posizione imprenditoriale ancora incerta (la prima coppia di stampatori, Pannartz e Sweynheym, com'è noto, andò presto incontro a una crisi delle vendite), e dare loro una prospettiva di ritorno – forse già messo in conto – in patria. Alcuni di loro, sfruttando il vantaggio di trovarsi a Roma, svilupparono presto un certo virtuosismo nel procurarsi benefici, come si è potuto documentare per molti di questi primi stampatori (Arnold Pannartz, Konrad Sweynheym, Sixtus Rüssinger, Adam Rot, Georg Sachsel, Bartholomeus Golsch, Johannes Schurener, Vitus Pucher).[11] Alcuni erano molto produttivi, con gli autori classici (anche tradotti in italiano), i trattati canonistici, le guide per i pellegrini e così via, e di certo puntavano non solo alla vendita *in loco* ma anche all'esportazione. Bartholomeus Guldinbeck produsse oltre 100 opere a stampa romane. Si è calcolato che i 1828 titoli stampati a Roma fino al 1500 (quasi esclusivamente da tedeschi) avrebbero dovuto corrispondere, ipotizzando una tiratura media di 300 esemplari, a 550.000 libri![12]

A Roma era molto importante la funzione del procuratore, che era sempre in attività nella cerchia della curia e viveva proprio di questo: conduceva attraverso il labirinto degli iter burocratici vaticani, grazie alle sue conoscenze da *insider*, i petenti che arrivavano (o scrivevano) da fuori. Questo valeva naturalmente per tutte le nazioni, ma grazie al *Repertorium Germanicum* lo si comprende con particolare chiarezza sull'esempio tedesco. *Plures et innumere sunt cautele et subtilitates in graciarum expectativarum expeditione*, innumerevoli sono le sottigliezze, osserva un manuale dell'epoca destinato ai rapporti con la cancelleria papale, e quindi consiglia di non provarci nemmeno senza un procuratore esperto del luogo. Altri-

11. Nuovo materiale vaticano su vita, *status*, possesso di benefici dei primi stampatori tedeschi: Esch 2006c e 2007b; più in dettaglio sull'esempio di uno stampatore (testamento!): Daniels 2017.

12. Stima del numero complessivo: Modigliani 1999; classici tradotti in italiano: Blasio 2005.

menti come ci si poteva districare nel groviglio di regole della cancelleria (difficile anche ora per gli storici del papato!) e conoscere le tariffe ufficiali e meno ufficiali, i diritti riservati, le prerogative, i privilegi, per portare un'istanza, con un lungo assedio delle autorità, superando tutti gli ostacoli burocratici?[13]

Tra i mercanti tedeschi (di cui parleremo più ampiamente trattando l'importazione di merci) qui ci interessano solo quelli che risiedevano a Roma a lungo termine. Sembra siano stati molto pochi, tra loro in ogni caso i due mercanti fiammingo-olandesi Theodericus de Dril e Lukas Doncker, entrambi anche membri e addirittura titolari di cariche della confraternita dell'Anima. È significativo che non siano tedeschi meridionali (i Fugger non sono ancora arrivati a Roma, dove fonderanno una rappresentanza permanente solo a partire dal 1495 circa), ma originari di quell'area in cui all'epoca passavano sia le merci che i pagamenti provenienti da mezza Europa in direzione di Roma.

Naturalmente i tedeschi, oltre a questi settori, sono nominati anche in ordine sparso in molte altre professioni, come quelle di fabbro, mercenario, bombardiere, tessitore, sellaio, barbiere, carrettiere, muratore, cucitrice e prostituta. Alcuni mercenari tedeschi, nell'elenco della guarnigione di Castel S. Angelo, possiamo guardarli letteralmente in faccia: «Giovanni di Norimberga, piuttosto alto, circa 24 anni, volto pieno, piccola cicatrice sull'occhio sinistro». Un altro tedesco è strabico, accanto a lui un francese grasso e rosso (*pinguis et rubeus gallicus*).[14]

Di molti di questi tedeschi a Roma sappiamo, quando va bene, solo i nomi. Due tipi di fonte analizzati di recente forniscono qualche informazione in più: le istanze alla Penitenzieria sui loro destini personali, e gli atti di un notaio tedesco sulla loro situazione professionale.

Gli episodi descritti nelle petizioni restituiscono la cruda quotidianità romana: sembra una selezione di istantanee mal riuscite di singoli individui contro uno sfondo romano sfocato. Per esempio il trombettiere tedesco, nello staff del Senatore di Roma, che a volte ha suonato anche in occasione di esecuzioni (e però, come futuro prete, sarebbe meglio che non l'avesse fatto); l'albergatore tedesco che aveva giurato con leggerezza di non voler

13. Frenz 1986 (pp. 46-49 i rapporti con la cancelleria nel giudizio dei contemporanei); Sohn 1997; Meyer 2014; buon caso singolo: Schuchard, Schulz 2003.

14. Mercanti: Esch 2007a, pp. 405 s. (v. altri sotto, p. 287); Schulte 1904. Soldati a Castel Sant'Angelo: Zippel 1912.

essere più albergatore, e ora non riesce più a sfamare la sua famiglia in altro modo a Roma; i due chierici tedeschi che si sono presi per i capelli davanti alla basilica di S. Pietro discutendo sulla sepoltura di s. Caterina, se sul Sinai o su un monte della Sicilia; il tedesco che aveva strappato dal muro un manifesto papale e ora si deve giustificare per averlo fatto; bastonate tra servitori di grandi palazzi cardinalizi. E altre scene di una Roma poco signorile.[15]

Uno sguardo più approfondito nell'esistenza e nell'attività lavorativa dei tedeschi di Roma del tempo è consentito dagli appunti di un notaio tedesco in merito ai documenti da redigere negli anni 1467-88. Leggendo le cosiddette imbreviature notarili si viene costantemente a sapere che nelle città italiane gli stranieri, quando è possibile, si rivolgono ai loro connazionali per le questioni di ordine giuridico: i fiorentini a Roma a un notaio fiorentino, i tedeschi a Roma a un notaio tedesco.[16] Perché potevano fare più affidamento su un connazionale per farsi consigliare, dato che lui conosceva i problemi tipici dei suoi connazionali all'estero, e non dovevano nemmeno dettargli per tre volte i loro nomi ingombranti – Conrad Cappenzippel, Utz mit der Taschen, Äberlin Käs und Brot. Questa prospettiva può essere ribaltata, rendendola una pratica metodologica: se lo storico vuole individuare e studiare un gruppo di abitanti di questo tipo, bisogna mettersi, per così dire, davanti alla porta di un notaio come questo, e si riuscirà a incontrare una buona parte della colonia – fiorentina o tedesca.

E lo stesso qui. Johannes Michaelis Haunschilt (di Straubing, in Baviera, ma ormai *civis Romanus*) abitava sul versante occidentale del Campidoglio, lavorava spesso, anche di domenica, davanti alla sua casa, ma anche sulla vicina scalinata che sale a S. Maria in Aracoeli o all'interno del palazzo del Campidoglio, e naturalmente ovunque lo chiamassero i suoi clienti: i nobili Salomoni o i Margani subito accanto, il cardinale Marco Barbo proprio di fronte nel nuovo palazzetto di S. Marco, o al mercato del pesce un po' più in giù; al Pantheon, nella sacrestia di S. Pietro, dai fiorentini vicino ponte S. Angelo. Si spazia dai negozi giuridici di illustri famiglie romane come i Cenci, i Colonna, i Savelli, fin giù alle doti modeste, alla fornitura di maiali, all'assunzione di balie, alle ammissioni di colpa attraverso le grate della finestra del carcere (*ad gratas ferreas carceris*) –

15. Tedeschi nelle suppliche alla Penitenzieria: Esch 2012a.

16. Rehberg 2018b. Notaio tedesco: Esch 2001b; Schulz, Schuchard 2005, pp. 149-172. Forme di contratti di lavoro romani: Lori Sanfilippo 2001, pp. 393-414.

un ampio spaccato degli affari quotidiani della società romana nel primo Rinascimento.

Ed ecco i suoi clienti tedeschi. È notevole la quantità di fornai e la loro compattezza. Fornai di Heidelberg, Ingolstadt, Spira, Würzburg, Danzica e così via stipulano davanti al nostro notaio i loro contratti, prendono in affitto un forno da famiglie romane o da conventi, diventano soci (soprattutto con la formula che uno mette il capitale e l'altro la manodopera), sottoscrivono contratti di fornitura con famiglie illustri e palazzi cardinalizi. I contratti spesso vengono redatti nel forno (*actum in furno*) o nella sede dell'arte dei fornai (*in scola pistorum Almanorum in Urbe*). Ci sono tedeschi perfino tra i mugnai. Se un fornaio tedesco fa testamento, la stanza è piena dei suoi pari, e se il notaio stende un inventario, entriamo anche noi nel forno con tutte le attrezzature registrate: la spianatoia con i suoi panni, bilance grandi e piccole, setacci, piccoli mastelli per il lievito, e così via.

Nella Roma del tardo Medioevo si pensa troppo spesso ai tedeschi come curiali, chierici, pellegrini. Ma da questo notaio si incontrano anche nelle professioni più disparate, compresi gli stampatori. Tedeschi in tutte le professioni e in tutte le condizioni di vita: davanti al notaio offrono messe, promettono di rinunciare al gioco dei dadi, contraggono un matrimonio civile.[17]

Tutte le nazioni avevano a Roma il loro quartiere prediletto, che di solito coincideva con la sede della loro chiesa nazionale. Questo vale anche per i tedeschi. Per il rione Parione, che si estende intorno a piazza Navona, si è calcolato che nella seconda metà del XV secolo un terzo della popolazione residente non era di origine romana, un terzo non era italiano, e di questi non italiani due terzi erano tedeschi, il gruppo di gran lunga più consistente tra gli stranieri. Gli affittuari del patrimonio immobiliare abbastanza compatto dell'Anima erano in larga misura tedeschi e fiamminghi in servizio alla curia (*scriptores*, abbreviatori, auditori, procuratori). La confraternita dei fornai ebbe sede in un primo tempo a S. Trifone/S. Agostino, quindi nelle vicinanze dell'Anima, poi nella piccola chiesa di S. Elisabetta (sul fianco occidentale di S. Andrea della Valle), mentre naturalmente i forni erano distribuiti per la città; la confraternita dei calzolai tedeschi dal 1459 ebbe la sua sede, la *scola sutorum*, nel piccolo ospedale tedesco di S. Andrea o S. Nicola (dietro S. Carlo ai Catinari).[18] In questa zona viveva-

17. Numerosi casi in Esch 2001b.

18. Esposito 1995a, pp. 31-92 stranieri soprattutto in Parione; in Ponte, Lee 1994. Affittuari dell'Anima: Palermo 2010.

no modestamente, sotto la protezione della fondazione dell'Anima, anche molte donne tedesche sole e povere: le laiche nello *Spitale delle Todesche* di S. Andrea, in quello di S. Caterina (nei pressi dell'odierno Largo Argentina) e anche nell'ospedale dell'Anima; le *bizocche* o terziarie francescane vivevano in cosiddette *case sante* nei rioni Pigna (presso S. Marco) e Parione (presso S. Agnese a piazza Navona). È notevolmente elevato, sia qui che nel confinante rione Arenula, il numero di donne sole tedesche registrate nel primo censimento del 1526.[19]

Accanto a coloro che si erano stabiliti a Roma c'erano i visitatori, modesti e altolocati (ma anche dei più illustri le cronache locali romane non riportano quasi notizie): principi, ambasciatori, incaricati d'affari di altre città, pellegrini, turisti. Per esempio il conte Eberardo del Württemberg, che visitò Roma nel 1482 con il giovane Reuchlin come interprete, aveva per consorte una Gonzaga e quindi era cognato del cardinale Francesco Gonzaga.[20] Oppure i plenipotenziari che dovevano trattare un problema sorto fra la loro città e la curia: per esempio il procuratore Albert Krummedieck, nel 1462, per trovare una soluzione alla cosiddetta guerra dei prelati di Lüneburg, che aveva portato alla proclamazione dell'interdetto contro la città e alla scomunica dei membri del consiglio. Il calcolo dei costi del suo viaggio mostra eloquentemente l'effetto di Roma su chi, se pure con un procuratore locale, doveva far valere qualcosa, far passare un'istanza dalla stesura della supplica alla consegna della bolla: cosa costava far intervenire un cardinale e che tariffa avevano le attenzioni necessarie da un passaggio all'altro. Qui bisognava regalare addirittura un cavallo, là almeno dei confetti, «impossibile fare di meno» (*minus facere non potui*). Qualcosa funzionava (*et in mille profuit*), qualcos'altro era «denaro buttato via».[21] Anche questa è Roma: non solo la Roma della critica riformatrice, ma già la Roma della quotidianità medievale degli uffici è considerata complicata, piena di pretese, parassitaria.

Naturalmente fra questi tedeschi c'erano anche inviati con incarichi sgradevoli e un modo di presentarsi sgradevole – un'impressione che non si dovrebbe trascurare, perché alcuni, durante la Riforma, la percepiranno, a posteriori, come il primo rombo di tuono da parte di quegli impossibili

19. *Case sante* e donne: Esposito 2010. Censo: Lee 1985 e 2006.

20. Reuchlin visitatore a Roma: Archivio di Stato Mantova, Archivio Gonzaga, 845c, 215, 217, 219, 220, 223, 669, 674; Jacobus Volaterranus 1904, pp. 92s.

21. Il plenipotenziario Krummedieck di Lüneburg: Brosius 1978.

tedeschi. Per esempio Gregor Heimburg, il dotto consigliere al servizio dei suoi signori, che incalzò violentemente il papato con i suoi libelli appassionati e i suoi appelli al concilio. Pio II, che imparò a temerlo e a odiarlo, descrive in modo impareggiabile la scena in cui quest'uomo corpulento, con la sua rozzezza tedesca, nell'afa di una serata romana di luglio, di fronte a Castel S. Angelo,

> va su e giù a Monte Giordano, spossato dal gran calore (*caloribus exaestuans*), maledicendo i romani e il suo incarico, senza scarpe, la camicia aperta (*dimissis in terram caligis, aperto pectore*), la testa scoperta, le maniche rimboccate (*brachia discoperiens*), in breve: una visione ripugnante (*fastidibundus*) [soprattutto per gli italiani]; e come inveisce contro Roma e [papa] Eugenio e la curia e maledice il clima di questa terra.[22]

In questo periodo inquieto non ci voleva molto per alimentare un'eccitabilità antiromana, in cui l'indignazione per la mondanità della Chiesa, un'autentica esigenza di riforma e il calcolo politico, attese personali deluse, il senso di estraneità fra "tedesco" e "latino" potevano facilmente combinarsi foscamente e portare all'invettiva, alla rabbia dei tedeschi contro Roma.

I visitatori di Roma meno importanti di questi principi e inviati, non essendo documentati singolarmente, di regola restano al di sotto della soglia della nostra percezione. Quando si considerano i visitatori comuni di Roma si pensa sempre ai pellegrini. Ma non si deve dimenticare il notevole gruppo di persone, anche di rango modesto, che giungevano a Roma per presentare direttamente una qualche istanza:[23] il più delle volte una richiesta di assoluzione o una dispensa, in una supplica che mirava con tutti gli strumenti dell'argomentazione ad essere credibile e andare a buon fine (fino a riprodurre il discorso diretto in tedesco, francese, spagnolo, italiano in un latino colloquiale: «Tu cos'hai veramente contro di me?»; «Qui voi non avete niente da cercare», «...deve leccarmi il c...»; «Ti srotolo le budella dalla pancia»; «Con la spada ti allargherò la tonsura che hai sulla testa», e così via).[24]

La fonte già citata delle petizioni sottoposte alla Penitenzieria getta una luce nitida anche su questo gruppo, del quale finora sapevamo poco sul

22. *Enee Silvii Piccolomini* 1762, col. 124 (luglio 1446).

23. *Est presens* nelle suppliche alla Penitenzieria: *Repertorium Poenitentiariae Germanicum, ad indicem* "presens" (in particolare negli ultimi volumi; per il materiale ancora inedito, grazie alla segnalazione di L. Schmugge).

24. Esempi in Esch, Esch 2020.

piano individuale. La clausola allegata ad alcune istanze, *est presens* (cioè *in curia*), mostra quanto fosse inaspettatamente elevato il numero di persone che per questo motivo si mettevano in viaggio – e quanto fossero spesso insignificanti le istanze che li spingevano a muoversi in direzione di Roma. Per esempio, arriva un prete che aveva battezzato una seconda volta un neonato già battezzato dalla levatrice in una situazione d'emergenza (questo era ammissibile nel caso si pronunciassero i *verba conditionalia* previsti: «nel caso tu non abbia già...»); o arriva un uomo di Basilea, perché 30 anni prima (!) aveva partecipato alle guerre contro Carlo il Temerario e ora, dopo una separazione consensuale da sua moglie, vorrebbe diventare prete; arriva un prete, perché aveva sparato a un altro che aveva dichiarato che sua madre era una strega – e altri casi ancora, che avrebbero potuto essere affrontati anche per iscritto, come dimostrano istanze analoghe. Alcuni possono averle abbinate a un pellegrinaggio. Ma in primo luogo avevano intrapreso il dispendioso viaggio verso Roma in preda a conflitti di coscienza e difficoltà esistenziali (infatti la scomunica toglieva al religioso anche i suoi introiti ecclesiastici). Forse – come suggerisce la formula ora frequente «quel che non si può fare senza il permesso della Santa Sede» – è anche un indizio della centralità (obbligata e percepita) di Roma, e questo vale ancora subito prima della Riforma! Tutti i problemi portavano a Roma. Ma già prima della Riforma i petenti tedeschi diminuiscono nelle serie dei registri vaticani, mentre i francesi aumentano notevolmente.[25]

Anche il numero degli inglesi a Roma è stato per un certo periodo molto consistente. Quel che li portava a Roma sul piano professionale e li tratteneva qui, a parte i chierici della curia, era la speranza di un mercato offerto dai pellegrini, da una corte, da una città accessibile dal mare. Anche in questo caso il punto di partenza sono gli ospizi della loro "nazione": non interessano tanto le istituzioni in sé quanto piuttosto i loro materiali d'archivio, che gettano luce sulla composizione della colonia inglese.[26]

Entrambi gli ospizi inglesi erano stati fondati nel XIV secolo da laici, come si può constatare anche altrove, con le finalità consuete: assistere i pellegrini, i malati, gli anziani, per i gruppi di preghiera nella loro cappella.

25. Diminuzione dei casi tedeschi: Schuchard 1994, p. 52; Tewes 2001, in partic. pp. 355-360.

26. Sugli inglesi nella Roma tardo-medievale soprattutto Harvey 1993 e 1999; i due ospizi: Ead. 1999, pp. 55-60 e 77 s.; il commercio, pp. 103-110.

Solo nel XV secolo passano in misura crescente nelle mani dei religiosi. Nel 1362 l'inglese Johannes Petri acquistò una casa nel rione Arenula (via di Monserrato, a ovest di Campo de' Fiori), subito rivenduta a William Chandler di York in veste di rappresentante della *universitas Anglorum* a Roma, per gestirla come ospizio insieme a sua moglie Alice. Johannes si definisce, insieme a due testimoni, *paternostrarius*, fabbricante di rosari: quindi erano orientati alle attività collegate ai pellegrini, che proseguivano anche in assenza del papa e perciò erano sempre richieste. Fra le altre professioni degli inglesi documentate, quelle del calzolaio, del mugnaio, del mercante.

Il prodotto inglese d'esportazione più importante era senza dubbio la lana, e all'epoca nel rione Arenula possono essere documentati anche *lanaioli* di quel paese. Ma a Roma non esisteva una lavorazione della lana in grande stile e quindi questi mercanti inglesi trattavano più che altro panni di lana. Il commercio marittimo italiano con l'Inghilterra, com'è noto, era vivace; i registri doganali romani del primo Rinascimento dimostrano che perfino Roma ne era coinvolta in una certa misura. Sono spesso menzionati panni inglesi (ma non importatori inglesi), alla dogana romana erano annotati perfino «panni di Londra» con le loro tariffe fisse. Anche le statuette di alabastro potrebbero essere di importazione inglese, perché erano una produzione tipica di Nottingham. Con maggior chiarezza rispetto al commercio delle merci emerge, proprio nel periodo dello scisma, il trasferimento di denaro dall'Inghilterra a Roma, sia a livello di banchieri di corte (e non bisogna sottovalutare l'influenza che potevano esercitare Alberti, Mannini, Medici anche sul piano politico nei rapporti fra Roma e Londra) che nelle piccole transazioni individuali. Secondo quanto dichiarò lo stesso Bonifacio IX, il denaro proveniente dall'Inghilterra, per un certo periodo di tempo, sarebbe stato più importante per l'esistenza della sua curia rispetto alle entrate ricavate da tutti gli altri paesi dell'obbedienza romana.[27]

Oltre a quest'ospedale dedicato a s. Tommaso di Canterbury (che nel XVI secolo divenne la sede del «Venerabile Collegio Inglese»), c'era un secondo ospedale inglese, a Trastevere, che prese nome dalla vicina chiesa

27. Commercio Inghilterra-Roma secondo i registri doganali: Esch 2007; *panni di Londra*, pp. 59, 77, 84; alabastro (e *ad indicem* "Londra", "Inghilterra"), p. 248; lana: Harvey 1999, pp. 24-26. Trasferimenti inglesi di valuta della finanza papale: Esch 1966, pp. 292-296 (Bonifacio IX), 299-301; entrate papali nel confronto europeo: Schuchard 2000, pp. 137-143.

di S. Crisogono (poi anche da S. Edmondo); era stato fondato nel 1396 da John White, mercante inglese residente a Roma, in una casa data in affitto dal capitolo di questa chiesa. L'ambiente romano in cui si muoveva questo londinese dev'essere stato molto rispettabile, a giudicare dai nomi dei suoi esecutori testamentari. Eppure quest'ospedale non ha mai conosciuto lo stesso sviluppo dell'altro. In un'istanza alla Penitenzieria, nel 1453, un prete inglese dubita addirittura che la sua cappella, dove ha unito in matrimonio uno scozzese, fosse consacrata. Nel 1464 S. Edmondo è assorbito da S. Tommaso.[28]

Per quanto riguarda la curia, l'inizio dello scisma offrì una speciale opportunità agli inglesi, come pure ai tedeschi, perché l'Impero e l'Inghilterra aderivano all'obbedienza romana e il personale francese della curia (di obbedienza avignonese), fino a quel momento predominante, dovette essere immediatamente sostituito. Questa circostanza incrementò il numero degli inglesi all'interno della curia (e passando da Roma in seguito si poteva fare una carriera migliore anche a casa propria); e fece aumentare sensibilmente, fra gli inglesi presenti a Roma, la quota dei chierici rispetto a quella dei laici. Protonotari, abbreviatori, *scriptores* e così via, alcuni anche attivi come procuratori (vale sempre la pena di esaminare i loro affari), diversi giudici della Rota inglesi, perfino un cardinale inglese residente a Roma, Adam Easton: erano situazioni rare, che con la fine dello scisma e l'avvio dell'italianizzazione della curia cesseranno di nuovo. Più nessun auditore di Rota inglese, nessun auditore camerale, solo un avvocato concistoriale, ma ancora alcuni abbreviatori nella cancelleria, penitenzieri minori, cubicolari nel palazzo papale (forse solo come titolo onorifico). Non era granché. Eppure fra loro c'erano curiali – con cui aveva familiarità Poggio Bracciolini, il quale aveva vissuto lunghi anni in Inghilterra – che potrebbero aver contribuito allo sviluppo dell'umanesimo in Inghilterra. Nei cento anni successivi non ci sarà più nessun cardinale inglese nella curia.[29]

I materiali d'archivio che si sono tramandati permettono di gettare, ogni tanto, uno sguardo nella composizione della colonia inglese e nei destini dei singoli, anche delle donne (le confraternite di entrambi gli ospizi erano aperte alle donne). Come nel caso dell'Anima, per S. Tommaso conosciamo anche le proprietà immobiliari (nel 1445 erano 30 case che fruttavano 360

28. Ospedale di S. Edmondo: *Supplications* 2013-15, nr. 732.

29. Inglesi alla curia: Harvey 1999, pp. 132-172; nel confronto internazionale: Partner 1990. Umanisti: Weiss 1967.

ducati) e gli affittuari, anche qui in misura crescente curiali, fra cui tedeschi. Oltre agli atti relativi alla gestione dell'ospizio, anche in questo caso ci sono i testamenti, le imbreviature notarili (ma sembra che a Roma non ci siano stati, almeno nei primi decenni, notai inglesi, ai quali avrebbero potuto rivolgersi di preferenza gli inglesi), inoltre fonti personali come il registro delle lettere del procuratore William Swan e la cronaca di Adam of Usk, che delineano un quadro più esauriente rispetto ad altre colonie di stranieri a Roma.[30]

La questione della presenza inglese a Roma investe naturalmente anche le relazioni contingenti fra il papato e il regno inglese. Ora si presentava l'occasione di osservare, a causa della guerra dei Cent'anni (il papato fra Inghilterra, Francia e Borgogna) e dei tentativi costanti del sovrano inglese di impedire o di pilotare la tassazione del clero, l'assegnazione degli incarichi e le nomine dei vescovi da parte del papa. Un procuratore del re residente, che in seguito fu considerato necessario (come si può vedere soprattutto nel caso di William Gray nominato nel 1446), aveva il suo staff, i suoi *familiares* – e questo produce fonti che ci consentono di conoscere altri inglesi a Roma.

Oltre agli inglesi residenti a Roma bisogna considerare di nuovo i pellegrini, sempre numerosi dalle Isole Britanniche, ai quali erano destinati gli ospizi per finalità sia religiose che pratiche. Nell'ospizio di S. Tommaso abitò per un certo periodo, nel 1414/15, in un primo tempo respinta, anche la più nota pellegrina inglese, la mistica Margery Kempe, che in un resoconto originale e molto personale ha descritto i suoi pellegrinaggi (fra i quali Roma di ritorno da Gerusalemme), spesso in contrasto con i compagni di viaggio, cosa che non nasconde nemmeno a Roma.[31] Più volte le capita di parlare delle difficoltà per farsi capire a Roma con il suo inglese: *he vndirstod not what thei seyden in Englysch; he cowde neythyr speke Englysch ne vndirstondyn Engklisch*, e così via. È facile dimenticare questi problemi di comprensione linguistica in una città apparentemente così poliglotta: qui per una volta vengono affrontati esplicitamente.

Di grande importanza era la presenza dei francesi a Roma. Ma diversamente dai tedeschi e dagli inglesi, per il XV secolo finora sono stati presi in considerazione più i vertici che la base. Il loro centro religioso era S. Luigi.

30. Fonti: notai, Harvey 1999, pp. 112-115; registro delle lettere, pp. 47 s.; William Gray, pp. 8-12.

31. *The Book of Margery Kempe* 1940, pp. 94-99, *ibidem* anche sui problemi linguistici. Sui problemi delle pellegrine: Esch, Esch 2012.

Quella che all'epoca era chiamata *universitas curialium nationis gallicane Romanam curiam sequentium*, quindi la comunità dei curiali francesi, aveva potuto allestire con il permesso di Sisto IV una cappella e un ospedale con questo nome negli edifici della vecchia chiesa di S. Maria de Cellis che apparteneva all'abbazia di Farfa, proprio dove sorgerà S. Luigi dei Francesi. Infatti gli ambienti del vecchio ospizio dei poveri francese, come si affermava in una petizione già indirizzata a Pio II, erano «così piccoli e angusti» (*adeo exigue et anguste*), la sua cappella con il cimitero così esigua che il complesso non bastava all'attività di assistenza, al servizio religioso e alle sepolture, ancor più «nei tempi di peste», quando anche il vicino palazzo del cardinale Francesco Todeschini-Piccolomini, futuro Pio III, era minacciato "dal contagio" (*contagione*); e considerando che per la festa di s. Luigi sarebbero venuti in questa cappella anche cardinali e prelati.[32]

Per curiali della "nazione francese" si intendevano tutte le persone di lingua francese, quindi non solo i sudditi del re di Francia, ma anche i borgognoni, i lotaringi, i savoiardi (cioè i sudditi del duca di Savoia, quelli che parlavano francese). I laici francesi invece appartenevano alla confraternita di S. Maria della Purificazione dei Transalpini – autorizzata da Sisto IV nel 1473 – o «delle quattro nazioni», che cioè comprendeva anche laici di altre nazioni (come appunto i borgognoni o i lotaringi, se non erano a S. Luigi come curiali chierici), i quali in seguito fondarono le loro specifiche confraternite.[33] Il criterio linguistico in vigore a S. Luigi (*idioma gallicum*) naturalmente non può ingannare sul fatto che il criterio politico – l'appartenenza al Regno di Francia – in verità era il più importante, la "nazione gallica" era un concetto ben definito per i papi, al quale collegavano subito la Prammatica Sanzione e le minacce conciliari del sovrano francese. Il re di Francia li impressionava di sicuro più dell'imperatore.

I cardinali francesi, ai quali faceva riferimento quella petizione rivolta a Pio II, nella Roma di questo periodo erano molto autorevoli per numero e importanza (torneremo ancora a parlare di come Pio II abbia visto e commentato il loro atteggiamento orgoglioso!). Per descrivere la loro presenza, qui si prenderà in considerazione solo uno di loro, quello con

32. Lacroix 1892; *Les Fondations nationales* 1981: qui Uginet 1981, con il testo della supplica a Pio II (e la localizzazione precisa dell'antico ospedale: angolo di via del Sudario / via Monte della Farina, pp. 84 s.).

33. Le confraternite francesi con i loro archivi in *Storiografia e archivi* 1985, pp. 231 s., 239 s., 266 s., 353 s.

la maggiore visibilità: Guillaume d'Estouteville, cardinale della curia dal 1439 fino alla morte nel 1483, quindi lungo l'intero arco del primo Rinascimento romano. Molto più influente di gran parte degli altri cardinali, seppe tessere un'ampia rete di relazioni che portarono sempre più in alto sia lui che la sua cerchia: era protettore degli ordini agostiniano e poi anche carmelitano, strinse rapporti con i Medici e gli Sforza, gli inviati stranieri andavano a visitarlo. Esercitò un peso notevole nel collegio cardinalizio, dove era considerato autorevole portavoce del partito francese e di re Carlo VII. Nel conclave del 1458 fu sconfitto solo di stretta misura da Piccolomini, come quest'ultimo racconta piacevolmente nei suoi *Commentarii*, e anche nei due conclavi successivi fu considerato *papabile* – ma il ricordo della "cattività" avignonese del papato era ancora troppo fresco per poter eleggere papa un francese.[34]

Si riconosce la sua autorevolezza anche dal fatto che nei *consistoria*, le assemblee dei cardinali presiedute dal papa, in occasione della nomina dei vescovi, d'Estouteville, sotto Sisto IV, il più delle volte si incaricava di parlare a nome dei cardinali e fu inserito in numerose commissioni cardinalizie. Con l'incarico di camerario, a partire dal 1477 governò in pratica lo Stato della Chiesa. Riunì abilmente prebende e cariche redditizie, sedette come cardinale su molte cattedre episcopali (la sede arcivescovile di Rouen gli diede il suo nome cardinalizio *Rothomagensis*), si valutava che gli introiti dei suoi benefici ammontassero a somme enormi. Era considerato il cardinale più ricco, addirittura più ricco del vicecancelliere Rodrigo Borgia (con il quale del resto aveva legami d'amicizia: esecutore testamentario, tutore dei suoi figli), e poté permettersi, aggirando abilmente il divieto canonico di chiedere interessi, di concedere a termine, attraverso acquisti o vendite fittizie, crediti ingenti anche ai Caetani e ai Colonna, e perfino ai papi: 20.000 fiorini solo nel 1478, ottenendo in pegno cinque località del Lazio.

Ma sapeva anche mettere a frutto la sua ricchezza. Il suo stile di vita grandioso, con un seguito imponente, impressionò tutta Roma, mostrò la *magnificentia* che ormai ci si aspettava sia dai principi che dai cardinali come mecenate e committente di edifici: la chiesa di S. Agostino (fig. 22), il suo palazzo cardinalizio a S. Apollinare, il ciborio di S. Maria Maggiore (è significativo che il suo testamento sia stato pubblicato da Müntz come fonte per la storia dell'arte). Era saldamente radicato a Roma, come poi

34. Su d'Estouteville: Esposito 2013 e DBI, vol. 43, 1993, pp. 456-460.

Fig. 22. Facciata proto-rinascimentale della chiesa di S. Agostino costruita dal cardinale Guillaume d'Estouteville.

divenne la regola in misura crescente per i cardinali, però a metà del XV secolo non era ancora così scontato. Radicato anche in senso concreto, dato che ebbe sei figli dalla romana (sposata) Girolama Tosti: per i figli maschi minorenni cercò, con il consenso del papa, di creare una piccola signoria nei vicini Colli Albani in un possedimento acquistato dai Colonna, mentre fece sposare le figlie con doti più ricche della media all'interno di buone famiglie romane.

Si potrebbero prendere in considerazione anche altri cardinali francesi e la loro cerchia, per esempio la dinamica figura di Jean Jouffroy, imposto dal duca Filippo di Borgogna, che con la sua *familia* risiedeva in un palazzo vicino a S. Maria in via Lata sul Corso.[35] Nella curia – e non è sorprendente considerando personalità tanto influenti – anche altri posti a tutti i livelli erano occupati da francesi, come per esempio è documentato per la cancelleria negli anni 1471-1527. Naturalmente gli italiani erano ai vertici con un notevole stacco. Ma poi venivano in buona posizione francesi e spagnoli, molto prima dei tedeschi (anche se naturalmente pochi in confronto al periodo avignonese). Si dovrebbe indagare in che misura la possibilità di comprare gli incarichi curiali – pratica iniziata sotto Pio II e

35. Su Jouffroy: Märtl 1996. Nel giudizio di Pio II: v. sotto, pp. 268 s.

potenziata sotto Sisto IV – in base alla diversa disponibilità di mezzi sul posto aveva un effetto favorevole o svantaggioso sulla ripartizione degli uffici tra le varie nazioni.[36]

Quanto fosse forte la presenza francese a Roma anche tra i familiari di papi e cardinali, lo si ricava dall'esempio di Francesco della Rovere, Sisto IV. Ancora prima della sua elezione un rotulo di aspettative (ossia una raccolta di istanze di candidatura alle prebende) mostra come un gruppo di 12 suoi familiari nel 1470 chiede questi privilegi, ma con effetto retroattivo al 1465![37] E sono quasi tutti francesi. Quando Francesco è eletto papa nel 1471, fa diventare la sua famiglia cardinalizia una famiglia pontificia, e anche di più: Jean de Montmirail diventa subito referendario, Etienne Morel cubicolario, poi referendario, in seguito addirittura datario, Gilles de Morays, come commensale del papa, può rivendicare diritti anche al di fuori della curia, «come se consumasse i pasti costantemente nella nostra sala da pranzo» (*ac si in dicto tinello continue comederet*). E così via.

Anche al di fuori della curia se ne incontrano in gran quantità. Mercanti francesi compaiono regolarmente, anche se non di frequente, alla dogana romana: Janni, Achinetto, Ranaldo *francioso* e così via, un Guillaume de Rouen dal 1456; un Lavino *francioso*, nel 1482, con quattro forniture importa merce per il considerevole valore di 3650 ducati. Ma a causa della forte presenza, di lunga data, di mercanti toscani in Francia, i panni francesi (Rouen, Arras, Digione, Lione, Linguadoca) sono importati anche da ditte toscane a Roma, così come, all'inverso, mercanti francesi in questo commercio tardo-medievale già "globalizzato" portano anche merci tedesche. Un Gerardino *francioso* nel 1474 viene menzionato con una grossa fornitura per nave, un Rigo *francioso* nel 1465 porta *carte dipente* – potrebbe essere qualsiasi cosa, dall'immagine sacra alla carta geografica come gli 800 *fogli depenti* di un Justo *francioso* nel 1480. Dai mercanti alla dogana vicino al Pantheon ai rivenditori a piazza Navona. Delle 41 persone che potevano tenerci un banco al mercato del

36. In altri uffici: v. Frenz 1986, parte II (con tabella p. 241) e III; Partner 1990, pp. 189, 209; sugli uffici, le pratiche di nomina, le carriere nella curia: v. anche *Offices et papauté* 2005. Commercio delle cariche: Schwarz 1972, pp. 167-185; Schimmelpfennig 1984; Reinhard 1997, pp. 151-178.

37. Familiari francesi: Schwarz U. 1993, pp. 323-326; v. anche Schwarz U. 2005. Per ulteriori ricerche, importanti i numerosi notai francesi, cfr. Lesellier 1933. Sull'importanza dei notai stranieri Rehberg in *Identità e rappresentazione* 2016, pp. 211-231.

mercoledì (*quelli hanno loco et banchi nel mercato di Agoni*), nel 1499 sette sono francesi.[38]

Un gruppo che acquista un'importanza crescente è quello degli abitanti della Penisola iberica. Il pontificato di Callisto III, come si è già visto, aveva portato a Roma un gran numero di catalani. In gran parte, dopo la morte del papa nel 1458, erano stati allontanati dai loro incarichi, ma avevano mantenuto nel cardinale Rodrigo Borgia, l'energico nipote di Callisto, un solido punto di riferimento a Roma. E quando questo secondo Borgia nel 1492 divenne papa, si ritrovarono di nuovo tutti qua.[39]

La storiografia dell'epoca e quella attuale si sono talmente concentrate sui Borgia – e soprattutto sulla figura di Alessandro VI – che è quasi impossibile interpretare in modo più ampio la presenza spagnola a Roma sulla base della letteratura disponibile: di Rodrigo, Cesare, Lucrezia sappiamo tutto, dei catalani e dei castigliani a Roma poco. Si pensi, del resto, che la vittoria duratura degli Aragonesi sugli Angioini aveva già prodotto una forte immigrazione di catalani nel vicino Regno di Napoli.

Anche in questo caso le istituzioni religiose nazionali con i loro archivi offrono il materiale più corposo sulla comunità dei loro connazionali a Roma. Qui ci sono due "chiese nazionali": S. Maria di Monserrato nel rione Arenula vicino al Tevere dal tardo XIV secolo per i sudditi della corona di Aragona, S. Giacomo degli Spagnoli dalla metà del XV secolo per i sudditi del Regno di Castiglia. Non furono accorpate nemmeno dopo l'unificazione dei due regni (con il matrimonio fra Isabella e Ferdinando nel 1469, governo comune dal 1479), e si mantennero ancora separate, secondo la tradizionale consapevolezza del proprio ruolo da parte delle due nazioni. Bisogna essere al corrente di questo aspetto quando si parla, semplificando al massimo, degli "spagnoli a Roma".[40]

Anche a S. Maria di Monserrato si cominciò dall'acquisto privato di edifici per costruire due piccoli ospizi per i pellegrini, i poveri e i

38. Mercanti francesi alla dogana romana: Esch 2007, *ad indicem* "francesi"; a piazza Navona: Esposito 1995, pp. 91 s.

39. Sull'arrivo dei Borgia: *De València a Roma* 2006; per il periodo successivo: Dandelet 2001.

40. Sulla colonia spagnola nella Roma del Quattrocento, le sue fonti e istituzioni: soprattutto Vaquero Piñeiro 1994; proprietà immobiliare e suo utilizzo: Vaquero Piñeiro 1999. Commercio: i contributi citati nella nota XII 21; Esch 2007, pp. 26, 76 s., 212; sull'esempio della maiolica: v. sotto, p. 355.

malati aragonesi (nel 1352 o 1363). La modestissima istituzione crebbe solo quando, con la morte delle due fondatrici che avevano diretto privatamente i due ospizi in seguito riuniti, la monarchia se ne interessò e la città, sotto Martino V, navigò in acque meno agitate. Che Callisto III, come ci si poteva aspettare e come si afferma talvolta nella letteratura, abbia favorito l'ospizio e la cappella dei suoi connazionali, non si può desumere dai materiali d'archivio, scarsi per questo papa come per Alessandro VI, le cui tombe oggi si trovano in questa chiesa. La confraternita di S. Maria di Monserrato, fondata nel 1506, ebbe sede nella cappella di S. Nicola dell'ospizio, dalla quale a partire dal 1518 si sviluppò l'importante chiesa.

Il documento di fondazione consente di gettare un primo sguardo nella composizione della confraternita e quindi nella colonia catalana a Roma: naturalmente molti religiosi, ma anche molti artigiani (mercanti di lana, calzolai, fabbricanti di spade, sarti), un decimo dei circa 100 spagnoli presenti è costituito da donne. Negli elenchi dei membri degli anni successivi emergono anche coloro che si dedicano al commercio a lunga distanza, soprattutto tra Barcellona e l'Italia meridionale, ora aragonese: compaiono anche nei registri doganali romani, commerciando seta, panni, zucchero, cuoio, tonno, in parte direttamente dalla Penisola Iberica, in parte con trasbordo a Gaeta su navi italiane. E veri e propri imprenditori che avevano in mano tutto il ciclo, dal reperimento del materiale grezzo (per esempio, lana o pelle) passando per la lavorazione fino alla commercializzazione.

La chiesa dei castigliani invece era S. Giacomo degli Spagnoli a piazza Navona. Anche in questo caso aveva avuto origine da una fondazione per l'assistenza dei pellegrini e dei malati. Il ricco archivio di questa istituzione offre poco riguardo a questa funzione originaria e alla comunità di castigliani residenti a Roma, ma contiene una voluminosa contabilità, che si è conservata a partire dal 1486, relativa alle estese proprietà immobiliari e al loro sfruttamento. L'80-85% dei mezzi necessari per amministrare l'ospizio e la chiesa proveniva da queste entrate: una quota molto consistente, che manteneva bassi i soliti contributi regolari della comunità. Anche in valore assoluto queste entrate provenienti dagli affitti (*pensiones domorum*) erano molto elevate. Acquisizioni accorte di immobili nei punti giusti, coinvolti nella crescita vertiginosa della popolazione, come piazza Navona, via del Pellegrino, via dei Giubbonari; saggia amministrazione con contratti d'affitto di breve durata, investimenti in ristrutturazioni più lussuose e ispezioni regolari, annotate con precisione: tutto questo rese S. Giacomo una delle istituzioni religiose più ricche di Roma (e nel corso del XVI secolo, che resta al di fuori dell'arco cronologico qui considerato, farà aumentare ulteriormente il suo valore). Le altre entrate, che svolgevano un ruolo in istituzioni analoghe, qui erano più modeste: nessuna sovvenzione ufficiale da parte della monarchia (del resto, nessun sostegno documentato nemmeno da Alessandro VI); alcune donazioni testamentarie di personaggi di alto rango e di prelati castigliani, che furono d'aiuto anche nella ricostruzione e dotazione della chiesa (dal 1469); scarse invece le offerte nella cassetta delle elemosine dell'altare maggiore perfino nelle festività più importanti.

È evidente che i laici, diversamente dai catalani di S. Maria di Monserrato, non svolgevano alcun ruolo tra i castigliani di S. Giacomo. Compaiono solo prelati e curiali, mancano totalmente commercianti e artigiani. Quindi l'immagine tramandata dei castigliani a Roma risulta stranamente asimmetrica.

In occasione del *Sacco di Roma*, lo spaventoso saccheggio della città compiuto dagli imperiali nel 1527, molti militari si faranno seppellire in questa chiesa dotandola di bottini corrispondenti: palesemente bottini di guerra romani, che però venivano restituiti in cambio di una ricompensa. Ma il Sacco, che ha motivato a lungo la *leyenda negra*, l'immagine malvagia dello spagnolo (e del tedesco) a Roma, non ridimensionerà la crescente presenza spagnola nella Città eterna.[41] Gli spagnoli nel XVI secolo diventeranno il gruppo straniero più forte, mentre la percentuale della popolazione tedesca diminuirà.

Comunità più ridotte di connazionali sono difficili da individuare, se le loro chiese o confraternite sono state fondate – sempre che lo siano state – solo più tardi, o in mancanza di un gruppo consistente nelle fonti compaiono unicamente persone singole.

Gli scandinavi che giunsero a Roma o addirittura abitarono per qualche tempo in città, si possono trovare soprattutto nel libro della confraternita dell'Anima: un danese notaio del tribunale della Rota, un danese durante la sua lunga disputa per il decanato di Roskilde, anche re Cristiano I di Danimarca e il suo maresciallo si fanno iscrivere nel 1474 durante il viaggio per venire dal papa; poi anche l'arcivescovo di Trondheim in Norvegia, e altri ancora. Infatti i danesi a Roma non avevano una propria confraternita o un ospizio e – fino alla Riforma – furono in contatto soprattutto con la

41. Sul *Sacco* nuovi materiali in Esposito, Vacquero Piñeiro 2005; e Esch 2013.

confraternita dell'Anima, mentre i visitatori svedesi a Roma avevano un punto di riferimento nella casa dell'ordine di S. Brigida.

Una chiesa dei polacchi ci sarà solo a partire dal 1578, con annesso ospizio per i pellegrini polacchi costruito ex novo al posto della vecchia chiesa di S. Salvatore in Pensilis: S. Stanislao dei Polacchi in via delle Botteghe Oscure. Ma naturalmente i polacchi si incontravano a Roma anche prima: nella curia, nel XV secolo in misura crescente anche come viaggiatori, o per mandare avanti personalmente la richiesta di benefici ecclesiastici, e naturalmente come pellegrini. L'alto clero polacco spesso aveva studiato in Italia, soprattutto a Bologna, ma anche a Roma: tra il 1420 e il 1471 si possono documentare in città, nell'università della curia e in quella cittadina, ben due dozzine di polacchi, soprattutto dalla seconda metà del XV secolo. Quasi tutti erano nobili, *protégés* del re o di un vescovo; prima avevano studiato a Cracovia, e ora molti ricoprivano una carica nella curia o in seguito faranno i collettori. I registri doganali, negli anni sessanta del Quattrocento, menzionano mercanti polacchi che per esempio introducono a Roma l'ambito "azzurro d'Alemagna" (*azzurro della Magna*, ma anche *di Polonia*) oppure gli ermellini.[42]

Ora si trova perfino una piccola colonia di albanesi, da quando con la morte di Skanderbeg – che aveva fatto visita al papa nel 1466/67 a Roma – la resistenza albanese contro i turchi era cessata: religiosi e mercenari fuggiti soprattutto nel rione Monti, nel 1497 viene menzionata addirittura una *societas sive universitas Albanensium* con un proprio piccolo ospizio. Anch'esso infoltito da chi fuggiva dai turchi fu il gruppo dei dalmati e degli slavi meridionali, ai quali Niccolò V nel 1453, l'anno della conquista di Costantinopoli, assegnò come centro religioso S. Girolamo degli Schiavoni. All'epoca un croato, prigioniero dei turchi per tre anni, dichiara il suo desiderio di vivere da allora in poi a Roma, *domicilium in hac alma Urbe elegit*. Li si incontrava soprattutto intorno a questa chiesa, nella zona di Ripetta, il piccolo porto per la navigazione sul Tevere verso l'interno del territorio, mentre nel grande porto sul Tevere collegato al mare si ammassavano i corsi.[43]

42. Scandinavi: Salonen 2010. Polacchi: Kloczowski 1980; studenti a Roma: Schwarz 2013, pp. 649-762. Importazioni: Esch 2007, pp. 77, 140, 380, 396.

43. Albanesi, dalmati: Esposito 2012; confraternita di S. Girolamo: *Storiografia e archivi* 1985, pp. 299 s.; J. Gudelj in *Identità e rappresentazione* 2015, pp. 297-325. Corsi: Esposito 1995, pp. 93-106 e Esposito 2014.

Del resto, troviamo numerosi non-italiani non solo fra la popolazione residente e i curiali, ma anche dentro i conventi romani. Dove è possibile riconoscere la composizione delle comunità di monaci (grazie agli elenchi ufficiali della *familia* monastica, oppure se un notaio registra per nome i monaci riuniti per stipulare un contratto), emerge sempre la forte commistione internazionale. Così nel XV secolo, nel convento benedettino di S. Maria Nova al Foro (congregazione di Monteoliveto), solo una metà era composta da italiani, mentre quelli provenienti dall'Impero erano sorprendentemente ben rappresentati (19 su 34); a S. Gregorio al Celio nel 1461 su otto monaci 4 sono tedeschi, 2 francesi e 1 spagnolo; anche S. Clemente aveva un'alta percentuale di stranieri; tra i Geronimiti di S. Alessio vi erano molti spagnoli, tra i Minimi di Trinità dei Monti molti francesi.[44] I casi problematici compaiono poi nelle istanze alla Penitenzieria, si pensi ad esempio al giovane francese che era arrivato a Roma ed era entrato come novizio nella rigorosa comunità dei Geronimiti di S. Alessio sull'Aventino e là aveva dovuto vivere un giorno dopo l'altro tra le violente dispute fra il priore e i monaci (*abhominabiles rixas et discordias*), tanto che dopo dieci mesi non aveva più resistito.

Non presentano una composizione altrettanto internazionale i conventi romani di suore (tranne le brigidine svedesi, con le quali già era stato difficile farsi capire per Margery Kempe durante la sua visita a Roma nel 1414/15): lo impedivano le famiglie romane, che qui volevano far entrare le loro figlie non sistemate. Fra i cosiddetti penitenzieri minori – in gran parte monaci degli ordini mendicanti – che al servizio della Penitenzieria Apostolica raccoglievano le confessioni dei pellegrini nelle grandi basiliche romane, erano rappresentate le diverse lingue europee.

Durata della permanenza e legami con la patria

Di tutte queste persone che si possono incontrare a Roma e di cui si trova il nome senza ulteriori informazioni nei tipi di fonte più disparati, sarebbe interessante sapere quanto fosse stretto il loro legame con la Città eterna. Si trattava solo di una visita fuggevole, pochi giorni o settimane come pellegrini oppure petenti? Era una permanenza di diversi anni come curiali o come artigiani? Oppure erano addirittura giunte a Roma con l'in-

44. Rehberg 2012, pp. 17 s.; S. Alessio: Esch 2014, p. 253.

tenzione di non lasciare più la città? Dato che questo è un problema che deve affrontare qualsiasi ricerca sulle migrazioni e riguarda tutte le nazioni presenti a Roma, saranno esposti qui alcuni indizi che potrebbero essere d'aiuto per rispondere a questi interrogativi.[45]

L'indizio più sicuro della volontà di una permanenza duratura è il matrimonio con una romana o la condizione di padrino in una famiglia romana. Del resto, la durata del soggiorno dipende anche dalla professione. Si può essere fornai per cinque anni a Roma e poi tornare nella madrepatria – ma essere notaio solo per cinque anni non ha senso, perché sono necessari anni per farsi strada sul piano sociale e professionale in questo ambiente estraneo. Lo stesso vale per i procuratori. Per il caso dei fornai, già il numero enorme di nuove ammissioni è pensabile solo se a questo fenomeno corrispondevano anche numerosi abbandoni, quindi è già indizio di una forte fluttuazione. Molti erano garzoni che andavano in giro. Altri, al momento di cedere l'esercizio, dicono espressamente di voler lasciare di nuovo Roma.

Per valutare quanto in profondità questi stranieri si siano immersi nella città, è importante anche sapere se si possono documentare legami personali mantenuti nella vecchia patria. Per esempio donazioni a membri della famiglia rimasti là, offerta di messe non solo a Roma ma anche in chiese a nord delle Alpi. Oppure nei contratti vengono coperti eventuali debiti a Roma attingendo a un deposito in patria. I primi stampatori a Roma, in ogni caso, si sono tenuti sempre aperta la strada del ritorno ottenendo prebende in patria, e alcuni l'hanno realmente percorsa, come Sixtus Rüssinger, che con l'acquisizione e lo scambio di benefici ecclesiastici incrementò il suo patrimonio, non in un posto qualsiasi ma intenzionalmente in patria e infatti qui, a Strasburgo, finì i suoi giorni come parroco.

Nel caso dei curiali la durata della permanenza talvolta si può desumere dalle dichiarazioni rilasciate nelle loro istanze, per esempio: ha servito nella curia già dieci anni. Ma si può andare anche molto oltre: 36, 40, 63 anni! Pure queste persone che si fermano per molti anni, a volte tornano in patria grazie ai benefici ecclesiastici accumulati a casa durante il loro periodo romano. Possiamo addirittura guardare in faccia uno di loro. Infatti Georg van der Paele, che aveva servito dal 1399 al 1418 almeno sei papi

45. Indizi sulla durata della permanenza e il livello di radicamento: sull'esempio tedesco Esch 2012a.

Fig. 23. Un funzionario della cancelleria che a Roma ha servito sei papi: Georg van der Paele poi rientrò nella natia Bruges e si fece ritrarre da Jan van Eyck come committente della pala d'altare *Madonna del canonico van der Paele* (particolare). Bruges, Musée Communal des Beaux-Arts.

come *scriptor* e abbreviatore e poi trascorse gli ultimi anni della sua vita a Bruges, grazie ai benefici acquisiti in questa zona, incaricò nientedimeno che Jan van Eyck di dipingere una pala d'altare per la chiesa di S. Donato a Bruges (1436), nella quale si fa rappresentare come committente: il volto severo, segnato dalle rughe, di un anziano corpulento, con le vene sulle tempie in rilievo e gli occhiali da lettura in mano, che a causa dell'età e della salute cagionevole aveva già ottenuto il permesso di non partecipare più alla messa (fig. 23).[46] Di uno *scriptor* francese della Penitenzieria si dice che prima di morire desiderava rivedere ancora una volta Coutances, la sua patria, *cupiens partes originis sue personaliter visitare*. Altri sfruttano la curia fin dall'inizio solo come una fase di passaggio per crearsi una rete di relazioni e, una volta a casa, fare carriera negli uffici ecclesiastici con l'aiuto di queste "cordate" (B. Schwarz).

In complesso, si potrebbe dire che anche tra coloro che restavano a lungo il livello di fluttuazione era piuttosto notevole, i legami mantenuti con la patria erano più forti di quanto può far credere l'immagine della "colonia romana" di tedeschi, inglesi e francesi.

46. Curiali: Schuchard 1987, pp. 269-289 (van der Paele: 244 s.); Coutances: Esch 2014, p. 254.

Arenati a Roma

Ma nelle strade di questa città – e solo di questa – si potrebbero incontrare anche uomini che si erano arenati qui e che solo grazie alla Penitenzieria entrano nel nostro raggio visivo. Ci sono monaci di tutte le regioni d'Europa arrivati a Roma senza nemmeno il permesso dei loro superiori, oppure quelli che erano arrivati con la loro autorizzazione, ma poi avevano abbandonato su due piedi la tonaca e non avevano più lasciato la città. Non sappiamo come se la cavassero qui; agli occhi della Chiesa romana non meritavano alcun perdono, se prima non si facevano assolvere dalla loro *apostasia*.

Oppure pellegrini e pellegrine che intendevano recarsi a Gerusalemme ed erano riusciti ad arrivare solo a Roma: un intero gruppo di pellegrine portoghesi nel 1460 erano rimaste prive di mezzi lungo la strada verso il S. Sepolcro e si erano scoraggiate, quindi si erano fermate a Roma; a un pellegrino spagnolo diretto a Gerusalemme era stato fatto presente il pericolo turco, quindi aveva preferito non proseguire oltre Roma. Molti, dopo la caduta di Costantinopoli, avevano risposto all'appello lanciato dal papa per la crociata e si erano messi in moto spontaneamente per fare una crociata personale, come per esempio un religioso francese arrivato fino a Roma, che qui però aveva esaurito il denaro.

Oppure i tre cavalieri scozzesi delle Ebridi che avrebbero voluto combattere a Ceuta, in Nordafrica, contro i musulmani. Ma sfortunatamente, nel frattempo, era intervenuta una tregua e ora si trovavano a Roma per farsi sciogliere dal voto per la crociata mantenuto solo a metà: allora, avevano adempiuto il voto per la crociata meritando l'indulgenza oppure no? Ma per favore, rispondete in fretta e senza farci pagare, perché al momento sono completamente privi di mezzi e «a parte la loro madrelingua, che nella curia romana capiscono a malapena quattro persone, non parlano nient'altro» (*linguam preter vulgare suum* [il gaelico], *quod vix a quatuor personis Romane curie intellegitur, loqui nesciunt* – "quatuor" forse, come nell'italiano di oggi "quattro passi" o "quattro gatti", significa solo "pochi"). Anche questi stranieri poco appariscenti, privi di risorse, di cui altrimenti non parla nessuna fonte, fanno parte dell'immagine delle strade della Città eterna.[47]

47. Arenati: Esch 2014, p. 252; solo fino a Roma: pp. 334, 364, 365; Ebridi: pp. 313-316.

Immigrazione dall'Italia

Oltre all'immigrazione dall'estero, nella seconda metà del XV secolo si può osservare un afflusso consistente di italiani a Roma: di *forestieri* e non solo di *stranieri*, secondo la distinzione italiana. L'enorme crescita della popolazione dopo la metà del Quattrocento non dipende dall'aumento del numero dei bambini (difficile pensarlo nella società spiccatamente maschile della curia), ma da quest'afflusso dove i forestieri, diversamente dagli stranieri, di norma non lasciavano più Roma. Al principio del XVI secolo si poteva addirittura avere già l'impressione che la maggior parte della popolazione non fosse romana nel senso autentico del termine e tutte le cifre disponibili lo confermano. La migrazione nel tardo Medioevo è stata notevole (molto più di quanto non ammetta l'idea diffusa di un Medioevo statico) e rappresentava un importante fattore demografico nella maggior parte delle città abbastanza grandi. E questo valeva anche per Roma.[48]

Accanto all'immigrazione di manodopera non qualificata, che a malapena si riesce a individuare, ora cresce anche un tipo di immigrazione di livello più alto dallo Stato della Chiesa che mirava agli incarichi nell'amministrazione curiale e prendeva alloggio soprattutto nel rione Parione, come fecero dagli anni settanta del Quattrocento i Pamphilj di Gubbio, che grazie a matrimoni vantaggiosi con solide (non nuove) famiglie romane come Della Valle, Mellini, Porcari, ben presto iniziarono la loro ascesa nella migliore società romana. Parione allora divenne un quartiere socialmente altolocato, mentre il volto di altri rioni era spesso definito da una concentrazione di artigiani o di connazionali. Così i lombardi preferivano risiedere a nord nel quartiere Campo Marzio di recente costruzione e i genovesi nel quartiere del porto.[49] Dai registri doganali emerge quanto fossero fortemente rappresentate in città molte regioni italiane, oltre ai commercianti che importavano da lì (alcuni dei quali risiedevano stabilmente a Roma): Venezia con i suoi vetri, Bergamo e Brescia con la produzione dei metalli, la Versilia con il marmo, le Marche con i tessuti, e così via. I mi-

48. *Forestieri e stranieri* 1988; Esposito 1995, pp. 75-92 con altra bibliografia sui singoli rioni; *Venire a Roma* 2017. In dettaglio le cifre del 1517 e 1527 in Lee 2006 con le introduzioni del curatore. Parione: v. pp. 322 ss.

49. Confraternite italiane di corregionali: *Le confraternite romane* 1984 e *Storiografia e archivi* 1985; esempio Pamphilij: Borello 2003. Lombardi: i contributi in *Identità e rappresentazione* 2015, pp. 397-446 (sull'esempio dei curiali Ansani 1994); genovesi: Fara 2018.

lanesi sono sempre ben rappresentati e a Roma, con i lombardi, hanno una propria confraternita. Le persone che immigrano ogni giorno sono spesso così poco visibili che si possono individuare solo quando diventano un caso per il tribunale o per la Penitenzieria: la coppia immigrata da Macerata (lui scappato dalla prigione), il barbiere di Firenze che ora non vuole sposare la ragazza romana, e così via.

Nelle *familiae* del papa e dei cardinali c'era sempre, in ogni caso, una notevole percentuale di connazionali. E dato che da un certo momento in poi i papi nel loro complesso e la maggior parte dei cardinali furono italiani, ogni nuovo pontificato e ogni nuova infornata di cardinali portava a Roma soprattutto italiani da regioni sempre nuove: Eugenio e Paolo veneziani, Pio senesi, Sisto liguri. Non si trattava solo di una stimolante molteplicità, era anche una massa di persone che come curiali godevano dei privilegi corrispondenti, come dovette saltare sgradevolmente all'occhio ai romani. E non era affatto bello non essere più fra romani neppure negli uffici del comune o nell'esclusiva confraternita del S. Salvatore *ad Sancta Sanctorum*. Quindi era inevitabile che i romani si sentissero messi con le spalle al muro da questo tipo di immigrazione italiana, dagli italiani ancor più che dagli stranieri.

8. Niccolò V. Inizi del Rinascimento, ultima ribellione in città

Niccolò V

Con la morte di Eugenio IV si concluse il pontificato più movimentato di tutto il secolo. Il suo successore riuscì a sgombrare il campo dalle macerie di un confronto lungo ma alla fine vittorioso e a dare avvio al nuovo, e lo fece a modo suo. Tommaso Parentucelli, di origini non altolocate, nato a Sarzana nella Toscana nordoccidentale, aveva studiato a Bologna e provveduto al suo mantenimento a Firenze facendo il precettore nelle famiglie degli Strozzi e degli Albizzi. A Bologna entrò a far parte della cerchia di Niccolò Albergati, vescovo della città, che lo mise in contatto con numerosi umanisti come Ambrogio Traversari, Francesco Filelfo, Flavio Biondo, e lo introdusse come cardinale legato di Martino V e di Eugenio IV nella grande diplomazia, dove ben presto Parentucelli diede buona prova di sé con i principi e nei concili. Poi giunse con Albergati alla curia, allora a Firenze, dove restò fino alla morte del cardinale e al rientro a Roma di Eugenio IV (1443), stringendo forti legami con i più importanti umanisti fiorentini, come Poggio Bracciolini e Leonardo Bruni, ma anche con Cosimo de' Medici: quel che Parentucelli costruirà a Roma come "papa umanista" ha qui le sue radici. Vescovo di Bologna nel 1444, ma impegnato ancora in missioni diplomatiche, durante la sua legazione in Germania, nel 1446, è nominato cardinale da Eugenio IV pochi mesi prima della morte. Nel conclave, che si tenne di nuovo a S. Maria sopra Minerva invece che al Vaticano, poco sicuro, i cardinali non scelsero il favorito Prospero Colonna ma Tommaso Parentucelli (3 marzo 1447). Prese il nome di Niccolò V.[1]

1. Sulla persona e il pontificato: Miglio 2000 (e ristampa in Miglio 2016, pp. 29-59); i contributi in *Niccolò V* 2000 e in *Papato, Stati regionali* 2004. Citazioni: (insegne) Dello

Dato che non aveva insegne (*et era si vile natione che non avea arma*), adottò le chiavi incrociate della Chiesa che ancora oggi si vedono su molti muri romani.

Sembra che gli stessi cardinali siano rimasti sorpresi del risultato della loro scelta, che escludeva un Colonna, in favore di Parentucelli, che era stato appena nominato cardinale ed era privo di potere dinastico. Anche nell'aspetto esteriore, come mostra il suo ritratto sulla medaglia, non impressionava chi ancora non aveva familiarità con lui. Questo toscano era conosciuto come uomo di cultura, erudito e dotato per la retorica. Ma sapeva anche conquistare le persone, «pieno di arguzia, si accendeva facilmente e facilmente si placava, nemico di ogni cerimonia, aperto a tutti, un uomo semplice, incapace di finzioni». Anche i dubbiosi capirono presto chi avevano scelto. «Distribuiva così tante gentilezze e buone parole che già la metà avrebbe fatto innamorare perfino un castrato» (*che la mitade faria inamorare un castrato*), si stupiva l'inviato milanese di fronte all'indole accattivante del nuovo papa.

Lo avvantaggiò il fatto che ancora negli ultimi giorni di vita di Eugenio IV re Federico III di Germania alla fine rinunciò alla sua neutralità tra concilio e papato, per cui aprì la strada alle trattative che avrebbero regolato, con il concordato di Vienna del 1448, la nuova assegnazione dei benefici e delle cariche ecclesiastiche, mentre venivano spazzate via le ultime possibilità di influenza del concilio di Basilea ormai al tramonto.[2] Nell'aprile del 1449 l'antipapa fece atto di sottomissione. Quindi sembrò conclusa la tempesta della divisione della Chiesa e della richiesta di riforme che per decenni aveva incalzato il papato.

L'incoronazione e il *possesso*, la processione da S. Pietro a S. Giovanni in Laterano per prendere possesso della sua cattedrale, presentarono per la prima volta ai romani, che a malapena lo conoscevano, il nuovo papa. Con la tiara sul capo, accompagnato dai cardinali e da un seguito innumerevole, attraversò la città lungo il percorso prescritto esattamente dal cerimoniale. Da S. Pietro si inoltrò nel rione Ponte dopo aver superato ponte S. Angelo, proseguì dritto per l'odierna via di Banco S. Spirito e via dei Banchi Nuovi verso Monte Giordano, dove all'incirca all'altezza dell'odierna piazza dell'Orologio vennero gettate monete tra

Mastro 1912, p. 93; (arguzia) Gregorovius 1954-1957, vol. III, p. 50; (*castrato*) *Carteggio degli oratori sforzeschi* 2013, nr. 631.

2. Concordato di Vienna: Meyer 1986.

la folla (si può presumere che il popolo si accalcasse soprattutto in questi punti previsti per lo *iactus*). Qui, secondo il cerimoniale, gli ebrei romani si presentarono al cospetto del papa, gli resero omaggio e gli offrirono il rotolo della legge, che lui doveva rifiutare con disprezzo. La *via pape* proseguiva poi tra piazza Navona e il Teatro di Pompeo: altro lancio di monete, altro assembramento. Arrivata a S. Marco, la processione dell'incoronazione piegò in direzione del Foro, in prossimità dell'arco di Settimio Severo il popolo accolse giubilando il lancio successivo. Poi la processione giunse in una zona disabitata, dove non venivano più lanciate monete, attraversò l'area desolata dal Colosseo verso il Laterano, dove fin dai tempi antichi era rimasto un insediamento simile a un villaggio – e il nuovo papa aveva raggiunto la sua cattedrale.[3]

I romani avevano subito ricordato al nuovo papa la loro esistenza, un cambio di pontificato sembrò l'occasione adeguata per rendersi di nuovo visibili. Già durante il conclave un'assemblea di cittadini si era riunita in S. Maria in Aracoeli, allo scopo di formulare le richieste comunali da rivolgere al collegio dei cardinali (*quello che si dovesse petere allo colleio*). In questa circostanza Stefano Porcari prese la parola e dichiarò che si doveva arrivare a un accordo accettabile con la Chiesa e il papa (*vivere ad capitulo colla Ecclesia*): perfino piccole città miserevoli nello Stato della Chiesa avevano questo diritto, con obblighi fissati di comune accordo nei confronti della Chiesa – Roma invece no. Questo Stefano Porcari diventerà il portavoce della repubblica romana. E alla fine sarà l'ultimo cospiratore contro la Roma dei papi.

Niccolò V venne ampiamente incontro alle aspettative dei romani, senza comunque rinunciare al principio fondamentale di un comune controllato dal papato. Confermò gli statuti, promise di assegnare solo ai romani cariche civiche e benefici ecclesiastici, di riservare i proventi delle dogane a finalità interne alla città, rafforzò l'ufficio dei *magistri stratarum* per il controllo degli spazi pubblici, e così via (anche con la grande, quasi ingovernabile Bologna, arrivò a una soluzione di semi-autonomia, il suo successo più duraturo nello Stato della Chiesa). Furono trattate con riguardo anche le famiglie baronali: Colonna, Orsini, Savelli, Anguillara,

3. L'incoronazione e il *possesso* secondo i libri cerimoniali (Schimmelpfennig 1973, pp. 434) e altre fonti descritti in modo esauriente sull'esempio del 1458 in Schimmelpfennig 1974; sul *possesso*, pp. 219-238, sul percorso (via del Governo Vecchio o via del Pellegrino), pp. 235 s.

che erano stati umiliati brutalmente dal cardinale Giovanni Vitelleschi, ottennero perdono e privilegi. Questo fu visto con disappunto dai romani, infatti il ceto dominante all'interno della città, come si è già spiegato, aveva spesso interessi diversi in città e nella Campagna rispetto all'alta nobiltà.

Il peso dei romani diminuì ancora. È rivelatore della loro posizione oscillante il modo in cui vengono considerati nella corrispondenza diplomatica. Gli inviati stranieri alla corte papale si interessavano poco dei romani – al massimo delle famiglie baronali, con cui si potevano combinare matrimoni essendo nomi illustri; dove si ingaggiavano condottieri; che si potevano indurre a esercitare un'influenza sui loro cardinali e che, da parte loro, si offrivano anche di entrare al servizio delle potenze italiane («...obbedirvi e in caso di necessità andare fin nelle Indie o in Egitto e mille volte al giorno essere crocifissi», così si proponevano i romani Conti al duca di Milano!). Ma non si interessano dei romani, che non contano, «sono da poco». Tutt'al più in occasione di manifestazioni di massa come l'incoronazione imperiale si doveva prestare loro una qualche attenzione, osserva l'inviato degli Sforza, Nicodemo Tranchedini, e il papa alloggiava l'imperatore e il suo seguito separatamente per ragioni di sicurezza e lo rispedì via rapidamente, quindi i romani non avrebbero combinato niente, li lasciò solo *gracchiare*. Così parlavano dei romani gli inviati stranieri! Perché non era il caso di fare paragoni con gli antichi romani (*compararsi ad Romani in quello tempo*).[4]

Ma i romani, ancora una volta, tentarono di fare proprio questo con un'azione che ottenne grande risonanza come *congiura di Porcari* e che rappresenta l'ultimo tentativo spettacolare di revocare l'annichilimento del comune autonomo e restituire alla città la libertà repubblicana – cioè antimonarchica, quindi antipapale.[5]

I Porcari erano una stimata famiglia romana del rione Pigna, molto ramificata, della media nobiltà cittadina, che già nel XIV secolo annoverava fra i suoi membri giudici, notai, canonici, e i cui componenti erano ri-

4. I romani nel giudizio degli inviati stranieri: *Carteggio degli oratori sforzeschi* 2013, nr. 189, 482, 542, 543. Paravicini 2016 mostra come Orsini e Colonna fossero stati accolti con piacere perfino nelle genealogie delle famiglie aristocratiche a nord delle Alpi.

5. Niccolò V e il comune romano, congiura di Stefano Porcari: Modigliani 2013 (con l'edizione di tutte le fonti) e i contributi di A. Modigliani, M. Chiabò, M. Gargano, P. Osmond in *Congiure e conflitti* 2014. Relazioni con lo scritto di Valla sulla donazione di Costantino: Miglio 2001.

chiesti come procuratori, esecutori testamentari e negli arbitrati.[6] La base economica dei Porcari, anche nella prima metà del Quattrocento, erano l'allevamento del bestiame e i diritti di pascolo, che seppero salvaguardare, meglio di altri *bovattieri*, dai soprusi della nobiltà baronale fino ai tempi più tranquilli di Martino V. La loro affiliazione a importanti confraternite romane e la loro comparsa tra i testimoni dell'ambiente sociale di s. Francesca Romana sono ulteriori indizi dell'appartenenza alla cerchia di quelli che contavano.

Stefano Porcari, il cospiratore, si era procurato una formazione classica, che si confaceva anche a umanisti più illustri. Si creò un'ideologia repubblicana, con la quale conquistò pochi altri che la pensavano come lui, con idee piene di fragore retorico e un armamentario antiquario: *summa libertas, liberator Urbis, senatus populusque romanus*, asservimento ai preti, tirannia papale, *quousque tandem* dovremo ancora sopportare tutto questo! (che facesse risalire il cognome di famiglia – non molto bello – a Marco Porcio Catone, era solo una delle stravaganze all'epoca abituali). Tuttavia aveva dato buona prova di sé anche in incarichi all'estero: nel 1427-28 capitano del popolo a Firenze su raccomandazione di Martino V, nel 1433 podestà di Bologna, nominato da Eugenio IV, nel 1448 rettore di Campania-Marittima, provincia dello Stato della Chiesa, per iniziativa di Niccolò V. Dall'esilio di Bologna, dove il papa aveva spedito quest'uomo irrequieto, Stefano Porcari tornò segretamente a Roma («con il capo coperto, come i tedeschi in viaggio»), per realizzare la sua impresa.

Si era immaginato tre possibilità d'azione (*tres cogitaverat vias*), dice nella sua confessione: prima sul Campidoglio e poi con *vivat libertas* attraverso la città; o prima attraverso la città, poi sul Campidoglio, poi al palazzo papale; oppure (dato che Castel S. Angelo avrebbe reagito subito) meglio prendere subito prigionieri il papa e i cardinali durante la messa dell'Epifania a S. Pietro e in caso di necessità ucciderli («nascondendo prima gli uomini armati nelle casette disabitate dietro la chiesa di S. Pietro») e proclamare la repubblica. Poi sarebbe cominciato il grande saccheggio, dal quale molti congiurati si ripromettevano assai di più che dalle idee repubblicane. Sono interessanti le aspettative del bottino in cifre, di cui parla Leon Battista Alberti: avevano sperato di ricavare dal palazzo apostolico 200.000 fiorini, 200.000 dai cardinali, 200.000 dai banchieri di corte

6. La famiglia Porcari: Modigliani 1994a. La sua confessione in Modigliani 2013, pp. 86-91; aspettative sul bottino, p. 173; lettere, pp. 117-147; giudizi, pp. 61-68.

e dalle autorità, 100.000 dai magazzini pubblici del sale e dal patrimonio degli avversari romani – e queste non saranno cifre di pura fantasia se un fiorentino a Roma ne scrive ai fiorentini.

Ma non si riuscì a realizzare nulla di tutto questo. La congiura venne scoperta in anticipo, l'impresa fallì subito senza particolari contrattacchi, Stefano Porcari il 9 gennaio 1453 fu impiccato a Castel S. Angelo.

L'eco fu enorme, sono state tramandate non meno di 16 lettere datate gennaio/febbraio 1453 in merito a quest'evento, oltre alle menzioni in cronache, trattati, commentari, da Leon Battista Alberti fino a Machiavelli. Alcuni mostrano comprensione per il progetto di Porcari (ma anche stupore di fronte al suo fallimento), molti però – anche famosi umanisti imbevuti di idee repubblicane – ne parlano con avversione, perché stimavano Niccolò V e riconoscevano i suoi sforzi per Roma. Lo stesso papa ne fu molto amareggiato e non si riprese mai da questo attentato, che aveva percepito come un atto di profonda ingratitudine. Ancora nel suo ultimo discorso, che il biografo Giannozzo Manetti gli fa tenere sul letto di morte, in un breve schizzo della storia papale imputa ai romani la colpa di quasi tutte le difficoltà: *de Romanis loquimur*![7]

Il *crimen lese maiestatis* trovò applicazione anche qui, Stefano Porcari fu impiccato per il suo delitto di lesa maestà; il papa, quest'uomo pacifico, profondamente ferito, fece giustiziare, tra lo stupore di molti, anche tanti altri, fra cui un sospettato, per il quale il cardinale di Metz, Guillaume d'Estaing, si era adoperato e aveva ottenuto il perdono. Può essere collegato alla vicenda un episodio che in seguito viene riferito in un'istanza alla Penitenzieria: si svolge proprio a Metz e parla di Bologna (dove Porcari era stato podestà e poi esiliato). Un chierico racconta che una volta, durante una conversazione a Metz con alcuni consiglieri sul crimine di lesa maestà, aveva dichiarato che a Bologna si governava così, ogni sabato veniva impiccato qualcuno perché la città restasse tranquilla, e se non avevano sotto mano qualche criminale, si prendeva un mugnaio, erano in ogni caso tutti ladri – come è scritto anche nei *Dicta Catonis*. Ma, che spavento, a breve anche là sarebbe stato effettivamente impiccato qualcuno, e così il chierico si chiedeva turbato se non avesse forse contribuito all'evento con il suo futile discorso sul *crimen lese maiestatis*.[8]

7. Ultimo discorso del papa: Iannotius Manettius 2005, in partic. cap III, 14-18. Sui giudizi controversi su questo "testamento": Modigliani 2009.

8. Archivio della Penitenzieria Apostolica, *Reg. matr. et div.*, 13 f. 170v (1463).

E i romani? Non si ha l'impressione che i romani volessero farsi liberare dal papato tramite Stefano Porcari. Se guardiamo all'indietro, agli sviluppi successivi al 1398, salta all'occhio come fosse poco concreto il riferimento dei congiurati al comune di Cola di Rienzo. Stefano Porcari parla della libertà degli antichi romani, non della libertà dei propri padri; di Bruto e non di Pietro Mattuzzi o della potente milizia che era tramontata insieme al comune nel 1398. Questo sarebbe suonato meno bene, ma sarebbe stato più politico di una congiura *all'antica*. Trattandosi però di un uomo con una notevole esperienza politica pratica, non è il caso di liquidare la questione come un'antiquata mascherata e si deve anche riconoscere che era serio parlando di "repubblica", quindi forse non aspirava alla solita signoria personale. E si notano anche differenze rispetto a Cola di Rienzo, il cui programma per Roma era più imperiale che repubblicano.

Anche nella sua famiglia il ricordo di Stefano sbiadì, fu addirittura rimosso. Come altre famiglie romane anche i Porcari entrarono totalmente nell'orbita della corte papale aspettandosi un'ascesa che partisse dalla cerchia della curia. E questo è un indizio che anche i Porcari considerarono irreversibile la vittoria del papato sul comune. Tuttavia non parteciperanno agli affari della Camera Apostolica e nessun Porcari sarà nominato cardinale.

Dell'evento di massa rappresentato dall'anno santo 1450, che riempì Roma di pellegrini provenienti da tutto il mondo, e che mise così tangibilmente il papa al centro della cristianità dopo le turbolenze del conciliarismo, si è già parlato in modo esauriente. Già nel 1452 ai romani venne offerto un altro grande evento: l'incoronazione imperiale di Federico III. Era stata promessa all'Asburgo nel corso delle trattative per fare piazza pulita del concilio di Basilea, ma per il corteo a Roma si dovette aspettare un momento politicamente libero da rischi.

All'inizio di gennaio del 1452 Federico fece finalmente il suo ingresso in Italia con un seguito di ben 2.000 cavalieri, accolto ovunque con grandi onori dalle potenze italiane. Ma non bisogna illudersi sull'impressione che questi ultimi cortei imperiali – ormai privi di qualsiasi significato politico – lasciarono dietro di sé in Italia. Già Carlo IV nel 1354/55 si era limitato a prendere frettolosamente la corona imperiale, evitando qualsiasi pericolo a Roma, e lungo la strada aveva legittimato le condizioni politiche *de facto* esistenti ricevendo in contraccambio un ottimo compenso. Ora, in occasione del corteo italiano di Federico III, le cose non erano cambiate, Jacob Burckhardt ci ha lasciato le sue osservazioni sarcastiche sull'argomento. Se si voleva essere promossi da marchese a duca, o essere nominati conte palatino con tutti i relativi diritti redditizi, questa era l'occasione giusta, in cambio di denaro Federico III sottoscriveva qualsiasi cosa. Anche nel resto del suo comportamento gli italiani non trovarono granché di regale, e il fatto che a Roma avesse mostrato più attenzione al senatore riccamente abbigliato che ai cardinali, fu percepito dai romani come una *gaffe* compiuta da uno straniero mal informato.[9]

Nel frattempo il re si avvicinava a Roma, dove sarebbe stato celebrato anche il matrimonio con la portoghese Eleonora, che gli stava venendo incontro via mare. Il papa timoroso munì la città di truppe, preoccupato che un imperatore a Roma, sia pure per soli 14 giorni, potesse far venire ai romani di tendenze ghibelline pensieri avventati, con l'offerta della signoria sulla città. Ma non volle fargli mancare niente e non badò a spese per l'imperatore: 40-60.000 ducati, come confidò all'inviato milanese. Accolto dai rappresentanti della città, da Colonna e Orsini, dai delegati del papa, il sovrano in un primo tempo alloggiò, com'era consueto, al di fuori delle mura cittadine: qui, nella sua nuova villa fra Belvedere e Castel S. Angelo, lo ospitò il banchiere di corte Tommaso Spinelli: anche questo sono riusciti a fare i fiorentini a Roma! Il giorno successivo Federico entrò in città da Porta Castello e si diresse verso la basilica di S. Pietro dove lo attendeva il papa.[10]

L'incoronazione con le insegne imperiali portate da Norimberga, il 19 marzo, è stata descritta in innumerevoli fonti, dunque qui non seguiremo il cerimoniale. Quel che percepirono i romani, oltre all'ingresso e alla partenza, fu la solita accollata di cavalieri su ponte S. Angelo, che coinvolse numerose persone, e il tradizionale corteo verso il Laterano. Nikolaus Muffel, inviato di Norimberga per l'incoronazione, ha lasciato una descrizione di Roma molto citata, con tutte le chiese, le reliquie e le indulgenze, e uno sguardo sui monumenti antichi offuscato dalle leggende: «Chi bacia queste reliquie ha 17.000 anni di indulgenze»; «chi prega in raccoglimento in questa chiesa davanti ai suoi 105 altari, dopo il pentimento e la confessione avrà 48 anni di indulgenze e la remissione di un terzo di tutti i peccati», e così via. La Colonna Traiana è riferita ai troiani,

9. Incoronazione imperiale del 1452: Pastor 1925-26, vol. I, pp. 494-512; Heinig 1997, itinerario pp. 1361-1363; Burckhardt 1860, p. 17; gaffe: Infessura 1890, p. 51.

10. Accoglienza da parte di T. Spinelli: Jacks, Caferro 2001, pp. 63 s. Sui resoconti a proposito del viaggio e soggiorno a Roma: Muffel 1999 (in tedesco e in italiano); e Hack 2007.

la Bocca della Verità è grande come il fondo di una botte da vino; in occasione dell'incoronazione imperiale, fa un'osservazione sul significato dell'antico disco di porfido nel pavimento di S. Pietro per il cerimoniale dell'evento. Sarà l'ultima incoronazione imperiale a Roma. Anche in questo senso è la fine di un'epoca.

Che Niccolò V possa essere già annoverato tra i papi del primo Rinascimento, dipende dalle sue inclinazioni e iniziative, che lui stesso una volta ha definito con molta semplicità: «Potendo spendere denaro, era solito dire, l'avrebbe speso per due cose: per i libri e per costruire, *in libri e in murare*», secondo la citazione di Vespasiano da Bisticci. E in effetti in questo investì i mezzi ordinari che all'epoca aveva a disposizione il papa e in più le entrate straordinarie dell'anno santo 1450. Andava in cerca di manoscritti preziosi, ne commissionava di nuovi, ingaggiava copisti e traduttori dal greco (questo tipo di curiali all'epoca di Bonifacio IX ancora non si incontrava nelle strade di Roma), e a partire dal piccolo e poco curato patrimonio della biblioteca papale e dalla propria ricca libreria creò quel che pochi anni più tardi, sotto Sisto IV, otterrà una cornice istituzionale come Biblioteca Apostolica. Il suo contributo in questo senso sarà valutato molto positivamente dagli studi più recenti, anzi da alcuni Niccolò V è considerato l'autentico fondatore della Biblioteca Vaticana.[11] Sostenne gli umanisti e li chiamò alla curia, ma – essendo lui stesso un umanista di rango – seppe anche trattarli con maggior scioltezza rispetto ad altri papi.

Il suo desiderio dichiarato di spendere denaro "per costruire" assunse forme ancora più grandiose: un programma edilizio vero e proprio, che a causa della brevità del pontificato rimase in parte incompiuto, ma che anche dai contemporanei venne percepito come un programma. Non si trattava solo genericamente di costruire, ma di un nuovo modo di costruire mirato, che desse visibilità alle alte finalità della Chiesa e fosse al servizio delle esigenze attuali del papato. Perciò alle numerose riparazioni di chiese per l'imminente anno santo 1450 si affiancarono i grandi progetti: ricostruire S. Pietro, il Palazzo apostolico, il Borgo vaticano.

11. Boyle 2000, pp. 3-8 (sulla biblioteca v. anche pp. 317 s.), *Vespasiano da Bisticci*, p. 45. Tra i manoscritti datati della Biblioteca Vaticana diversi dell'epoca di Niccolò V, tra cui Tucidide tradotto da Valla, Diodoro Siculo tradotto da Poggio: Caldelli 2007, nr. 147-148 e 151-153; Pade 2000. Sui manoscritti greci: Manfredi 2000, pp. 49-70. Sul periodo antecedente: Paravicini Bagliani 2010.

Fig. 24. Le antiche mura cittadine di Roma nel loro aspetto successivo ai restauri di Niccolò V (con i basamenti delle torri rinforzati), come si presentavano agli assalitori ancora nel XIX secolo. Presso Porta Tiburtina, intorno al 1870.

Il progetto più spettacolare fu senz'altro la trasformazione di S. Pietro, al quale mise mano ben presto, da "novello Salomone": i lavori nella zona del coro e del transetto – completamente nuovi, in forme tradizionali, ma più alti e luminosi – iniziano nel dicembre 1451 con il trasporto di enormi colonne provenienti dalle terme di Agrippa. Da questo momento vengono corrisposti cospicui pagamenti per le fondazioni e le opere murarie, senza interruzioni fino alla morte del papa. Non si sa con esattezza in che misura, accanto a Bernardo Rossellino, sia stato coinvolto direttamente nella progettazione anche Leon Battista Alberti (e lo stesso Niccolò V).[12]

Salta all'occhio il carattere militare-difensivo di molti edifici di Niccolò V, del quale si giustifica espressamente nel suo ultimo discorso: le antiche mura cittadine ripristinate per lunghi tratti (fig. 24), Castel S. Angelo munito di quattro bastioni angolari, Borgo concepito come quartiere fortificato per i curiali («affinché l'intera curia possa abitare là riunita in un luogo spazioso e sicuro»), anche il palazzo papale è fortificato, per cui

12. S. Pietro: Frommel 2005, pp. 104-111; panoramica degli altri lavori: Thoenes 1995-97. Sulla Cappella Nicolina Calvesi 2001, pp. 45-62 e 41-44; e Nesselrath 2015, pp. 256-267. Giustificazione nell'ultimo discorso: Iannotius Manettius 2005, cap. III, 12.

Fig. 25. Insolita veduta su Roma da ovest, oltre il palazzo papale verso Castel S. Angelo, il Pantheon, il Campidoglio. Miniatura di un manoscritto di Euclide, datato 1457, Bibl. Apost. Vat., Cod. Vat. Lat. 2224 fol. 98r.

solo all'interno mostra il primo Rinascimento, mentre all'esterno rimane severo e respingente nello spirito medievale. Questo è il sentimento di insicurezza che ancora persiste, rinfocolato dalle ultime ribellioni romane, che teme più il nemico interno di quello esterno. Programmi edilizi, concezioni urbanistiche, la presenza di Leon Battista Alberti nella curia: a questo nuovo inizio torneremo in una prospettiva più ampia.[13]

Come Roma allora si mostrasse agli occhi del papa, lo rivela una veduta della città insolita, perché è ripresa da ovest, oltre il palazzo papale e S. Pietro, in un certo senso dalle finestre del palazzo (fig. 25, datata 1457): davanti le due torrette della facciata orientale del palazzo, fra loro il cortile centrale del Maresciallo; in primo piano la Cappella Magna e il campanile di S. Pietro; a sinistra sulle mura leonine la via di fuga verso Castel S. Angelo con il Tevere; sopra il cortile la colonna di Marc'Aurelio; a destra nel groviglio delle case nell'ansa del Tevere il Pantheon, all'orizzonte S. Maria Maggiore; su entrambi i lati dell'albero il Campidoglio con S. Maria in Aracoeli e il Palazzo senatorio, davanti a

13. Urbanistica: Westfall 1974; Burroughs 1982, pp. 94-124; Frommel 2003; Borsi 2009; Modigliani 2019, cap. III. Ancora urbanistica: v. sotto, pp. 320 ss.

destra la pendice settentrionale del Gianicolo.[14] Gli interventi di Niccolò V (e dei suoi successori) sono rivelati dalla veduta di Borgo nella cronaca universale di Hartmann Schedel, della fine di questo secolo, con uno sguardo per così dire opposto (fig. 26a): Castel S. Angelo con i suoi nuovi bastioni, il palazzo apostolico fortificato e la massiccia torre circolare; le aggiunte a ponte S. Angelo; c'è ancora l'antica piramide funeraria, la cosiddetta *Meta Romuli*. La Roma papale a tal punto ammassata, che nel periodo della Riforma se ne potrà ricavare un polemico collage di Babilonia sul punto di crollare, con gli edifici rappresentati nei singoli dettagli mentre precipitano uno sull'altro (fig. 26b).[15]

Se si aggiunge anche la veduta da nord, che all'epoca era ancora quella abituale, e si osserva la silhouette della città nello sfondo del «S. Agostino parte da Roma», di Benozzo Gozzoli (S. Gimignano 1464/65, v. immagine di copertina), si ottiene una veduta complessiva di Roma da tutti i punti cardinali (eccetto quella molto rara da sud, che è mostrata nella fig. 52a, p. 288, come dettaglio del panorama di Roma nel *Codex Escurialensis*). Si riconosce – non come accumulo arbitrario di simboli di Roma, ma secondo la sequenza topografica corretta (che Benozzo conosceva molto bene, dato che era stato a Roma come collaboratore di Beato Angelico nel 1447/48) – da sinistra il Pantheon con una delle due colonne istoriate, sopra il Campidoglio con le facciate di S. Maria in Aracoeli e il Palazzo senatorio; segue in basso Castel S. Angelo, a sinistra la chiesa dei fiorentini dei SS. Celso e Giuliano (che allora era ancora orientata verso ponte S. Angelo); subito a destra il Borgo circondato da mura con la piramide (demolita nel 1499) e il campanile di S. Spirito; poi la basilica di S. Pietro e il palazzo apostolico con le sue due torrette sottili; al di sopra il Gianicolo con le antiche mura che salgono verso Porta S. Pancrazio.

Nella politica del suo tempo l'orizzonte dell'Italia si rischiarò, ma si fece più fosco quello a oriente. Dopo il cambio dinastico a Napoli nel 1443 (Aragonesi al posto degli Angioini) e a Milano nel 1450 (Sforza al posto dei Visconti), il mondo degli Stati italiani si consolida temporaneamente con la pace di Lodi del 1454: Venezia e Milano alla fine si accordano sui

14. Veduta da ovest: miniatura del manoscritto di Euclide (datato 1457), Cod. Vat. lat. 2224, Maddalo 1990, pp. 183-187; gli edifici con le loro caratteristiche in Maddalo 1988, p. 170.

15. Hartmann Schedel, *Weltchronik 1493*; Collage: Nuovo Testamento in tedesco del 1523. Cfr. Esch 2005c, p. 84; cfr. Chastel 1983, fig. 39.

Fig. 26a. Il Borgo vaticano dopo gli interventi di Niccolò V e Sisto IV, *Weltchronik* di Hartmann Schedel, 1493 (particolare).

Fig. 26b. Collage degli edifici della fig. 26a come immagine polemica della Riforma: le torri della basilica di S. Pietro e del palazzo papale si piegano, il Belvedere precipita, e così via. Crollo di Babilonia in *Nuovo Testamento in tedesco* del 1523 (particolare).

limiti delle loro sfere di interesse (l'Adda diventa il confine occidentale della Terraferma di Venezia) e invitano Firenze, il papa e Napoli ad aderire all'intesa per assicurare lo *status quo*. Questo ampliamento a un accordo tra le grandi potenze è l'espressione più tangibile della stabilità finalmente raggiunta. Labile equilibrio delle cinque maggiori potenze italiane (Milano, Venezia, Firenze, il papa, Napoli) – insoddisfatte, ma ugualmente deboli – circondate da un numero nel frattempo diminuito di potenze minori: le Repubbliche di Genova, Lucca e Siena, i principati dei Gonzaga di Mantova e degli Este di Ferrara e anche il marchesato del Monferrato. I Savoia restano ancora ai margini.[16]

Sorge così l'«Italia bilanciata» di Machiavelli, un'Italia ponderata, «tenuta in equilibrio» precario tra queste potenze per quattro decenni. Niccolò V, che aveva contribuito poco in prima persona alla realizzazione del patto di Lodi, aveva rapporti tesi con il Regno di Napoli (che per Roma era il vicino di gran lunga più importante), intratteneva buone relazioni personali con il signore di Firenze, Cosimo de' Medici, il quale, ugualmente importante come politico, imprenditore e mecenate, incarnava l'irradiamento della Firenze del primo Rinascimento, proprio su Roma.

Mentre la situazione politica dell'Italia in certo qual modo si stabilizzava, l'intero Oriente andava fuori controllo in misura crescente a causa della penetrazione dei turchi. I turchi erano avanzati da tempo, trascurando Costantinopoli (in pratica l'Impero bizantino si era ridotto alla città), nella penisola balcanica e si erano portati molto a nord. A questo punto giunse la terribile notizia, inattesa, che Costantinopoli era caduta.

La spaventosa notizia della conquista di Costantinopoli si può seguire nel suo lungo percorso verso Roma, e si dovrebbe farlo per una volta attraverso lo sguardo dei contemporanei, che – a differenza dello storico – ancora non sapevano cosa fosse accaduto e come sarebbe andata a finire. La città era caduta il 29 maggio 1453, dopo otto settimane di assedio, tre galere veneziane sfuggite all'inferno della città conquistata furono avvistate il 12 giugno all'altezza di Methoni sulla costa sudoccidentale del Peloponneso, il 4 luglio approdarono a Venezia, ma una piccola imbarcazione leggera precedendole da Corfù aveva già portato la notizia in città la sera del 29 giugno.[17]

Qui la funesta notizia esplose come una bomba e la sua onda d'urto si propagò subito in tutta Europa. Già il giorno successivo ne fu informato il papa; il tenore della lettera – approvata in consiglio con 157 voti favorevoli, 9 contrari e 3 astensioni – è insolitamente drammatico: ne va della sopravvivenza della cristianità! Lo scritto giunge a Roma l'8 luglio, l'effetto è devastante. In preda ai rimorsi si ricordarono degli am-

16. Fubini 1994a e Fubini 1994b; Chittolini 2014.

17. Il percorso della notizia verso Venezia e Roma in dettaglio: Pertusi 1976. Sulla conquista di Costantinopoli nelle profezie apocalittiche del XV secolo: Rusconi 1999, pp. 189-195.

basciatori dell'Impero d'Oriente, che erano stati mandati via da Roma a mani vuote. Ormai era troppo tardi. Già le voci diffondevano il panico: il conquistatore di Costantinopoli progetta di costruire un ponte dalla terraferma a Venezia, per occupare la città, già si vanta di attaccare direttamente anche Roma l'anno successivo. E perché no: quando Maometto II è ancora in vita, da Venezia vedranno alzarsi le colonne di fumo delle incursioni turche, quando Maometto II è ancora in vita, i turchi sconfineranno in Italia e occuperanno Otranto. Lo storico, con le sue conoscenze a posteriori, tiene separate la crociata contro i turchi e la vita a Roma. Ma i romani di allora non potevano farlo, per loro era un presente colmo di angoscia.[18]

Callisto III

Nell'elezione seguita alla morte di Niccolò V – dopo la conquista di Costantinopoli avvenuta solo due anni prima – i problemi internazionali furono in primo piano. I cardinali italiani erano in minoranza. Quando la candidatura del cardinale greco Bessarione non riuscì ad imporsi, l'8 aprile 1455 ci si accordò su Alonso Borja, che aveva già 77 anni, ma era pronto alla crociata e aveva dimestichezza con la mentalità della *reconquista*. Prese il nome di Callisto III.[19]

Alonso Borja, figlio di un nobiluomo di campagna, dopo aver studiato diritto canonico aveva fatto carriera alla corte di Alfonso V d'Aragona, che gli aveva affidato incarichi amministrativi d'alto livello e importanti missioni diplomatiche: trattative con Martino V a seguito del concilio di Costanza, poi – nel frattempo era diventato vescovo di Valencia – con Eugenio IV nella complessa questione del riconoscimento delle pretese di Alfonso V sul trono di Napoli contro gli Angiò. Nel 1443 il re entra a Napoli, nel 1444 Alonso Borja viene nominato cardinale in segno di gratitudine per il suo successo nelle trattative e per il suo comportamento, fedele al papa e anticonciliare. Da quel momento visse un'esistenza ritirata e austera nel palazzo della sua chiesa titolare dei SS. Quattro Coronati, fra Colosseo e Laterano. Ma anche lui ben presto si circondò di connazionali e di nepoti.

18. I turchi, avanzata nei Balcani e ruolo del papato: Setton 1978; Weber 2013. Skanderbeg: Schmitt 2009.

19. Sulla persona e il pontificato: Mallett 2000.

La crociata contro il conquistatore di Costantinopoli fu al centro di questo breve pontificato. Con instancabile energia, ma con scarso successo, Callisto cercò di reclutare le potenze cristiane. Comunque, negli ultimi anni erano emersi nei Balcani due grossi avversari del conquistatore di Costantinopoli: in Ungheria János Hunyadi, voivoda di Transilvania e reggente per conto del re d'Ungheria ancora minorenne; e in Albania Giorgio Castriota detto Skanderbeg, cresciuto come ostaggio alla corte turca, che dopo il suo rientro in patria si batterà per 25 anni con successo contro i turchi, sostenuto da Venezia e dal papa. Hunyadi nel 1456 riuscì a liberare Belgrado dall'assedio del sultano: un successo che in Occidente ebbe un'eco straordinaria, trattandosi di una vittoria contro Maometto II in persona, dopo soli tre anni dalla caduta di Costantinopoli.

Quel che si venne a sapere a Roma delle esperienze personali relative a questi eventi, si può ricavare dalle istanze presentate al papa, che all'epoca erano inoltrate alla Penitenzieria. Qui ascoltiamo dei destini atroci in battaglia e dei prigionieri nei Balcani (anche durante la conquista di Costantinopoli), dell'assistenza spirituale sui fronti più avanzati, degli acquisti di armi da parte dei turchi direttamente a Milano. E nelle petizioni che riguardano la liberazione dai voti per il pellegrinaggio a Gerusalemme, ora si sente argomentare che a causa del pericolo turco non è più possibile il transito per le navi dei pellegrini.

L'appello alla crociata del papa non ebbe risonanza tra i grandi (nemmeno l'imperatore Federico III, che avrebbe dovuto essere il primo difensore della cristianità, poté fare un nuovo sforzo in questo senso) ma tra molti semplici credenti, che entrano di rado nel nostro raggio visivo, e qui però raccontano delle loro personali crociate spontanee. Due monaci di Norimberga si spostano in Ungheria, ma là non trovano un esercito al quale potersi unire; un prete francese vuole partecipare alla crociata contro i turchi imbarcandosi, ma la nave è già piena e non lo prende a bordo; un monaco portoghese parte senza neppure aver chiesto l'autorizzazione ai suoi superiori, in breve: popolo accorso spontaneamente dopo la predicazione della crociata, desideroso di andare subito al fronte (ma nessuno sapeva esattamente dove si trovasse), disarmato e impreparato, certamente un orrore per i militari di professione, perché cosa avrebbero dovuto farsene di questa turba di gente?[20]

20. I destini dei singoli nelle suppliche alla Penitenzieria: Esch 2014, pp. 328-341.

Per adempiere al suo voto e dare un esempio ai principi esitanti, Callisto procedette subito a mettere insieme una flotta per la crociata. Furono noleggiate delle galere catalane, altre furono equipaggiate a Porto Pisano, ma soprattutto furono costruite nuove imbarcazioni a Roma – e questo è quel che i romani riuscirono a vedere dell'impresa contro i turchi e che diede loro lavoro. Il libro contabile che si è conservato, con gli ordini di pagamento e le spese, mostra che nei cantieri sulla riva del Tevere (*arzene*), tra Ripa grande e S. Spirito, fu impostata la costruzione di galere, tra cui triremi a tre alberi, ultimate da uno stuolo di carpentieri sotto la direzione di un catalano nell'inverno 1455/56. Conosciamo il numero degli operai (e i loro compiti specifici: velai, maestri calafati, remai), le loro giornate di lavoro, i salari.[21]

Come questa particolare contabilità, anche i *Mandati Camerali* e i registri doganali romani aprono una prospettiva sulla costruzione e l'equipaggiamento di questa flotta. Qui – sempre facendo espressamente riferimento alla flotta: *per le ghalee de Nostro Signore*, *pro munitione galearum*, e così via – furono segnalate le cose più disparate: *lampadari da galea*, *stoppa da chalafadare*, bussole, vele, armi; il grossista romano Massimo dei Massimi fornì addirittura ancore, cannoni, guarnizioni di ferro, fieno. Fu tutto scaricato di nuovo dalle navi, quando furono disarmate dopo la conclusione dell'impresa, per esempio la nave ammiraglia, che compare con 94 registrazioni alla dogana romana, quando il suo equipaggiamento è inventariato e consegnato alla Camera Apostolica: cannoni intatti e danneggiati, palle di cannone, balestre, singole parti di armature di ogni genere, perfino, come bottino di guerra, *uno saco di spade turchese*.

Alla fine a Roma furono equipaggiate 16 navi, venne nominato ammiraglio il bellicoso cardinale Lodovico Trevisan (già chiamato come successore, dello stesso calibro, di Vitelleschi), che la cricca dei nepoti in questo modo volle anche allontanare da Roma. Naturalmente questa flotta non riuscì ad attaccare Costantinopoli, si limitò a modeste operazioni nell'Egeo. Nessuno infatti aveva dato altri contributi in navi, neppure il re di Napoli Alfonso di Aragona, un tempo così legato personalmente al papa, fornì le galere promesse, ma preferì schierarle in mare contro il suo principale nemico, i genovesi. Callisto si infuriò e da quel momento mandò all'aria tutti i progetti del re, perfino il passaggio della corona a Ferrante, figlio bastardo

21. La flotta: la sua costruzione, v. Ait 1988, pp. 7-25; il suo armamento, Esch 2007a, pp. 66 s., 71, 218 s.

di Alfonso, forse (così si presumeva) per dare il regno in feudo a suo nipote Pedro Luis Borja.

Per questa spedizione navale infruttuosa Callisto aveva racimolato tutto il denaro possibile, impegnò tiara e servizi da tavola, alienò proprietà ecclesiastiche, fece addirittura scompaginare e vendere preziose rilegature dei codici della biblioteca pontificia, e investì tutto nella crociata contro i turchi.

In realtà non vedeva grandi alternative per spendere denaro. Non aveva ambizioni personali, era pure avaro, non aveva alcuna comprensione per la tendenza alla prodigalità del suo predecessore: questo severo giurista non aveva intenzione di sostenere umanisti (e di cosa sono capaci gli umanisti, ai quali danno ascolto i posteri, se non si sentono amati, lo si può dedurre dal loro ritratto di Callisto). L'attività edilizia avviata da Niccolò V e lasciata incompiuta si ridusse in rovina, furono portate avanti solo alcune riparazioni di chiese.

Ma al pontificato costò caro un nepotismo che Roma non aveva conosciuto ormai da molto tempo. Malgrado la sua brevità, la città si riempì di nepoti e di una quantità di catalani. Ha inizio allora l'ascesa dei Borja (in italiano Borgia). I figli di due sorelle furono nominati cardinali: Ludovico Mila e Rodrigo Lanzol Borgia (futuro Alessandro VI), che nel 1475, a soli 27 anni, divenne addirittura vice-cancelliere della Chiesa; un terzo, Pedro Luis, fratello di Rodrigo, venne ricoperto di cariche civili: capitano generale della Chiesa, prefetto della città di Roma, rettore del Patrimonio di S. Pietro in Tuscia e del ducato di Spoleto, vicario a Benevento, comandante di Castel S. Angelo! Questa cricca catalana naturalmente ebbe un effetto polarizzante, ed è importante conoscere i fronti degli schieramenti: i cardinali Colonna, Barbo, Piccolomini, d'Estouteville sostenevano i catalani, i cardinali Orsini, Trevisan, Capranica erano all'opposizione.[22]

Ben presto i romani detestarono profondamente questi stranieri prepotenti, privilegiati in tutti i sensi. Il papa arricchì i suoi parenti e i connazionali in un modo tale «che tutta la curia ne rideva» (*che tutto el palazo ride*). Comunque questo non fece ridere i romani (i dispacci degli inviati degli Sforza rendono bene lo stato d'animo), quando videro che libertà si prendevano «i catalani» e come tutti loro invece fossero con le spalle al muro. Violenta nella stessa misura fu la reazione alla morte del papa nell'agosto

22. Ascesa dei Borgia, nepotismo: *De València a Roma* 2006; formazione degli schieramenti nel collegio cardinalizio: Pastor 1925-26, vol. I, pp. 757-766.

del 1458: «Qui hanno cominciato a fare a pezzi i catalani» (*a tagliare a peze Catallani*), riferiscono gli inviati degli Sforza da Roma; «tutti i catalani sono in parte fuggiti e in parte si sono nascosti, tanto grande è l'odio nei loro confronti».[23]

L'inventario di un breve pontificato poco significativo fu rapidamente accantonato. Ma i catalani non si fecero scalzare del tutto. Nel cardinale Rodrigo Borgia mantennero un punto di riferimento, una personalità sufficientemente forte da doverci fare i conti in tutti i pontificati a venire, finché, 36 anni dopo essere stato nominato cardinale, lui stesso nel 1492 fu eletto alla cattedra di S. Pietro: Alessandro VI.

23. Importanti i dispacci Sforza in Pastor 1925-26, vol. I, Appendice nr. 84-89 (le citazioni da nr. 85, 6, 87).

9. Umanisti a Roma. L'università, musica a corte

Provenienza e posizione nella curia

L'umanesimo a Roma non crebbe dal terreno locale. Partendo di nuovo dal periodo dello scisma, Francesco da Fiano (circa 1350-1421) ebbe una certa fama nei circoli umanistici, entrò presto in contatto con i fiorentini, dal 1379 fu nella cancelleria papale e temporaneamente, per nomina papale, fu cancelliere del comune romano abbattuto nel 1398. Era romano anche Cencio dei Rustici (per lo più noto come *Cincio romano*, circa 1390-1445), allievo di Manuele Crisolora e dal 1411 *scriptor* e abbreviatore papale. Ma il primo impulso non poteva venire da loro. Venne da fuori. Attirati e incoraggiati dalla presenza massiccia degli influenti banchieri di corte fiorentini a Roma, comparvero inaspettatamente, nel momento più buio di Roma, tra la morte di Bonifacio IX e il concilio di Costanza (a Firenze, un periodo in cui si tirava il fiato dopo la morte del pericoloso avversario Giangaleazzo Visconti nel 1402), i giovani più importanti della cerchia di umanisti fiorentini di Coluccio Salutati. E trovarono subito posto alla curia, in un primo tempo come scrittori e abbreviatori, poi addirittura come segretari papali: Poggio Bracciolini arriva nel 1403, il suo amico Leonardo Bruni nel 1405, altri li seguono. Entrambi serviranno diversi papi – e alla fine diventeranno cancellieri della Repubblica fiorentina.

Si è già detto come si fece stretto in questo momento il legame tra Firenze e Roma, e chi erano i fiorentini che allora introdussero a Roma il gusto per l'arte moderna, le merci raffinate, i servizi di alto livello, le nuove correnti spirituali. E gli umanisti anche qui erano soprattutto fiorentini. Ritenevano che l'uomo plasmato nello spirito medievale fosse formato solo in parte, simile a un albero cresciuto contro un muro, e intendevano restituirgli compiutezza. Nessuno che conosca l'età dei Comuni italiani e i loro ceti dirigenti con le loro personalità, dubita che in Italia questo tipo di caratteri compiuti esistesse già in precedenza. Ma questo era qualcosa di totalmente diverso, era il nuovo sentimento della vita incarnato da alcuni contemporanei che si facevano portavoce del cambiamento, era un vero programma. "Rinascita" e tutto l'ambito semantico di contorno (*renovare*, *restituire*, *reformare*, *reverti*, *resurgere*, relativamente tardi anche *renasci*) significa il risveglio delle muse, degli uomini, dell'arte, di una nuova vita, e alla fine anche dell'antico, dopo l'oscurità di un tempo funesto di transizione (nel senso letterale del termine): medio-evo. L'antico è il fine ma più ancora il mezzo, in ogni caso è sempre il criterio di giudizio: un valore che in principio si osa raggiungere, per poi superarlo. È sorprendente vedere come questi umanisti abbiano invocato a gran voce un'epoca nuova – e che poi sia arrivata.

Sull'esempio di Poggio Bracciolini, che in 50 anni di servizio (1403-53, con alcune interruzioni) sotto otto papi imparò a conoscere e a ritrarre la curia come nessun altro, sarà tratteggiata brevemente l'attività e il comportamento di questi umanisti a Roma, illustrando qui unicamente quella parte della vita e delle opere che riguardano la città.[1] Ammirato come scopritore di successo di autori antichi creduti perduti, che lui, uno tra i numerosi umanisti italiani presenti al concilio di Costanza, "liberò dalla mano dei barbari" nei conventi settentrionali (si potrebbe dire, con toni più concilianti, che la Germania ora restituiva quel che aveva ricevuto e preservato con animo grato nell'alto Medioevo); interlocutore ambito per tutti coloro ai quali ora diceva qualcosa non solo l'idea ma anche la topografia dell'antica Roma; ma anche litigioso e ingiurioso come tutti i suoi pari, incline al sarcasmo offensivo nei confronti dei monaci, diretto soprattutto contro gli ordini mendicanti (ma a Roma ci si poteva imbattere anche in figure di grandi predicatori che non meritavano affatto di essere oggetto di caricature): Poggio fu un esponente molto stimato e al tempo stesso temuto della corte romana nei decenni in cui, e non senza il suo contributo, prese forma il primo Rinascimento.

È facile comprendere come questi umanisti fiorentini abbiano introdotto a Roma un tono diverso non solo nello stile degli scritti papali ma anche nello stile di vita della corte. Mentre dalla curia, che nel periodo dello scisma era ancora fortemente segnata dalla presenza del personale

1. Walser 1914; *Poggio Bracciolini* 1980. Gli umanisti riuniti a Costanza: Patschovsky 1999. Müller 2011.

tedesco, Teodorico di Nieheim (m. 1418) parlava soprattutto con serietà teutonica della corruzione della Chiesa, di simonia e di vendita delle indulgenze – dalla prospettiva degli umanisti il mondo della curia (che non fu realmente riformato nemmeno dopo il concilio di Costanza), si presenta di gran lunga meno teso. Per esempio, nelle lettere di Poggio a Niccolò Niccoli: descrive la profonda gioia di essere finalmente di nuovo a Roma; pasti e conversazioni piacevoli con i colleghi umanisti, con Antonio Loschi, Cinzio Romano, Bartolomeo Arazzi da Montepulciano e Bartolomeo dei Bardi, a capo della filiale romana dei Medici; amene escursioni in campagna (*deambulationes meas rusticanas*) tra le rovine delle ville di Tuscolo, Albano, Ferentino. E nel suo scritto *De varietate fortunae*, dall'alto del Campidoglio, lascia vagare lo sguardo sui monumenti in rovina: una topografia elegiaca dell'antica Roma.[2]

Anche le *Facezie* di Poggio restituiscono l'atmosfera all'interno della curia romana. Si tratta di una raccolta di brevi storie divertenti e di eventi bizzarri. Poggio racconta come tra i segretari, il personale di alto livello della cancelleria e altre autorità, «quando eravamo seduti a mangiare nel palazzo papale», e soprattutto «nella nostra officina delle menzogne (*bugiale*), istituita su iniziativa dei segretari per divertirci un po'» (*a secretariis institutum jocandi gratia*), sparlavano di tutto e tutti; come ridevano da morire per le storielle sui notai schiavi dei formulari, che nel contratto come nome del compratore ammettevano solo il generico *Tizio* anziché quello vero; sui giudici ignoranti che scambiavano *Clementine* e *Novella* per donne invece che compilazioni di norme giuridiche: maldicenze e motteggi che non risparmiavano nemmeno la gerarchia della Curia. E storie in cui di sicuro si imbattevano spesso negli scritti che ricevevano. Talvolta le suppliche presentate a Roma, con le loro *narrationes*, erano sufficienti a stimolare novelle, e se oggi gli storici della letteratura fanno derivare storie come quella del prete castrato da raccolte precedenti, hanno forse ragione, ma bisogna anche riflettere sul fatto che le suppliche erano un modello altrettanto verosimile. Di questa giustizia "fai da te" sul prete colto in fragrante esistono numerosi casi, con tutti i dettagli, nei registri della Penitenzieria.[3]

2. Poggio Bracciolini 1984, vol. I: Lettere a Niccolò Niccoli, nr. 20, 40, *et al.*; Id. 1993, p. 217 con nota 4.

3. Poggio Bracciolini 1983: *bugiale... iocandi gratia* (nella Conclusio); *Tizio* nr. 104; *Clementine* nr. 198. Cfr. Barbaro 2014, pp. 101-125. La realtà della vita invece della derivazione letteraria: Esch 1974.

«In una riunione dei segretari papali nel palazzo papale...»; «tra i segretari papali si diceva...»; «il cardinale di Bordeaux mi raccontò...»; «chiesi al cardinale di S. Marcello...» – di questo materiale romano si alimentano molte delle *facezie* di Poggio, e poi seguono osservazioni spiritose, risposte fulminee, episodi che stimolano la riflessione, giudizi schietti: stupidità o arguzia dei cardinali, comportamento sprezzante di curiali nei confronti di alti prelati (e viceversa), il papa che discorre rilassato con i suoi collaboratori, ricordi comuni di Costanza, gli scaltri fiorentini tra gli ingenui romani, scambi amichevoli con i colleghi umanisti, l'atmosfera di serena convivialità tra curiali di livello. E Roma compare in molti episodi come cornice dell'azione.

Un carattere completamente diverso era quello di Lorenzo Valla (1407-57), uno degli umanisti di maggior spicco e, a causa di una delle sue opere, di ineguagliabile importanza per il papato. Nato a Roma, ma da una famiglia dell'Italia settentrionale, il suo percorso nella curia, che due volte gli fu sbarrato, fu molto più tortuoso di quello di Poggio, Bruni, Loschi. I suoi scritti filosofico-morali suscitarono scalpore e sconcerto (già i suoi contemporanei dopo la lettura non seppero bene come inquadrare Valla, fra dottrina del piacere epicurea, religione naturale, fede cristiana), i suoi scritti polemici provocarono scandalo e fastidio tra le autorità, perché affrontavano temi importanti (il diritto, la legittimità, la sovranità, la scolastica, il monachesimo), formulati risolutamente con spirito critico e una retorica brillante. Ma alla fine Valla trovò accoglienza da re Alfonso di Aragona a Napoli, che lo protesse anche dal processo per eresia (chiesto dai francescani).

Qui nel 1440 scrisse la sua opera più nota, *De falso credita et ementita Constantini donatione*, in cui dimostrava che la donazione di Costantino era un falso (non era il primo, ma per la prima volta si faceva sulla base di una critica testuale "moderna") – e così demolì il fondamento su cui poggiava il potere temporale del papato e la stessa sovranità su Roma.[4] Lo scritto si conclude con frasi così incisive e imprescindibili che ancora oggi fa venire le vertigini al lettore:

> Di nostra volontà siamo venuti a te, o Papa, perché ci governassi; di nostra volontà ci allontaniamo ora da te, affinché non ci governi più... Ma tu preten-

4. Edizione di W. Setz 1976 (l'edizione della Tatti-Library 2007 è basata su Setz); inoltre Setz 1975. Sulla vita e l'opera di Valla, *ibidem*; citazione seguente: edizione p. 151. Sulle prime reazioni: Miglio 2013.

> di di governarci contro la nostra volontà, come fossimo dei pupilli – noi che forse potremmo più saggiamente governare te (*sapientius gubernare*)... Ora: hai dissanguato il nostro Stato? Tu l'hai dissanguato!... Hai versato a Roma il sangue dei cittadini? Tu l'hai versato! E dobbiamo sopportarlo?

Ulrich von Hutten pubblicherà lo scritto di Valla nel 1517, con una dedica astiosa a papa Leone X, e Lutero lo riutilizzerà subito nel suo scritto *Alla nobiltà cristiana della nazione tedesca*.

Ma Valla, che teneva più di ogni cosa ad ottenere un posto a Roma, dopo la riconciliazione del re con Eugenio IV si umilierà offrendo al papa una giustificazione per un impiego, e anche di più (*ut siquid retractatione opus est et quasi ablutione, en tibi nudum offerro*). Non è stato difficile, allora, per molti umanisti e condottieri cambiare campo con disinvoltura. Così Valla, noto da tempo per i suoi commentari e le sue traduzioni di autori latini e greci, giunse alla curia romana solo tardi, sotto Niccolò V, nel 1448 *scriptor*, nel 1455 segretario, dal 1450 anche professore di retorica all'università. Perfino questo umanista, che con il suo attacco frontale (e questo poco dopo la cacciata di Eugenio IV nel 1434 e poco prima della congiura di Porcari nel 1453!) aveva messo in discussione in modo così radicale i fondamenti del potere temporale del papato, venne preso al servizio del papa.

È interessante che la Chiesa, nella nomina di questo tipo di personaggi, vedesse evidentemente una stabilizzazione piuttosto che una minaccia per la sua posizione. Accanto ad umanisti "pagani" (o che volevano comportarsi da pagani) erano disponibili anche quelli che professavano consapevolmente la fede cristiana, come Giannozzo Manetti o Ambrogio Traversari. Ma in un'epoca in cui gli attacchi contro la Chiesa del papa crescevano, da direzioni sempre nuove e con argomenti sempre nuovi, e tutti i dibattiti, con nomi sempre più illustri, spiriti sempre più abili, maestri di stile sempre più brillanti, erano portati a conoscenza dell'opinione pubblica; in un epoca in cui già acquistava importanza il linguaggio stesso delle comunicazioni papali, anche la Chiesa doveva tenersi al passo e prendere al suo servizio umanisti di rango che la difendessero, che il loro sostegno fosse sincero o meno. Almeno così si poteva ridurli al silenzio.

Per la nuova percezione dell'antica Roma fu di grande importanza Flavio Biondo da Forlì (1392-1463). Alla curia dal 1432 e segretario papale già nel 1434, in questi anni di decisioni estremamente difficili a Roma e a Firenze fu molto vicino ad Eugenio IV, che lo coinvolse anche in missioni diplomatiche. Dopo un allontanamento temporaneo da Niccolò V tornò di nuovo come segretario alla curia, senza però collaborare ancora ai brevi papali. Tanto più intensamente si dedicò ai suoi scritti, con i quali, ispirandosi in un primo tempo a Leonardo Bruni, si era presto messo in luce. Portarono nuovi spunti nella visione del mondo delle rovine romane e in generale del paesaggio storico, influenzando la cerchia dei segretari papali e quella del cardinale Prospero Colonna.[5]

In una lettera del novembre 1444 a Lionello d'Este, Biondo descrive vivacemente una delle sue lunghe escursioni con il cardinale: come in un primo tempo, durante una caccia alla volpe con Borso d'Este e il cardinale nella Campagna romana fra via Latina e via Appia, aveva osservato gli acquedotti e le rovine delle ville (che realizzazioni della tecnica come strade e acquedotti fossero attribuiti al mago Virgilio, lo divertiva molto); viene menzionato il castello dei Colonna a Marino, si visita il Tuscolo di Cicerone, tra gli alberi da frutto si scende al lago di Nemi con il suo emissario romano e si ammirano le sontuose navi romane affondate: il cardinale aveva già fatto portare via, con i sommozzatori, alcune parti in metallo. Poi verso Albano, e così via.[6] Le escursioni tra le rovine con Biondo saranno descritte in seguito da Pio II.

Conobbe un'influenza particolarmente duratura la sua *Roma instaurata*, pubblicata nel 1446, una nuova descrizione degli antichi monumenti e della topografia di Roma che ebbe una notevole diffusione (51 manoscritti, fra gli altri di proprietà di Nicola Cusano e Poggio Bracciolini). Altri lavori – specialistici, non di retorica – furono un'opera con una trattazione sistematica della religione pagana, del diritto e della guerra (*Roma triumphans*), e un trattato sull'evoluzione della lingua latina. Attraente e innovativa è la sua *Italia illustrata* (1453), una topografia storica di alcune regioni italiane. Molto leggibile nella sua esposizione quasi narrativa, riferisce – per esempio lungo la via Flaminia, la via Cassia – le cose più importanti

5. Sulla persona e l'opera R. Fubini, *Biondo Flavio*, in DBI, vol. 10, 1968, pp. 536-559. *Roma instaurata*: ultima edizione di A. Raffarin-Dupuis nella collana "Les classiques de l'Humanisme" (25, I e II, Paris 2005-2012); un'altra è in preparazione nell'Edizione nazionale delle opere di Biondo Flavio. Sulla stampa (già nel 1471): Miglio 2002, pp. 115-128; v. anche sotto, p. 219. Flavio Biondo, *Roma triumphans* 2017; Flavio Biondo, *Italia illustrata* 2005. Clavuot 1990; Michalsky 2019. *Decades*: Basileae 1531 (mgh-bibliothek.de). Sulla storiografia umanistica: Fubini 2003, anche sulla "modernità" degli scritti di Biondo.

6. Nogara 1927, lett. 5.

sui luoghi dell'itinerario: se sono nominati in Livio o Virgilio o Plinio, le trasformazioni dall'antichità, correggendo all'occorrenza false identificazioni; ma anche le montagne, i prodotti della terra, i ponti dei fiumi attraversati. E tutto visto con i propri occhi («quando con il cardinale Prospero Colonna mi aggiravo attraverso le rovine di Anzio, abbiamo trovato in un bosco vicino...», I 57). Anche in quest'opera Biondo dimostra nel modo più bello che non può essere sufficiente rivolgere lo sguardo esclusivamente all'antico: una messa a fuoco antiquaria, astorica, di cui si vantavano invece alcuni umanisti. Nelle *Historiarum ab inclinatione Romanorum imperii decades* (1453), una storia a partire dalla fine dell'Impero romano, è soprattutto storiografo del suo presente, perché metà dell'opera è dedicata agli anni 1400-40.

Gli umanisti che si dedicavano al greco trovarono un sostenitore alla curia nel cardinale Bessarione. La questione della riunificazione della Chiesa rendeva attuale il greco, l'esodo degli studiosi greci dopo la conquista di Costantinopoli e di Mistrà contribuì a rendere l'incontro ancora più intenso, l'interesse per gli autori greci classici si era già risvegliato da tempo a Firenze. Bessarione si circondò di una piccola accademia, il suo segretario Niccolò Perotti tradusse Polibio, Plutarco, Epitteto in latino.[7]

E per finire un'altra immagine di umanisti, un'immagine di gruppo intorno all'erudito romano Pomponio Leto – e anche qui nello sfondo, accanto al Campidoglio, si vede inevitabilmente la curia.[8] Pomponio (Julius Pomponius Laetus, circa 1428-1498), rampollo illegittimo della nobile famiglia meridionale dei Sanseverino, studiò retorica all'università di Roma come il suo maestro Lorenzo Valla. Impegnato nella curatela e nel commento degli autori classici in una lingua pura e una scrittura raffinata, nell'esplorazione di tutto ciò che era romano – monumenti, sculture, iscrizioni, topografia – con un entusiasmo che andava molto al di là dell'erudizione si appropriò dell'antico, anche nello stile di vita personale, con tratti inevitabilmente inconsueti. Attirò molti ascoltatori (anche tedeschi

7. *Inter graecos* 2013; panoramica sui nuovi studi su Bessarione: C. Corfiati, in «RR», 2013, pp. 105-109; su Perotti: *Niccolò Perotti* 2011; sugli studi più recenti: Charlet 1981, pp. 35-52.

8. *Pomponio Leto* 2011; Accame 2008. La sua collezione di antichità: Christian 2010, pp. 125-149; di persona a Norimberga: Bracke 1989, p. 297; ascoltatori tedeschi: Matheus 2010, in partic. pp. 138-140; visite guidate per Roma: *Excerpta a Pomponio dum inter ambulandum cuidam domino ultramontano reliquias ac ruinas Urbis ostenderet*, *Codice topografico*, vol IV, pp. 423-436; cfr. Muecke 2003. L'Accademia: *Pomponio Leto* 2007.

– in occasione di un viaggio aveva conosciuto anche la Germania meridionale) ed ebbe numerosi allievi. Quel che apprendiamo da Pomponio sui monumenti e la topografia dell'antica Roma, deriva da notizie o appunti di visitatori ("quando durante una passeggiata mostrò a un signore che veniva dall'altra parte delle Alpi le rovine di Roma") e di allievi, che intorno al 1470 si cimentavano nella localizzazione dei monumenti romani: questi testi contengono banalità ed errori madornali che non si dovrebbero imputare a Pomponio.

Ma soprattutto Pomponio raccolse intorno a sé, nella sua casa sul Quirinale, amici con le sue stesse inclinazioni, che nel loro entusiasmo per l'antichità volevano essere qualcosa di più di un gruppo di discussione, piuttosto una *sodalitas*, un circolo di amici. È la prima "accademia" romana, che ben presto acquistò credito. I suoi amici, tra cui i più noti furono Bartolomeo Sacchi detto Platina e Filippo Bonaccorsi ("Callimaco"), abbandonarono i loro nomi cristiani (i nomi antichi prescelti si trovano anche nei graffiti delle catacombe!), cantavano nei loro scritti ed epigrammi principi, artisti, bei ragazzi, celebravano riti pagani sotto la guida di Pomponio in veste di *pontifex maximus*, datavano *ab Urbe condita*, a partire dalla fondazione della città, professavano idee repubblicane e antimonarchiche (quindi antipapali). Il piccolo giardino di antichità di Pomponio alle terme di Costantino, sul lato anteriore del Quirinale, vide le discussioni, i rituali d'amicizia, i banchetti, le rappresentazioni, le commemorazioni dei defunti di questi accademici, che si riunivano qui fra pampini, alberi d'alloro e frammenti di iscrizioni: non era un antico esposto in senso museale, ma assimilato, vissuto, in mezzo al quale immedesimarsi in quel che si credeva di sapere dell'Accademia platonica. Ma l'esaltazione per l'antico di questa nuova generazione di umanisti poteva essere interpretata facilmente come un paganesimo dissoluto e un pericoloso repubblicanesimo.

Infatti, quel che l'accademia romana di Pomponio mostrò allo sguardo dei contemporanei e dei posteri, ancor più delle sue attività e dei suoi meriti, fu il conflitto con papa Paolo II.[9] Questo conflitto era di natura così sostanziale che dev'essere illustrato in questa sede – dato che alla luce del nostro tema dobbiamo sempre chiederci se qualcosa di simile sarebbe stato già concepibile all'inizio del secolo.

9. Sul conflitto con Paolo II ora D. Vecchia, C. Bianca in *Congiure e conflitti* 2014, pp. 187-201 con la bibliografia precedente.

La prima occasione di confronto fu il fatto che Paolo II, riformando fin da subito il collegio degli abbreviatori della cancelleria (addetti alla minuta e al controllo degli scritti papali), annullò l'ampliamento del suo predecessore che aveva favorito gli umanisti. Questo costò il posto a numerosi abbreviatori, anche a quelli che l'avevano comprato. Tra loro c'erano umanisti di spicco e dalla voce potente come Bartolomeo Platina, che reagì con sonora indignazione, addirittura, si pensi, con la minaccia di un concilio! Questo fece infuriare a tal punto il papa, irritato comunque anche dal comportamento ostentatamente pagano di questi uomini, che diede credito alle voci che circolavano, secondo cui Platina e il circolo dell'accademia progettavano una congiura repubblicana con un attentato alla sua vita. Dopo la congiura di Porcari tutto sembrava possibile, solo che tra i sospetti questa volta non c'erano romani del ceto dirigente. Paolo II fece imprigionare a Castel S. Angelo alcuni dei membri dell'accademia come Platina e Pomponio Leto che furono interrogati sotto tortura. Ma tenere testa agli umanisti ormai non era più facile, il loro comportamento ambiguo tra entusiasmo per l'antico e slanci pagani non si poteva comprendere applicando gli schemi consolidati con cui la Chiesa poteva inchiodare gli eretici a posizioni già condannate e dichiararli colpevoli. E anche la congiura, la *laesa maiestas*, non poté essere provata per i prigionieri, che infatti alla fine furono rilasciati. Platina compose devoti scritti di giustificazione, una lettura poco edificante. L'accademia fu chiusa e così rimase fino al 1478.

Il cosiddetto Platina, in realtà Bartolomeo Sacchi (1421-1481, Platina dal suo luogo di nascita, Piadena, presso Cremona), in gioventù mercenario sotto Francesco Sforza e Niccolò Piccinino, era stato in seguito precettore dai Gonzaga a Mantova ed era giunto grazie al giovane cardinale Francesco Gonzaga a Roma, dove trovò un impiego come abbreviatore e si unì a Pomponio Leto e alla sua accademia: qui si può osservare di nuovo come fossero intrecciate tra loro le reti umanistiche e quale ruolo sempre crescente svolgesse Roma.[10] Quando alla fine fu superato il violento conflitto con Paolo II, sotto il nuovo papa per Platina iniziarono un'altra volta anni di attività produttiva. Sisto IV lo nominò nel 1475 pri-

10. Il percorso di Platina verso Roma: Chambers 1981. Prefetto della Biblioteca Vaticana, v. sotto, pp. 317 s.; vite dei papi: *Liber de vita Christi*; autocensura e censura: Bauer S. 2006, pp. 96-98; solo 40 papi: pp. 320 s.; altre censure di Platina: Blasio 2007, pp. 25-31 (cfr. la censura dei *Commentarii* v. sotto, pp. 261 s.).

mo prefetto della Biblioteca vaticana inaugurata allora, e la caratteristica scrittura di Platina si incontra in molte annotazioni del primo registro dei prestiti.

Allora Platina concluse anche una grande opera, il *Liber de vita Christi ac omnium pontificum*, una storia dei papi (anche molto critica) fino agli esordi di Sisto IV, che lo aveva incaricato della stesura: nelle ultime parti, libere da condizionamenti (non dipendono più dal *Liber pontificalis*), un lavoro davvero originale. Ma con il giudizio astioso nei confronti di Paolo II, malgrado Platina l'avesse già attenuato con un'autocensura, ha profondamente influenzato l'immagine di questo papa fino ai giorni nostri. L'opera nel XVI secolo fu presa di mira dalla censura tridentina, che criticò la sua rappresentazione dei papi: «non ha descritto la loro vita Platina, ma i loro peccati, per questo dev'essere purgata» (*non vita sed vitia eorum Platina scripsit, ideo purgandus*). Bonifacio IX vendette indulgenze: cancellare; Paolo II, cancellare integralmente, perché spesso falso e offensivo, e così via (comunque si riconobbe che Platina criticava solo 40 papi su 220). Niente di diverso dal modo in cui la censura ecclesiastica aveva trattato i *Commentarii* di Pio II e aveva espunto tutto quello che ai nostri occhi rappresenta la freschezza del primo Rinascimento, facendo del papa che Pio II era stato realmente un papa sfrondato secondo l'immagine della riforma cattolica. Per caratterizzare il XV secolo, è importante conoscere sia quel che sorprendeva il XVI secolo, sia il nuovo che abbiamo visto emergere nel cambiamento dal XIV.

Platina scrisse perfino un libro di cucina «sul piacere consentito [del cibo] e la salute» (*De honesta voluptate et valetudine*) le cui ricette, prese da maestro Martino, rinomato cuoco di corte, e tradotte dal suo latino gastronomico in un latino umanistico, sono inserite tra i consigli per uno stile di vita morigerato e decoroso. L'opera è qualcosa di più di un semplice libro di cucina e mostra un rapporto nuovo, più sensibile, con il cibo. Contiene molte ricette e anche appetitose: come si preparano i ravioli di carne in brodo allo zafferano? O il pollo con l'uva passa, «l'ho mangiato spesso da Poggio, molto sano!» (l'elogio della componente salutare più che del gusto del cibo, sarà valido ancora a lungo), oppure fiori di sambuco fritti. La gastronomia, afferma, sarebbe l'unico campo in cui *non* siamo stati superati dagli antichi.[11] Il libro di cucina fu dato subito alle stampe, la storia dei papi dovette aspettare un po'.

11. Platina 1998, le ricette citate qui pp. 332, 276, 392; cfr., in una cornice più ampia, Laurioux 2006.

Se qui si è parlato più volte della scrittura raffinata, consapevole, degli umanisti, è perché si tratta di un altro elemento – piccolo ma caratteristico – del cambiamento generale di questo secolo. Ma bisogna tener conto che l'uso e lo sviluppo della scrittura nella Roma del Quattrocento sono molto differenziati: si deve distinguere secondo i generi testuali (lettere, imbreviature notarili, registri, graffiti), le diverse professioni (eruditi, copisti professionisti, scrivani del tribunale e della dogana), i livelli di alfabetizzazione (annotazioni autografe nel registro dei prestiti della Biblioteca Vaticana, nei libri contabili di piccoli commercianti come quelli della *pizzicarola* Maddalena), le diverse nazionalità (cortigiani catalani, banchieri fiorentini, stampatori tedeschi non scrivono nello stesso modo). Monaci e notai usano la semigotica, professori e curiali preferiscono la scrittura umanistica, mentre la *mercantesca* a Roma è rara.[12]

L'università

Molti degli umanisti citati li abbiamo visti come professori nell'università romana. Nel ricco panorama universitario italiano Roma rappresentava un caso particolare. Infatti qui c'erano due università, lo *studium Curiae* e lo *studium Urbis*, e ci si imbatte di continuo in studenti che avevano studiato in una o nell'altra università o addirittura in entrambe: un raddoppiamento che nella loro presenza simultanea, spesso difficile da comprendere (se perfettamente separate o sotto una direzione comune, se in concorrenza o integrandosi reciprocamente, se ugualmente influenti o diversamente provinciali), ha dato sempre da pensare agli studiosi, in mancanza di una situazione sufficiente delle fonti come per altre università. A questo si aggiungono gli Studi generali degli ordini mendicanti.

Da un lato, quindi, l'università della curia. Era parte della corte papale e seguiva il papa ovunque si stabilisse, e queste assenze (involontarie) furono molto frequenti nella prima metà di questo XV secolo. Dunque era un'università itinerante, difficile da comprendere secondo il modello universitario medievale. E là dove questo *studium Curiae* si spostava insieme al papa, a Firenze, Bologna, Siena, e così via, spesso c'era già un'università![13]

12. Cherubini P. 2006. Sulla scrittura delle iscrizioni monumentali: Kajanto 1982. Calligrafia maldestra nel libro dei conti di Maddalena *pizzicarola*, v. Petrucci 1978.

13. Nella ricca letteratura meritano di essere messi in evidenza: *Roma e lo Studium Urbis* 1992, qui sulla presenza contemporanea dei due *studia*: Frova, Miglio 1992; sugli

Dall'altro lato, l'università cittadina romana, lo *studium Urbis*, restava sempre a Roma. Nel 1406 Innocenzo VII, con la bolla *Ad exaltationem Romanae urbis*, che metteva in risalto con un linguaggio incisivo (grazie al nuovo segretario Leonardo Bruni) l'importanza culturale e la responsabilità di Roma, aveva previsto una vera e propria rivitalizzazione, rifondazione, dell'università romana, con teologia, i due diritti, medicina, le *Artes*, e un'esplicita attenzione anche per la lingua greca. Ma il suo pontificato breve, turbolento e poco significativo non concluse nulla. Sotto Martino V, nel 1423, si arrivò ad uno stretto collegamento organizzativo tra le due università, il suo successore nel 1431 provvide ad una dotazione finanziaria, destinando il ricavato delle tasse sull'importazione di vino allo stipendio dei professori (così da quel momento la *gabella vini forensis* si chiamò *gabella studii*). Con la fuga di Eugenio IV a Firenze nel 1434 le due università si divisero di nuovo temporaneamente. In questo periodo il comune tentò di conquistare una maggior autonomia per l'università cittadina romana che sentiva come propria. Ma non si andò molto lontano. Quando la curia tornò a Roma, l'afflusso degli studenti aumentò anche in questa università, ma si moltiplicarono anche gli interventi del papa, che come signore della città naturalmente voleva decidere anche sullo *studium Urbis*. Alla fine, con il calo di importanza dell'università della curia, nel 1513, sotto Leone X le due università furono riunite nella *Sapienza*.

Mentre l'università della curia era ospitata negli ambienti della corte, l'università cittadina invece era alloggiata in una serie di locali tra piazza Navona e il Pantheon. Qui, nel rione S. Eustachio, nel XV secolo si trovava il *Quartier latin* di Roma (Lorenzo Valla nel 1449 descrive in una lettera a Giovanni Tortelli con arguzia e realismo lo spazio in cui insegnava); a S. Eustachio, nella chiesa stessa, si tenevano anche lezioni e sedute di laurea, qui al tempo di Alessandro VI sarà costruito anche un edificio centrale. La fondazione di collegi (Collegio Capranica, Collegio Nardini) servì anche a Roma ad organizzare l'insegnamento, gli alloggi e la regolamentazione degli studi.[14]

umanisti nello *studium*: Avesani 1992; sul comportamento del comune: Pavan 1992, pp. 88-100; sugli studenti romani: Cherubini 1992, pp. 101-132; sul nuovo edificio centrale: Bedon 2008, pp. 471-485. Oggi è fondamentale Schwarz 2013a, cfr. C. Frova in «RR», 2013, pp. 21-28. Il contesto più ampio sugli ordinamenti messi a confronto: *Geschichte der Universität* 1993; una panoramica sintetica: Esch 1985b.

14. Finanziamento: Chambers 1976b. I provvedimenti di Eugenio IV: Schwarz 2013a pp. 460-461; luoghi ivi, pp. 210-223 (lettera di Valla), le cattedre pp. 201-205.

L'università cittadina romana – come mostrano le liste degli stipendi che cominciano nel 1473 – aveva 20 giuristi nel 1474 per i due diritti (la civilistica era insegnata prevalentemente da avvocati concistoriali e da giudici dei tribunali della curia), 7 professori di retorica, 4 di filosofia, 10 di medicina, 2 di teologia. Diritto e retorica (con noti umanisti come Gaspare da Verona, Lorenzo Valla, Giorgio di Trebisonda, Pomponio Leto) erano apparentemente le discipline più seguite. Sono stati individuati (in modo incompleto a causa del carattere lacunoso di quel che si è tramandato) sia i docenti che gli studenti, abbastanza integralmente i tedeschi attraverso il *Repertorium Germanicum* nei materiali d'archivio vaticani: centinaia di nomi di studenti (e docenti) di entrambe le università, dai cui dati biografici si può ricavare che ne è stato di loro. Perché è importante sapere cosa si poteva diventare con un diploma universitario a Roma. Per lo più erano persone che si erano sistemate alla curia o intendevano farlo – altrimenti si preferiva frequentare un'università nel nord d'Italia. Anche i romani facevano lo stesso.

Musica a Roma

Come le arti figurative e le scienze, nella Roma del Quattrocento anche la musica si sviluppò nell'ambiente della corte. La Cappella papale era sempre predominante. Ad Avignone la corte, prima e durante lo scisma, aveva chiamato soprattutto cantori dei capitoli delle cattedrali e delle collegiate della Francia settentrionale e dei Paesi Bassi meridionali (l'odierno Belgio), soprattutto dalle diocesi di Liegi, Tournai, Cambrai, Thérouanne. E quando il papato, finalmente unificato, tornò a Roma, questo rimase il territorio di reclutamento: anche in seguito i cantori papali (e il loro stile polifonico, il loro repertorio) spesso provenivano da quei luoghi. Alla corte di Urbano VI sentiamo addirittura cantare in certi mottetti eventi di attualità che riguardano lo scisma: il ritorno di Gregorio XI da Avignone, il conflitto di Urbano VI con Napoli, il desiderio di riunificazione della cristianità divisa.[15]

Classici: Campanelli, Pincelli 2000. Collegi: Esposito, Frova 2008; su Palazzo Capranica: Bongiovanni 2014.

15. Strohm 1993, pp. 16-19; sull'opzione dei cantori con l'inizio dello scisma: Nádas 2007. Concilio di Costanza: Strohm 1993, pp. 106-124 (citazione: pp. 106 s.).

Che il concilio di Costanza sia diventato un avvenimento importante anche per la storia della musica, si spiega facilmente: il concilio non riunì solo le parti divise della cristianità, ma anche i musicisti, cortigiani o meno, "many hundreds of professional musicians" (Strohm), li fece stare insieme per quattro anni a stretto contatto e con importanti promotori potenziali, e nelle numerose cerimonie – religiose e profane – di quest'assemblea universale diede loro l'opportunità di praticare pubblicamente la musica. Così, come hanno messo in luce in tempi recenti gli studiosi, il concilio di Costanza, unendo tutte le forze religiose e spirituali d'Europa, rappresentò un punto di partenza importante per tutto quello che seguì.

Con il ritorno del papato a Roma migliora anche la situazione delle fonti, è possibile riconoscere con maggior chiarezza i singoli individui, la loro posizione nella curia, la loro carriera. Già sotto Bonifacio IX c'erano cantori papali, che erano contemporaneamente *scriptores* nella cancelleria, come il noto compositore Antonio Zacara da Teramo. Ora però è possibile seguirli più da vicino. Per esempio il grande Guillaume Dufay (circa 1400-74), alla curia di Roma nel 1428-33 e poi con Eugenio IV a Firenze, con i suoi mottetti sull'incoronazione di Eugenio, l'incoronazione imperiale di Sigismondo a Roma, la consacrazione del duomo di Firenze dopo la conclusione della cupola di Brunelleschi (*Nuper rosarum flores*).[16] Questo lungo soggiorno prima di Martino V e poi di Eugenio IV a Firenze, che era un centro di intensa vita musicale (come anche Napoli, il vicino meridionale di Roma), è considerato una fase importante per la storia della Cappella papale.

Gli ordini di pagamento per gli stipendi dei singoli cantori un mese dopo l'altro restituiscono un quadro preciso della composizione della Cappella papale, dove tra gli altri c'è anche il noto Johannes Saureux: dal dicembre 1450 compare regolarmente con 8 fiorini mensili nella lista degli stipendi. Proveniva dalla regione da cui ci si aspetta che arrivino i cantori papali, da Liegi, infatti si fece sciogliere dagli obblighi nei confronti del capitolo del duomo locale.[17] Una fonte insolitamente personale per i cantori papali sarà costituita dai graffiti, con cui subito dopo la conclusione

16. Zacara: Zimei 2005; Dufay: Lütteken 2001.

17. Archivio di Stato Roma, Camerale I, Mandati camerali 831, f. 174r, 178r, 183v, 189v ecc., cfr. lascito Hermann Diener nell'archivio dell'Istituto Storico Germanico a Roma N 11 nr. 32; Corbo 1999, pp. 11-36; Liegi: *Repertorium Poenitentiariae Germanicum*, II 816; Starr 1992, in partic. p. 248, e i contributi in *Papal Music* 1998; Bölling 2006.

della Cappella Sistina nel 1483 incideranno i loro nomi sulla parete della tribuna dei cantori.[18]

Non di rado si trovano *cantores capelle* che contemporaneamente studiano a Roma per ottenere un titolo accademico. Era di certo considerata un'assicurazione per il futuro in vista di una carriera alla curia, una volta scartati dalla cappella per limiti d'età: li si incontra come *scriptores* o abbreviatori nella cancelleria, come notai alla camera, sistemati nella *familia* di un cardinale, efficaci nel procurarsi i migliori benefici ecclesiastici. Guillaume Dufay studiò all'università della curia diritto canonico e ottenne il titolo di *baccalarius* (prima del maggio 1437). Come gli umanisti anche i cantori, essendo persone ambite, quand'era possibile venivano scambiati tra le corti, per esempio fra quella romana e la borgognona, in entrambe le direzioni. Considerando questa predilezione per i cantori della Francia settentrionale e dei Paesi Bassi, si ricordi che anche la pittura fiamminga era apprezzata moltissimo nell'Italia del XV secolo, che le relazioni commerciali dell'Italia (perfino di Roma) con questa regione erano particolarmente strette e che i mercanti, prima di tutto i fiorentini, com'è noto procuravano da tutto il mondo non solo merci ma anche personale qualificato: artigiani del settore artistico, architetti, cantori.

Dai tardi anni sessanta del Quattrocento una nuova generazione dei Medici, degli Sforza, degli Este imprime un nuovo impulso allo sviluppo in Italia: da loro e da Sisto IV sappiamo come reclutavano e chi erano i cantori. Nessun papa di questo secolo ha promosso la Cappella papale con tanta risolutezza quanto Sisto IV, per i servizi liturgici e cerimoniali. In quattro bolle garantì i suoi privilegi, aumentò il numero dei cantori da 14 a 24 e coinvolse forze nuove, alcune delle quali provenivano secondo la documentazione dalle corti degli Sforza e degli Este e innalzarono la Cappella papale ai livelli raggiunti nel frattempo là dal canto polifonico.[19]

La polifonia, che è stata a lungo musica vocale, ora si estende anche alla musica strumentale, per tanto tempo subordinata a quella vocale. Una sorprendente molteplicità di strumenti si trova già nella Roma di questo periodo, cioè a fiato, archi, percussione, pizzico, tastiera, negli

18. Graffiti: Pietschmann 2009.

19. *Cantores* attivi anche in altro modo: Diener 1989, in partic. pp. 121 s.; sulle provvigioni di benefici papali per i musici: Starr 1992. Rapporti con l'area fiammingo-olandese nel commercio e nell'arte: v. sotto, p. 354. La nuova generazione: Strohm 1993, pp. 602-607; Sisto IV: Strohm, p. 604; la sua attenzione per i cantori: Roth 1998; Rodin 2012.

affreschi della Tor de' Specchi di Francesca Romana (fig. 27). Inoltre per Roma disponiamo di nuovo dell'insolita fonte dei registri doganali, che tra il 1445 e il 1485 consentono di individuare una notevole importazione di strumenti musicali verso la città. Da una nave proveniente da Gaeta viene consegnato, nel 1452, un clavicembalo (è la prima menzione di questo strumento in italiano). Il clavicembalo, inventato in Italia settentrionale solo intorno al 1440 e poi dagli anni sessanta del Quattrocento citato costantemente nei registri doganali, rese possibile fare musica polifonica per un unico esecutore e anche insieme ad altri strumenti. Oltre a questo clavicembalo – tra vino, arance, prosciutti, suppellettili per la casa, libri, arazzi, *cose tutte use* – qui vengono scaricati anche un liuto e un organetto. Tra il 1452 e il 1481 arrivano almeno 4 *clavecinbali* per mare e 3 via terra (attraverso la banca Spannocchi) e 8 *manacordi*. Gaeta era il porto di trasbordo per Roma, quindi non è possibile riconoscere la provenienza delle merci.[20]

Anche il clavicordo, concepito in forma più sommessa per una piccola cerchia di ascoltatori, viene importato a Roma in questo periodo sotto nomi diversi, per esempio *manacordo*. Tra gli strumenti a tastiera compare nelle importazioni anche l'organo, o organetto, portatile ovviamente, perché doveva trattarsi di uno strumento trasportabile e non di un organo più grande, come è già documentato per S. Pietro (prima del 1447). Una volta viene importata perfino *1 cassa da artefici da far organi*.

Insolitamente elevata, come si ricava dai registri doganali, è la quantità di liuti. Con questo strumento, che nel frattempo si era ampiamente diffuso, oltre alla musica d'insieme si potevano affiancare più voci singole in polifonia. Malgrado questi strumenti fossero fabbricati certamente anche a Roma, la quota dei liuti di importazione resta notevole. Arrivavano di norma via terra, alcuni *con capsa*, con custodia, e quasi sempre sono importati da tedeschi: dei 94 liuti complessivi dichiarati tra il 1450 e il 1482, non meno di 75 sono forniti da importatori di lingua tedesca. Uno di loro, Johanni della Magna, quindi Giovanni di Germania, importa addirittura "15 liuti provvisti di corde" in una sola volta, circa 1 ducato al pezzo. Perfino il legno per i liuti, *legname da liuti*, viene fornito da un tedesco. In alcuni casi i prezzi sono da stabilire. Tutti questi liuti pagano la dogana, quindi

20. Sull'importazione di strumenti musicali in dettaglio: Esch D. 1998 (è in preparazione un'integrazione); clavicembalo, ivi, pp. 55-57 (cfr. Strohm 1993 pp. 92 s.; Esch 2007a p. 183); organo, ivi, pp. 57 s. (a S. Pietro: Reynolds 1996, pp. 61 s.).

Fig. 27. Questo concerto di angeli accanto al letto di morte di s. Francesca Romana mostra la molteplicità di strumenti musicali disponibili nella Roma del tempo, importati anche da fuori, come prova la documentazione dei registri doganali. Tor de' Specchi, ciclo di affreschi del 1468 (particolare).

non sono destinati a membri della curia.[21] I liuti importati per la corte, via terra, non sono rintracciabili nei registri doganali perché esenti da tasse. Ma forse anche i liuti che tengono in mano gli angeli di Raffaello sono di fabbricazione tedesca. Anche le relative corde vengono fornite abbastanza spesso da tedeschi, ma di regola provengono dall'Abruzzo dove le pecore di montagna procuravano buoni budelli: per esempio, come luogo di provenienza viene citato Caramanico, dove una nota ditta fino a poco tempo fa fabbricava corde di budello, e ora con lo stesso materiale produce soprattutto filo chirurgico.

Vediamo in uso questi strumenti anche nelle richieste di assoluzione per la Penitenzieria, che cita strumenti musicali solo se emerge un conflitto sull'argomento (un costoso clavicordo va in pezzi durante una rissa, serenate di fiati o con "cosiddette viole" infastidiscono i vicini, e così via). Lo stesso accade a Roma, per esempio l'episodio in cui due francesi del Nord che vivono a Roma e il loro accompagnatore «con il suo liuto nella

21. Liuti: Esch D. 1998, pp. 44-50 (nel mio testo le nuove cifre, più alte). Strumenti musicali nella fig. 27: Tor de' Specchi, Cavallaro 1992, p. 214; nelle suppliche alla Penitenzieria: Esch 2014, pp. 83-86 e 256. Sulla rappresentazione di strumenti musicali nella Roma dell'epoca: Helas 2012, pp. 45-90.

custodia» (*lutinam in quadam capsa reclusam*), incontrano di notte nelle strade romane altri quattro con un suonatore di chitarra, che invita il liutista a fare musica insieme; ma quello non ne ha più voglia, ha già messo via il liuto; allora il suonatore di chitarra si infuria e gli distrugge il liuto con tutta la custodia.

10. La nuova percezione dell'antica Roma. Prime collezioni di antichità

Uno sguardo nuovo su Roma

La nuova percezione dell'antica Roma è uno dei più tipici segnali di cambiamento che il Quattrocento portò con sé. Fu sviluppata dagli umanisti che sono stati presentati nel capitolo precedente. Alcuni di loro si distinsero nello studio della topografia e dei monumenti, ma non tutti quanti, altri infatti non avevano alcuna sensibilità per i monumenti (Richard Krautheimer lo ha descritto in modo calzante) e seppero comprendere l'antico solo su un piano letterario, solo sugli autori. A differenza di quando dominavano i *Mirabilia*, ora si guardavano realmente i monumenti, ci si interrogava criticamente (e qui è davvero il termine appropriato) sul loro significato e la loro classificazione tipologica, sull'epoca in cui erano stati costruiti e sui committenti: un'impostazione che oggi per noi è scontata, ma allora era una novità.[1]

Accanto a questo approccio per così dire scientifico all'antica Roma, che qui deve restare in primo piano, e alla visione dei *Mirabilia*, c'erano anche altri modi di percepire l'antico nella Roma del presente. Per esempio – sempre caratteristica dello sguardo su Roma – "l'elegia delle rovine", che nel confronto tra la situazione dell'oggi e quella originaria dei monumenti antichi si concentra sul loro declino e, senza avere pretese topografiche pur menzionando correttamente i singoli edifici, celebra l'antica Roma a discapito di quella del presente e si abbandona a elevate riflessioni: *Roma quanta fuit*. È particolarmente originale in questi anni l'elegia delle rovine

1. Krautheimer, *Humanists and artists*, in Krautheimer 1956, cap. XIX. Sul nuovo rapporto con l'antico: Weiss 1969; e i contributi in *Memoria dell'antico* 1984-86; *Roma centro ideale* 1989; Karmon 2011.

del notaio romano Paolo Spinoso (m. 1481). Fa descrivere con toni dolenti il sarcofago di porfido di Costanza, figlia di Costantino, che Paolo II fece trasportare da S. Agnese sulla via Nomentana al suo palazzo accanto alla chiesa di S. Marco, il percorso compiuto per tornare in città, vedendo con orrore come la Roma che ancora ricordava (per così dire, quella dell'andata), ora giaceva mutilata: le terme, gli archi di trionfo, i ponti.[2]

Le rovine dell'antica Roma si potevano vedere anche in modo molto diverso – quando si abitavano e ci si doveva sistemare in mezzo a loro: questa città è «una rovina su mille migliaia di rovine» (*una rovina sopra mille milia rovine*), scrive un fiorentino nel 1443, giustificando ai Medici i suoi sforzi per trovare alloggio a Roma. E continua su questa città «inadeguata, disabitata», dalle mille rovine, appunto.[3] Vedere diversamente queste rovine, non liquidarle come un cumulo di macerie ma dedicarsi a loro singolarmente era, come si può notare, tutt'altro che scontato anche per un fiorentino. Perciò torniamo alla nuova percezione che gli umanisti ebbero dell'antica Roma.

Degli umanisti che nel secondo quarto del Quattrocento trovarono un nuovo approccio ai monumenti antichi fanno parte Poggio Bracciolini e soprattutto Flavio Biondo, che abbiamo già conosciuto come segretari papali alla curia. La *Roma instaurata* di Biondo, composta nel 1444-46, rappresenterà un'autentica svolta, realmente innovativa nella sua specifica combinazione tra conoscenza degli autori antichi, esame delle iscrizioni pertinenti, padronanza del linguaggio tecnico antico e osservazione in prima persona. Torneremo a parlarne.

Poggio Bracciolini descrive, in modo meno sistematico e più immediato, una veduta dell'antica Roma dal Campidoglio che risale all'ultimo anno di Martino V (1430, però pubblicato solo nel 1448). La pausa estiva della curia lasciava del tempo libero a lui e all'amico Antonio Loschi, quindi i due segretari papali risalirono a cavallo il Campidoglio e guardarono il panorama. Uno sguardo ispirato all'elegia delle rovine (colonne spezzate, cespugli debordanti, al posto dei seggi dei senatori vigne e cumuli di rifiuti), con l'aggiunta delle citazioni letterarie d'obbligo per chiarire il tema generale della passeggiata, "la mutevolezza della fortuna" (*De varietate fortunae*). Ma poi vengono osservate con precisione determinate architet-

2. Su Spinoso e la sua *oratio urnae invectae ad S. Marcum*: Bianchi R. 2004. Sul genere: Rehm 1960; *Poesia e poetica* 1987.

3. *Mille milia rovine*: Bulgarelli 2005, p. 159.

ture: le arcate del Tabularium, con la citazione dell'iscrizione, ora inglobate nel Palazzo senatorio e usate come magazzini del sale comunali; il Teatro di Pompeo *privatis aedificis occupata*, occupato da case d'abitazione; il Tempio di Antonino e Faustina all'interno di S. Lorenzo in Miranda; le parti di muratura più antiche della chiesa dei SS. Cosma e Damiano, in origine appartenenti al Tempio di Romolo e riconoscibili dalla struttura di pietre squadrate, *quadrato lapide* (le chiese le guarda solo se contengono monumenti antichi). E la Piramide Cestia: come poteva Petrarca definirla "tomba di Romolo" se c'era scritto sopra il nome![4]

Iscrizioni, autori antichi, esplorazione in prima persona: sono questi gli ingredienti di un nuovo modo di accostarsi all'antico che finalmente si lascia alle spalle i *Mirabilia*. Che la passeggiata fosse reale o fittizia (vengono inseriti anche monumenti che non si potevano vedere dal Campidoglio), non è ancora lo stile più tardo da lessico antiquario, che per esempio non considera più degne di essere raccontate le circostanze del ritrovamento, ma si tratta di un incontro molto personale con l'antico:

> Qui accanto c'è un enorme portico coperto di macerie, dove io vidi molte colonne crollate, quando di recente furono estratte dal suolo pietre per le calcare. Accanto al portico di Minerva c'è la statua di un giacente, il capo con il volto integro, e talmente grande da superare per dimensioni tutte le statue della città. Una persona lo scoprì scavando buche per piantare degli alberi. Ogni giorno in molti venivano a vedere la statua, il proprietario del giardino, irritato dal chiasso e dal fastidio provocato da quest'afflusso, la ricoprì di nuovo di terra. Proprio a ridosso del Campidoglio, verso il Foro, è ancora in piedi il colonnato del Tempio della Concordia; quando giunsi a Roma per la prima volta, lo vidi ancora quasi integro, una bella opera in marmo. Poi i romani hanno completamente demolito il tempio e in parte le colonne per farne calce, buttandole giù.[5]

Anche per questo tema intendiamo assumere, come sempre, una prospettiva ampia e non limitata ai vertici, chiedendoci quanto diffusamente si sia fatto strada questo sguardo nuovo sull'antica Roma anche al di fuori

4. Poggio Bracciolini 1953 (le mie citazioni si riferiscono alla nuova edizione: Poggio Bracciolini 1993); solo libro I, *Le Pogge. Les ruines de Rome* (*De varietate fortunae*, livre I), edizione e traduzione di J-Y. Boriaud, introduzione e commento di F. Coarelli e J.-Y. Boriaud (Les classiques de l'Humanisme, 9, Paris 1999) – entrambe nuove edizioni con significative introduzioni; Villa 2002. Loschi: Gualdo 2005, pp. 371-390.

5. Descrizione del portico (vicino S. Maria sopra Minerva): Poggio Bracciolini 1993, pp. 94 e 182; Petrarca: p. 93.

dei circoli umanistici, se sia stato divulgato tra i visitatori della città di ceto sia elevato che modesto, e se sia riuscito ad imporsi sui *Mirabilia*. Quando re Sigismondo nel 1433 giunse a Roma per la sua incoronazione imperiale, sarebbe stato accompagnato sul Foro romano da Ciriaco d'Ancona (circa 1391-1452). Per un visitatore che già a causa dell'ideologia imperiale era tenuto a dimostrare attenzione per gli edifici dei suoi presunti predecessori, Ciriaco era di certo una guida eccellente (anche se non del livello di un Flavio Biondo, e più di casa in Grecia che a Roma), competente e anche emotiva: poteva scoppiare a piangere pensando alla fine dell'Impero romano – forse un principe tedesco ne restò colpito più di un Poggio Bracciolini o di un Antonio Loschi, che se ne facevano beffe. Quando nel 1468 l'imperatore Federico III venne a Roma per la seconda volta, naturalmente anche lui, oltre alle numerose chiese, visitò «con fervore anche le rovine degli antichi edifici», come riferisce Agostino Patrizi. In questi 35 anni tra il 1433 e il 1468, molto era cambiato nella percezione dei monumenti antichi, e sarebbe interessante sapere che tipo di spiegazione del Foro abbia ricevuto quest'imperatore e come l'avrebbe desiderata: se alla maniera dei *Mirabilia* oppure della *Roma instaurata*.[6]

Cosa significa la percezione dell'antico secondo l'una o l'altra prospettiva, potrebbe emergere con la massima chiarezza se portassimo più persone davanti allo stesso edificio e chiedessimo di raccontarci cosa vedono. In effetti, è possibile organizzare questo tipo di esperimento in sequenza. Perché il Pantheon di Roma ci è stato descritto quasi contemporaneamente da tre osservatori: il consigliere di Norimberga Nikolaus Muffel nel 1452, il mercante fiorentino Giovanni Rucellai nel 1450 e il segretario papale Flavio Biondo nel 1445.[7]

Il consigliere tedesco è completamente imbevuto dei racconti ascoltati dalla sua guida romana. Vede che l'edificio è rotondo, vede le colonne, le porte di bronzo e le travi rivestite di rame, ed è già qualcosa. Ma per l'oculo lassù nella cupola non trova spiegazioni di natura architettonica: un buco nella volta non può essere stato intenzionale, piuttosto sono stati i diavoli a staccare da lassù il pignone di rame, che ora è davanti a S. Pietro,

6. Le rovine visitate dall'imperatore Sigismondo: Weiss 1969, p. 91; da Federico III: Agostino Patrizi, *Descriptio adventus Friderici III imperatoris ad Paulum papam II*, in Muratori, XXIII (Mediolani 1733), col. 213; in lacrime: Poggio Bracciolini 1983, nr. 82.

7. Muffel 1999, pp. 88-91, Pigna, p. 46 (o *Codice topografico*, vol. IV, p. 361); Rucellai 1960, p. 72; Biondo, *Rome restaurée* 2005-2012, cap. III 62. Sulle prime rappresentazioni figurative: Nesselrath 2008; in una cornice più ampia: Nesselrath 2014.

e a portarlo via. E lassù, «dove ora c'è il buco, era Pantheon, l'idolo del mare, e l'idolo di Diana, che era l'idolo della caccia». E dato che secondo questa interpretazione dell'antico un monumento o una statua non sono semplicemente se stessi, ma tutto può aver avuto una funzione magica, le statue nelle nicchie dell'interno sono considerate le rappresentanti delle singole province romane, che in caso di pericolo per la provincia si muovevano (una favola che qui viene trasferita dal Campidoglio al Pantheon). Resoconti di viaggio da cui ci si può aspettare un incontro in prima persona con il monumento antico si rivelano spesso deludenti. Infatti gli stranieri, ovviamente, cadono nelle grinfie dei ciceroni locali e quindi la visione è quella dei *Mirabilia*. Nel monumento antico non scorgono la storia, ma gli attribuiscono un senso. La "percezione" non è un semplice processo ottico, non è solo una questione di retina, ma vede significati e allusioni, intuisce forze magiche, riconosce possibilità di utilizzare e sfruttare.

Molto diverso da questo pellegrino tedesco a Roma è Flavio Biondo, pochi anni prima, nella sua *Roma instaurata*: i *Mirabilia* non sono nemmeno accantonati con spirito polemico, su di essi si sorvola tacitamente. Perché ha valore di fonte solo quello che hanno tramandato gli autori antichi o le iscrizioni antiche, e quello che si può vedere con i propri occhi. Il Pantheon è costruito da Agrippa, sta ancora scritto là, *titulus in frontispicio adhuc ostendit*! Biondo non solo riconosce questa grande iscrizione, ma addirittura l'iscrizione più piccola sull'architrave, ancora oggi per lo più ignorata, sul restauro in età severiana. Poi gli autori: Plinio per i capitelli delle colonne, Sparziano per i restauri sotto Adriano, Macrobio per l'allestimento della statua di Venere. Ma anche i destini post-antichi dell'edificio: trasformazione in chiesa al principio del VII secolo, ultime riparazioni sotto Eugenio IV, negli intercolumni dell'atrio si sono incastrate le botteghe, che solo da poco sono state di nuovo sgombrate, e così via. E questo è interessante, perché le trasformazioni post-antiche, dato che sviliscono un monumento antico, spesso sono ignorate o taciute dagli umanisti se sono semplici antiquari, e non storici come Flavio Biondo.

E per concludere c'è il terzo, il fiorentino. Giovanni Rucellai non è un erudito con l'occhio avvezzo all'archeologia come Flavio Biondo, ma è profondamente interessato all'architettura (in fin dei conti è il più importante committente di Leon Battista Alberti a Firenze) e dotato dell'occhio sveglio del mercante fiorentino, che innanzitutto osserva da sé, prima di seguire le autorità. Anche in questo caso: come è strutturata la curvatura della cupola (naturalmente aveva davanti agli occhi la cupola del duomo di

Firenze, che aveva visto crescere sotto le mani di Brunelleschi); come sono le dimensioni dello spazio interno, a quale altezza si innesta la cupola? Annota le misure (come Brunelleschi aveva preso le misure del Pantheon), osserva che l'altezza dell'innesto della cupola corrisponde alla metà del diametro e riconosce che l'oculo lassù era pensato fin dall'inizio come unica fonte di luce.

Flavio Biondo viene recepito dagli umanisti, ma naturalmente non dalla massa dei pellegrini. Questo valeva anche per altre descrizioni umanistiche di Roma (come quelle di Maffeo Vegio, Giovanni Tortelli, Bartolomeo Fonzio, che qui non possono essere presi in considerazione). Per chiarire ulteriormente la vicinanza e le discrepanze delle due prospettive, condurremo davanti ai monumenti antichi – in questi stessi anni, intorno al 1450 – un pellegrino ancora estraneo all'interpretazione dell'antico degli umanisti: l'eremita agostiniano inglese John Capgrave, già citato, con la sua guida per pellegrini *Ye Solace of Pilgrimes*.[8]

Il suo racconto non è semplicemente copiato dai libri dei *Mirabilia*, non è un viaggio scritto a tavolino. Qui e là Capgrave lascia intendere esplicitamente che ha vagato attraverso Roma, ha percorso un lungo tratto delle mura cittadine, ha guardato nelle sostruzioni sepolte del palazzo imperiale sul Palatino e nelle rovine dell'enorme cisterna delle Sette Sale. Ma la sua osservazione personale si impone raramente sulla catalogazione secondo gli schemi dei *Mirabilia* (le mura, le porte, i ponti, e così via). L'interpretazione del Monte dei Cocci come cumulo di recipienti riempiti di terra che sarebbero stati offerti al Senato in segno di sottomissione, è quella abituale, ma comunque integrata da una descrizione critica del carnevale romano, che lui stesso aveva vissuto a Monte Testaccio, celebrato con una sanguinaria caccia al maiale.

Nella maggior parte dei casi i monumenti antichi in Capgrave non sono realmente percepiti nella loro forma, ma danno semplicemente l'opportunità di raccontare e interpretare con la solita mescolanza fantasiosa di etimologie, allegorie, storie sacre. Anche gli archi di trionfo non sono visti come architetture, ma servono unicamente a narrare notizie favolose sulla loro costruzione o sul personaggio che onoravano. Comunque Capgrave utilizza e cita anche autori antichi (Varrone, Ovidio, Lucano) e medievali (la cronaca universale di Martino di Troppau, Gervasio di Tilbury). Il suo interesse per la trasformazione dei templi antichi in chiese cristiane (*of*

8. Capgrave 1911 e 1999.

dyvers templis of fals goddis turnyd to servyse of seyntis) naturalmente non è il risultato di un'osservazione di natura storico-architettonica ma di una riflessione trionfalistica (e anche semplicemente falsa, perché a Roma furono trasformati in chiese cristiane più edifici civili che di culto). E le sue osservazioni su questo o quel pezzo antico reimpiegati in seguito nelle chiese medievali, non sono personali, non sono considerazioni ricavate da uno studio degli *spolia*, ma è qualcosa che gli è stato raccontato, perché è un segno del trionfo del cristianesimo sul paganesimo: *chaunge on to bettir use*! Perché qui niente è semplicemente quel che significa di per sé: tutto ha un significato che lo trascende.

Eppure con pochi edifici si cimenta in una descrizione con parole proprie, a causa della loro forma insolita.[9] Accanto al Colosseo il Pantheon, sul quale riferisce fantasie a proposito della costruzione della cupola, che sarebbe stata edificata sopra una collina ammucchiata in precedenza proprio a questo scopo (per così dire una centinatura) e in seguito di nuovo spianata dal popolo, reso volenteroso mescolando intenzionalmente delle monete alla terra. Mentre Capgrave si dava ancora questa bizzarra spiegazione, Brunelleschi si era già chiarito la costruzione sul piano tecnico e non magico e aveva appena realizzato, secondo il modello del Pantheon, la curvatura della cupola del duomo di Firenze!

È autonoma, in un certo senso, la descrizione del Septizonium, che all'epoca era ancora in piedi. In mancanza di un concetto come "facciata monumentale", che l'avrebbe subito mostrato nel suo insieme, anche questo singolare edificio (dove nel 1241 si tenne il primo conclave della storia dei papi) viene descritto per addizione: «colonne di marmo con 7 troni tra l'una e l'altra, e sopra ancora una volta 7, e sopra ancora una volta 7». Nella sua interpretazione del nome (il numero sette naturalmente lo incuriosisce portandolo lontano), è interessante solo il fatto che cita come informatore un monaco inglese del vicino chiostro di S. Gregorio.

In realtà, descrive anche monumenti che per sua stessa ammissione non ha visto affatto, come il Circo Massimo. Di un acquedotto Capgrave sa che oltre all'acqua portava al palazzo imperiale anche vino e olio. E quando non riesce a spiegarsi sul piano tecnico il trasporto dell'acqua con una rete di tubature, allora lo fa magicamente con Simon Mago – quando da molto tempo esistevano trattati di idraulica, anche a nord delle Alpi. Il

9. Per es. Colosseo: Capgrave 1911 e 1999, I 14; Pantheon: I 15 e 20; Septizonium: I 18; Terme: II 32; trasformazione di templi: I 10.

modo in cui, nelle Terme di Diocleziano, si spiega la vita romana nei bagni è privo di qualsiasi nozione di antichistica, ma almeno ha una sua logica: in estate i romani si lavavano nell'interrato con l'acqua fredda, in inverno al pianterreno con l'acqua calda. Comunque nota le numerose e impressionanti volte. Quindi il testo di Capgrave contiene sempre tracce di elementi di osservazione personale – ma la distanza dalle osservazioni dei protoarcheologi italiani contemporanei resta enorme e consente di comprendere quanto sia stato rivoluzionario il loro nuovo metodo.

Naturalmente c'erano gradi diversi di sprovvedutezza e disorientamento di fronte ai monumenti antichi. Era senza dubbio un anfiteatro ad offrire la visione più sconcertante: i viaggiatori nordici non avevano ancora visto niente di così incredibilmente colossale, nei loro resoconti si dibattono per trovare le parole che ne rendano comprensibili la tipologia architettonica e la funzione. Per esempio, il consigliere di Lucerna Hans Schürpf, quando durante il suo viaggio verso Gerusalemme nel 1497 si trova a Pola di fronte al suo primo anfiteatro, ritiene che l'edificio sia un palazzo di Carlo Magno: al centro il piazzale per i tornei con le tribune in legno, le volte delle sostruzioni sono pensate come spazi freschi per proteggersi dal calore estivo. Ma anche questa visione già nel XV secolo viene risolta a Roma (*Quid sit amphitheatrum*; *De amphitheatro quod nunc Colosseum*: Flavio Biondo) e anche altrove in Italia, per esempio nella descrizione dell'Arena di Verona da parte del notaio Pietro Donato Avogaro. Solo con il concetto di "anfiteatro" quest'ultimo mostra tutto quello che è essenziale al lettore competente (la pianta ellittica, le gradinate con i sedili, e così via). E così vediamo come la terminologia recuperata di nuovo da Vitruvio o da Plinio gradualmente sostituisce la semplice visione, che spesso può essere descritta solo per addizione (file di archi su file di archi su file di archi). La percezione dei monumenti antichi guadagna in precisione e perde in vividezza.[10]

Mettendo a confronto due vedute di Roma, è possibile mostrare che gli antichi edifici della città, nel corso del XV secolo, furono visti in modo nuovo non solo nella descrizione verbale ma anche nelle riproduzioni dei disegni: una miniatura dipinta intorno al 1420 (che però non intende restituire una situazione attuale) e la pianta di Roma di Alessandro Strozzi del 1474 (figg. 28 e 29). La città è vista ogni volta da nord (all'epoca era

10. Esch 1987. Sulla sopravvivenza dell'anfiteatro, per esempio Ward-Perkins 1984, pp. 92-118, 203-212; Clemens 2003, pp. 82-111.

Fig. 28. Miniatura di Roma in un manoscritto di Sallustio, intorno al 1420. Proprietà privata.

l'orientamento prevalente nelle vedute, già per questo la veduta da ovest oltre S. Pietro sulla città nella fig. 25, p. 187, è così insolita), perciò davanti ci sono la Porta del Popolo e Castel S. Angelo con il Vaticano. Spostiamoci da ponte S. Angelo verso il Campidoglio e identifichiamo quali edifici antichi (e i post-antichi più importanti) riusciamo a vedere a sinistra e a destra della strada. Iniziamo dalla pianta di Strozzi.[11]

Castel S. Angelo, con l'iscrizione *Castel S. Angelo/Sepulcrum Adriani*, mostra in entrambe le rappresentazioni l'inconfondibile successione quadrato-circolare-quadrato, in Strozzi è riprodotto addirittura il fregio

11. Frutaz 1962, vol. II, tav. 150 e 159; cfr. *Piante di Roma* 2012, pp. I e 102. Anche Maddalo 1990, pp. 111 e 125 (ivi, un buon compendio di altre immagini di Roma). Panorama da ovest: ivi, pp. 183-187 (S. Pietro 1457); quello abituale da nord: Parlato 2001. Sul contenuto archeologico della pianta di Strozzi: Scaglia 1964; forse influenzata dalla *Roma instaurata* di Flavio Biondo: Westfall 1974, p. 81.

Fig. 29. Pianta di Alessandro Strozzi del 1474. Firenze, Bibl. Laurenziana, Cod. Redi, fol. 7v-8r

sulla recinzione inferiore del muro. Subito al di là di ponte S. Angelo, su un rialzo, la fortezza degli Orsini di *Monte Giordano* e a destra (a ovest) *S. Cielso*, all'epoca la chiesa dei fiorentini nel quartiere delle banche. A seguire piazza Navona, *agon*, come stadio con i sedili a gradinate abbozzati, e la chiesa di *S. Agnesa* (*cyrco flamineo* è sbagliato, la localizzazione corretta del Circo Flaminio nei pressi del Teatro di Marcello sarà stabilita solo nel XX secolo). Nella veduta più antica (fig. 28) piazza Navona appare come un ammasso di edifici non compresi, forse l'ampia scalinata allude a resti di sedili a gradinata. Proseguendo, oltre il quartiere con *S. Agostino/S. Trifone*, *S. Apollinare* e la *Torre* della famiglia Sanguigni – quartiere che sotto Sisto IV, quindi proprio allora, conosce una rivalutazione come sede di cardinali e di nepoti – il *Mausoleum Divi Augusti* a pianta circolare: sulla veduta del 1420 il mausoleo di Augusto è ricostruito come un edificio a cupola! Al di là di piazza Navona, il Pantheon, *S. Maria rotonda*, con l'atrio disegnato abbastanza bene, nel frontone perfino l'iscrizione di Agrippa: invece nella rappresentazione del 1420 il tamburo presenta addirittura delle finestre (in una simile assurdità non incorrerà nessuno dopo il Quattrocento!). A est, su entrambe le vedute, la colonna di Marc'Aurelio e resti delle *Therme Agrippine* (corretto: *Agrippe*), l'edificio circolare distrutto sulla pianta più antica forse è un resto della loro sala circolare (oggi Arco della Ciambella), attraversata in seguito da una strada. Queste identificazioni danno un'idea del patrimonio monumentale del XV secolo, che era notevolmente più consistente di oggi. Per esempio, nei pressi di S. Maria sopra Minerva c'era ancora il grande Arco di Giano (e il più piccolo Arco di Camigliano, l'uno demolito e l'altro inglobato), e nella pianta di Strozzi forse è indicato presso il *Templum Minerve*.

Se da ponte S. Angelo, invece di andare in direzione di piazza Navona/Pantheon, si prende la via diretta verso il Campidoglio, o per la *via papalis* con la *piaza di Parione* (oggi piazza di Pasquino), o per via del Pellegrino con la *piaza di campo di Fiore* (si consideri che ora sono indicate perfino le strade e le piazze!), si incontra il *Theatrum Pompei.* Il Teatro di Pompeo, trasformato in quartiere abitativo e fortezza degli Orsini, non era più riconoscibile come teatro e per questo nella veduta del 1420 è rappresentato come un complesso aggrovigliato di edifici, mentre nella pianta di Strozzi è solo localizzato e non disegnato. Da qui un breve sguardo al Tevere: il ponte Sisto, allora in costruzione, è già indicato ma non ancora rappresentato. Se da Campo de' Fiori si segue la strada segnata in direzione di *piazza Giudia*, nel Ghetto del Cinquecento, ci si trova sulla sinistra davanti al Portico d'Ottavia: monumento ben disegnato, erroneamente interpretato come *templum Severiani* a causa dell'iscrizione che ne segnala solo il restauro in età severiana, nel quale si era inserita S. Angelo in Pescheria (qui: *dove si vende il pesce*); e ha sulla destra, all'altezza dell'Isola Tiberina con il ponte Cestio, il Teatro di Marcello (*Amphitheatrum*, ma non è "amphi", e un *templum Veste* non è da collocare qui), rappresentato su entrambe le vedute come un monumentale edificio con arcate.

E così siamo arrivati finalmente ai piedi del Campidoglio. La pianta di Strozzi riproduce una notevole altura, la grande scalinata sale verso S. Maria in Aracoeli con il caratteristico coronamento della facciata. Alla destra della chiesa il Palazzo senatorio con due delle torri angolari aggiunte da Bonifacio IX e Martino V. La veduta più antica non è così precisa, mostra, com'è tipico, i simboli della giustizia del comune: sopra la forca, sotto la gogna nei pressi del mercato.

Allora, in effetti, c'era ancora poco da vedere sul Campidoglio. La parte meridionale del colle verso la Rupe Tarpea non era ancora edificata, una veduta da lì sulla piazza del Campidoglio, di Heemskerck (degli anni trenta del Cinquecento, ma ancora precedente alla nuova sistemazione del Campidoglio), mostra a destra il Palazzo senatorio con le torri angolari e la torre campanaria (fig. 30): davanti, la piazza del Campidoglio con la scalinata nel Palazzo senatorio e l'obelisco di fronte alla salita d'accesso al convento dei francescani (la torre nello sfondo è erroneamente denominata *tor del conte* invece che *delle Milizie*); a sinistra, S. Maria in Aracoeli con la sua facciata di nudo laterizio; davanti il palazzo dei Conservatori, visto da dietro, con i diversi elementi architettonici del lato posteriore. A sinistra in basso palazzo Venezia, S. Marco e, lontano, la colonna di Marc'Aurelio. Si può capire come all'epoca – e ancora nel XIX secolo, prima della costruzione dell'Altare della Patria – il colle del Campidoglio spiccasse sul Foro e il centro della città. Guardando dalla direzione inversa, cioè da palazzo Venezia sulla chiesa e il convento di S. Maria in Aracoeli (fig. 31, dobbiamo immaginare che la massiccia torre di Paolo III in alto, davanti al convento, nel Quattrocento non c'era).[12]

12. Nel disegno di Heemskerck (fig. 30) la piazza è recintata e munita di sbarre. Sul dipinto di Hottenroth (fig. 31) sul davanti le case del quartiere, che dovettero cedere il passo all'ampio basamento del monumento nazionale.

Fig. 30. Il Campidoglio. Veduta dalla sommità meridionale, all'epoca non ancora edificata, della collina del Campidoglio sul Palazzo Senatorio e S. Maria in Aracoeli. Panorama di Roma di Marten van Heemskerck, intorno al 1534-36 (particolare). Berlino, Kupferstichkabinett, 79 D 2A, fol. 91v.

Una veduta presa da S. Maria in Aracoeli, di pochi anni dopo (*veduta d'ara celi*, fig. 32), mostra cosa ci fosse proseguendo dietro il Campidoglio. Al centro l'alta Torre dei Conti, un tempo fortezza della famiglia di Innocenzo III; subito davanti il fronte del Tempio di Minerva, al quale conduce, da destra, il piccolo Foro di Nerva (o *forum transitorium*, cioè "passaggio" dal Foro alla Suburra) con i resti delle sue mura di recinzione, che era abitato già nell'alto Medioevo (fig. 6, p. 32), mentre su entrambi i lati le aree del Foro di Cesare e di quello di Vespasiano non sono abitate. A sinistra della Torre dei Conti il campanile dei SS. Quirico e Giulitta, poi quello più alto di S. Basilio costruito nel Foro di Augusto (si fecero passare le funi delle campane attraverso fori nell'antico soffitto a cassettoni), la cui colossale parete posteriore è contigua a sinistra.[13] Le chiese sono intimamente legate agli antichi resti monumentali: la chiesetta di S. Maria Spoglia Christi (in seguito S. Maria in Campo Carleo) aveva semplicemente appeso le sue campane a un'architrave ancora in piedi sull'angolo orientale del Foro di Traiano (fig. 33).

13. Sui Fori imperiali nel Medioevo secondo gli scavi più recenti: Meneghini, Santangeli Valenzani 2004 e 2007, nel XV secolo anche Meneghini 2004. Le campane di S. Maria Spoglia Christi così anche in Cod. Escurialensis f. 46r (v. Egger 1905-1906). Il disegnatore della fig. 33 (secondo Frommel: Baldassarre Peruzzi) è così preciso da aver riprodotto perfino i tipici gradini tra i dentelli del denticolato del Foro di Traiano (cfr. Wegner 1957, pp. 50 s.).

Fig. 31. Il Campidoglio prima della costruzione dell'Altare della Patria si erge al di sopra del centro della città, visto dalla direzione di Palazzo Venezia. Edmund Hottenroth (1804-89), particolare. Proprietà privata.

Ancora uno sguardo tutt'intorno dal Campidoglio, nella pianta di Strozzi, sugli altri monumenti antichi. Si riconoscono la colonna di Traiano, gli edifici del Foro romano, l'Arco di Giano, in lontananza il Colosseo, e dietro le arcate della diramazione dell'Aqua Claudia verso il Celio. Sulla veduta del 1420, del Foro si riesce a identificare solo la basilica di Massenzio. Ancora un decennio e Poggio da qui, dal Campidoglio, insegnerà a vedere Roma in modo nuovo.

Una nuova generazione ora si dedica all'antico considerando la sua eredità materiale complessiva, senza limitarsi a percepire lo splendore della scultura e dell'architettura. Lo dimostra l'attenzione prestata perfino ai semplici muri, privi di decorazione – soprattutto le mura urbane di Roma –, alla struttura dell'opera muraria, alla loro composizione materiale e storica: un segno inequivocabile della nuova ampiezza e profondità del desiderio di comprendere l'antico in tutte le sue espressioni e di ricavare dal suo

Fig. 32. Veduta dal Campidoglio (*veduta d'ara celi*) oltre i Fori imperiali su Tor de' Conti e gli edifici dell'Esquilino. *Codex Escurialensis*, fol. 40v (fine del XV secolo).

modello, dove possibile, un'utilità pratica. Le realizzazioni tecniche degli antichi si potevano comprendere sul piano tecnico e al tempo stesso osservarle dal punto di vista estetico, come fece l'inviato fiorentino Giovanni Lanfredini, che nel 1484 descrisse all'artista Antonio Pollaiolo la semplice pavimentazione romana delle strade: «La qualità e la solidità della pietra, la dimensione delle pietre, la composizione, quasi tutte della stessa grandezza, le pietre disposte una nell'altra come nelle squame dei pesci, e se si pensa che la pietra non è nemmeno locale…».[14]

Naturalmente già nel Medioevo erano rimasti colpiti dalle mura antiche, dai blocchi di pietra ben fatti, tagliati con cura, quasi privi di interstizi. Se questo tipo di percezione veniva espressa a parole, si trattava quasi sempre di un'impressione complessiva: questo tipo di muratura romana «fa fare una pessima figura a quella attuale così miserevole», dichiara una cronaca francese del XII secolo; Ermanno di Reichenau, di questa muratura a blocchi squadrati in Italia, dice che «sembra costruita per l'eternità»; Rahewin la giudica «compatta e priva di giunzioni»; «insostituibile», sottolineano i Colonna nel processo contro Bonifacio VIII.[15]

14. Borsook 1973, p. 468 (*spina di pesce*, ma in realtà si intende *squama di pesce*).
15. Giudizi medievali sui muri antichi: Esch 2005a, p. 40; Clemens 2003, pp. 388 s.

Fig. 33. Trabeazione del Foro di Traiano reimpiegata nel Medioevo, con appese le campane della chiesetta di S. Maria Spolia Christi (in seguito "in Campo Carleo"). Firenze, Biblioteca Nazionale, Cod. Magl. II. I 429, fol. 50v.

Ora però si osserva con maggior attenzione. Umanisti come Coluccio Salutati (1331-1406) ritengono di poter dichiarare inequivocabilmente romani per materiale e forma i resti di muratura antica, anche se sono mescolati agli edifici medievali. Ciriaco d'Ancona, nei suoi viaggi in Grecia dagli anni venti del Quattrocento, passerà in rassegna interi tratti di mura antiche e, malgrado non sia architetto, disegnerà addirittura i diversi tagli delle pietre (poligonali, isodome, trapezoidali).[16] E così, finalmente, si cominciano a guardare le mura antiche con occhi nuovi anche a Roma, che diversamente da Firenze disponeva di un ricco patrimonio di mura antiche, ma non di uomini già pronti e in grado di esaminare le mura storiche con curiosità e competenza. In effetti, tra gli autori di cui abbiamo citato le dichiarazioni, non c'è nessun romano. I romani vedevano le loro imponenti mura aureliane ancora alla maniera dei *Mirabilia* («hanno 361 torri, 12 porte, 6900 merli»), e nemmeno una volta queste cifre sono state verificate in prima persona.

16. Muro antico commentato o disegnato in Salutati, Ciriaco e altri: Esch 2008b.

Questa situazione ora cambia completamente. Leon Battista Alberti, a Roma nel 1431-34 e poi di nuovo dal 1443, con un incarico alla curia, stabilisce criteri nuovi nella sua *Descriptio urbis Romae.*[17] Le mura di Roma ora non sono più il cerchio simbolico dei *tondi* di Roma del primo Quattrocento, le sue misurazioni della città non danno più come risultato un'*immagine* di Roma, ma una *pianta*. Però Alberti non si occupa solo del percorso delle mura ma anche delle loro giunzioni, ed è scontato mettere in relazione quest'interesse con l'intensa attività edilizia promossa da papa Niccolò V e con le estese riparazioni delle mura cittadine, dove a partire da questo momento non compaiono più le insegne e le iscrizioni del comune ma quelle dei papi, in gran numero proprio quelle di Niccolò V.

È una questione molto dibattuta tra gli storici dell'arte, e comunque controversa – parte del grande tema che riguarda Alberti e Roma – in che misura sia stato coinvolto Leon Battista Alberti nei progetti edilizi di Niccolò V.[18] Non lasciò edifici a Roma, e il suo principio di dare alle chiese cristiane l'aspetto di un tempio pagano dev'essere stato visto con disapprovazione da alcuni alti prelati della curia. Ma qui non si tratta tanto del grado di coinvolgimento di Alberti nei progetti edilizi del papa – dalla basilica di S. Pietro alle mura urbane – quanto piuttosto delle sue osservazioni sull'antico, sulle antiche murature, che trovano espressione nell'opera *De re aedificatoria* (dedicata nel 1452 a Niccolò V). In fin dei conti Alberti trascorse a Roma alcuni decenni della sua vita: un'occasione sufficiente per fare le sue osservazioni, frutto di esplorazioni nel mondo delle rovine romane – partendo dal quartiere dei fiorentini accanto a ponte S. Angelo, come già avevano fatto Brunelleschi, Donatello, Ghiberti. «Negli edifici degli antichi ho osservato...», ripete sempre, e seguono le osservazioni sulla tecnica e il materiale delle opere murarie; per esempio, cosa si può stabilire sulla mescolanza dei mattoni o sulla politura delle lastre di rivestimento in marmo. Oppure, a proposito della disposizione interna dei blocchi squadrati, il loro raccordo tramite graffe di

17. Su L.B. Alberti alla curia (*scriptor* e *abbreviator* alla cancelleria, dal 1449 anche *lector* della *audientia litterarum contradictarum*) ora nel dettaglio Schwarz 2013b. La sua *Descriptio*: Alberti *Descriptio* 2005; anche Grafton 2003, pp. 318 s., Borsi 2003, pp. 208 s.

18. Alberti e Roma: v. i contributi in *La Roma di Leon Battista Alberti* 2005; *Alberti. Architetture* 2009, pp. 489-615; Modigliani 2019. Sua abitazione a Roma: *in parochia S. Celsi* (secondo un testamento del 1472). Sulla collaborazione di Alberti con Niccolò V: Grafton 2003, cap. IX; Frommel 2003, pp. 104 s. Almeno un cenno alle pubblicazioni, relative a numerosi convegni, curate dal Comitato Nazionale per il VI centenario della nascita di L.B. Alberti (Mantova 2002 e 2003, Arezzo 2004, Genova 2004 ecc.).

metallo fissate con piombo fuso (e subito segue sempre l'applicazione pratica: il piombo non dev'essere versato quand'è rovente). Che l'*opus reticulatum* romano, diversamente dall'opera quadrata e laterizia, non sia possibile utilizzarlo di nuovo in epoche più tarde, e perciò gli edifici antichi realizzati con questa tecnica abbiano avuto maggiori opportunità di sopravvivere senza essere spogliati, è un'osservazione calzante in cui si uniscono nel modo migliore senso pratico e storico.[19]

L'azione del tempo, e che danno può arrecare a un muro. Come l'albero di fico può scalzare i muri; come reagisce il marmo all'acqua piovana. Le sue affermazioni sull'idoneità e la durata dei tipi di legname, se sono esposti all'acqua, sono documentate con osservazioni personali perfino sui resti delle navi romane affondate nel lago di Nemi, che all'epoca il cardinale Prospero Colonna fece ispezionare con la sua collaborazione. E ancora: cosa bisogna sapere se si vogliono collegare vecchi muri a nuovi muri? Le sue considerazioni sui monumenti antichi a Roma vengono localizzate esattamente di volta in volta: dato che non ha trovato nulla sulle fondazioni negli scritti tecnici degli autori antichi, *nihil invenio apud veteres*, osserva il dato concreto a Castel S. Angelo, al Foro Boario, nel Comizio, nel tempio di Vespasiano.

E allo stesso modo dei monumenti antichi, Alberti osserva anche le mura cittadine. Cosa c'è da sapere sulla struttura delle mura antiche, che riflessioni si possono fare sul percorso delle mura? E com'è la situazione a Roma: distanza tra le torri, altezza dei camminamenti, ecc. Non è possibile stabilire se abbia partecipato direttamente al ripristino complessivo delle mura aureliane sotto Niccolò V, ma i problemi che sorgevano (come si rattoppa un muro monumentale romano in laterizio, come si consolida una torre?) sono stati discussi inevitabilmente anche in sua presenza. Nel caso di Alberti, naturalmente, era qualcosa di più della semplice conoscenza pratica della composizione dell'opera muraria antica. Perché qualsiasi costruttore romano aveva da lungo tempo la stessa capacità, anche senza

19. Alberti *De re aed.* 1966; sul problema della datazione (se la data della dedica, 1452, sia anche la data in cui l'opera è stata ultimata, come si è ipotizzato fino a questo momento): Modigliani 2019. Osservazioni: *opus reticulatum* in Alberti *De re aed.* 1966, VIII 3, graffe di metallo: III 11, legno delle navi del lago di Nemi: V 12. Sui monumenti di Roma in relazione ad Alberti: v. i contributi in *La Roma di Leon Battista Alberti* 2005, per esempio Castel S. Angelo (P. Spagnesi), Pantheon (A. Nesselrath), Colosseo (C. Denker Nesselrath), Septizonium (M. Tata) ecc.; cfr. Borsi 2006; Bruschi 2007. Sull'impiego post-antico dell'*opus reticulatum*: Pagliara 1998/99.

Alberti. In fin dei conti a Roma gli edifici antichi erano stati sempre smontati per reimpiegarne subito il materiale o per esportarlo con carichi che riempivano intere navi – quindi si doveva sapere bene dove trovare le graffe di metallo nell'antica muratura in pietra da taglio, si sapeva come poggiano gli archi in laterizio sui muri di tufo e come si mette mano a un'opera muraria antica. Però: chi guarda le mura antiche solo con occhio pratico, non riesce ad andare oltre. Non viene recepito, tramandato, dipinto quel che ha visto Giovanni *muratore*, ma quel che ha guardato Leon Battista Alberti.[20]

Si torna di nuovo a una visione integralmente storica, quando Alberti parla del rapporto tra arco di trionfo e porta cittadina, della loro forma e del loro possibile cambio di funzione. Le porte cittadine, dice, sono finite spesso all'interno della città in seguito all'ampliamento del *pomerium* (e delle mura) e, mantenendo la loro posizione di spicco in rapporto ai flussi del traffico, sono state trasformate talvolta in archi di trionfo. Che gli archi di trionfo, all'inverso, in età tardo o post-antica siano stati trasformati in porte cittadine, lo sapeva naturalmente anche Alberti – ed è proprio questo che vedremo dipinto da Mantegna! Frutto di una riflessione di natura squisitamente storica di Alberti è anche l'osservazione che negli ultimi 200 anni la costruzione di torri è diventata addirittura una malattia (*morbus turrium astruendarum*), perfino nell'ultimo dei villaggi nessuna famiglia voleva rinunciare alla sua torre, perciò questa «selva di torri» (anche Roma, allora, era ancora una città delle torri e non delle cupole); nei due secoli precedenti invece la mania delle chiese![21]

In tutte le osservazioni di Alberti parla comunque la consapevolezza che il passaggio da un'epoca all'altra dev'essere percepito dagli occhi, dai propri occhi, e non solo attraverso quelli di Aristotele; che è possibile riconoscere che questo pezzo di muratura qui è antico e invece là non lo è, o è un conglomerato di epoche diverse. E così l'interrogativo è scontato: questo, ora, non dovrebbe poterlo vedere anche un pittore accorto e poi volerlo rappresentare in modo corrispondente, che sia per interesse nei confronti delle connessioni storiche tra gli edifici o per il piacere della *varietas* dei materiali impiegati? Enormi pareti in laterizio il cui unico ornamento era la loro monumentalità (come si impresse bene in mente il giovane Bernardo

20. Sulle osservazioni di Alberti, Poggio, Biondo sulle mura cittadine di Roma, documentazione in Esch 2008b. Le mura: Mancini 2001.

21. Alberti *De re aed.* 1966, VIII 6; "malattia delle torri": VIII 5; altro in Esch 2008b, pp. 128-134.

Rucellai sotto la guida di Alberti): non avrebbe dovuto essere stimolante anche per un pittore sensibile?

La consapevolezza storica, nello sguardo rivolto ai monumenti e alle mura di Roma, si esprime negli umanisti in maniera diversa. Non molto chiaramente in Poggio Bracciolini, che con il suo sguardo elegiaco dal Campidoglio mostra poca comprensione per le trasformazioni medievali degli edifici antichi. È costretto, contro la sua volontà, ad accoglierli nella sua visione, per poi sottrarli immediatamente, mostrandosi in questo più antiquario che storico. È interessante la sua attenzione per le mura aureliane della città, il cui ripristino integrale su iniziativa di Niccolò V (al quale dedicò il suo scritto nel 1448) era appena stato effettuato. Le sue osservazioni talvolta sono completamente sbagliate: come quando ritiene che le mura aureliane in laterizio (e quelle di Onorio) siano in larga misura altomedievali, perché si immaginava che le mura antiche fossero tutte composte di pietra da taglio e considerava l'integrazione di edifici antichi nelle mura un indizio di post-antico (invece che tardo-antico).

Comunque è frutto di un'osservazione personale che descrive e documenta, nel cammino intorno alle mura, gli accostamenti, perfino gli inserti, delle diverse fasi costruttive, spesso sbagliando ma con un metodo nuovo: dove si vedono accorciamenti più tardi, dove porta il muro oltre i resti più antichi dell'edificio? A Porta Maggiore l'acquedotto di Claudio è stato trasformato in un tratto di mura cittadine, in diversi punti intere facciate di case sono state incorporate, come si può riconoscere dalle aperture delle porte e delle finestre murate – infatti la costruzione delle mura, sotto Aureliano, di fronte al grave pericolo dei germani dovette essere portata avanti rapidamente, e si fece come con la costruzione del muro a Berlino nel 1961 nella Bernauer Strasse: murare le finestre e procedere spediti. Dove i crolli consentono di guardare, Poggio esamina la composizione di tutto il materiale molto diverso di riempimento e ne deduce che il muro non può essere stato costruito tutto in una volta, *non uno tempore*, infatti la tecnica non è uguale in ogni sua parte. Ne sono indizio, a suo parere, anche la muratura di aperture precedenti, l'inserimento di arcate dell'acquedotto, le aggiunte e i rattoppi – e proprio questo troveremo tradotto in seguito sul piano visivo, attraverso lo strumento della pittura, nella rappresentazione di antiche mura di Mantegna.[22]

22. Poggio Bracciolini 1993, pp. 99 s. (*lateritia nova sunt…, antiqua moenia ex quadrato lapide*).

E per finire Flavio Biondo, il quale per sua stessa ammissione non voleva far parte di quel mucchio di umanisti che si limitavano a ignorare il destino post-antico dei monumenti romani e avevano ancora davanti agli occhi, nei vicoli medievali del loro presente, la visione degli edifici classici: «No, io non faccio parte di coloro che per la situazione attuale di Roma non provano altro che disprezzo e sdegno». Allora era un atto di coraggio dichiararlo, ancora prima del risveglio urbanistico promosso da Niccolò V. Ma rivela anche un tratto caratteristico che lo distingue da molti umanisti: la comprensione storica e non solo l'interesse antiquario.

Nella topografia di Biondo la trasformazione medievale e la situazione dei monumenti antichi nel presente non viene taciuta (talvolta, ovviamente, è anche deplorata), la compenetrazione reciproca delle epoche storiche è sempre segnalata e lasciata in vista: sull'antico Tabularium ora si innalza l'edificio (modesto) in laterizio del Palazzo senatorio di Bonifacio IX; sulle possenti volte antiche in S. Lorenzo in Lucina poggia il palazzo cardinalizio in cui ora abita il cardinale francese Jean Juvenis; sul terreno dove sorgevano le Terme di Agrippa ora vivono Cincio dei Rustici e altri suoi colleghi: l'antico è letteralmente "ri-attualizzato"! L'asportazione e il reimpiego di marmi antichi non vengono semplicemente deplorati, ma quando è possibile viene seguito anche il percorso dal primo al secondo impiego, da una piramide funeraria antica al pavimento dell'atrio di S. Pietro, e a questa spoliazione e alle calcare viene imputata la responsabilità principale dell'annientamento dei pezzi antichi, e non, «come si dice comunemente, al tempo e ai Goti». Costituisce una rara eccezione che le rovine non siano state viste semplicemente come l'"antico" (e percepite solo per questo motivo) ma nella loro commistione di epoche diverse: Biondo le vide così.[23]

La comprensione storica di Biondo, fin da subito molto distante dalle favole dei *Mirabilia* e dal purismo antiquario di numerosi umanisti, inquadra quindi i monumenti antichi, dopo averli identificati con la massima competenza, nei contesti in cui erano venuti a trovarsi nel corso dei secoli. E questi conglomerati storici, chi voleva, poteva anche dipingerli.

Dallo sguardo dell'erudito ora passiamo a quello del pittore, dalla descrizione verbale delle mura passiamo a quella visiva.[24]

23. Biondo, *Roma instaurata* 2005: *non sumus ex illis*, III 84; abitata, II 14, II 8; spoglie, I 52; cfr. Esch 2008b, pp. 136-138; Günther 1997; Grafton 2003, pp. 301 s.; Muecke 2011.

24. Esch 1984; Esch 2008b e Esch in *La Roma di Leon Battista Alberti* 2005, pp. 80-89; Greenstein 1992; Alberti: Christiansen 1994. E i contributi in *Mantegna e Roma* 2010.

Dopo che fu a lungo predominante la superficie muraria unitaria, compattamente monocroma, dal principio del XV secolo diversi tipi di muratura vengono distinti intenzionalmente l'uno dall'altro in misura crescente: pietra da taglio contro bugnato contro pietra a punte di diamante come nella "Presentazione al Tempio" (1423) di Gentile da Fabriano; rosa a contrasto con verde e bianco nella "Leggenda di s. Nicola" (1437) di Beato Angelico; mattone a contrasto con marmo come nella "Costruzione della Torre di Babele" (dopo il 1468) di Benozzo Gozzoli. Ora si aveva un'idea di come rappresentare la muratura *all'antica*. Come il *lapis quadratus* nelle fonti scritte, così in pittura ora la muratura a conci squadrati – soprattutto il bugnato con cornice piana – definisce il lavoro antico. E queste pietre poi possono essere fessurate, smussate, frantumate, per mostrare distanza temporale, decadenza, povertà (il Bambino nato nello sfarzo dell'architettura romana: ma poi doveva essere decaduta).

Che nell'affresco con le "Storie di s. Stefano" (1447-50) di Beato Angelico, nella cappella di Niccolò V, non siano rappresentate mura cittadine qualsiasi ma le mura aureliane di Roma (anche se si intende Gerusalemme), lo si riconosce da una caratteristica inequivocabile: i pilastri delle arcate sul lato interno hanno delle aperture per rendere percorribile senza interruzione il cammino di ronda. E si deduce da un dettaglio poco appariscente nel *Codex Escurialensis* (fine del XV secolo) che l'artista non ha indicato un qualsiasi segno generico di antichità e di fragilità, ma aveva una conoscenza specifica delle condizioni di decadenza delle mura antiche: gli enormi buchi che ricoprono con un effetto sgradevole molti muri romani in conci derivano dal fatto che l'alto Medioevo, con la sua fame di metallo, bucava le pietre con lo scalpello, in modo da arrivare alle graffe metalliche di giunzione e al piombo, e non possono essere distribuiti sulle superfici di muratura (un pittore sarebbe incline a farlo) come una decorazione a piacere, ma devono essere sempre collocati in modo regolare, se pure non bello a vedersi, nelle giunzioni dei blocchi. Il disegnatore dell'*Escurialensis* aveva colto questo dato di fatto (fig. 34). E mentre i libri di schizzi di norma raffiguravano gli edifici romani in alzato spoglio (e soprattutto spesso con le misure precise, nei loro singoli elementi), esistono anche disegni che mostrano i monumenti ricoperti e crepati da una vegetazione lussureggiante, come sono descritti da Pio II nelle sue escursioni (fig. 35).

Come le mura antiche sono segnate a poco a poco dagli sfregi della storia; come la muratura antica e quella post-antica si uniscono; come i secoli danneggiano la pietra e come le particolari lesioni delle pareti in

Fig. 34. Il disegnatore aveva compreso le cause dei danneggiamenti – erano state tolte le ambite graffe di metallo – e perciò ha posizionato tutti i fori, non belli ma correttamente, nelle giunture dei blocchi. *Codex Escurialensis*, fol. 57v, Foro di Nerva con Tor de' Conti (particolare).

laterizio sono diverse da quelle della muratura in pietre da taglio, tutto questo, nel Quattrocento, nessuno l'ha mostrato con maggior immedesimazione e fedeltà d'osservazione di Andrea Mantegna (1431-1506). Qui non parliamo della riproduzione esatta in senso archeologico – alla quale si presta sempre attenzione – di armi, vesti, iscrizioni, architetture romane in primo piano nei suoi dipinti, ma della rappresentazione delle mura cittadine che per lo più costituiscono lo sfondo. Qui si vedono le giunzioni tra le parti più antiche e più moderne delle mura, tracce di calce ancora fresca che sgocciola, pietre da taglio abbinate a muratura in laterizio, brecce tamponate di un precedente assedio, edifici più antichi incorporati nel muro, archi murati, perfino materiali di spoglio incassati nella muratura.[25]

25. Affreschi della Camera degli Sposi: Signorini 1985, la scena dell'incontro, pp. 143-170 con fonti archivistiche; sulla datazione ora le lettere in Tissoni Benvenuti 1981. Illustrazioni: scena dell'incontro, Roettgen 1996-97, vol. II, tav. 9, Monte degli Ulivi e s. Sebastiano del Louvre: Bellonci, Garavaglia 1967, tav. XVI e XXIX. Altre questioni con altra letteratura: Esch 2008b; mura della scena dell'incontro del Monte degli Ulivi, di s. Sebastiano, ivi, pp. 149-154. Sui diversi elementi del palinsesto murario (costruzioni precedenti inglobate, porte murate, brecce, ecc.) sull'esempio romano: ivi, pp. 154-160 con figg. 22-27. Disegni di architetture antiche: Nesselrath 2014.

Fig. 35. Disegni dall'antico: architettura, sculture, iscrizioni. Arco onorario romano per una volta non come ricostruzione antiquaria, ma ricoperto e crepato da una vegetazione lussureggiante, come lo descrive Pio II nelle sue escursioni. Disegno di un'Arco di Trionfo, seconda metà del XV secolo. Firenze, Biblioteca della Soprintendenza.

Si possono percorrere le mura cittadine di Mantegna nello stesso modo in cui abbiamo già visto Ciriaco d'Ancona, Alberti, Poggio esplorare le antiche mura. Per esempio, nella cosiddetta "scena dell'incontro" della "Camera degli sposi" a Mantova (il giovane cardinale Francesco Gonzaga, lungo la strada per Roma o da Roma, incontra suo padre, il marchese Lodovico), nello sfondo in alto le imponenti mura cittadine di una Roma immaginaria (circa 1470-74, fig. 36). Iniziando da sinistra, si riconosce un arco di trionfo romano trasformato in una porta cittadina con un rilievo figurato, mezzo spezzato: su un lato, un muro in laterizio, sull'altro un tratto di muro costituito da possenti blocchi in bugnato con cornice piana. Segue poi un vero e proprio palinsesto murario: sotto muratura in conci, sopra un pezzo di mura più antiche in laterizio o in pietra di cava, costruito con mattoni più chiari, cioè più nuovi, fino al suo coronamento. Poi una torre, la cui base è ispessita sul davanti per rinforzarla (così raccomandava Alberti per tutte le mura di Roma, ma qui nel XV secolo lo si faceva solo nelle basi delle torri). Subito accanto, un altro pezzo di mura con brecce tamponate, che Mantegna lascia

Fig. 36. Mura in Mantegna. Le mura cittadine di una Roma immaginaria nella loro composizione materiale e storica: come palinsesto di muratura a conci squadrati e muri di mattoni, brecce tamponate e porte murate. Sfondo della *Scena dell'incontro* di Andrea Mantegna nella Camera degli sposi, Mantova (particolare).

visibili intenzionalmente usando una tonalità più chiara, dato che non solo rappresentano una dichiarazione storica ma producono anche un effetto pittorico. Poi una porta murata, sulla cui funzione originaria richiamano l'attenzione lo stemma all'esterno e il vicolo che sale all'interno. Queste sono mura nella loro composizione storica e materiale, mura che sono il risultato di un processo storico. Storia proiettata su una superficie in muratura.

Lo stesso vale per altre sue mura cittadine: nel "Cristo sul Monte degli ulivi" di Londra, possenti superfici in laterizio con tutte le possibili sfumature di una parete storica; nel "S. Sebastiano" del Louvre, un antico acquedotto trasformato in mura cittadine murando le arcate, il sovrappassaggio sulla strada diventato porta cittadina (come a Porta Maggiore a Roma); si vede perfino un muro in cui sono stati usati pezzi chiaramente riconoscibili come materiali di spoglio! (fig. 37) In breve: quel che Mantegna ha potuto vedere con i suoi occhi, durante le escursioni con i suoi amici umanisti (come quella ben nota al lago di Garda, nell'autunno del 1464), studiando anche i pezzi antichi meno appariscenti, dovunque in Italia e soprattutto a Roma (che visitò al più tardi nel 1488-90, per dipingere la Villa del Belvedere): tutto questo ha annotato dai libri degli schizzi, ha letto in Poggio o in Alberti, è venuto a sapere dagli amici.[26] Materiale sufficiente per l'imma-

26. Sui taccuini di schizzi: Nesselrath 1986; e Id. 2014; Nesselrath, *Disegnare Roma*, in *La Roma di Leon Battista Alberti* 2005, pp. 49 s. (sull'uso da parte di pittori e miniaturisti). Sull'attribuzione dei disegni con le prime ricostruzioni di monumenti romani nel *Codex Marcanova* (Berna e Modena), ivi, p. 209.

Fig. 37. Spoglie dipinte. Bugnato e due iscrizioni (v. le frecce) come materiale di spoglio reimpiegato in un muro. Sfondo del *S. Sebastiano* di Andrea Mantegna. Parigi, Louvre.

ginazione di un artista che era sensibile al dialogo con gli eruditi e sapeva trasformare quel che era stato trasmesso con le parole in qualcosa di visivo. Le mura di Mantegna sono Biondo in pittura, Alberti in pittura.

Tutto questo all'inizio del secolo sarebbe stato ancora impensabile. Vedere l'antica Roma come totalità e nelle sue parti, dal monumento sublime fino alle mura cittadine disadorne, non più con lo sguardo prevenuto dei *Mirabilia* ma con l'occhio penetrante dell'umanista, fu un grande passo. Nel Quattrocento, nell'arco di pochi decenni, anche questo passo fu compiuto.

Prime raccolte d'antichità

All'inizio del 1445 nel porto romano sul Tevere, la Ripa di fronte all'Aventino, attraccò una barca da Nettuno e, oltre a granaglie e uva essiccata, scaricò due *ymagines marmoreas*, due statue di marmo. La provenienza della barca fa supporre che le statue arrivassero da una delle numerose ville di mare intorno ad Anzio e Nettuno, per esempio dalla grande villa

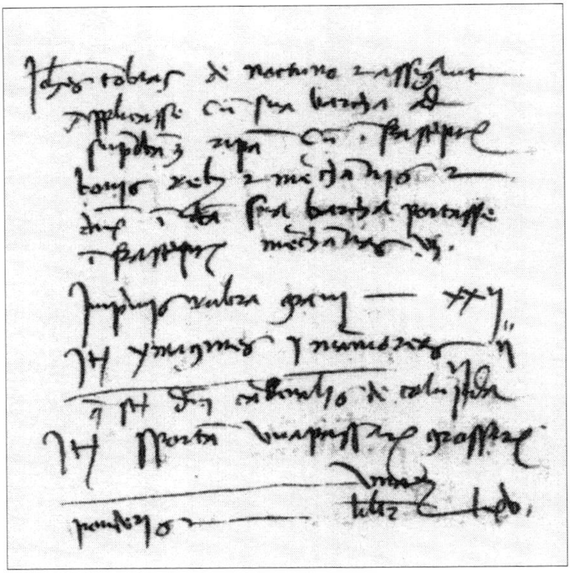

Fig. 38. Annotazione nel registro della dogana portuale, 1455. Una barca da Nettuno porta per il cardinale Colonna due statue (antiche) di marmo: *Item ymagines marmoreas II, que sunt domini cardenalis de Columpna*. Archivio di Stato Roma, Cam. Urbis, reg. 121 fol. 10r.

imperiale di Anzio (dove era nato Nerone), che ha restituito molti pezzi pregevoli come la "Fanciulla di Anzio" e il "Gladiatore Borghese". Le statue, come informa un'annotazione dell'ufficio doganale (fig. 38), erano destinate al cardinale Prospero Colonna, che solo pochi mesi più tardi qui al porto accoglierà la lastra tombale in bronzo dello zio, papa Martino V, da lui commissionata a Firenze.[27]

L'annotazione, poco appariscente nel registro doganale, ha la sua importanza. Il cardinale Prospero Colonna (m. 1463) aveva riunito una raccolta di antichità nel palazzo di famiglia ai SS. Apostoli o nel suo giardino sulle pendici sud-occidentali del Quirinale, sovrastato dai resti del frontone del Tempio di Serapide e delimitato dalle sostruzioni della scalinata del tempio (fig. 39, presso l'odierna Università Gregoriana): è considerata la prima del suo genere a Roma. Probabilmente ne faceva parte anche lo splendido "Torso del Belvedere" (non è contraddittorio che poco più tardi sia menzionato nella bottega dello scultore Andrea

27. Annotazione nel registro doganale: Esch 2007a, pp. 249 s. (con *ymago marmorea* si intende statua, nel caso di un busto ritratto l'impiegato della dogana avrebbe scritto *testa*); lastra tombale: v. sotto, pp. 344 s.

Fig. 39. Parte antica di palazzo Colonna, nella cui loggia probabilmente era sistemata la collezione di antichità di Prospero Colonna, inglobata fra le sostruzioni della monumentale scalinata che portava al tempio di Serapide, il cui frontone (chiamato nel Medioevo *frontispicium Neronis*, «frontespizio di Nerone») sul Quirinale svettava su tutto. Cerchia di Marten van Heemskerck. Kunstmuseum Düsseldorf.

Bregno), in ogni caso un gruppo con le Tre Grazie e altre statue, rilievi e iscrizioni.[28] E ora, quindi, anche le due statue scaricate dalla barca di Nettuno citate all'inizio. Lo stesso Biondo racconta che Prospero Colonna frequentava la costa di Anzio e là, in sua compagnia, si aggirava personalmente tra le rovine romane. Che questo illustre cardinale Colonna non dovesse pensare solo a raccogliere antichità e recuperare navi romane dal lago di Nemi, ma anche a battersi per la posizione politica della sua famiglia, lo possiamo dedurre dai suoi massicci acquisti di armi documentati nei registri doganali.

28. Bober, Rubinstein 1986, nr. 60, 63, 102, 132, 165; Magister 1999, p. 160; Christian 2010, pp. 48-61 e 313 s.; sul torso v. anche Maddalo 1989. Biondo in Anzio: Flavio Biondo, *Italia illustrata* 2005, I 57. Sulla loggia dei Colonna: Scaglia 1992. Vendite di armi, v. sopra, p. 349.

Per poter valutare correttamente quel che allora ebbe inizio con la raccolta di statue, dev'essere chiarito, innanzitutto, il rapporto del Medioevo con le statue antiche e quali fossero le statue visibili e disponibili all'epoca. La selva di statue nei nostri musei fa pensare che la statua antica nel Medioevo abbia conosciuto una massiccia sopravvivenza. Invece non è così, le statue vennero alla luce quasi tutte in occasione degli scavi post-medievali. A livello del suolo le opportunità di sopravvivenza delle statue antiche nel Medioevo erano infinitamente poche. Perché la statua, soprattutto i nudi, era considerata simbolo del paganesimo per antonomasia, un *idolum*, di fronte al quale erano stati immolati i martiri, e perciò doveva essere abbattuta e distrutta, come veniva raffigurata negli affreschi e nei mosaici: la nudità impudica, il contrapposto accentuato e la gestualità ampia servivano a identificare la statua come pagana.

Per questo le statue furono intenzionalmente annientate, esorcizzate, mutilate, sepolte, lapidate. Alcune si salvarono grazie all'*interpretatio christiana*: un Pan poteva essere scambiato per Giovanni Battista (anche lui aveva un aspetto scarmigliato), un Endimione dormiente poteva essere trasformato in un Giona in riposo. Solo così perdevano il loro carattere estraneo e spaventoso, solo così si poteva vivere insieme a loro. Perfino a Roma restava così poco della popolazione incredibilmente folta di statue, che alcune di loro, non rimosse, ricevettero un nome e in seguito si lasciò che parlassero ai vivi attraverso foglietti polemici attaccati sopra: le sei cosiddette "statue parlanti", come Pasquino (Menelao con il cadavere di Patroclo), Madama Lucrezia, l'Abate Luigi. Ma non solo questo: il patrimonio originario di statue non si era semplicemente ridotto, ma era diventato qualcosa di completamente diverso per composizione e proporzioni – non "un poco di ogni tipo", ma nella selezione specificamente medievale, asimmetrica, nessun nudo, niente di esplicitamente pagano, niente che non fosse interpretabile.[29]

Questo però significa che il Rinascimento dovette partire, in un primo tempo, da un patrimonio di antichità che era stato selezionato per lui dall'odioso Medioevo. E il primo Rinascimento, ora, cambierà proprio questo. È accaduto a Pisa e a Firenze, ma non a Roma, che le statue antiche

29. Sul rapporto del Medioevo con le statue antiche, per esempio: Settis 1984-86; Gramaccini 1996; Wiegartz 2004; Esch 2005a, pp. 43-46; *Statue parlanti*: D'Onofrio 1990. Sul patrimonio di antichità noto al Rinascimento, ora la banca dati della Berlin-Brandenburgische Akademie: *The Census of Antique Works of Art and Architecture Known in the Renaissance* (www.census.de), con la rivista «Pegasus» pubblicata da H. Bredekamp e A. Nesselrath.

siano diventate un modello per l'artista, che ora le loro riproduzioni abbiano potuto almeno rappresentare virtù cristiane e che alla fine, alla svolta del Quattrocento, sulla porta della Mandorla del duomo fiorentino, non abbiano avuto bisogno dell'*interpretatio christiana*: la nuova sensibilità per l'antico non si è sviluppata a Roma.

Quel che il cardinale Prospero Colonna aveva iniziato, ora vollero farlo anche altri: circondarsi di antichità, per un desiderio autentico o per essere alla moda. Le fonti letterarie, gli inventari delle eredità, ma soprattutto le raccolte di copie di iscrizioni (le cosiddette *sillogi*, che iniziano con Niccolò Signorili intorno al 1425, ma forse risalgono *in nuce* a Cola di Rienzo, e la raccolta di iscrizioni di Poggio) e i primi disegni citano un patrimonio precoce di sculture e iscrizioni. Può essere significativo che l'interesse per la testimonianza scritta epigrafica, per il testo storico preceda quello per l'opera d'arte. Qui è possibile occuparsi solo delle prime raccolte del Quattrocento.[30]

Da queste fonti sappiamo, nella seconda metà del secolo, di iscrizioni «presso il palazzo del vice-cancelliere», quindi del cardinale Rodrigo Borgia; *in domo domini Philippi de Valle* o *post domum vice cancellarii* (fig. 40), e di una ninfa celebrata in versi (a Civita Castellana, che trasformò in una sua fortezza, Borgia si fece innalzare un arco di trionfo composto di materiali di spoglio!); sappiamo di iscrizioni dai cardinali Domenico e Angelo Capranica, dal cardinale Bessarione naturalmente anche in greco; sappiamo di iscrizioni e sculture dai cardinali Latino e Giovanni Battista Orsini a Monte Giordano e a palazzo Orsini a Campo de' Fiori, o dal cardinale penitenziere (dal 1480) Giovanni Battista Savelli nel giardino del suo Teatro di Marcello.[31] Il cardinale Francesco Piccolomini entrò in possesso del gruppo delle Grazie di Prospero Colonna; il cardinale Domenico della Rovere, legato all'accademia di Pomponio Leto, aveva una ninfa dormiente (celebrata come *Huius nympha loci*) nel suo giardino; il cardinale Oliviero Carafa fece collocare presso il suo palazzo vicino piazza Navona il gruppo statuario del cosiddetto "Pasquino" (una delle "statue parlanti", che cominciò subito a parlare: la prima "pasquinata", versi satirici su Alessandro VI, è documentata nel

30. Le collezioni di antichità a Roma sono state ben inventariate di recente da S. Magister e K.W. Christian: Magister I 1999 e 2001; Christian 2010; cfr. *Collezioni di antichità* 2007. Elenco delle fonti scritte, sillogi, taccuini di schizzi in Magister I 1999, pp. 135 s., in Christian 2010, pp. 251-256 con localizzazione delle collezioni in map 1, p. X.

31. Sulle collezioni di iscrizioni, con la bibliografia più aggiornata: Buonocore 2012; nella Biblioteca Vaticana: Buonocore 2004; Gionta 2015, pp. 115-156.

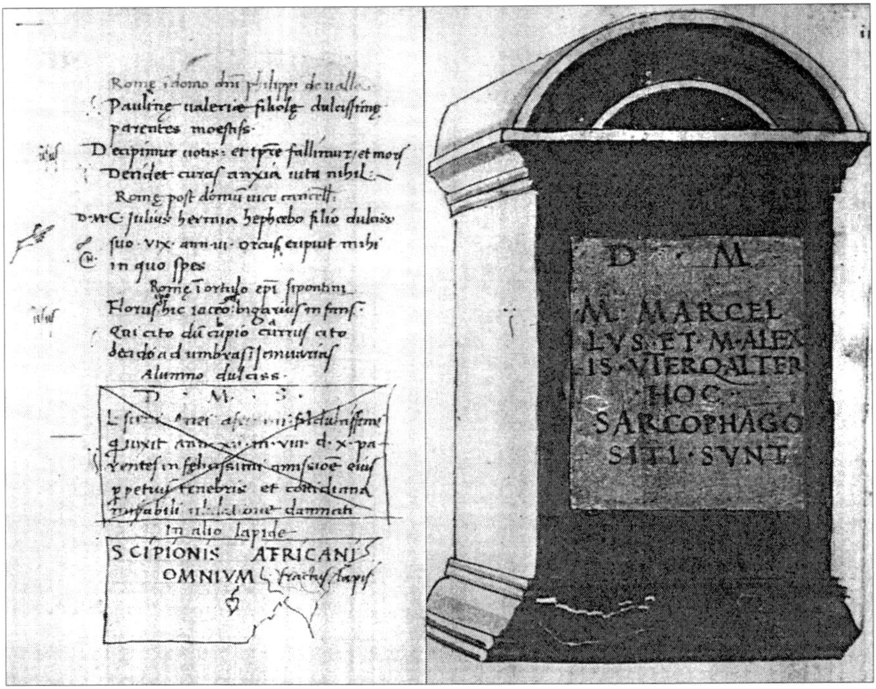

Fig. 40. Antiche iscrizioni copiate con la localizzazione «a casa di Filippo Della Valle», «dietro la casa del vicecancelliere», quindi di Rodrigo Borgia. Esempio di una raccolta di iscrizioni: Michele Fabrizio Ferrarino, intorno al 1477. Parigi, Bibl. Nat., Ms lat. 6128 fol. 113v.

1501). Statue notevoli possedeva, nel suo nuovo palazzo della Cancelleria, il cardinale Raffaele Riario, tra cui un *Cupido*, che il giovane Michelangelo gli aveva venduto come antico. Il boom dei nuovi palazzi ora incoraggiava ad arredarli anche con antichi oggetti scenografici.[32]

Ma il collezionista di gran lunga più importante era Pietro Barbo, da cardinale e poi da papa (1464-71). Tra le antichità che raccoglieva non c'erano molte iscrizioni e grandi sculture, ma arti minori: l'inventario del pa-

32. Si veda il repertorio completo di Magister 1999-2001 e Christian 2010 sotto i diversi nomi, per esempio Borgia: Magister, p. 150; arco onorario di Civita Castellana: Esch 2012/13, pp. 98 s.; Oliviero Carafa: Parlato 1990; il Pasquino più antico: Burcardus, *Liber notarum*, p. 296, sul 13 agosto 1501.

lazzo di S. Marco, che fu compilato in sua presenza nel 1457, contiene una gran quantità di monete, medaglie, pietre incise, piccoli bronzi antichi. Un tesoro così cospicuo di antichità dev'essere affluito da molte direzioni, anche da Bisanzio, e per questo (e per le icone bizantine nella sua collezione) Venezia, città natale di Barbo, era lo snodo adeguato. E non si limitava a collezionare, i pezzi lo tenevano anche occupato: di giorno dormiva e di notte li tastava (*attrestare*), dichiara Platina perfido come sempre. La registrazione di questo patrimonio di statuette, accanto alla descrizione della figura e dei suoi attributi, fornisce perfino giudizi di qualità (*opus non multum bonum*; *opus optimum*), sullo stato di conservazione («integro», «senza macchie», «dorato in precedenza»), e una stima del valore, aggiunta successivamente (7 Ercoli di Barbo valevano tra 3 e 15 ducati), per esempio:

> Vecchio barbuto, stante, integralmente conservato tranne che alcune dita della mano destra sono spezzate, la sinistra distesa sulla coscia, le gambe incrociate, una delle quali spezzata ma ben saldata col piombo; in testa ha un copricapo a punta; è di bronzo, lavoro eccellente, altezza 1 pugno, valore 8 duc.

L'immensa collezione di Barbo si disperse dopo la sua morte, alcuni pezzi riuscì ad acquistarli con un prezzo di favore (*aut nullo aut parvo pretio*) Lorenzo de' Medici nel 1471, in occasione della sua ambasceria di felicitazioni da Sisto IV. Barbo inoltre, per dare maggior centralità sotto ogni aspetto al suo palazzo cardinalizio divenuto palazzo papale, volle far trasportare qui perfino Marc'Aurelio e i Dioscuri, "Madama Lucrezia", il monumentale busto di una sacerdotessa di Iside che ancora oggi si trova davanti al palazzo, all'epoca esibiva le insegne di Barbo.[33]

Prendendo l'esempio banale di un giovane cardinale, che in seguito non fu nemmeno un particolare collezionista di antichità, si potrà capire come si veniva instradati. Francesco Gonzaga (al quale, venendo dalla corte di Mantova, l'antico non era certo estraneo), nel 1462, quando giunse diciottenne alla curia di Roma, fu invitato subito dal cardinale Prospero Colonna nel suo palazzo ricolmo di antichità, il cardinale Pietro Barbo gli fece conoscere la sua ricca collezione di pezzi antichi e l'umanista Porcellio Pandoni gli donò un'antica testa femminile. Ben presto riuscì a mandare a suo padre a Mantova una carovana di muli con teste antiche, in seguito

33. Sulla collezione di Pietro Barbo: Christian 2010, pp. 91-103 e 262-265; inventario ed. Müntz II, pp. 181-287, qui bronzetti, pp. 196-200 (citazione: p. 197). A Lorenzo de' Medici: in Dacos *et alii* 1980, p. 4. Prime collezioni di medaglie a Roma: Pfisterer 2008. Dioscuri, Marc'Aurelio: v. sotto, p. 305.

un *vasetto antiquo* alla madre. Una delle sue escursioni lo portò sulla costa a Nettuno, disseminata di *antiquitatis vestigia* (come scrive il suo accompagnatore), con le ville sul mare ricche di statue: qui gli avranno raccontato quanti reperti di statue avevano restituito – anche per il cardinale Colonna – proprio le rovine di queste ville. Francesco era ferrato anche in epigrafia: nella sua biblioteca aveva i *Commentarii* con la raccolta di iscrizioni di Ciriaco d'Ancona. Ma come mostra l'inventario del suo asse ereditario del 1483, collezionò soprattutto arti minori come Pietro Barbo/Paolo II, acquistando qualche pezzo della sua eredità. Nel 1472 volle parlare con Andrea Mantegna della sua collezione di antichità: *monstrarli miei camaini e figure de bronzo et altre belle cose antique*.[34]

Il cardinale Giuliano della Rovere, che come Giulio II fissò nuovi criteri per la presentazione di antichità, avviò la sua collezione mentre era ancora in vita Sisto IV. Dal 1474, oltre al suo titolo cardinalizio di S. Pietro in Vincoli, fu anche commendatario dei SS. Apostoli, e dato che da quel momento abitò e costruì qui, alla fine ebbe nel suo «meraviglioso giardino» (*viridarium pulcherrimum*) statue, rilievi, sarcofagi, 31 iscrizioni, molte delle quali certamente provenienti dai territori dei suoi titoli cardinalizi (tra cui, dal 1483, l'ambita Ostia). Sul portale principale dei SS. Apostoli fece collocare il grande altorilievo con l'aquila nella corona di quercia («rovere»). Quando nel 1489, su un terreno vicino del convento di S. Lorenzo in Panisperna, oltre ad alcuni *fauni* e *faunetti*, venne alla luce la statua di Apollo (quello "del Belvedere"), e Lorenzo de' Medici l'aveva già quasi ottenuta grazie all'abile agente di antichità Giovanni Ciampolini, Giuliano della Rovere intervenne dalle suore, rivendicò la statua per sé e naturalmente si impose subito, come si deduce dalle lettere di Nofri Tornabuoni (fratello del direttore della banca dei Medici a Roma, Giovanni Tornabuoni, e allora suo rappresentante) a Lorenzo: «Naturalmente è venuto a saperlo, avrà voluto la statua, e nessuno si è arrischiato a sottrargliela» (è forza che lo sappi San Piero a *Vinchola, el quale la vorrà, e nessuno non ardirebbe trarciegli*). Ben presto quest'Apollo, che da subito, fino al rinvenimento del Laocoonte nel 1506, sarà considerato la statua più spettacolare mai ritrovata e in un primo tempo fu collocato con altre antichità nel giardino del palazzo di Giuliano ai SS. Apostoli, diventerà il fulcro del cortile di statue di Giulio II nel Belvedere.[35]

34. Francesco Gonzaga: Chambers 1992, pp. 74-83; Mantegna, ivi, pp. 79 s.

35. Giuliano della Rovere: Magister 2002; Christian 2010, pp. 368-372; Apollo: ritrovamento, Fusco 2006, docc. nr. 108-110 e 112; collocazione nel Belvedere: *Il cortile delle statue* 1998, pp. 211-225 (N. Himmelmann).

Le prime collezioni di antichità furono quelle di cardinali, prelati, colti funzionari papali. Ma anche di cittadini romani. Qui devono essere rintracciate e prese in esame anche le loro raccolte, in primo luogo perché potrebbero restituire un'immagine di Roma dall'accento diverso, più municipale che papale; in secondo luogo, perché forse era in gioco una motivazione personale, se famiglie illustri avevano l'ambizione di discendere direttamente da antiche famiglie romane (per esempio i Massimo con Quinto Fabio Massimo il Temporeggiatore) e volevano accreditare questa presunta ascendenza con antichi reperti; e in terzo luogo, perché in questa storia di Roma vogliamo individuare ogni impulso nuovo non solo al vertice ma anche, in una prospettiva più ampia, alla base.

Per quanto riguarda le collezioni di statue al di fuori della sfera curiale, papa Sisto IV all'inizio del suo pontificato aveva subito donato ai romani sul Campidoglio, con gesto nobile, i grandi bronzi antichi che nel Medioevo si trovavano presso il Laterano e che in parte erano serviti come simbolo regale di giustizia: la lupa, la testa e la mano con il globo della colossale statua in bronzo di Costantino o Costante, il cosiddetto Camillo e lo Spinario ora stavano tutti sotto le arcate del palazzo dei Conservatori. Il fatto che Sisto abbia dichiarato con magnanimità che questa donazione era una restituzione al popolo romano come erede legittimo (*restituendas censuit*), può aver commosso qualche romano: sul piano politico un gesto di conciliazione, dal punto di vista antiquario un ritorno al posto "giusto". Ma era comunque un'iniziativa papale, che il pontefice poteva tranquillamente concedersi visto la sua sovranità di fatto sul Campidoglio comunale (i papi del XV secolo non mostrarono ancora alcun interesse per interventi architettonici sul Campidoglio); era una grazia papale, e non esaudiva più la richiesta delle casate dominanti romane di procurarsi, a gloria della città e delle proprie famiglie, pregevoli pezzi antichi – a prescindere dal fatto che il rapporto tra il papa e il comune presto peggiorerà rapidamente: il segretario del Senato, il romano Stefano Infessura, principale cronista di questi anni, non dice una parola a proposito di questa donazione di statue da parte di Sisto.[36]

Così le famiglie romane, in competizione tra loro, svilupparono una nuova smania per il collezionismo. La più grande raccolta di iscrizioni

36. Donazione di statue: Buddensieg 1983; Parisi Presicce 2000. Sul significato del *Campus lateranensis*: Herklotz 1985. La lupa è stata interpretata di recente come un bronzo medievale (per ragioni tecniche – ma resta il problema di come la si vuole collocare stilisticamente nell'alto Medioevo): Carruba 2006.

era in possesso dei Porcari, la famiglia del congiurato repubblicano del 1452 (una scultura di sua proprietà finì dal cardinale Barbo). Invece che ai guardiani di porci, i Porcari preferivano far risalire la famiglia alla *gens* Porcia e al grande censore Marco Porcio Catone e collezionavano maiali, ammesso che fossero antichi come la scrofa di Lavinio o il bassorilievo del sarcofago con la caccia al cinghiale. Dall'inventario dell'asse ereditario di Francesco di Giuliano Porcari, del 1482, aggirandosi nella sua casa nel rione Pigna, si deduce in quali ambienti si incontravano i suoi pezzi antichi: nello *studio* «13 teste di marmo, 5 figure in marmo in parte integre e in parte danneggiate, e molti altri frammenti di teste e altri arti di marmo»; in uno spazio più ampio tra zappe, spati, forconi si trovano «frammenti di iscrizioni marmoree», da qualche altra parte ancora «una testa di marmo». E perfino un piccolo notaio aveva a casa «una testa de Cleopatra antiqua de marmo».[37]

Iscrizioni e spesso anche sculture, già nella seconda metà del Quattrocento, vengono menzionate dai membri delle famiglie Caffarelli, Capodiferro, Del Bufalo, della Valle, Mattei, Mellini, Rustici, dai Massimo e dai Santacroce (entrambe le famiglie solo in questo secolo riuscirono nell'ascesa dal ceto mercantile alla nobiltà cittadina). Dai Santacroce, ancora nel XV secolo, c'era perfino un frammento dei fasti consolari capitolini, dato che, abitando vicino a S. Maria in Publicolis, rivendicavano come loro antenato un Publio Valerio Publicola nominato là, e un bellissimo torso di Venere del tipo dell'Afrodite Cnidia (la *bella e tonda* dell'annotazione potrebbe alludere al fatto, elogiato da Plinio 36, 20, che poteva essere vista da ogni parte, e rientrerebbe quindi nel sapere degli umanisti, fig. 41). Quindi ora nelle case di molte famiglie romane si trovavano sculture: disegnato *in diversi loghi c[i]oe in casa de gentilomini romani*, così Amico Aspertini scrive su un foglio con diverse sculture. Giovanni Alberini (m. 1476) si fa seppellire in S. Maria sopra Minerva in un sarcofago con Ercole, che è

37. Collezioni di antichità di famiglie romane (spesso con riferimento a nomi gentilizi antico-romani) come Massimo, Porcari, Santacroce: Magister 1999, pp. 171 s., 182 s., 185 s.; *Collezioni di antichità* 2007, pp. 83-103 (M. Minasi), 63-82 (F. Vicarelli); Christian 2010, pp. 330-332, 354-358, 372-374 (e in generale, pp. 64-89); *in diversi loghi*, ivi, fig. 127, torso di Venere, fig. 128. Sull'ascesa di queste famiglie: v. sopra, pp. 114 ss. Inventario dell'asse ereditario del 1482: Modigliani 1994, pp. 116-124; Cleopatra: Modigliani 2004a, p. 255. Annio da Viterbo, che nelle sue *Antiquitates* (prima stampa di Eucharius Silber, 1498) ha falsificato i suoi presunti autori pre-greci, di una protostoria del bacino mediterraneo, ha falsificato pure iscrizioni: De Caprio 2014.

stato considerato a lungo una copia e invece è un originale greco![38] Nella casa di Lorenzo Manili su piazza Giudia, la cui iscrizione monumentale in lettere classiche del 1468 rappresenta una dichiarazione programmatica rivolta all'antica Roma, la collezione di antichità è per così dire murata nella facciata. Ai «romani di Roma» si aggiunsero ancora nel XV secolo numerose famiglie provenienti da fuori, in cerca di una collocazione alla curia (e che miravano a integrarsi), come i Maffei di Verona.

Un patrimonio di sculture incredibilmente ricco, il più antico ben documentato, viene citato nell'eredità di un *patricius Romanus*, Gabriele de' Rossi, di una nota famiglia di mercanti, la cui casa (vicino all'odierna chiesa di S. Ignazio) già sotto il proprietario precedente, lo zio Marco, nel 1454 è chiamata «casa della statua». Gabriele nel suo testamento vincolò gli eredi a tenere unita la collezione di sculture (che dev'essere stata raccolta in massima parte già nel XV secolo e perciò è ancora inserita qui) e a non alienarla per nessun motivo; in caso contrario le statue e i busti dovevano essere portati ai conservatori sul Campidoglio, per evitare che fossero sottratti da estranei, e «collocati nel muro» del loro palazzo, «in modo che non potessero essere più allontanati, a ornamento e memoria imperitura della famiglia de' Rossi» – indubbiamente una nuova testimonianza del senso borghese, municipale, dell'antico che va sempre considerato accanto a quello degli umanisti curiali. Già l'anno successivo, nel 1518, Leone X ordinò a Raffaello – si potrebbe dire al soprintendente alle antichità di Roma – «contrariamente alle disposizioni del testatore», di portare subito questa collezione, già molto nota, nel palazzo dei Conservatori. Ma a quanto pare la cosa non andò a buon fine, infatti è documentato che alcuni pezzi all'epoca finirono in collezioni private romane, per esempio in quella Della Valle, e altri erano già spariti l'anno successivo dato che la richiesta ormai era notevole. L'inventario dell'ottobre 1517 cita 90 pezzi antichi, in larga misura statue e busti (cosa che salta all'occhio considerando la predilezione iniziale per le iscrizioni e le arti minori), e ora sono descritti con esattezza: «Figura maschile, nuda, con un cane ai suoi piedi, il cane privo di testa, sul suo piedistallo» (quindi probabilmente un Meleagro); oppure busti «simili ad Antonino Pio», «come Adriano», «designato come Ottavio». Così è stato possibile identificare in questa raccolta la Diana di Efeso (che Raffaello dipinse subito nelle Logge).[39]

38. Kühlenthal 1974. Casa dei Manili: v. sotto, p. 351.

39. Gabriele de' Rossi: Christian 2010, pp. 361-366. Sentimento dell'antichità (e non solo curiale): Miglio 1984 e 2003.

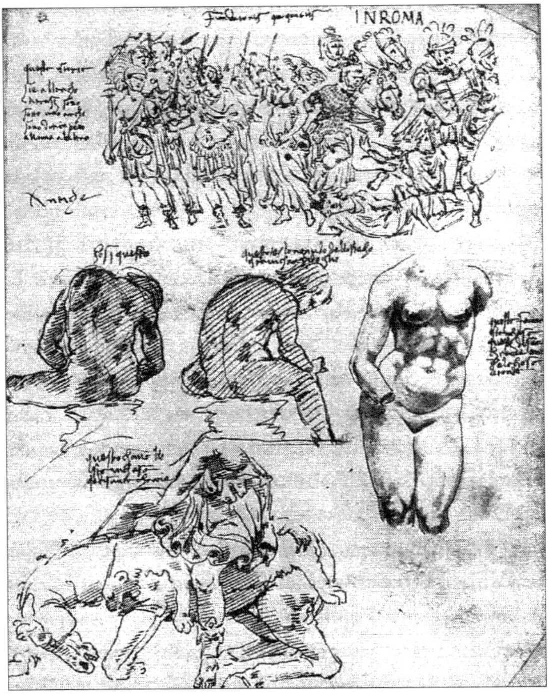

Fig. 41. Rilievi e sculture disegnati a Roma, tra cui a destra il Torso di Venere dai Santacroce: *questa femina sta in chasa questa de santa chrocie*; proprio qui è stata localizzata anche l'amazzone che si lascia scivolare dal cavallo. Taccuino di schizzi di Holkham Hall fol. 34v, intorno al 1500.

Le fonti, con la loro localizzazione precisa di sculture e iscrizioni, riferiscono di questa convivenza quotidiana: «murato nella parete della stanza», «all'angolo della casa», «nella corte», «nella facciata», «dietro la stalla», «in giardino». Perché registrare il pezzo antico, in modo professionale, richiede anche l'indicazione precisa della sua ubicazione; perfino su una di quelle lapidi sepolcrali con busti di liberti murata nella casa dei Manili, uno di quei materiali di spoglio portati senz'altro via, ora vengono incise la provenienza e la datazione: [VIA]E APPIE IN LUCEM VENIMUS 1478, «siamo venuti alla luce sulla via Appia nel 1478». Un romano del Medioevo non avrebbe voluto neppure saperlo. Le cose erano cambiate.

Ora, dato che alle statue si prestava attenzione, vengono alla luce dappertutto: nella città messa sottosopra dal boom edilizio, nella propria vigna, nella proprietà terriera della Campagna come nel caso dei Della Valle; dato che alcuni di loro erano *bovattieri* e avevano estese superfici a pascolo per le loro mandrie nella Campagna, scoprirono giacimenti anche là, per esempio con il ritrovamento delle statue di fauno «6 miglia prima di Roma».[40] Eppure la richiesta cresceva vertiginosamente superando a poco a poco la disponibilità di reperti, tanto più che ora si presentavano anche persone di fuori interessate al mercato delle antichità romane.

All'inizio i pezzi antichi erano semplicemente ammucchiati negli angusti cortili delle case o appoggiati alle pareti, come si vede nel libro di schizzi di Marten van Heemskerck con le sculture in possesso delle famiglie romane. In questi cortili vedono la luce molti dei primi disegni copiati dalla scultura antica a tutto tondo! (*Codex Escurialensis*, *Codex Wolfegg*, il cosiddetto *Libro di schizzi umbro*, l'*Album di Holkham Hall*, per citare solo i libri di schizzi più antichi, per esempio fig. 41).[41] Le grandi collezioni di antichità e i giardini di antichità allestiti con maggiori pretese, con una quantità crescente di sculture a tutto tondo presentate in maniera programmatica, sono in aumento solo dopo il Quattrocento, la sistemazione del cortile delle statue nel Belvedere per iniziativa di Giulio II, nel 1508, aprirà la strada a un'epoca nuova.

Ma già sotto il pontificato di Sisto IV viene riferito il caso attraente di un giardinetto intimo di antichità: quello di Pomponio Leto – che abbiamo già incontrato – nella sua casa sul Quirinale, di fronte alle rovine delle Terme di Costantino, con una notevole raccolta di iscrizioni e pezzi architettonici (ma non statue). È stato possibile addirittura ricostruire le fasi della crescita della sua collezione a partire dalle diverse sillogi databili.[42]

E dato che l'archeologia, la storiografia, la filologia e la poesia non erano ancora diventate, come accadrà in seguito, discipline specialistiche separate, in questi circoli le iscrizioni e le statue antiche che popolavano le logge e i giardini (per esempio ninfe di sorgente sulle fontane) erano esaminate, ammirate, celebrate da tutti: ora la visione di antiche statue diede vita a numerosi epigrammi in cui le statue stesse amavano prendere la parola. E così i romani di pietra e quelli in carne e ossa finalmente poterono convivere, come i primi umanisti del XIV secolo avevano sollecitato a gran voce.

40. *Fauni* Della Valle: Christian 2010, p. 386, prima del 1479.

41. Disegni dalla scultura antica: Schmitt 1970; Nesselrath 1986, pp. 111-117; *Antikenzeichnung* 1989.

42. Pomponio Leto: Magister 2003.

11. Enea Silvio Piccolomini, Pio II

Il suo percorso da Basilea a Roma

Dal conclave che iniziò dieci giorni dopo la morte di Callisto III, già il terzo giorno, il 19 agosto 1458, uscì un nuovo papa: Enea Silvio Piccolomini, che prese il nome di Pio II. Come per Niccolò V, anche questa volta sarà delineata innanzitutto la sua personalità, perché entrambi i papi lo meritano particolarmente. E nel caso di Pio II, seguendo lo sviluppo della sua personalità, si ripercorre anche la strada che su scala maggiore ha imboccato la Chiesa della sua epoca: dal conciliarismo alla restaurazione, dal decreto di Costanza *Frequens* alla bolla di Pio II *Execrabilis*.[1]

Enea Silvio Piccolomini, quando fu eletto papa nel 1458, aveva alle spalle un percorso che per lungo tempo non sembrò portare in questa direzione. Nato a Corsignano (dal 1462 Pienza) nel 1405 da una famiglia di mercanti e di nobili senesi, privata del potere e quindi impoverita, a Siena e a Firenze si dedicò intensamente agli studi, che fecero di lui uno degli umanisti di maggior spicco del suo tempo. Nel 1432 accompagnò il cardinale Domenico Capranica a Basilea, al concilio per la riforma, dove si fece conoscere dai grandi della Chiesa e dell'Impero. Difendendo con fervore, con le parole e gli scritti, la linea sempre più antiromana del concilio e l'idea del conciliarismo, divenne addirittura segretario dell'antipapa

1. Sulla persona e il pontificato: Pellegrini 2000 e DBI, vol. 83, 2015, pp. 794-803 (M. Pellegrini). Qui è possibile indicare la ricca letteratura (solo per il giubileo 1405/2005 sono state pubblicate parecchie raccolte) solo laddove documenta direttamente la nostra narrazione. Qui seguo in alcuni passaggi i miei contributi sulla prassi di governo, l'autorappresentazione e il rapporto con il paesaggio di Pio (Esch 1989, 2008a e 2020a, qui la documentazione più dettagliata).

Felice V, eletto a Basilea, e fu incaricato di importanti compiti dal concilio. Inviato nel 1442 alla dieta di Francoforte, si avvicinò a Federico III che lo nominò segretario della cancelleria imperiale.

Nel mezzo del cammin di sua vita, un capovolgimento di convinzioni personale e di certo anche un calcolo legato alla carriera lo indussero a rinunciare alla sua vita libera; ancora nel 1443, la lettera al padre in cui gli comunica di aver procreato un figlio con un'inglese a Strasburgo come la cosa più naturale del mondo; ancora nel 1444, la novella amorosa *Euryalus et Lucretia* – e ora, nel 1446, riceve gli ordini maggiori. Come altri passò dal concilio a Eugenio IV e da allora in poi, al servizio diplomatico di Federico III, si adoperò con risolutezza e abilità a favore dei concordati del sovrano e dei principi elettori con il papa romano. Dopo la riconciliazione formale con Roma nel 1445, in riconoscimento dei suoi meriti fu nominato vescovo di Trieste nel 1447, di Siena nel 1450 e nel 1456 cardinale.

La sua elezione al soglio pontificio nel 1458 lo mette di fronte ai gravi problemi che da lungo tempo erano familiari all'abile diplomatico della curia, ma ora in modo nuovo. Dovette soprattutto – e in questo fu sollecitato anche dai suoi contemporanei – rendere credibile il suo voltafaccia. Guidato dalla ricettività giovanile nei confronti di ogni grande pensiero "moderno" e nella convinzione calcolata di stare dalla parte del futuro, a Basilea, argomentando contro la posizione assoluta del papa, aveva rilasciato dichiarazioni risolute che sono state definite repubblicane, addirittura "democratiche". Ma già i suoi trattati lasciavano intendere che un cambiamento di orientamento politico fosse precocemente in atto: traendo le conseguenze dalla radicalizzazione e dal tracollo del concilio, ritorna dal conciliarismo, al quale aveva aderito solo temporaneamente vista la tangibile avversione dell'aristocratico per il regime popolare vittorioso in patria, al riconoscimento del potere monarchico, prima dell'imperatore e poi del papa.[2] «Rifiutate Enea, accogliete Pio»: si richiama a questa formula la cosiddetta bolla di ritrattazione, *In minoribus agentes*, la sua sconfessione personale. L'identità di Enea e di Pio (che è, in senso letterale, la questione della compatibilità dei due) è uno dei problemi centrali degli studi su Pio II. Altrettanto disparate sono

2. Sul conciliarismo definito "democratico", Meuthen 1985, pp. 27 s. Sulle analogie tra costituzione laica ed ecclesiastica, che all'epoca cercava di mettere a confronto costituzionalismo e principio monarchico, soprattutto Black 1970.

le immagini tratteggiate del suo carattere: in che misura Pio continua ad essere Enea?

È possibile riconoscere precocemente uno stile argomentativo che lo distingue anche in seguito nei suoi discorsi e nei *Commentarii*: la prima persona disinvolta nella scelta e nell'organizzazione degli argomenti che impostano tutto su un ragionamento suggestivo. La sua propensione per le argomentazioni politiche e storiche, non dogmatiche e giuridiche, corrisponde all'avversione che si palesa già precocemente per il tipo del giurista. Nel *Libellus dialogorum de concilii generalis auctoritate* del 1440 gioca già la carta della retorica contro la giurisprudenza; al giurista, che «come gazza e pappagallo» si limita a ripetere pedissequamente i grandi giureconsulti, contrappone la figura del segretario, che è all'altezza della situazione attuale, perché con la padronanza della lingua, la conoscenza degli uomini, il sapere utile al dominio, sa riconoscere in autonomia quel che è necessario e sa imporlo in modo persuasivo: proprio la tipologia del *secretarius* umanista al servizio dello Stato. E naturalmente questo *secretarius* è lui stesso.

E non si tratta solo di voler essere visto in questa luce, in effetti Pio argomenta così anche nelle decisioni politiche concrete, per esempio nel suo grande discorso mantovano sulla questione della successione al trono di Napoli, quando considera condotta, modo di procedere e decisioni non semplicemente come qualcosa di prestabilito sul piano giuridico, ma li deduce incontestabilmente da situazioni concrete seguendo un ragionamento suggestivo.[3]

Dopo le turbolenze dello scisma e dei concili per la riforma, ora doveva consolidare la posizione del papato, in contrasto con il comportamento mostrato in precedenza, e arginare il conciliarismo: così fece, con la bolla *Execrabilis* del 1460, contro "l'abuso" dell'appello a un concilio ecumenico. Non apertura e riforme, quindi, secondo le deliberazioni conciliari e le capitolazioni elettorali, ma chiusura, irrigidimento, restaurazione, anche se non nella stessa misura dei suoi immediati predecessori. Anche soprattutto: ritiro nel guscio dello Stato della Chiesa, attenzione per i compiti connessi allo Stato territoriale.

Questo papato di restaurazione ritorna, per così dire, al proprio corpo: il papa, anche il papa, diventa un principe nel suo Stato territoriale, lo Stato della Chiesa, come del resto anche gli stessi concili gli avevano

3. Stile argomentativo: Esch 1989, pp. 115-119.

espressamente indicato. In futuro il papato avrebbe dovuto vivere in prima istanza delle entrate temporali del suo Stato della Chiesa, non dei soldi della cristianità, e in effetti le entrate della Camera Apostolica, che intorno al 1375 ancora affluivano alla Camera per tre quarti dallo *spirituale*, intorno al 1475 (almeno provvisoriamente) arrivavano per tre quarti dal *temporale*. Quindi il papa viene spinto in modo sempre più pressante ad assumere questo ruolo, vale a dire all'interno dello Stato della Chiesa, anche dai concili e dai riformatori, e a questo corrisponde anche la tendenza del tempo, cioè: diventare principe, principe territoriale come le altre potenze in questa cosiddetta età del principato.

Nella grande politica Pio cercò innanzitutto di limitare l'influenza del sovrano francese sull'Italia e la Chiesa (nella disputa per il trono di Napoli, quindi, si decise a favore di Ferrante d'Aragona contro il francese Angiò), nel timore costante dei desideri d'indipendenza del re e della chiesa francese (il cosiddetto "gallicanesimo") e della possibile convocazione di un concilio (il terzo dopo Costanza e Basilea) in accordo con l'opposizione dei principi tedeschi. Un altro concilio, come in effetti prevedeva il decreto di riforma *Frequens* del 1417, non *doveva* esserci! Il suo personale passato conciliare lo perseguitava e gli mostrava – ora che lui stesso era papa – cosa avrebbe dovuto aspettarsi in tal caso.

Prese sul serio la riforma: una commissione convocata prontamente elaborò progetti di riforma (Nicola Cusano, Domenico dei Domenichi, lo stesso Pio) che in effetti intendevano iniziare dal capo e non solo dalle membra.[4] Ma la buona volontà di un pontificato non era sufficiente a realizzarli. Voler ridimensionare il lusso e la smania di apparire dei cardinali è una bella intenzione, ma il lusso della corte rinascimentale allora era solo agli inizi! Imporre a un cardinale solo 20 familiari (come aveva in mente Pio): si poteva farlo con un Nicola Cusano, ma con un cardinale francese non se ne poteva venire a capo. Così, in pratica, non cambiò nulla, e anche la severità pastorale con cui Pio fece la morale ai suoi cardinali in diverse occasioni, e di cui si mostra molto fiero nei suoi *Commentarii*, non ottenne alcun risultato: la lettera aspra, molto citata, che il giovane cardinale Borgia ricevette dal papa dopo una chiassosa festa estiva – con belle donne e mariti chiusi fuori – non impedirà a Borgia di diventare quel che diventò.

In questa società esclusivamente maschile della curia le donne erano solo nello sfondo, però c'erano. Abbiamo parlato della madre molto in-

4. Progetto di riforma: Haubst 1954; Miethke 2008.

fluente di Bonifacio IX, Pio II nomina le sue sorelle, nei pontificati più tardi anche le relazioni meno onorevoli vengono chiamate con il loro nome: i quattro figli di quel cardinale e futuro papa Rodrigo Borgia sono nati fra il 1476 e il 1482, a Roma si sapeva (anche perché Borgia non nascondeva la sua inclinazione) e si conosceva la loro madre, Vannozza Cattanei, che in seguito, sostituita dalla più giovane e bella Giulia Farnese, fu albergatrice a Roma, tra cui dell'«Osteria della Vacca» a Campo de' Fiori, dove ancora oggi si nota il toro dei Borgia nello stemma. Di certo anche lo sguardo libero degli umanisti della curia, ai quali nulla restava nascosto e che non intendevano nascondere nulla, contribuì a quest'apertura; anche loro naturalmente avevano le loro donne, sposati o meno che fossero.

Molto menzionate erano le numerose prostitute. Sul loro mondo plebeo, quello della prostituzione ordinaria, getta uno sguardo vivace *Lozana Andalusa.*[5] In compagnia di Lozana è possibile percorrere tutta la *Roma putana* lungo veri e propri itinerari, da ponte S. Angelo passando per i Banchi, la Dogana, Campo de' Fiori e così via, fino al quartiere del porto di Ripa (dove, viene detto nello scritto, le prostitute amavano abitare in vecchiaia), e vengono raccontate anche tutte le caratteristiche dei quartieri con le loro attività specifiche, i servizi, gli immigrati.

Nel mondo della prostituzione più elevata alcune raggiungevano una notevole fama: le cortigiane (già il concetto contiene il riferimento alla corte). Il cerimoniere pontificio Giovanni Burcardo nel 1498 riteneva ancora di dover spiegare il concetto con un "cioè": *quedam cortegiana, hoc est meretrix honesta*, quindi una prostituta che godeva di considerazione sociale. Le cortigiane migliori compaiono come *Pantasilea* o *Imperia* o con nomi altrettanto altisonanti (i loro *noms de guerre*, con cui non erano state di certo battezzate) in diverse fonti, le più belle anche in quelle letterarie. Ma l'orrenda statua di Imperia a Costanza non ha nulla a che fare con il concilio (o solo attraverso i *Contes drôlatiques* di Balzac).

Torniamo a Pio II, al suo senso della famiglia e alla sua politica personale. Le sue inclinazioni nepotistiche non furono così modeste, le nomine cardinalizie non furono così impressionanti, come facevano supporre i suoi criteri dichiarati.[6] Su 820 nomine calcolate non meno del 15% riguardava

5. Il romanzo (la prima versione pubblicata nel 1524) Delicado 1998, in partic. capp. 5, 6, 9, 12, 15, 16, 21 ecc.; cfr. Miglio 2004. Cortigiane: Burcardus, *Liber notarum* 1910-12, p. 80.

6. Reinhard 1997, pp. 13-36.

Fig. 42. Pio II Piccolomini. Medaglia ritratto di Andrea Guazzalotti. Medagliere Vaticano.

parenti o senesi. E sarebbe bello vedere ritratta dalla penna di Pio questa sua gente e anche l'infornata di cardinali del 1461, se non fossero stati nominati da lui ma da un altro.

Era tipico di Pio uno stile consapevole di governo e di rappresentazione, raffinato eppure senza sperperi, e il coinvolgimento dimostrativo della propria persona, che non ci si sarebbe aspettati da quest'uomo piccolo, delicato (piccolo «proprio come dice il suo cognome», osserva uno dei suoi biografi dell'epoca), di costituzione gracile, malato di gotta e con i tratti del volto precocemente invecchiati (fig. 42).

Pretese elevate e mezzi scarsi posero dei limiti alla sua volontà di rappresentazione e al suo mecenatismo. Anche nella trasformazione del suo luogo natale in "città di Pio", Pienza, per la quale furono acquistate 38 delle circa 320 case del paese (cosa che gli abitanti in realtà non apprezzarono molto come Pio sostiene), contribuì personalmente solo alla cattedrale, al municipio e al palazzo di famiglia, e in più una dozzina di semplici case a schiera anche per coloro che erano stati espropriati all'improvviso delle loro abitazioni.[7] La vecchia chiesa fu demolita, la nuova costruzione ruotata di circa 90° sull'asse visivo del Monte Amiata e innalzata a cattedrale (dalle diocesi di Chiusi e Arezzo fu scorporata una nuova diocesi), lo spa-

7. Carli 1966; Tönnesmann 1990; sulle acquisizioni Adams 1985 v. Gonzaga: Chambers 1976a, in partic. pp. 28-31; Spesso 2018.

zio davanti alla chiesa si configurò come piazza centrale grazie alla modernizzazione degli edifici sulla sinistra e al palazzo Piccolomini di Bernardo Rossellini sulla destra.

Palazzo di famiglia e cattedrale, a cui diede la forma di una chiesa a sala (con cui aveva dimestichezza, come dichiara egli stesso, dalla Germania meridionale), sono descritti da Pio nei suoi *Commentarii* in ogni dettaglio fin nella forma delle finestre, l'incidenza della luce negli ambienti, la vista, la scelta dei quadri, le grondaie, le spese di costruzione e la loro congruità. Riuscì a lavorarsi quattro cardinali e altri curiali, perché anche loro si prendessero degli edifici nel paese, anche se avrebbero preferito – ammesso che lo volessero – costruire a Roma, dato che già sapevano che dopo la morte prossima del papa non avrebbero più messo piede in questo paesino. Ma il papa non mollò la presa, addirittura terrorizzava quelli che esitavano (*questo bon papa tuto lo zorno non fa altro*), come veniamo a sapere dalla corrispondenza di Gonzaga. Ma è mecenatismo anche indurre altre persone ad affidare commissioni.

Soprattutto i suoi *Commentarii* contengono un'autorappresentazione ben meditata per il mondo dei suoi contemporanei e quello dei posteri. Umanisti, letterati, poeti ebbero quindi un ruolo diverso nel suo pontificato, perché Pio, abile nella rappresentazione della sua persona, seppe assegnare loro con maggior precisione di altri papi la rispettiva funzione: acuto nel favorirli, acuto nell'ignorarli. Tra gli umanisti che favorì – sorprendentemente pochi – vi furono Flavio Biondo, Agostino Patrizi, Giovanantonio Campano.

I suoi *Commentarii*, l'unica autorappresentazione di un papa che si sia tramandata, in occasione della prima pubblicazione nel 1584 furono censurati dalla Chiesa, dato che le numerose dichiarazioni disinvolte che contenevano erano ritenute improponibili per il lettore devoto.[8] Questa censura, visibilmente nello spirito del periodo post-tridentino, sarebbe solo una curiosità se non ci mostrasse in modo tangibile tutta la distanza tra Pio II papa proto-rinascimentale, com'era, e il papa che doveva essere nella concezione post-tridentina. Quel che venne sfrondato, furono la freschezza, l'assenza di dogmaticità, lo spirito proto-rinascimentale; le cancellatu-

8. Pius II, *Commentarii* 1984 (i passi censurati, pubblicati da G. Cugnoni 1883, sono messi in risalto dal corsivo). Sulla censura del 1584 nei dettagli Esch 1989, pp. 138-140: qui sarà citata questa edizione; v. anche *Commentaries* (finora libb. I-VII) a cura di M. Meserve e M. Simonetta, Cambridge (Ma) 2004-2018 (I Tatti Renaissance Library 12, 29, 83).

re mettono in luce proprio la specificità di questo testo, quando ritoccano espungendoli i contorni individuali dell'autoritratto di Pio, laddove trascendono l'immagine normativa "del" papa.

In effetti il suo tipo di rappresentazione è integralmente rivolto al mondo, è soggettivo, suggestivo. In realtà, da un papa non ci si aspetta di sentirsi raccontare in dettaglio come funziona un moschetto, o come la cagnetta Musetta sia caduta da una finestra del Palazzo Apostolico, o da dove viene il miglior formaggio toscano. Naturalmente fu eliminato quasi integralmente il resoconto sul conclave del 1458 con i ritratti impietosi dei suoi concorrenti (cardinali che per un voto promettono mari e monti e continuano a barare anche mentre si fa lo spoglio dei voti: «D'Estouteville restò come pietrificato quando vide che Enea lo aveva superato», I 36). Furono cancellati i giudizi taglienti («felice il papa che non ha mai visto un francese alla sua curia», III 3); cancellate alcune argomentazioni politiche, scene con il comportamento di certe persone; osservazioni sul trucco delle fiorentine, sul calibro e i nomignoli dei cannoni – infatti un papa non dovrebbe occuparsi di questo genere di cose; cancellati perfino (e qui la censura diventa ridicola) i 20.000 polli del bottino della spedizione contro l'Aquila – non era abbastanza sublime, un esercito pontificio razziava solo bestiame di grossa taglia: *boves, iumenta, muli, greges* non vengono cancellati, possono comunque essere razziati, i polli invece no. Oppure: il papa rise e lo congedò: «rise» viene cancellato insieme alla facezia che precede – e questa è un'ingerenza pesante nell'immagine del carattere del papa, infatti con Pio si ride molto, non solo nell'autoritratto dei *Commentarii* ma anche nelle descrizioni degli osservatori.

Di nessun altro pontificato sappiamo tanto sul rapporto tra il papa e i suoi cardinali – e questo per bocca dello stesso papa. Quindi qualche parola sulla posizione del collegio cardinalizio in questo difficile passaggio dall'età conciliare a quella post-conciliare.[9]

Era ovvio che i concili, nei loro dibattiti sul rapporto tra potere conciliare e pontificio, avessero sviluppato anche idee a proposito della «struttura costituzionale della Chiesa accanto e sotto il papa» (Dendorfer/Märtl 2011). La posizione del collegio cardinalizio fu interpretata in modo integralmente nuovo. Doveva essere associato, come rappresentante della cristianità, in modo vincolante al governo della Chiesa, e non occasionalmente a discre-

9. *Nach dem Basler Konzil* 2008; Dendorfer, Märtl 2011; Pellegrini 2011; Richardson 2009.

zione del papa. Una ricca trattatistica *De cardinalatu* rifletteva in maniera approfondita sui diritti corporativi del cardinalato e sulla loro legittimazione nei confronti del papa. Il nuovo rango dei cardinali e la conseguente crescente coscienza di sé, anche nei riguardi di Roma, devono essere assolutamente presi in considerazione e nel seguito emergeranno con chiarezza.

In un primo tempo i cardinali, con la loro nuova idea di sé, sembrarono effettivamente imporsi. Le capitolazioni elettorali richieste al papa (nel 1431, e sempre a partire dal 1458) potevano spingersi molto in là nelle loro pretese e istanze di riforma.[10] Per la creazione di cardinali furono stabiliti profili con i requisiti necessari (età minima 30 anni, studi universitari conclusi), si chiese una distribuzione equilibrata tra le nazioni, di porre un limite alle candidature proposte dai principi, di circoscrivere il collegio (una vecchia istanza), ma soprattutto il consenso sulla nomina di nuovi cardinali (e non ottenuto singolarmente ma dal collegio riunito). E in effetti i papi – chi più, chi meno – in un primo tempo seguirono questa linea (nel caso dei nipoti papali non si andava tanto per il sottile quando si trattava di età e di studi). Fu portata a compimento perfino l'internazionalizzazione del collegio: alla morte di Niccolò V (1454) arrivò a un livello – solo 6 italiani su 21 cardinali (con 5 francesi) – mai raggiunto né prima né dopo. Solo in seguito, con la serie ininterrotta di quattro papi italiani dopo Callisto III e il loro coinvolgimento nella politica italiana (infatti la creazione di cardinali aveva motivazioni per lo più politiche, nel caso di candidati sia italiani che stranieri), si giunse ad una italianizzazione costante del collegio; alla morte di Paolo II nel 1471 erano già 16 su 25, e sempre 5 cardinali dalla Francia o Borgogna.

Consentito in linea di principio, dipendeva comunque dal carattere del cardinale e del papa come appariva in concreto il coinvolgimento dei cardinali quando si riunivano in concistoro con il papa, e con quanta libertà e franchezza ci si esprimeva in quelle circostanze: con Martino V e Paolo II era meglio lasciar perdere. Notizie uscite dai concistori non pubblici di Pio II mostrano il sensibile Nicola Cusano usare un linguaggio schietto, perfino brusco, più di quanto ci si sarebbe aspettati dal racconto di Pio: «Denunciò la colpa della Santa Sede»; «Allora agiamo senza dignità e per lo scandalo del popolo» e analoghe dichiarazioni accusatorie dirette.[11] E naturalmente,

10. Capitolazioni elettorali: Becker 2008; Krüger 2006 (ivi, p. 315 la citazione dalla capitolazione di Sisto IV). Sul significato del giuramento nelle capitolazioni elettorali papali: Prodi 1992, pp. 188 s.

11. Märtl 2008, pp. 235, 239.

come sempre accade, le persone non si devono solo contare ma "pesare": un certo cardinale viene nominato legato piuttosto che un altro per il peso della sua personalità, oppure relatore in occasione dell'assegnazione di benefici concistoriali, per la direzione di importanti uffici della curia (Cancelleria, Camera, Penitenzieria), o nel governo dello Stato della Chiesa.

Sono interessanti, perciò, le caratteristiche brevemente tratteggiate dei cardinali, anche di gruppi di cardinali (i cardinali al congresso di Mantova, i cardinali di Paolo II, di Sisto IV, ecc.), come apparivano allora. «Nella testa non ha Gesù Cristo, ma il proprio interesse…; è in ogni cosa abile, generoso, pronto, ed eloquente malgrado la sua cultura modesta», così Jacopo da Volterra descrive nel suo diario romano il cardinale Rodrigo Borgia undici anni prima della sua ascesa al soglio pontificio; e Giuliano della Rovere 23 anni prima della sua elezione: «È di indole piuttosto dura (*naturae duriusculae*), intelligenza affilata, cultura modesta».[12]

Che il collegio cardinalizio, del resto, non fosse monolitico come una corporazione, come si voleva dare ad intendere, lo si continuerà a notare anche in seguito (e non solo nei conclavi), e appare naturale quando si vedono in azione queste personalità, molte delle quali potevano considerarsi "papabili", nel ruolo di legati, capi di partito, protettori, committenti.

Già con Paolo II, e ancor più con Sisto IV, per il collegio cardinalizio il clima cambiò, dall'alta pressione conciliare alla bassa pressione papalistica. Dovette suscitare allarme il modo in cui Paolo gestì la sua capitolazione elettorale, e anche Sisto, che ben presto mostrò uno stile di governo brusco e incline a redarguire i cardinali. Sisto aveva giurato di fronte al conclave di rispettare tutte le condizioni che gli erano state sottoposte, «con la punizione per spergiuro e scomunica, da cui né io stesso né io attraverso un altro potrò assolvermi». Tutto questo venne prontamente accantonato. I trattati ora dimostravano il contrario rispetto a prima e innalzavano di nuovo il papa molto al di sopra del collegio cardinalizio. Sotto Pio le cose non si erano ancora spinte tanto in là. Ma i cardinali creati da lui e avvezzi al suo stile, i *pieschi*, dovettero già intuire in che direzione ci si sarebbe mossi sotto i suoi due successori.

Ma torniamo alla personalità di questo papa. Con Roma e i romani Pio sembra aver avuto un rapporto piuttosto ambivalente, cosa che deve saltare all'occhio in un papa umanista. Ma gli umanisti avevano fatto da

12. Jacobus Volaterranus 1904, pp. 18 s. e 48 s. Sui legati papali nel sec. XV: Maleczek 2003.

sempre – e sempre con spirito polemico – una distinzione tra la Roma del loro tempo e l'antica Roma. È evidente che tenne a distanza i romani, ridimensionando le loro rivendicazioni ideologiche. I discorsi che rivolse loro sono poco compiacenti. Per esempio in occasione del suo ritorno nell'autunno del 1460, di certo anche irritato per la rivolta di Tiburzio, un nipote di Stefano Porcari, con una guerriglia urbana durata mesi che per un certo periodo si acquartierò addirittura nel Pantheon. In questa circostanza mostrò esplicitamente ai romani quanto fossero dipendenti dal papa, e come se la passavano bene non essendo semplici sudditi di un qualche marchese, duca, re o imperatore; e per di più enumerò quanti vantaggi economici procurasse loro la presenza della curia, fin negli introiti dei canoni d'affitto. E in effetti le cose stavano proprio così (ci torneremo ancora sopra), e non fu necessario ripeterlo appositamente ai romani.[13]

Non è dato sapere se il papa abbia trovato qualcosa di attraente in questa città – la Roma abitata del suo tempo, non la Roma sovratemporale. Per quanto riguarda i progetti urbanistici, il suo pontificato si è mosso poco: in ogni caso meno di Niccolò V prima di lui e di Sisto IV dopo di lui. Questa ritrosia può essere spiegata con la sua lunga assenza o i suoi progetti edilizi a Pienza. Tuttavia aveva in animo almeno una riconfigurazione di piazza S. Pietro. La loggia delle benedizioni, che secondo il progetto doveva occupare l'intera ampiezza della basilica di S. Pietro (articolazione della facciata sul modello del Tabularium o del Colosseo, reimpiegando come materiale di spoglio le colonne del Portico d'Ottavia), ma di cui furono ultimate solo quattro delle undici campate (fig. 43), doveva delimitare in senso urbanistico, come architettura della piazza, lo spazio che non aveva ancora preso forma davanti alla chiesa verso ovest: i libri dei conti consentono di capire «come il progetto fosse concepito in maniera unitaria e con quanta urgenza fosse portato avanti» (Frommel).[14]

Comunque, in questo periodo, prese già avvio uno sviluppo che anche a prescindere dalla volontà costruttiva del papa portò a profonde trasformazioni: l'attività edilizia dei cardinali, il passaggio per così dire da palazzo Capranica a palazzo Venezia (o detto in termini più personali: dal protettore paterno di Enea, Domenico Capranica, al suo rivale e successore Pietro Barbo). Ma di questo torneremo a parlare. Intorno a questi palazzi cardinalizi si raggruppa una società di corte che era quasi

13. Esch 1989, pp. 128-130; Modigliani 2003.
14. Frommel 2006, pp. 79-157.

Fig. 43. Piazza S. Pietro vista da via Alessandrina (aperta da Alessandro VI). A sinistra il frontone dell'antica basilica di S. Pietro, davanti la loggia delle benedizioni di Pio II in cima alla grande scalinata. A destra l'ingresso principale al Palazzo Apostolico, sopra nello sfondo la Cappella Sistina di Sisto IV, a destra in alto il tratto di loggia (edificato solo sotto Giulio II e Leone X) del palazzo. Marten van Heemskerck. Berlino, Kupferstichkabinett.

impensabile in questa Roma ancora mezzo secolo prima, per esempio sotto Bonifacio IX, e che ora, però, emerge con contorni netti nella raffigurazione di Pio.

Esigenze e aspettative erano aumentate, e non solo i grandi cardinali ma anche i piccoli cortigiani trovavano che doversi sistemare in questa Roma fosse semplicemente pretendere l'impossibile, a tal punto la qualità della vita nelle città residenziali anche piccole era superiore alla situazione degli alloggi e dell'approvvigionamento con cui ci si confrontava a Roma. Ecco una lettera datata *ex mala Roma*, 20 gennaio 1461:

> I cortigiani (scrive uno di loro a Mantova) si lamentano e dicono che queste non sono case come a Mantova (*non sono le casse de Mantua*) e non ci sono

approvvigionamenti come a Mantova... In effetti le case sono miserevoli (*tristissime*), e fino ad oggi non ho potuto trovare nessuna casa dove potrei alloggiare anche solo mediocremente (*mezanamente alozare*)... L'affitto è molto caro e i materassi così costosi che ogni stanza, senza tavoli e altri mobili, mi costa più di 10 duc. E ho solo due stanze luminose, le altre sono completamente buie. L'acqua è pessima, 2 sacchi di grano costano 1 duc. ½ [seguono i prezzi di vino, legname, pane, scarpe, orzo], l'acqua è fangosa, dell'aria si può solo dire male... Se i cortigiani avessero facoltà di lasciare Roma, qui resterebbero solo in pochi, su questo non ho dubbi.[15]

Era semplicemente impossibile accontentare la società di corte con questa *mala Roma*, si pensi solo alla sua composizione variegata per quanto riguarda il rango, le esigenze, la provenienza: tra i cardinali, l'erudito, il *condottiero*, il figlioletto del principe, l'arrogante rappresentante del suo sovrano, il cardinal nepote; tra i curiali, il segretario papale influente, i semplici scrivani della cancelleria che comunque si reputavano qualcosa di meglio di qualunque notaio capitolino; i banchieri di corte fiorentini, continuamente pressati dalla richiesta di crediti dalla Camera Apostolica e da singoli curiali e quindi ben consapevoli del loro ruolo. E tutte queste non sono tipologie, ma personalità (figg. 44-49)!

Questo pontificato fornisce un'opportunità particolare di osservare l'ambiente papale da una distanza più ravvicinata: non nel senso formale, come riflesso negli elenchi dei funzionari della corte, nelle liste degli stipendi, nei libri cerimoniali, ma da una posizione di prossimità. Infatti, le inclinazioni del papa e il suo spirito d'osservazione, ma anche l'abbondanza delle fonti, permettono di descrivere queste relazioni nella loro quotidianità, perfino durante le escursioni, le villeggiature estive e i picnic all'aperto.

Pio ci descrive la società di corte sia dall'alto che dal basso: nel trattato *Della miseria dei cortigiani* (1444) dal basso, con lo sguardo irritato del cortigiano sensibile, che vede sempre i pezzi migliori d'arrosto passargli davanti per arrivare alla tavola del principe ed è coinvolto in viaggi, feste e musica solo se ne ha voglia il principe, non se lui stesso è in vena di farlo;[16] in seguito nei *Commentarii*, da papa, dall'alto, con lo sguardo irritato del padrone, che sa cogliere molto bene anche le critiche

15. Taddeo da Montefiore a Barbara di Brandeburgo, in Calzona 2005, pp. 147 s. Altro in Chambers 1976a *passim*.

16. *Enee Silvii Piccolominei* 2007, pp. 393-419.

Fig. 44. A sinistra. Il cardinale condottiero. Ludovico Trevisan, ritratto di Andrea Mantegna. Staatliche Museen Berlin, Gemäldegalerie.

Fig. 45. Al centro. Il cardinale erudito. Nicola Cusano, rilievo funerario a S. Pietro in Vincoli, forse Andrea Bregno.

Fig. 46. A destra. Il cardinal-nepote (e futuro papa) Giuliano Della Rovere. Melozzo da Forlì, *Nomina di Platina a bibliotecario* (particolare). Pinacoteca Vaticana.

nascoste. Naturalmente i vantaggi e i pericoli della vita di corte erano già stati descritti da altri umanisti, come Lapo di Castilionchio o Poggio Bracciolini, basandosi sulla propria esperienza, ed Enea Silvio ha anche attinto a questi scritti – quel che rende la sua rappresentazione così insolita è proprio il doppio sguardo, la duplice esperienza, prima dal basso e poi dall'alto.[17]

Il modo molto personale di intendere le cose e di rappresentare il proprio stile di governo approda a una nutrita serie di brevi ritratti. Con lui anche i problemi politici assumono tutti, in un certo senso, un volto umano, gli vengono incontro non solo sotto forma di programmi ma nelle sembianze di persone con cui si deve parlare, discutere. Quindi i suoi cardinali, nei *Commentarii*, non sono raffigurati come una successione di studi di caratteri, ma nelle loro reazioni alle sue decisioni come papa e al suo stile di governo. Pio trova sempre l'opportunità di classificare i cardinali secondo la loro arrendevolezza: il cardinale più sfrontato a Mantova; il secondo cardinale per sfrontatezza a Mantova; il più sfrontato di tutti, il francese Jean Jouffroy, ottiene in più un ampio ritratto personale, lungo

17. Su *De curiae commodis* di Lapo: Celenza 1999, cfr. Celenza 2000; Poggio Bracciolini 1998, e Canfora 1996.

Fig. 47. A sinistra. Il segretario papale. Poggio Bracciolini, al servizio di diversi papi fino al 1453. Miniatura nella sua opera *De varietate fortunae*.

Fig. 48. Al centro. Il banchiere di corte. Giovanni Tornabuoni, direttore della filiale dei Medici a Roma, 1464-94. Domenico Ghirlandaio, *Ritratto del committente in S. Maria Novella*, Firenze.

Fig. 49. A destra. Il fornitore di corte. Niccolò Strozzi, mercante a Napoli e Roma. Busto ritratto (Roma 1454) di Mino da Fiesole. Berlino, Bode-Museum.

diverse pagine e astioso: un disgustoso intrigante, con una cultura ridicolmente superficiale, traboccante di citazioni classiche inadeguate, un bevitore sfrenato che durante i suoi attacchi d'ira lancia piatti mentre è a tavola.[18] E così ci fa sapere ogni volta come bisogna trattare questi potenti principi della Chiesa: il rozzo cardinale Alain de Coetivy diversamente dal sensibile Nicola Cusano.

Al di sotto dei cardinali, il livello della renitenza anonima, la massa dei curiali: la tipica mescolanza di zelo professionale e resistenza temporeggiante che può produrre un simile apparato. Vediamo sempre il papa come il più monarchico di tutti i monarchi e siamo inclini a dimenticare che in tutte le sue azioni è circondato da una massa di persone, la curia, che non solo può rendere più efficienti le sue mosse ma anche rallentarle e sabotarle. Pio non si faceva nessuna illusione su quel che pensavano di lui, nel profondo dei loro cuori, proprio quelli che gli sorridevano con cordiale fissità (baciando la mano che avrebbero preferito mozzargli, come aveva dichiarato una volta): cardinali che si auguravano la sua morte; cortigiani

18. Ritratti di cardinali, per esempio Jouffroy: Pius II, *Commentarii*, pp. 779-784; Märtl 1996.

che si aspettavano l'impossibile e rendevano giustizia al papa solo se trovavano il successore ancora più odioso – ed è un'osservazione valida per ogni tempo.

I rapporti del papa con i cardinali e i cortigiani sotto Pio assunsero un carattere particolare, dato che trattava con loro non solo nel chiuso del Vaticano ma anche durante le escursioni e i soggiorni in campagna. Queste escursioni nella natura sono una caratteristica insolita di questo papa, che ne parla estesamente anche nei suoi *Commentarii*. Mentre nelle sue trattazioni geografiche descrisse interi territori, nei *Commentarii* seppe anche rivolgere lo sguardo a paesaggi circoscritti, osservare la natura da vicino e assorbirla con tutti i sensi.

Sono stati avanzati dubbi sulle sue descrizioni degli scenari naturali: se li abbia vissuti in prima persona, se il sentimento della natura che esprime sia davvero sentito. Non si riesce realmente a credere che un uomo pre-moderno sia capace di entrare in relazione con il paesaggio, e dato che nelle sue descrizioni sono state rintracciate citazioni classiche, si è pensato che Pio abbia preso in prestito insieme alle parole di altri anche i loro sentimenti, tanto più che all'epoca l'affermarsi del gusto per la natura diventa in misura crescente una componente obbligata del senso della vita umanistico.[19]

Ma le sue descrizioni naturalistiche non consistono in una bucolica libresca composta a tavolino. Fare sparire la sua esperienza del paesaggio dietro le citazioni di Virgilio («Ogni evento di questo bel periodo [sul Monte Amiata] l'ha vissuto in prima istanza a partire dalla realtà della letteratura classica»), nel caso di Pio non porta a nulla. Che un uomo come lui, malato di gotta, al quale ogni movimento costava sofferenza, si facesse portare davvero in aperta campagna, perché questa esperienza nella natura per lui aveva un significato profondo; che tenesse il concistoro all'aperto, che apponesse la sua firma «sotto questo o quell'albero», che andasse in cerca di punti panoramici, visitasse antiche rovine lontane, sostasse accanto ai ruscelli per fare un picnic, e altre immagini di gruppo sotto gli alberi: se pure non volessimo credere alle sue testimonianze personali, è questo che ci confermano le lettere degli accompagnatori, le date delle sue firme, le annotazioni delle spese della corte.[20]

19. La concezione del paesaggio e il piacere della natura: Burckhardt 1860, pp. 302 s.; Stierle 2003; e i contributi in *Landschaft im Mittelalter* 2011. La citazione seguente: Seeber 1997, p. 68.

20. Documenti singoli in Esch 2008a e 2020b. Sulle lettere Gonzaga (soprattutto Chambers 1976), *ibidem*.

Fig. 50. Picnic al lago estratto da una cesta. Bracciano, Castello Orsini-Odescalchi, affresco della fine del XV secolo (molto restaurato).

Non che le escursioni e i picnic all'aperto fossero esperienze sconosciute (fig. 50). Ma assumevano forme che per la sua cerchia non erano affatto consuete. Perfino a Roma il papa amava farsi portare spesso fuori città (che all'epoca finiva già al Vaticano), al riparo di qualche albero: «Non passa settimana che non si faccia portare fuori da qualche parte, a due o tre miglia, in un bosco, e viene portato là anche il pasto, e la sera si torna a casa».

Alcuni dei suoi accompagnatori, soprattutto i collaboratori del giovane cardinale Francesco Gonzaga, con cui Pio si intratteneva volentieri, e corrispondenti notevoli come il loro signore, condividevano le inclinazioni del papa: «Non appena si è fuori dalla porta, si entra in un bosco di castagni... Il terreno è coperto d'erba e lindo come un prato falciato»; «Oggi abbiamo mangiato in mezzo al bosco, accanto a una sorgente, e dopo pranzo ci siamo riposati all'ombra sull'erba, che era bella fresca e umida». Altri invece non avevano alcuna comprensione per queste partenze spontanee, per i pasti frugali e gli scomodi ricoveri di fortuna: «Per Tivoli la casa è bella, ma secondo i criteri mantovani sotto sarebbe una bella stalla e sopra un fienile»; «Il pane cattivo, il vino cattivo, l'acqua cattiva». E il letto del cardinale in un'aula della scuola «accanto alla cattedra».

Proprio queste voci critiche sono una testimonianza insospettabile delle villeggiature improvvisate, senza pretese, del papa. E le critiche sono comprensibili: avere pronti all'uso atti e inchiostro lassù nel bosco di montagna in effetti non era semplice, l'amore per la natura e la spontaneità del papa richiedevano una logistica alla quale i cortigiani non erano addestrati. Bisognava procurarsi qui, lontano dai mercati cittadini, perfino gli approvvigionamenti essenziali; i curiali – abituati alla vivace vita di corte – si sentivano tagliati fuori da tutto e scuotevano la testa anche su Pienza, considerata tutt'altro che una città. Ma non avevano scelta, dovevano andarsene in campagna – e mangiavano gli stessi cibi del papa, quindi: non qualcosa di altrettanto buono, ma di altrettanto frugale, come si ricava dalle modeste spese segnate nei libri dei conti. Infatti la contabilità del palazzo e della *familia*, della "cassa privata" del papa, della cucina papale (*Tesoreria segreta*, *Spese del maggiordomo*, *Spese minute*) ci consente di conoscere molto della vita quotidiana della corte, anche in viaggio.[21] Se ne può ricavare anche la notevole quantità di stoviglie riacquistate, infatti con questo papa, i suoi viaggi e le escursioni innumerevoli, molti pezzi evidentemente si rompevano. Un unico pensiero riconciliava i cortigiani con questi luoghi sperduti: sembravano irraggiungibili perfino per la peste. Non dovranno sopportare tutto questo a lungo, infatti già il successore tornò ad affrontare spostamenti sporadici e limitati.

È particolarmente suggestiva la descrizione da parte di Pio delle sue escursioni fra le antichità. Come già in quelle a Villa Adriana e agli acquedotti durante il soggiorno a Tivoli nell'estate del 1461, in occasione dell'escursione nei Monti Albani nel maggio del 1463 andò proprio alla ricerca di antichità in mezzo al paesaggio. Quel che salta all'occhio, a paragone con le descrizioni di altri autori, è il fatto che Pio non illustra gli edifici antichi con lo sguardo dell'antiquario, non li confina al loro carattere solo antico ignorandone le trasformazioni post-antiche, ma come il suo contemporaneo Flavio Biondo li percepisce nella loro condizione attuale e nel loro contesto naturale.[22]

21. Sulla vita quotidiana alla curia è ricco di fonti Märtl 2003; "la cassa privata" e la contabilità: Märtl 2005. Sulla fig. 50: Cavallaro 2013.

22. Escursioni fra le antichità Esch 2008a e 2020b (*Commentarii*); Flavio Biondo: Nogara 1927, lett. nr. 18 (1461 a Gregorio Lolli). Pio e L.B. Alberti: A. Bruschi in *La Roma di Leon Battista Alberti* 2005, pp. 113-115.

Fig. 51. Una fonte insolita per le escursioni di Pio II: (in alto a destra) «il 16 settembre papa Pio è stato qui», graffito nel convento del Sacro Speco a Subiaco inciso nell'affresco della parete con il ritratto di s. Francesco.

Nei *Commentarii* si coglie la sua gioia nell'imbattersi in monumenti antichi in aperta campagna, si percepisce la sua sensibilità per la combinazione di natura e antichità, di piante e pietre: il rilievo romano coperto di edera su una parete rocciosa presso il convento di Palazzolo sopra il lago di Albano, nelle vicinanze una grotta con una sorgente, nella cui frescura ombrosa si può allestire la tavola e consumare il pranzo; le file di sedili dell'anfiteatro di Albano appena riconoscibili sotto fitti cespugli di rovi; le cisterne romane – Leon Battista Alberti là ne aveva rintracciate più di 30 «fra rovi e cespugli» e Pio in seguito ne aveva visitate altre quattro. Oppure lo sbocco dell'emissario (che i romani hanno deviato attraverso il bordo del cratere del lago di Albano) scavato nella roccia, descritto come grotta delle ninfe degli alberi – il monumento antico viene sempre visto quasi voluttuosamente insieme alla sua vegetazione. Perfino la via Appia, che poi imbocca in direzione del lago di Nemi, ora è «ancora con la sua pavimentazione, in molti punti ancora più bella di quando fiorì l'Impero romano… perché è ombreggiata dall'alto e ai lati da fitti noccioli frondosi, che sono verdeggianti ancora in maggio». Ancora più bella perché è alberata!

Un modo attraente di assimilare la natura con tutti i sensi, lasciando che gli antichi resti si integrino in essa: un desiderio, un impulso che in questo periodo è nuovo ma non isolato, infatti Flavio Biondo, Prospero Colonna, Andrea Mantegna la pensavano allo stesso modo. Biondo, che descrive anche lui queste escursioni insieme a Pio, fu coinvolto nei problemi di localizzazione e seppe distinguere gli enormi resti dei quattro acquedotti, i cui canali per l'acqua perforavano il monte, e se si penetra all'interno (ancora oggi si può provare questo piacere tra Tivoli e Gallicano), si vedono nei condotti dell'*Anio Vetus* e dell'*Anio Novus* le incrostazioni di depositi calcarei simili al marmo.

Così sono descritti, con e senza antichità, i soggiorni estivi a Tivoli, sul lago di Bolsena, sul Monte Amiata, le escursioni a Subiaco (fig. 51), nei Monti Albani con la vista in lontananza (una prospettiva che compare anche nella pittura del tempo) dal Monte Cavo, con descrizioni paesaggistiche incantevoli di pugno del papa. Torna sempre l'immagine voluttuosa dell'acqua che sgorga e scorre; il giallo della ginestra, il celeste dei campi di lino, la successione delle zone di vegetazione, il gioco di colori di un pendio in primavera. Inoltre, come accade sempre con gli italiani, l'utilizzo della campagna: per l'industria tessile ed edilizia, la scoperta di giacimenti di allume, la cattura di uccelli migratori in cifre, e altre cose sfruttabili. Questa esperienza della campagna non è finzione letteraria, non è Arcadia: in mezzo alle pressanti preoccupazioni politiche e in una quotidianità ben lontana dall'età dell'oro, in territori descritti con precisione topografica ci sono l'esperienza e la felicità di un uomo di cui Jacob Burckhardt ha detto: «Pochi altri si sono tanto avvicinati all'uomo normale del primo Rinascimento come Pio II».[23]

Tra gli importanti compiti politici del suo pontificato, come già per il suo predecessore, c'era il progetto perseguito con fermezza di una crociata contro il conquistatore di Costantinopoli, Maometto II. Pio gli diede subito la priorità convocando un congresso a Mantova. Può essere che un'intenzione meno manifesta sia stata quella di riportare la cristianità a pensieri più positivi piuttosto che convocare un concilio. Il congresso per la guerra contro i turchi, durato a lungo e gestito con energia, però fallì a causa delle richieste politiche, inaccettabili ed esorbitanti, avanzate in cambio dai singoli principi, che non si fecero impressionare dalla brillante retorica del papa.[24] Così alla fine Pio si mise personalmente al comando di una flotta veneziana, ma morì all'arrivo ad Ancona.

23. Burckhardt 1860, p. 308.

24. Sul congresso di Mantova: *Il sogno di Pio II* 2003; Helmrath 2013, pp. 279-341.

Morì a 59 anni, dopo sei di un difficile pontificato. Di tanto in tanto si vedeva accerchiato fino allo sfinimento da problemi – conciliarismo, Francia, scisma, principi, turchi – che apparivano collegati l'uno all'altro in modo sotterraneo come vasi comunicanti. A posteriori gli si deve concedere che in effetti l'orizzonte appariva cupo, come emerge nella conversazione confidenziale del marzo 1462 con l'inviato degli Sforza: il re francese è il grande oppositore, che ha piazzato dappertutto i suoi agenti e, se per una volta si mostra accondiscendente, poi presenta subito il conto; è capace di tutto, anche di un nuovo scisma, o di qualcosa di quasi altrettanto brutto: far leva su un nuovo concilio. Spagna, Borgogna, Savoia, tutte a rimorchio della Francia. Tra i principi tedeschi tipi sgradevoli come il potente arcivescovo di Magonza, è mala bestia. Perfino Milano, l'unica bendisposta, è minacciata, Firenze si tiene in disparte, i veneziani senza princìpi come sempre, a Napoli la dinastia aragonese è appoggiata dal papa ma invisa nel territorio. E il papato? Tutto in rovina, *tutto frachasato così in temporale come in spirituale.* Cosa si può fare con i nostri miserabili 150.000 ducati, mettendo insieme le entrate temporali e spirituali! Uno sguardo nauseato sullo Stato della Chiesa, su Roma con le sue eterne fazioni Colonna-Orsini. E così via.[25]

È per una volta prassi di governo senza autorappresentazione. Solo mezzo anno ancora e il fosco orizzonte politico si rischiarerà. Non che Pio avesse visto tutto nel modo giusto (il pericolo di un'invasione francese è sopravvalutato, la Borgogna al rimorchio della Francia è inesatto, la volontà di combattere dei veneziani è sottovalutata). Ma lo spazio di manovra era effettivamente ristretto – se si cercava di mantenere dei princìpi e si voleva fare qualcosa. Certo, si poteva anche non far niente, si poteva stare nel palazzo pontificio e contemplare le gemme antiche. Ma questo papa voleva agire, e voleva farlo subito, anche intuendo di non avere più a disposizione molto tempo per agire in modo responsabile e per trasmettere la sua immagine ai posteri. La levatura spirituale, la sincerità e l'impegno personale fanno di Pio-Enea una delle personalità più attraenti del suo tempo.

25. Secondo il resoconto dell'inviato in Pastor 1904, nr. 125, pp. 150-160.

12. L'economia

Il peso diverso dei tre settori economici

Bisogna aspettarsi a priori che nell'economia di Roma agiscano fattori diversi rispetto ad altre città. La Roma del Quattrocento è una città di corte, eppure è molto di più; non è una città di produzione, eppure a suo modo è molto produttiva; ha un legame particolarmente stretto con il suo contado agricolo, eppure intrattiene una rete di rapporti con tutto il mondo del suo tempo. Roma ha, appunto, una dimensione ulteriore, una dimensione spirituale, che influenza la vita economica di questa città singolare. Oppure, se circoscriviamo la questione a un interrogativo elementare: cosa produce Roma e cosa consuma Roma? In questa prospettiva dobbiamo tenere distinte, in un primo tempo, la Roma dei papi e la Roma dei romani, per poi ricongiungerle nuovamente. Allora, qual è la produzione specifica della Roma papale?

La Roma papale non produce tessuti o articoli in metallo, ma beni di un altro tipo: dispendiosi privilegi, introiti di benefici, tariffe per le nomine, indulgenze. Una produttività di genere particolare, certamente: ma produttività in senso economico è anche questo, e se ne poteva vivere non meno di un principe con le entrate provenienti dai suoi territori. Ma il papa è anche questo – nel quadro della formazione tardo-medievale dello Stato principesco –, nel XV secolo diventerà sempre più un principe territoriale e i concili riformatori lo indirizzano esplicitamente a vivere, in futuro, più con quel che ricava dalle entrate secolari del suo Stato della Chiesa che con gli introiti spirituali provenienti dalla cristianità.[1] A questo punto, nel 1462, capitò a

1. Sulla finanza papale tardo-medievale: Favier 1966; Hoberg 1977; Caravale 1994; Cassandro 1994; Partner 2001.

proposito la sorprendente scoperta dei ricchi giacimenti di allume nei monti della Tolfa (e proprio al momento giusto: quando i giacimenti di allume di Focea, in Asia Minore, erano andati perduti a vantaggio dei turchi) e questa divenne la principale esportazione dello Stato della Chiesa, dato che il papa fondò un monopolio pontificio dell'allume su scala europea.[2] Ma le entrate ecclesiastiche provenienti da tutta la cristianità restarono naturalmente la vera base economica del papato.

Ora il problema consisteva nell'arrivare a queste entrate prodotte in luoghi lontani – dal Portogallo alla Svezia, dall'Irlanda a Cipro. Abbiamo già mostrato che il papato, a questo scopo, si serviva dei buoni uffici delle banche toscane. Questi *merchant-bankers* ora sfruttavano la loro comprovata imprescindibilità nel trasferimento di denaro anche nel commercio. Infatti dove si muove il denaro, si muove anche la merce. Quindi alla Camera Apostolica e alla dogana romana incontriamo spesso – in una sorta di circuito chiuso – gli stessi nomi: come banchieri, come importatori, come creditori. Per comprendere l'economia romana, si deve innanzitutto avere ben chiaro questo ampio contesto e questi circuiti chiusi. Infatti, «nei circuiti economici le cose vanno come nei circuiti elettrici: funzionano solo se sono chiusi» (Braudel 1980).

Il fenomeno si può osservare sull'esempio dell'Europa nord-occidentale, infatti il denaro per il papa proveniente dall'Europa nord-occidentale, settentrionale e orientale circolava soprattutto attraverso Bruges, faceva da traino all'importazione di beni e perciò è una componente non solo della finanza papale ma anche dell'economia romana. Il vero problema era l'equilibrio della bilancia dei pagamenti tra nord e sud. Infatti i mercanti italiani lassù vendevano più di quanto comprassero (la situazione cambierà drasticamente nel XVI secolo, quando le spezie dell'Oriente non giungeranno più in Europa attraverso Egitto-Venezia ma Lisbona-Anversa). A questo squilibrio contribuiva anche il denaro che da lì arrivava alla Camera Apostolica, infatti la curia romana "forniva", per così dire, indulgenze, benefici, uffici ecclesiastici e privilegi al nord: le somme da pagare a questo scopo incrementavano ancora il deflusso di denaro dal nord e aggravavano il problema.[3]

2. Delumeau 1962; Dallai, Ait, Ponta 2018.

3. Problemi e tecniche del trasferimento di denaro: Favier 1966; Esch 1966; v. Stromer 1970; Esch 1998a; Schuchard 2000; Weissen 2011. Sulla collaborazione transalpina Heinrich Lang presenterà prossimamente un lavoro. Citazione: Braudel 1980, p. 117.

Ed erano esclusivamente italiani, soprattutto fiorentini, o in generale toscani (come Alberti, Bardi, Baroncelli, Boscoli, Cambini, Della Casa, Martelli, Pazzi, Spinelli, Spini, Spannocchi, tra gli altri), quelli che si occupavano dei pagamenti tra il nord e Roma e che avvertivano questi problemi. È una supposizione scontata ma falsa che per l'area tedesca avessero preso in carico questo compito mercanti tedeschi: furono coinvolti solo come corrispondenti di grandi ditte fiorentine (come i Pirckheimer di Norimberga per i Medici), l'accesso diretto alla Camera Apostolica se lo procurarono, più tardi, solo i Fugger. E si dovettero adattare a questa situazione: *ci scrive in tedescho*, osserva con irritazione il banchiere papale fiorentino Tommaso Spinelli a proposito di un partner d'affari tedesco.[4]

Bruges fungeva da camera di compensazione, conteggiando i debiti qui in cambio dei crediti là.[5] Ma il pareggio della bilancia tramite il *clearing* restava difficile e spiega in parte le forti importazioni dalle Fiandre e dal Brabante verso Roma e la frequente menzione degli stessi mercanti sia alla Camera Apostolica che alla dogana romana. Del resto, quel che arrivava da lì a Roma in quantità massiccia, tessuti, berretti, candelieri d'ottone, coltelli, pellicce russe, immagini di Madonne, e così via, era anche ambìto, come si dimostrerà in seguito sull'esempio dell'arte fiamminga.

Questo per mostrare negli intrecci sotterranei tra finanza papale e commercio una peculiarità specifica dell'economia romana. Torniamo alla città. La Roma dei papi, dal punto di vista economico, era in primo luogo un'economia di corte, e già questo è qualcosa di diverso da un'economia cittadina.[6] Infatti una corte ha le proprie esigenze e i propri obblighi, usa mezzi e beni a fini di dominio e di auto-rappresentazione anche senza un calcolo strettamente mercantile, e a causa della sua posizione privilegiata non è del tutto dipendente dal libero mercato. Ora però la corte romana è anche un caso particolare nell'ambito dell'economia di corte. Infatti, bisogna aspettarsi a priori che nella residenza papale, nella capitale della cristianità, il gioco della domanda e dell'offerta contenga anche altri fattori rispetto alle normali città residenziali. Di certo non era nemmeno il numero di abitanti, poco elevato già secondo gli standard del tempo (forse 25.000

4. Weissen 2000.

5. Sul ruolo di Bruges: de Roover 1948; Murray 2004; Esch 2007a, cap. IX; v. anche *Hansekaufleute in Brügge* 2000.

6. Sulle peculiarità dell'economia di corte i contributi in *Hofwirtschaft* 2008; sull'esempio di Roma, pp. 19-35. Numero di abitanti, v. Esposito 1998a.

intorno al 1400, intorno al 1500 però già 50.000), a rendere interessante Roma per il commercio, ma la corte e i pellegrini. Qui era in gioco una dimensione particolare, con servizi, congiunture, aspettative di guadagno particolari. Già il Medioevo ne era consapevole, soprattutto sotto forma di critica pre-riformista, che qui non sarà trattata. Invece vogliamo chiederci se e in quale misura nella vita economica di Roma si possa riconoscere o addirittura calcolare il peso della dimensione spirituale.

Qui viene in aiuto una fonte che, alla luce della situazione purtroppo lacunosa delle fonti per la Roma dei romani, merita attenzione, e di cui non dispongono neppure grandi potenze della documentazione archivistica tramandata come Venezia o Firenze: i registri doganali romani. Per quattro decenni, dal 1445 al 1485, si sono conservati quasi integralmente e consentono di gettare luce in profondità – molto al di là degli aspetti strettamente economici – nella vita della città, proprio nella fase in cui dopo un lungo letargo tutto si mette finalmente in moto. Non si tratta della dogana come istituzione (nel frattempo l'ufficio, come tutta la *Camera Urbis*, era finito completamente sotto il controllo della Camera Apostolica), ma di quel che ci consente di vedere, quel che arrivava giornalmente, una nave dopo l'altra, un carro dopo l'altro: cavoli e arance, pesce e vino, tessuti e ceramica, travi e marmo, libri e immagini e strumenti musicali e pappagalli venivano registrati, e spiegano così il fabbisogno e il consumo della città: la Roma del primo Rinascimento vista attraverso le sue importazioni.[7]

Con circa 4.500 consegne annuali via terra e 600 carichi marittimi, il materiale, a tal punto voluminoso che per lungo tempo non è stato elaborato, non getta luce solo sull'ampio spettro delle merci importate ma anche sulla loro provenienza e sugli importatori: dai contadini della Campagna romana con i loro prodotti agricoli fino al grande commerciante di Firenze o delle Fiandre che con un'unica consegna sdoganava merci per un valore di 2.000 ducati.

Anche qui si impone subito l'interrogativo che limita questi dati economici alla loro essenzialità: l'importazione e l'esportazione hanno carat-

7. Interpretazione dei registri doganali romani: Esch 2007a, riepilogo Esch 2012b. Importanti lavori precedenti: Hoshino 1973/74; Lombardo 1978; Palermo 1979 e 1994; Ait 1981; sulla dogana minuta: Lombardo 1983; crescente controllo da parte della Camera Apostolica: Palermo 2014. I registri tramandati: Archivio di Stato Roma, Camerale I, Camera Urbis: 28 annate di importazioni via terra 1451-1485; 31 annate di importazioni via mare [1428 e] 1444-1483 [e 1492/93] registrate in Esch 2007a, pp. 417-418.

teristiche che sono peculiari di Roma? E ancora: vengono importati materie prime e semilavorati che consentono di concludere che la lavorazione sarà eseguita in città? Quando il papa è assente si nota un calo nel volume delle importazioni?

Cominciamo dalle esportazioni, che compaiono anch'esse nei registri doganali e forse caratterizzano una città ancor più precisamente rispetto alle importazioni. Quel che Roma esporta è poco, in realtà solo vitelli e formaggi – quindi i prodotti di quei *bovattieri*, con i loro estesi terreni da pascolo, che abbiamo già conosciuto come membri rispettabili del ceto dirigente romano, mentre dai fiorentini erano liquidati sprezzantemente come *vaccari*. Sono sempre nomi come Astalli, Capodiferro, Massimo, Cenci, ad esportare i loro vitelli bufalini nel Regno di Napoli passando per Velletri, e dai ruoli delle imposte si può desumere che membri della nobiltà cittadina come Paolo Santacroce o Angelo del Bufalo nel 1463 vendettero bestiame da macello per un valore di 2.000-2.700 ducati, Pietro Margano o Stefano dei Crescenzi nel 1464 dichiararono il possesso di 3.000 o 4.500 pecore (greggi di pecore che fornivano anche la lana per un'industria tessile, a Roma in verità, non molto significativa).[8] La popolazione in crescita e la corte sempre più esigente determinarono sia a Roma che a Napoli una crescita della domanda di bestiame da macello, dal punto di vista sia quantitativo che qualitativo. Questo procurò a molte famiglie di *bovattieri* una notevole ricchezza, che si manifestò fra l'altro in acquisti di rendite. Altri invece non combinarono nulla a lungo termine e compaiono sull'altro fronte, quello dei *venditori* di rendite.

Bovini e formaggi, quindi, compaiono regolarmente nell'esportazione romana. Ma questo è anche tutto quello che Roma produceva di materiale. Che Roma consumi solo e non produca, che sia solo ventre e non anche mani, è un pregiudizio che resiste dall'antichità fino ad oggi. Ma il consumo di per sé non è qualcosa di improduttivo, la domanda stessa può essere un fattore produttivo, a patto che gli interessati che detengono il capitale siano nei paraggi e rispondano alla domanda. È stata richiamata giustamente l'attenzione sul fatto che, alla luce dell'incremento del consumo nella Roma del Rinascimento, sia poco ragionevole dal punto di vista economico definirlo "parassitario", invece di riconoscere nella vitalità di questa domanda l'elemento dinamico, lo stimolo economico, e intenderlo

8. Esportazione: Esch 2007a, pp. 15-21, 146-149; *bovattieri*: v. sopra, p. 52; *tutti paiono vaccari*: Alberto degli Alberti nel 1443 (Fabroni 1788, p. 166).

come produttivo – se il denaro proveniente da tutta la cristianità era investito in modo produttivo nella stessa Roma.[9]

Roma è stata sempre forte nel settore primario, quello agricolo, ed è così anche ora. È stata invece sempre debole nel settore secondario, quello industriale. Era di certo un po' più forte di quanto si è congetturato finora, infatti è documentabile una certa produzione di tessuti; ma rispetto all'importazione massiccia di tessuti aveva possibilità di sviluppo ridotte, e il capitale toscano di certo qui non ha investito. E anche l'importazione di lana, metallo ancora in barre, cenere «per fabbricare il vetro», tessuti «da colorare», aghi, e così via: tutto ciò indica una fabbricazione o un'ulteriore lavorazione in loco, ma era destinato solo al proprio fabbisogno, nelle esportazioni non compare nulla di tutto questo, tranne un po' di tela da sacchi. Roma non è mai stata una città industriale di esportazioni.

Che il commercio e la produzione a Roma abbiano così poco risalto, forse ha a che fare però anche con la situazione delle fonti romane. Anche nell'ambito del mondo lavorativo romano – nella Roma dei romani e non nel commercio meglio documentato che ruota intorno alla corte – i protocolli notarili, per lungo tempo poco considerati, hanno aperto una prospettiva. Infatti i contratti notarili penetrano più in profondità nella prassi rispetto ai testi normativi degli statuti (è interessante notare che qui non fanno nemmeno riferimento agli statuti delle corporazioni ma solo genericamente a *consuetudines*). Contratti di lavoro, contratti d'opera, contratti sociali, contratti di apprendistato gettano luce sull'organizzazione delle *botteghe*, sui rapporti di lavoro e il mercato del lavoro; il censimento del 1526/27 dà visibilità alla loro distribuzione o concentrazione nei singoli quartieri (i conciatori ovviamente vicino all'acqua, sul Tevere, nel rione Regola, i bottai in prossimità del porto, i barbieri naturalmente erano disseminati ovunque). Singoli studi hanno messo in risalto sempre più settori, dalla fabbricazione di panni di lana fino all'artigianato artistico, dai semplici operai dei cantieri navali fino ai rinomati mercanti di spezie e droghieri, dagli operai addetti alle fornaci di calce fino ai muratori. Questa di certo era produzione (come si vedrà sull'esempio del boom edilizio), ma non per l'esportazione.[10]

9. Consumo di lusso come fattore produttivo: Palermo 1998, pp. 249-265, in partic. pp. 254-257; industria dei panni: Ait 2005; indizi di un'ulteriore lavorazione: Esch 2007a, pp. 177 s. Una panoramica: Palermo 2001.

10. Sulle attività lavorative: Lori Sanfilippo 2001; i contratti di lavoro: Corbo 1973; Corbo 1990, in partic. cap. III; Modigliani 1986.

Invece il terziario, il settore dei servizi, a Roma era fortemente sviluppato, addirittura predominante, come non accadeva in nessun'altra città. Infatti il fabbisogno era notevole: si doveva provvedere a schiere di pellegrini, accompagnare in maniera adeguata gli incaricati d'affari di petenti di alto rango, rifornire le grandi dimore dei cardinali della curia, organizzare il *catering* per inviati e altri personaggi con obblighi di rappresentanza, e tutto questo, se possibile, in concorrenza reciproca. Se si annoverano in questo settore anche i buoni uffici delle banche coinvolte nella finanza papale, allora si riconosce che è proprio qui la produttività specifica della Roma dei papi. Se osserviamo che la filiale romana dei Medici in un primo tempo procurava più della metà dei guadagni complessivi della ditta, anche senza dover essere necessariamente dotata di capitale (per questo erano sufficienti i depositi dei cortigiani), fornendo addirittura capitali alle altre filiali dei Medici; se vediamo dalle lettere confidenziali del banchiere Gabione Gozzadini che in un affare per un beneficio in collaborazione con il papa ricavò il quintuplo dell'investimento – allora la Roma papale, vista in questo contesto di relazioni importanti, appare addirittura un'esportatrice di capitali.[11]

E questa è l'ora dei fiorentini. Riprendiamo le osservazioni sull'importanza dei fiorentini a Roma per svilupparle ulteriormente. Che si tratti di transazioni della finanza papale o dell'importazione di merci a Roma, ci si imbatte sempre nei fiorentini. Oppure, detto molto semplicemente: i dieci maggiori importatori fiorentini gestiscono da soli più di un quarto delle importazioni complessive registrate, e i panni di lana fiorentini da soli rappresentano la metà di tutti i tessuti di lana importati! Per l'industria laniera fiorentina Roma era un mercato di vendita estremamente redditizio: un buon decimo dell'intera produzione annuale, nel terzo quarto del Quattrocento, era destinato a Roma e allo Stato della Chiesa. Ed erano soprattutto i costosi tessuti di lusso, colorati con il chermes (la cocciniglia), quelli che si potevano smerciare a Roma.[12]

Ma anche nell'importazione di seta, velluto, broccato d'oro le ditte fiorentine si mostrano predominanti, e Roma aveva bisogno proprio di questo. La spesa stimolata dai tessuti di lusso e dall'abbigliamento sfarzoso (e alla corte papale questo accadeva anche molto prima del Rinascimento), che non riguardava solo le vesti liturgiche dei cardinali, era considerevole,

11. Medici: de Roover 1966, pp. 47, 55, 69, 206 s.; Gozzadini: Esch 2016.

12. Importazione di tessuti fiorentini e quota di mercato: Hoshino 1973/74, pp. 39 s.; Tognetti 2002, in partic. pp. 121-125; Esch 2007a, pp. 37-45, 57-66, 123-133; Goldthwaite 2009 (commercio con Roma pp. 170-175).

era la rappresentazione auspicata del proprio potere, era il guardaroba usato per dare visibilità al proprio rango. Stoffe preziose indossate, regalate, prestate, e inoltre stoffe decorative costose per arredare gli ambienti[13] – nei registri doganali si trovano anche i tessuti più pregiati: *taffeta cambiante*, *damaschino bianco con fior de oro*, la *canna* a 10 ducati e mezzo, e altre meraviglie. Alcuni cardinali facevano indossare ai propri familiari le livree, quindi il fabbisogno corrispondente di tessuti era notevole.

A Roma la corte non era la sola destinataria di queste stoffe costose. L'importazione per la corte non viene neppure registrata alla dogana di terra, dato che era esentata dal pagamento. Quindi alle importazioni elencate qui, il cui valore si può calcolare sulla base delle tariffe doganali versate (il 5% del valore della merce alla dogana di terra, il 6,5 % alla dogana portuale), dovrebbe essere aggiunta ancora una considerevole quantità di importazioni destinate alla corte, che in parte riusciamo a individuare nella contabilità della Camera e della Tesoreria. Già solo per le esequie solenni di Niccolò V e l'incoronazione del suo successore Callisto III, nel 1455 due ditte toscane hanno consegnato nell'arco di quattro settimane tessuti per un valore di 24.000 fiorini, dalle qualità più care fino al tipo più a buon mercato, *ad ponendum circum columpnas* («per avvolgere le colonne», come si può vedere ancora oggi nelle chiese romane in occasione della festa del patrono).[14] Ditte come quelle dei Medici, Pazzi, Spinelli, Strozzi non si sono occupate di inezie: il loro assortimento di merci non era particolarmente ampio ma puntava a cose importanti. È difficile da immaginare che i Pazzi, per esempio, potessero essere coinvolti nell'importazione di fichi, eppure sembra che una volta sia accaduto – però un'annotazione del doganiere chiarisce: *cassa perché foro denari coperti de fichi*, «cassato perché era denaro ricoperto di fichi»!

Se i fiorentini superavano tutti gli altri nel commercio, i guadagni che ricavavano dalle operazioni finanziarie della corte erano ancora più considerevoli, come rivelano le loro dichiarazioni dei redditi nel Catasto. Quel che importavano a Roma oltre ai tessuti pregiati non erano cose per tutti i giorni, per esempio cappelli cardinalizi, libri (*uno libro de Tulio de offitiis*, quindi un Cicerone), occhiali, cassette intarsiate, immagini; e dato che nel-

13. *Pompa sacra* 2010 e Ertl 2007.

14. Tessuti per la sepoltura e l'incoronazione: Esch 2007a, p. 93; l'imbroglio dei fichi, p. 58; quote degli affari finanziari e commerciali secondo il Catasto, pp. 58 s.; Cicerone, occhiali, p. 50.

la Roma del XV secolo accanto al gioco degli scacchi si impose anche il gioco delle carte, grandi quantità di carte da gioco ordinarie e artistiche.[15] L'assortimento che giungeva attraverso l'importazione doganale si può immaginare analogo anche per la corte. In ogni caso la domanda di beni di lusso, nel corso del secolo, aumentò notevolmente (non osiamo immaginare come invece fosse modesto il consumo di beni di lusso al tempo dello scisma) ed era agevolmente soddisfatta dai fiorentini.

Che tra i mercanti importatori compaiano anche i romani, ci riporta con alcuni nomi al ceto dirigente locale. Qui ci limitiamo a citare Massimo, Santacroce e Boccamazza, che nel commercio potevano quasi competere con i fiorentini, ma che tuttavia nel mercato si comportavano in modo completamente diverso da loro. Massimo di Lello Cecco de' Massimi trattava un assortimento molto ampio – e tutto questo lo differenziava dai fiorentini a Roma –, importava a piene mani anche in assenza del papa, forniva vitelli alla corte, da *bovattiere*-mercante qual era; fieno, ancore, cannoni per la flotta crociata di Callisto III; enormi quantità di cera per il funerale di Niccolò V.[16] È interessante la gamma di spezie, droghe, minerali, colori, ma anche metalli di ogni tipo e a tutti gli stadi di lavorazione. E naturalmente importava anche quello di cui avevano bisogno per il loro mestiere i primi stampatori tedeschi, Pannartz e Sweynheym, ai quali i Massimo per primi misero a disposizione un'officina: piombo, stagno, carta. Una botteguccia, quindi, ma importante. I Massimo e i Santacroce stanno ancora dietro il bancone e si prestano ad occuparsi della vendita al dettaglio: solo una, due generazioni, e avranno portato a termine la loro vertiginosa ascesa nella nobiltà cittadina, lasciandosi alle spalle il commercio.

I registri doganali trasmettono un'immagine vivida anche del commercio a breve distanza e del modo in cui la città era inserita nel suo territorio circostante.[17] Infatti segnalano ogni contadina e ogni commerciante al minuto con nome e provenienza, e tutto quel che portano in città a seconda della stagione: fichi, lino, canapa, sego. Arrivano per lo più in gruppi, per esempio Catalina, Ceccha, Lucia, Sanucia e Bartolomea tutte da Campa-

15. Lombardo 2008; *Importazioni di trionfi e carte da giocare*: Esch 2007a, pp. 50s; Esch, Esch 2015/16, pp. 152-155.

16. Esch 2007a, pp. 66-70, 146-156. La stamperia, in una casa dei Massimo, si suppone fosse situata all'angolo di Campo de' Fiori verso la Cancelleria: Modigliani 1998a, pp. 212 (nr. 110) e 245.

17. Commercio a breve raggio Esch 2007a, pp. 8-10 e 156 s.; sui mercanti ebrei, Esposito 2004b, pp. 57-74.

gnano – queste immagini di gruppo si possono vedere sempre alla dogana romana, in uno stesso giorno dieci persone da Castelnuovo, undici da Anguillara. Tra questi piccoli commercianti al minuto ci sono anche ebrei: Aronne, Abramo, Isacco, Mele e altri portano canapa, lino, *filo crudo*, seta grezza, rottami di metallo, un Moise di Viterbo compare dieci volte nell'arco di un anno alla dogana romana sempre con "filato grezzo e colorato".

A questo proposito un'osservazione di storia della lingua. In questo contado rurale intorno a Roma salta all'occhio il riferimento al ciclo troiano nei nomi anche delle persone più modeste.[18] *Priamo* di Tivoli fornisce carta straccia, *Hectore* delle Aste porta rottami metallici, *Parisse* di Bassano cera, *Cassandra* di Nepi lino, *Pullidoro* di Calvi fichi. Questo per quanto riguarda i figli di Priamo. Ma non è finita: *Ulisse* di Mazzano porta lino, *Palamede* di Velletri formaggio, *Diomede*..., e così via. Sembra di stare dentro la guerra di Troia. Questi nomi di certo non fanno parte di un "recupero della conoscenza dell'antico", ma di una stratificazione più antica, quella del *Liber Ystoriarum Romanorum* o dell'*Historia destructionis Troiae* di Guido de Columnis – ciò non significa che il *Liber* o l'*Historia* o le loro volgarizzazioni allora si leggessero o si sentissero declamare a Tivoli, a Mazzano o a Nepi.

Ma cosa può aver saputo Priamo di Tivoli del Priamo di Troia? Possiamo solo constatare che il materiale del ciclo troiano, in ogni caso, è giunto anche in zone rurali fra strati modesti della popolazione. Ci si aspetta di sentire nomi classici soprattutto nell'alta nobiltà romana. Ma anche qui, in realtà, compaiono solo intorno al 1400, soprattutto fra gli Orsini, e si tratta anzitutto di nomi romani. Qui però, anche con i nomi troiani, siamo a un livello sociale completamente diverso. È sorprendente anche *Taliarco* di Magliano, che esporta da Roma formaggio stantio (*triste e vechissimo*): questo nome mai citato altrove può essere solo il *Thaliarcus* di Orazio, *Ode* I 9, che qui alimenta il fuoco guardando il Soratte coperto di neve, mentre il nostro sul Tevere a Magliano, quindi subito superato il Soratte, sbarca il suo formaggio guasto (*trasse per fiume*).

Dall'ambito del commercio romano torniamo a quello che si svolgeva sulla lunga distanza. Il suo raggio d'azione è enorme, come dimostra per esempio l'importazione di tessuti di ogni qualità – anche per quegli strati della popolazione che non indossavano velluto e seta – e provenienza: dall'Italia settentrionale e centrale, ma anche dall'Europa nord-occidentale,

18. Nomi riferiti a Troia: Esch 2006d, pp. 17-19.

dalla Francia, dall'Impero (Fiandre, Londra, Rouen, Perpignan, Costanza, S. Gallo, e così via). A distanze ancora più remote ci portano gli ermellini, le piume di struzzo e altre merci esotiche, come vedremo nel seguito.

Tra i mercanti non italiani – francesi, spagnoli, polacchi – sono nominati soprattutto i tedeschi, che acquistano visibilità non tanto per un volume commerciale cospicuo ma per un assortimento specifico.[19] Che i mercanti tedeschi commerciassero oltre Milano, Genova e Venezia fino a Roma, è noto solo dai registri doganali, anzi finora questo fatto era stato perfino messo in dubbio. Con i fiorentini ovviamente non potevano competere, ma la Germania tardo-medievale aveva comunque qualcosa da offrire, che era interessante anche per gli esigenti italiani. Si trattava, oltre ai tessuti di lino e alle pellicce, di molti utensili di metallo (accanto a *tenaglie* anche *tenagliuzze*, *piccole* pinze, *piccole* forbici, attrezzi di precisione, per così dire) e un ampio assortimento di manufatti in stagno e ottone. Ma anche fornitura di tecnologie avanzate come filo trafilato, orologi, moderno materiale bellico, dalle balestre d'acciaio fino alle armi da fuoco, importati da tedeschi (che si occupavano anche della manutenzione). Inoltre, grandi quantità di occhiali, xilografie, la maggior parte dei libri registrati (soprattutto incunaboli tedeschi) e quasi tutti i liuti importati all'epoca.

Come luoghi di provenienza delle merci vengono citate talvolta Colonia e Norimberga, fili d'oro e d'argento «di Colonia» per ricamare la seta; e soprattutto «merze de Norimberga», di sicuro la traduzione italiana di *Nürnberger Tand*, articoli in ottone. Per i tessuti era consueto che il doganiere aggiungesse la provenienza, mentre era insolito per altri articoli. Colonia e Norimberga erano anche le uniche città tedesche di cui forse si era già sentito parlare a Roma: Norimberga, con le sue innovazioni in materia metallurgica, di meccanica di precisione, armi da fuoco, cartografia, riproduzioni di immagini, impressionava perfino Roma, che della Germania sapeva poco e non voleva neppure saperne.

La quota di importazioni che giungeva a Roma per mare viene annotata nei registri della dogana portuale, che si sono ampiamente conservati per questi decenni. Si dimentica facilmente che Roma si trova a metà strada dal mare. Imbarcazioni fluviali potevano risalire il Tevere raggiungendo Ripa Grande, il porto romano di fronte all'Aventino, dove la merce era scaricata, registrata e sdoganata al 6,5 % del valore. Un disegno del *Codex Escuria-*

19. I tedeschi e il loro assortimento: Esch 2007a, pp. 77-82, 140-146; liuti: v. sopra, pp. 212-214.

Fig. 52a. Il porto romano sul Tevere di Ripa Grande visto dall'Aventino (*Codex Escurialensis*, fol. 56v) fine del XV secolo con la dogana.

lensis e lo sfondo di un affresco di Filippino Lippi nella cappella Carafa in S. Maria sopra Minerva (per il cardinale Carafa il porto aveva un particolare significato, dato che nel 1472 salpò da lì, sotto il suo comando, la flotta contro i turchi) restituiscono un'immagine vivace del movimento nel porto e alla dogana. Si confrontino la rampa e la scalinata in primo piano, l'albero e la loggia della dogana, la forma della chiesa (S. Maria in Turri) e delle due torri nobiliari, e si riconoscerà che Filippino ha rappresentato con precisione fotografica l'aspetto del porto a quel tempo (figg. 52a e 52b).[20]

20. Importazione per nave: Lombardo 1978; Palermo 1979 e 1994; Ait 2004; Esch 2007a, cap. III. Sull'identificazione della veduta del porto: Bertelli 1965, p. 120 (comando contro i turchi di Carafa: v. sotto, p. 310).

Fig. 52b. La dogana di Ripa Grande vista dai piedi dell'Aventino, nello sfondo del *Trionfo di S. Tommaso* di Filippino Lippi (S. Maria sopra Minerva, Cappella Carafa, fine del XV secolo). Si mettano a confronto in entrambe le rappresentazioni le due arcate della dogana e l'albero davanti, la rampa che sale dalla banchina alla dogana e la scalinata, la chiesa (S. Maria in Turri) con il campanile e le finestre con arco a tutto sesto e dietro le due torri nobiliari.

Quel che viene importato via mare e registrato mostra già solo dalle cifre la domanda in aumento di una città in crescita: negli anni Cinquanta del Quattrocento, ogni anno, intorno alle 400 navi, negli anni Sessanta circa 500, negli anni Settanta circa 600 con picchi sempre in primavera e, di poco inferiori, in autunno. Navi di tonnellaggio maggiore scaricavano per Roma a Civitavecchia oppure trasbordavano a Gaeta o Livorno su navi più piccole. I valori dei singoli carichi nel caso del vino arrivavano fino a 2.500 fiorini, per la *roba* o i generi alimentari fino a 3.600 fiorini: non molto per una galera veneziana carica di spezie o una nave da carico genovese, ma molto bello per una nave che poteva attraccare nel mezzo di Roma. Oltre ai carichi misti, intere navi di verdure, armi, vino, alle quali si potevano appendere in modo pittoresco ancora botti a prua e a poppa (*una bote a popa, una bote a prua*), altre con un carico inferiore perché era stato «buttato in mare a causa di una tempesta». I registri citano anche il tipo di imbarcazione (dalla *barca* alla *saetta*, dal *liudo* al *navilio*, raramente una galera o una caravella), il proprietario e la provenienza. Da qui si desume un bacino territoriale che in sostanza, per quanto riguarda le coste italiane, spazia da Palermo a Ventimiglia, con frequenti menzioni di Trapani, Napoli, Gaeta, Sperlonga, Pisa, Portovenere.

La merce mostra in parte un assortimento diverso rispetto all'importazione via terra. Via mare arrivano soprattutto beni di consumo di massa come il vino (i cereali non sono registrati), giungono prodotti da lontano, dall'Europa nord-occidentale, dalla Spagna (tonno, pelle, maiolica) e dall'Oriente (spezie dall'Arabia e dall'Estremo Oriente, scaricate a Civitavecchia da galere veneziane). I registri della dogana portuale sono molto precisi. Entriamo, per così dire, insieme al doganiere nelle navi attraccate e ispezioniamo il loro carico che, una balla dopo l'altra, è portato sulla banchina. E poteva essere molto consistente: 50, 70, perfino 80 registrazioni per nave, e tutto annotato in modo dettagliato.[21]

La dogana portuale, a differenza di quella di terra, registrava anche le importazioni destinate alla corte. Dato che per il ritiro esente da dazio era necessario un mandato nominale della Camera (nel 1452, per 371 navi abbiamo 312 di questi mandati!), veniamo a conoscenza anche del nome del destinatario: *per llo vicecancelliere* (cardinale Rodrigo Borgia), *per Monsignor de Roano* (il cardinale d'Estouteville), «per il medico personale», «per il convento di S. Paolo», «per la sorella del papa» – per cui possiamo sapere quali armi e quante travi ha ritirato un cardinale; che il cardinale Oliviero Carafa non rinunciava all'acqua di rose della sua Napoli, e che qualità di vino preferiva Giuliano della Rovere.

Uno sguardo alle liste dettagliate dei carichi mostra di cosa avesse soprattutto bisogno Roma. Si può fare, in un primo tempo, una cernita grossolana: i beni di consumo arrivano a Roma prevalentemente dal sud, i beni d'investimento e i semilavorati dal nord. Quindi, dal sud zucchero

21. Esch 2007a, cap. III; sul commercio tra Roma e la Spagna i contributi di M.L. Lombardo, L. Palermo, M. Vaquero Piñeiro in *Mercanti stranieri* 2004. Approvvigionamento di cereali: Palermo 1994; per il periodo successivo fondamentale Reinhardt 1991.

e tonno, entrambi costosi, arance a migliaia (all'inizio più arance amare che dolci), formaggio, marzapane, spaghetti (*vermicelli*); dalle vicinanze verdure e legumi in barca da Sperlonga e Gaeta. E inoltre vino, soprattutto il costoso *greco* (il tipo di vino, non la provenienza) e il più a buon mercato *latino*. Dal nord, oltre a tessuti e legname da costruzioni, molto metallo in tutte le fasi di lavorazione, dalle barre di ferro dall'Elba e Piombino, «ferro stagnato», «acciaio», alle guarnizioni e ai chiodi per il notevole boom edilizio di quegli anni, fino alle armi: «60 balle di armi», «240 corazze», «6 bombarde», interi arsenali, non per combattere all'esterno ma all'interno della città, perciò anche armi per i cardinali.

E qualcosa di più speciale: una cesta di libri per il cardinale Bessarione e tempestivamente, per l'anno santo 1475 con l'esigenza di stampare di più, perfino *2 stromenti che sse operano da fare libri de stampa*, due fonditrici o due torchi per la stampa! Oppure strumenti musicali come clavicembali, *manacordi*, organi.

I prodotti esotici ci portano fino ai confini estremi del mondo e mostrano come la capitale della cristianità sia collegata con tutto l'orbe terrestre: la pelle del tricheco, la pelliccia (invernale) degli scoiattoli siberiani, piume di struzzo, pelli di leopardo e zanne di elefante (*dente de alinfante*: il doganiere ancora non aveva visto quest'animale tutto intero). E naturalmente pappagalli, il papa aveva sempre intorno uno di questi uccelli, per questo la *Camera pappagalli* nel palazzo papale a Roma e ad Avignone, e tra le spese il cibo per pappagalli. Ma ora anche un cardinale vuole un pappagallo.[22]

Salta all'occhio che tra queste merci esotiche non solo è rappresentato l'Oriente con le sue spezie, ma anche il sud. Nel frattempo i portoghesi, su iniziativa di Enrico il Navigatore, che a questo scopo si era fatto rilasciare numerose bolle dai papi, cercando la via marittima verso le Indie avevano iniziato a esplorare la costa occidentale dell'Africa – e questo ora si riflette nelle importazioni romane. Una caravella (tipo di imbarcazione che già indica il Portogallo) che approda a Roma nel gennaio 1475, oltre a un'enorme quantità di pesce sotto sale ha sbarcato anche qualcosa di più esotico: 98 pappagalli, 3 scimmie, uno schiavo nero. Le scimmie di questo tipo (*gatti mammoni*) vengono dal sud del Sahara, due delle tre se le prende il cardinale Francesco Gonzaga (che forse era interessato alle scoperte, in ogni caso aveva nella sua biblioteca un *Marco Polo in papiro*

22. Prodotti in metallo e armi: Esch 2007a, pp. 30 s., 51 s., 173-175, 216-219; aranci, p. 172; cose esotiche, pp. 179 s., materiali da costruzione, cap. VIII.

e una *carta da navigare*, il diario di viaggio di Polo e una carta nautica). E dall'Africa nera proviene anche lo schiavo: i portoghesi si finanziavano queste spedizioni con la caccia agli schiavi e da quando – con la perdita di Costantinopoli – l'accesso al più importante mercato degli schiavi, la costa settentrionale del Mar Nero, era precluso, si moltiplicano gli schiavi neri nei registri doganali e nella pittura italiana.[23]

E non solo beni: dalle isole lontane, solo da poco scoperte a ovest o a sud, giungevano a Roma anche uomini, religiosi portoghesi, che a causa di una qualche colpa erano stati esiliati in queste isole e ora a Roma si adoperavano personalmente per abbreviare il loro esilio: arrivando dalle Azzorre distanti 3.500 chilometri o dall'africana Ceuta – ma si poteva essere esiliati anche molto più lontano e poi, per lettera o di persona, sollecitare l'assoluzione a Roma: il re portoghese aveva abbastanza isole scoperte di recente da popolare con condannati, per esempio São Tomé nel Golfo di Guinea («in quest'isola ci sono rettili che ingoiano vive le persone, qui è più facile morire che vivere»), o le isole di Capoverde.[24]

Che i beni provenienti dal lontano ovest, dall'America appena scoperta, non compaiano in questa fonte, dipende dal fatto che i registri (fino a un insufficiente fascicolo ottobre 1492 - maggio 1493) dopo il 1483 non si sono conservati. Sarebbe eccitante imbattersi alla dogana portuale romana nella caravella *Niña*, la nave prediletta di Colombo, infatti (come apprendiamo dai *Pleitos de Colón*, la disputa giudiziaria tra gli eredi di Colombo e la corona di Castiglia) tra la seconda e la terza traversata, quindi presumibilmente nel 1497, fu data in noleggio dal suo proprietario contro la volontà di Colombo per navigare verso Roma; oppure nel capitano della *Pinta*, Martín Alonso Pinzón (e anche il nome del comandante sarebbe stato registrato), che aveva affermato di essere già stato a Roma precedentemente al primo viaggio. Ma di questo, per quanto si possa fare affidamento sulle dichiarazioni, non esiste alcuna documentazione a Roma.[25]

A Roma si sapeva molto bene di che si trattava: la linea di demarcazione tra scoperte portoghesi e spagnole fu tracciata da papa Alessandro VI, mappamondi arrivavano in quantità attraverso la dogana romana (da Genova, da Norimberga, e di sicuro più moderni rispetto alla tipologia

23. Merci dai territori scoperti da spagnoli e portoghesi: caravella del 1475, Esch 2007a pp. 179 s. Schiavi neri nella pittura: Helas 2010.

24. Esch 2020c.

25. Niña, Pinzón: Esch 2007a, p. 226.

dei mappamondi medievali). Ora ci si aspettava addirittura cose orientali dall'Occidente (*versus Occidentem aut Meridiem navigantes ad partes Orientales*, così è formulato il paradosso in una bolla di Alessandro VI del 1493). E di sicuro al porto di Roma hanno sentito ben presto le lamentele dei mercanti veneziani sulle prevedibili conseguenze della circumnavigazione portoghese dell'Africa, che avrebbe rimosso dalla sua centralità il Mediterraneo e quindi anche Roma, facendoli finire sottovento sul piano geopolitico (dato che i veneziani sapevano pensare su scala globale, gli venne in mente già allora il progetto di un canale di Suez!), e di certo nel porto romano hanno guardato con stupore gli esotici prodotti provenienti dall'America. Tuttavia non sono documentati a Roma nei registri doganali, andati perduti per questi anni, ma per la prima volta nelle pitture del soffitto della Farnesina, il palazzo del banchiere papale Agostino Chigi: mais, girasole e zucca, intorno al 1518, nei festoni della Loggia.[26]

Un segmento importante dell'importazione di beni di una città di corte riguarda i consumi di beni di lusso: non solo i tessuti già citati, e non solo i consumi della corte, ma anche di altri abitanti della città, che erano costretti a tenere il passo con la corte nello stile di vita e nella rappresentanza. Ne facevano parte le cose esotiche già menzionate, gli oggetti d'arte (che saranno trattati in un altro capitolo) come immagini, sculture, pezzi di artigianato artistico; arredi come le maioliche di Valencia, in cui di sicuro i numerosi catalani del clan Borgia mangiavano più volentieri che nei piatti di terracotta provenienti dal Lazio settentrionale,[27] abbeveratoi per piccioni, recipienti per tenere in fresco il vino, globi profumati e altri gingilli superflui ma belli.

Per circoscrivere ulteriormente alla specifica situazione romana gli interrogativi posti alla fonte, saranno esplorati, in conclusione, tre aspetti della vita economica romana. 1. È possibile stabilire un ritmo stagionale, e ha a che fare con gli alti e bassi annuali dell'afflusso di pellegrini? In un caso particolare: un anno santo, per quantità e composizione della domanda, ha ripercussioni sulle importazioni? 2. È possibile determinare approssimativamente la quota della curia nell'importazione complessiva?

26. Bolla del 1493: America Pontificia I, ed. J. Metzler (Collectanea Archivi Vaticani 27, 1, 1991), nr. 5; mappamondi: Esch 2007a, p. 180; commercio con il Nordafrica musulmano: Esch 2018b; Canale di Suez: Fulin 1871; Farnesina: Cherubini G. 1991, con figg. 51 e 52.

27. Importazione di ceramica: Güll 2003; Spallanzani 2006; Esch, Esch 2014. Importazione d'arte: *ibidem* e v. sotto, pp. 352 ss.

3. Come reagisce l'economia in assenza del papa (e questo è deducibile dai movimenti dell'importazione)? Infatti la cerchia più stretta del papa, che per numero, potere d'acquisto, esigenze, tendenza al consumo aveva un certo peso e svolgeva una funzione trainante per i comportamenti relativi al consumo e agli acquisti dell'élite cittadina, se si toglie dalla bilancia, deve provocare squilibri percettibili.

In primo luogo, dogana di terra e portuale concordano sul dato che le importazioni verso Roma, sia conteggiate che pesate, raggiungono l'acme in primavera; poi i valori calano notevolmente in piena estate, per raggiungere in autunno un secondo picco, di poco inferiore.[28] Queste pulsazioni della vita economica romana corrispondono in certo qual modo alla curva annuale dell'afflusso di pellegrini, ma non sono in rapporto reciproco causale, o solo nella misura in cui, naturalmente, Roma viveva secondo il ritmo del calendario delle festività ecclesiastiche e approfittava soprattutto dell'attrattiva della scadenza pasquale. Ma il livello dell'acqua del Tevere non ha nulla a che fare con la scadenza della Pasqua, e la vendemmia nulla a che fare con la quaresima. La diminuzione dell'afflusso di pellegrini dopo Pasqua/Ascensione/Pentecoste non dipende solo dal vuoto di festività religiose importanti in estate, ma soprattutto dal ciclo di produzione agricolo che tiene impegnate le persone fino all'autunno. Quel che è visibile nel ritmo di afflusso dei pellegrini, quindi, è una sovrapposizione del calendario liturgico e di quello agricolo.

Con quale impatto la gestione dei pellegrini si ripercuotesse sull'economia romana, dovrebbe emergere con particolare chiarezza in un anno santo, che proietta su scala maggiore queste condizioni. È scontato che un anno santo suscitasse particolari aspettative di guadagno: lo si deduce bene dalle lettere che le filiali e i corrispondenti della ditta Datini dedicano alla preparazione e allo svolgimento del *jubileo* o *perdono di Roma*, l'anno santo 1400. E non solo i mercanti e le istituzioni ecclesiastiche, ma anche le attività ordinarie, come si può riconoscere nei piccoli contratti: qui in caso di anno giubilare è già previsto un rialzo nei contratti d'affitto romani, un locatore fa calcolare il "valore aggiunto" dell'anno santo 1475 (*quod mereretur plus*). È un dato eloquente che perfino i fiorentini, contrariamente alla loro abituale gestione degli affari, nell'estate 1475 non abbiano

28. Sul ritmo annuale dell'afflusso di pellegrini e di merci: Esch 2007a, pp. 111-113 con tab. 2 e grafico 4 (dogana di terra), pp. 164-167 con tab. 19 e grafico 7 (dogana portuale); anno agricolo e liturgico: pp. 197 s.

sospeso le loro importazioni. Ma le aspettative furono disattese, dato che l'anno giubilare 1475, malgrado i preparativi accurati da parte del papa, fu una delusione rispetto al 1450.

Se ora si guarda all'anno santo 1475 dalle finestre della dogana romana (per il 1450 i registri non si sono conservati), il flusso delle importazioni, nell'ambito della consueta curva annuale con i suoi due picchi, è notevolmente più cospicuo via terra e via mare rispetto agli anni ordinari, ma non esorbitante, e in ogni caso al di sotto delle aspettative. Per quanto riguarda la composizione delle importazioni, ora, come è stato già illustrato, ci si può aspettare una quota maggiore per quanto riguarda il fabbisogno dei pellegrini. Però l'indizio di gran lunga più importante del fabbisogno aumentato di un anno santo e della presenza di pellegrini è la domanda di vino, tanto più che in questo caso non era la bevanda di lusso dei singoli ma quella della quotidianità. Quel che mostrano i registri doganali sull'importazione di vino per il picco di questo anno giubilare, con 4.000 botti ovvero 2,1 milioni di litri del valore di circa 65.000 fiorini/ducati in un solo mese (quindi vino importato in aggiunta all'abbondante vino locale!), è, come già si è indicato, un valore massimo insolito, spiegabile, insieme al prezzo del vino al di sopra della media, solo sulla base del consumo di massa di un evento di massa.

Questo quadro può acquistare una maggior nitidezza attraverso un'altra fonte: l'imposta sulla vendita al dettaglio di vino non locale (*gabella vini forensis ad minutum*), che consente anche di seguire il percorso successivo dell'importazione dal porto verso le osterie della città. Il grafico (fig. 53) mostra nel confronto tra il ricavo dell'imposta sul vino del 1475 e quello dei due anni più vicini che si sono tramandati, 1472 e 1479, che la vendita di vino nel 1475 è stata di gran lunga superiore a quella degli altri anni; il consumo di bevande cresce chiaramente tutti gli anni con la stagione calda, però nel 1475 raggiunge il picco già nei mesi primaverili, ricchi di pellegrini, mesi che di solito mostrano un consumo ancora moderato.[29]

Tutto questo si conclude con l'anno santo, quindi si tratta di *congiuntura*. Ma i valori mostrano anche un *trend*: crescono costantemente (si vedano le colonne 1472 e 1479). E questo *trend* si può spiegare solo in senso demografico. Anche il volume complessivo delle importazioni romane ora

29. Anno Santo e indizi del consumo di massa: Esch 2007a pp. 183-199. Tassa sul vino Chambers 1976b; nessuna inflazione: Palermo 2005, pp. 273 s.

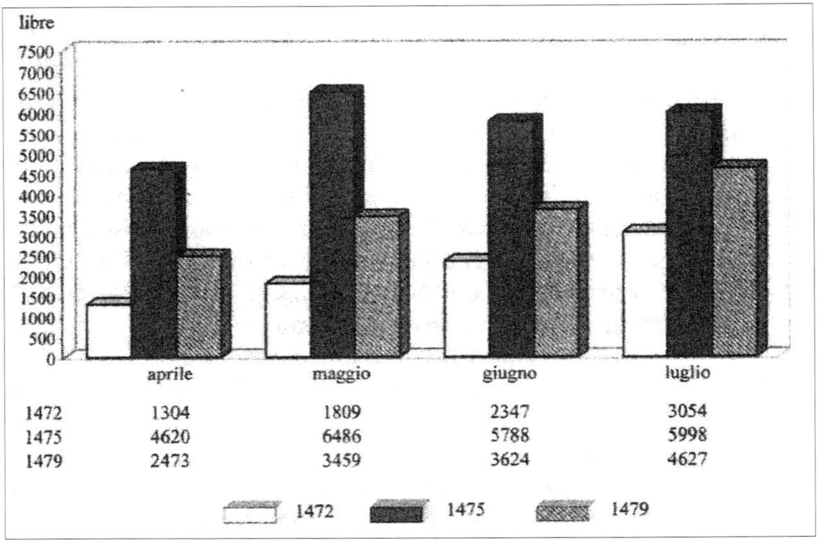

	aprile	maggio	giugno	luglio
1472	1304	1809	2347	3054
1475	4620	6486	5788	5998
1479	2473	3459	3624	4627

Fig. 53. Consumo di vino al di fuori della corte. Ricavato della tassa di vendita sul vino importato, da aprile a luglio del 1472, 1475, 1479. Le colonne mostrano: 1. Crescita del consumo di bevande intorno alla stagione più calda; 2. Domanda straordinaria nell'anno santo 1475 (congiuntura); 3. Crescita generale, costante negli anni settanta del Quattrocento (trend).

cresce costantemente: da 122.000 ducati nel 1479 a 128.000 ducati nel 1480, a 160.000 nel 1483, a 190.000 nel 1484. E questa è la crescita *reale*, infatti la seconda metà del Quattrocento, come mostra la relativa stabilità del prezzo dei cereali e del tasso d'interesse, non è un periodo di inflazione degna di nota. Finalmente Roma comincia a crescere.

La seconda domanda: se sia possibile determinare la quota dell'importazione esente da dazio rispetto a quella complessiva.[30] Infatti, dato che la curia riceveva i suoi beni senza pagare la dogana, dalla quota dell'importazione esente si potrebbe ricavare un quadro approssimativo del peso economico della curia a Roma.

30. Quota della curia nell'importazione complessiva: Esch 2007a, pp. 90-102; sull'esempio del vino, pp. 94-97 e 184-193; differenti acquisti di vino dei cardinali, pp. 189-193. Sull'importazione di vino ora Lombardi D. 2018, pp. 179-223 sulla produzione di vino locale, con l'edizione degli statuti dei *tavernarii* romani (1481-82), pp. 391-418.

Il diritto di importare senza pagare la dogana spettava al papa e ai cardinali con le loro ampie *familiae*, ma anche ai conventi come S. Paolo fuori-le-mura e S. Maria in Aracoeli, ospedali come il S. Spirito, il castellano di Castel S. Angelo, all'occorrenza anche ambasciatori e ospiti del papa. Queste importazioni, essendo esenti da dazio, dalla dogana di terra non venivano nemmeno registrate. Una certa idea del volume dei trasporti via terra destinati alla corte (e i prodotti fiorentini giungevano soprattutto via terra) la forniscono gli ordini di pagamento del camerario e i pagamenti della tesoreria: è stato già segnalato che enormi forniture potevano arrivare, in caso di eventi come le esequie e l'incoronazione del papa, senza comparire nel registro della dogana di terra. Considerando i brevi pontificati di questi papi attempati, i fornitori della corte fiorentini avranno sempre avuto in magazzino tessuti di colori adatti sia al lutto che al giubilo.

La situazione cambia con i registri della dogana portuale, che annotano anche le forniture destinate alla corte, aggiungono le attestazioni per l'esenzione del dazio (*mandati*, *bullecte*), e così permettono, per un bene di massa come il vino, di calcolare effettivamente la quota riservata alla curia e di riconoscere così a grandi linee il diverso comportamento nei consumi e negli acquisti della curia, da un lato, e della città, dall'altro. Qui, per esempio, si dice: «Sommate 15 botti di vino tipo *latino* e 5 botti di *greco*, meno 11 botti di *latino* al cardinale X e 2 botti di *greco* al cardinale Y, restano per il pagamento della dogana 4 di *latino* e 3 di *greco*». Talvolta i palazzi dei cardinali svuotavano l'intero carico di vino di una nave, per cui non ne restava niente per il libero mercato.

Da questi calcoli risulta una quota di vino importato esente da dazio, destinata alla corte, di circa il 20%, che però può anche aumentare (nell'anno giubilare 1475 al 26,5%), o calare in caso di assenza abbastanza prolungata della curia (nel 1459, 12,5%). Tuttavia, questo è solo un segmento di importazione che dev'essere inserito nel quadro complessivo. È interessante individuare nell'importazione di vino le esigenze e le preferenze dei singoli cardinali, infatti un Pietro Barbo governava una residenza diversa da quella di un Nicola Cusano. Anche il personale della casa a cui si doveva dare da bere aveva dimensioni molto diverse, spesso erano molto cospicue, come si deduce dal numero dei familiari dei cardinali.

Non erano solo le dimensioni delle *familiae*, ma evidentemente anche lo stile di vita di questi cardinali a determinare l'importazione di vino. Nel caso del giovane Giuliano della Rovere, il futuro Giulio II, salta all'occhio che fa comprare sempre qualità costose – vino *greco* e vino *corso* – e in quantità sorprendenti: nel settembre 1475 addirittura 118 botti (62.000 litri) esclusivamente di *greco* per un valore di 2360 fiorini! È difficile immaginare che il suo seguito dovesse scolarselo tutto da solo (si pensi che si aggiungeva anche il vino locale, non importato). L'esenzione doganale naturalmente valeva solo *pro usu eorum*, per il fabbisogno personale. Da questo si potrebbe dedurre che il privilegio doganale fosse utilizzato per rivendere a terzi guadagnandoci sopra.

Così è possibile mettere a confronto anche il tipo di consumo di Rodrigo Borgia, Guillaume d'Estouteville e altri cardinali (e naturalmente anche dello stesso Palazzo apostolico). Il comportamento negli acquisti del cardinale romano Latino Orsini è moderato, per la sua residenza di medie dimensioni ordina soprattutto vino *latino*, meno costoso, ma all'interno di questa categoria conveniente sceglie il livello di prezzo più alto (un cardinale romano aveva anche vigne di proprietà). Il molto citato cardinale Francesco Gonzaga, o il suo amministratore, le cui preoccupazioni domestiche conosciamo bene grazie alla fitta corrispondenza con i genitori a Mantova, acquistano al livello più alto della classe media di prezzo.

Per concludere, in terza istanza, torniamo all'interrogativo riguardante il peso economico della curia, ora però con un'altra impostazione di metodo: non la quota dell'importazione esente da dazio ma, globalmente, i movimenti dell'importazione complessiva.[31] È un esperimento semplice: per determinare il suo peso economico, per una volta si deve portare via il papa da Roma e guardare quanto pesa Roma senza di lui. In altre parole: bisogna osservare come si muove la curva delle importazioni se il papa è assente da Roma per un periodo piuttosto lungo.

Che anche a Roma si avesse idea di questo fenomeno, cioè che la presenza o l'assenza del papa fosse un fattore economico, lo si deduce dal fatto che allora i contratti d'affitto contenevano spesso la clausola secondo cui il canone, in caso di assenza, doveva essere ridotto (come, viceversa, in caso di anno giubilare poteva essere rialzato). Una casa che con il papa o la curia presente costa 25 fiorini d'affitto all'anno, in loro assenza può costare 17 fiorini; o essere ribassata da 22 a 12, da 18 a 9 fiorini: *curia presente flor. XVIII, curia vero absente flor. VIIII*. Di regola si tratta di una riduzione del 50-70%, per lo più vicina al 50%. Non può essere stata una percentuale arbitraria, dato che in un contratto d'affitto nel quartiere fiorentino a ponte S. Angelo non si poteva abbindolare un

31. Volumi di importazioni in assenza della curia: Esch 2007a, pp. 98-102 con grafico 3 e 4.

banchiere di corte e un mercante importatore: avevano esperienza pratica e sapevano perfettamente come si ripercuotesse l'assenza della curia sulla vita economica.

È possibile osservare al meglio durante il pontificato di Pio II (1458-1464) come reagiva la curva dell'importazione in assenza della curia. Infatti questo papa, su 71 mesi, ne ha trascorsi non meno di 38 (53%) fuori Roma o addirittura fuori dallo Stato della Chiesa: solo per il congresso di Mantova è stato assente dalla fine di gennaio del 1459 all'inizio di ottobre del 1460, nel 1462 ancora una volta 7 mesi a Orvieto, Pienza, Todi, mentre naturalmente la curia, con i suoi funzionari e le famiglie cardinalizie, non spariva completamente da Roma. In effetti, questo tipo di assenze prolungate si riflette anche nei registri doganali. Il volume complessivo delle importazioni soggette a dogana cala all'incirca al 60-70% rispetto agli anni normali, l'importazione di tessuti fiorentini al 50-60%, il numero delle navi che entrano nel Tevere al 60-70%. Le importazioni diventano molto provinciali anche nella loro composizione: per mesi alla dogana compaiono soprattutto prodotti agricoli dalla Campagna romana.

Questa situazione cambia solo quando il ritorno del papa a Roma è sicuro. Il grafico (fig. 54) fornisce un quadro chiaro a questo proposito. Nel 1460 la curva delle importazioni langue pigramente fino ad agosto molto al di sotto dei valori consueti ed è anche visibilmente appiattita. Alla notizia dell'intenzione del papa di rientrare, però, schizza subito verso l'alto, superando addirittura i valori abituali dell'autunno, dato che ora andava soddisfatto anche il fabbisogno pregresso. È tipico che le ditte di importazione più importanti, quelle dei fiorentini, comincino solo in settembre con le importazioni di questo anno: Tommaso Spinelli al 57%, i Cambini al 98%, i Pazzi al 99% e i Medici al 100%.

Considerando tutte queste cifre, però, dobbiamo ricordarlo una volta di più, disponiamo solo delle importazioni soggette a dazio, non di quelle destinate alla corte. È ancora più interessante, quindi, che anche questa parte delle importazioni si riduca così sensibilmente. Infatti è proprio questo a mostrare il peso economico della curia: quest'ultima portava a Roma più beni di quanti ne consumasse!

Nel complesso, quindi, un calo delle importazioni soggette a dogana da due terzi fino alla metà rispetto agli anni normali. E questo corrisponde abbastanza esattamente alla quota prevista dai contratti d'affitto romani *papa absente*!

Per concludere, ancora un breve sguardo al mercato romano del credito, che è centrale per l'economia cittadina, specialmente in un'economia in

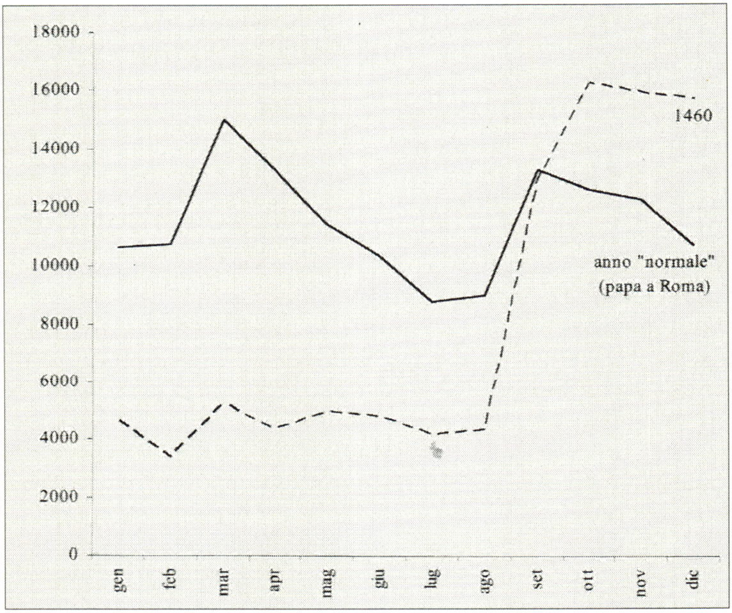

Fig. 54. Curva delle importazioni via terra nella media mensile degli anni “normali” (picchi in primavera e in autunno, prezzi doganali in duc. di camera) e in assenza del papa (1460): solo dopo la notizia del ritorno imminente del papa la curva delle importazioni (fino a qui vistosamente bassa e piatta) schizza verso l’alto e, a causa della domanda di recupero, supera addirittura i consueti valori autunnali.

crescita, e quindi affamata di capitali, come quella romana nel XV secolo. Le vie del reperimento di capitali da parte della mano pubblica o di quella privata si moltiplicano sensibilmente nelle città italiane e anche a Roma proprio dal XV secolo (vendita di rendite, nella mano pubblica vendita di titoli obbligazionari di un *monte pubblico*, ma anche vendita di uffici della curia), e dovevano eludere con molta inventiva il divieto ecclesiastico di riscuotere interessi. Naturalmente Roma con la corte papale era un caso particolare anche da questo punto di vista. Per i romani era poco promettente rivolgersi per i loro crediti alle ditte fiorentine e alle loro agenzie romane. Solo ai membri della corte erano concessi crediti, e anche in questo caso solo con linee di credito solide e in cambio di buone garanzie. È caratteristica la direttiva impartita dalla centrale dei Medici nel 1420, al ritorno della curia nella Città eterna, al direttore della filiale locale Bartolomeo dei Bardi: ai cardinali in linea di massima credito fino a 300 fiorini, agli altri curiali al massimo 200, al papa solo in caso di emergenza fino a 2.000 fiorini (che già, si diceva, aveva ricevuto abbastanza e con la speranza di essere rimborsati). Invece ai commercianti romani non un centesimo, e neppure ai baroni romani – quindi Colonna e Orsini – neanche su pegno, infatti questi signori non rispettavano nessun contratto. Nella prassi, però, i fiorentini, anche i Medici, erano più flessibili che nei princìpi. Eppure, queste direttive la dicono lunga sulla valutazione della situazione romana da parte dei grandi mercanti professionisti![32]

Ai romani restavano altre vie, più anguste. Dato che la contabilità dei commercianti di valuta a Roma non si è tramandata, è possibile seguirle solo a partire dai numerosi piccoli contratti di credito che si sono conservati nei quaderni dei notai, sotto forma di prestiti, depositi, transazioni a termine, acquisti fittizi, in modo da camuffare gli interessi – dato che la Chiesa li vietava – manipolando somme (aumentandole o diminuendole), decorrenze, pagamenti in natura: acrobazie che qui non potremo descrivere più in dettaglio. Compaiono tutti i ceti e tutte le attività, in prima linea i mercanti ma anche membri della nobiltà cittadina romana legati al commercio o all'imprenditoria, che si fanno reciprocamente prestiti anche di 500 o 1.000 fiorini dando in pegno interi *casali* – fin giù ai modesti artigiani, con pegni miserevoli, che in caso di necessità possono saldare con il loro lavoro il prestito dei 15 fiorini ricevuti.

I quaderni rinvenuti di recente di un parroco romano, Ansuino da Anticoli, beneficiato di S. Pietro, indicano come nel mercato del credito potessero essere investiti anche piccoli guadagni, pur senza essere commercianti di valuta professionisti. Non si tratta di una contabilità regolare da poter presentare a un'autorità, ma di promemoria molto personali (e quindi un tipo di fonte che per lungo tempo ha trovato poca considerazione). Quel che salta subito all'occhio sono due attività imprenditoriali: Ansuino affitta camere modeste intorno alla sua chiesa parrocchiale presso piazza della Pigna a muratori lombardi, a studenti del vicino *Studium Urbis*, a copisti e tipografi (il prototipografo tedesco Georg Lauer paga il canone d'affitto ad Ansuino con uno dei suoi stampati, un San Tommaso). E presta denaro, appunto. Prestava regolarmente le sue entrate personali e le entrate provenienti da case e

32. Mercato del credito: panoramica Vaquero Piñeiro 2006 (Roma capp. 5.1-5.4); istruzioni dei Medici: De Roover 1966, pp. 203 s.

vigne della sua chiesa parrocchiale: tra il 1468 e il 1501 almeno 400 volte, spesso cifre minime di 1 solo ducato, nel 95 % dei casi meno di 10 ducati: non erano quindi capitali destinati ad attività imprenditoriali, ma aiuti per il consumo contingente, spesso per conoscenti. Per prestiti più alti ricorreva al trucco della compravendita fittizia: si finge di vendere una casa e dopo un certo periodo viene ricomprata – e gli interessi consistevano nell'usufrutto temporaneo. La riscossione di interessi in quanto tale era vietata dal diritto canonico: in questo modo la si poteva occultare.[33]

Tra coloro che concedevano crediti (oltre ai Medici!) ci sono romani come Astalli, Capodiferro, Capocci, Ponziani, anche conventi e capitoli (che danno e prendono), più volte anche Rinaldo Orsini e perfino Poggio Bracciolini, l'umanista segretario papale (del quale Vespasiano da Bisticci testimonia il buon senso degli affari): nel 1452 lo vediamo nella chiesa di S. Pantaleo vicino piazza Navona fare un prestito di 50 fiorini ricevendo in pegno parecchi gioielli. In queste fonti gli ebrei, sorprendentemente, non svolgono alcun ruolo nel mercato del credito romano. È interessante che le donne compaiano in misura crescente nel mercato del credito e dispongano liberamente della loro dote e dei loro gioielli, investendo il capitale così ricavato, per esempio, nella gestione di locande oppure di osterie.[34]

33. Ansuino da Anticoli: Gauvain 2014.
34. Poggio: Corbo 1990, pp. 123-128; donne: Ait 2004b (cfr. Ait 2013, pp. 53-83).

13. Paolo II e Sisto IV. Primi interventi urbanistici a Roma

Paolo II

Nei resoconti da Roma degli inviati il pontificato di Paolo II è descritto in modo completamente diverso da quello di Pio II, al quale succede. Pietro Barbo, eletto dopo un breve conclave il 30 agosto 1464, veneziano di un'illustre famiglia di mercanti, era nipote di Eugenio IV, che ne aveva favorito la carriera ecclesiastica e nel 1460 l'aveva creato cardinale a soli 23 anni.[1] Da papa, Barbo mise presto in luce tratti che fino a quel momento non erano stati percepiti nella sua indole accattivante e disponibile. Cominciò fin da subito a trattare bruscamente il collegio cardinalizio, sempre composto di personaggi importanti (Torquemada, Carvajal, Bessarione e altri), in modo da accantonare la capitolazione elettorale su cui aveva giurato in conclave, tanto più che, oltre agli obblighi già noti (riforma della curia, convocazione del concilio, numero e qualificazione dei cardinali, ridimensionamento del nepotismo), prevedeva addirittura un diritto di assemblea da parte del collegio cardinalizio, per poter verificare liberamente il rispetto della capitolazione stessa. A questo Barbo non voleva acconsentire. La tendenza conciliaristica a trasformare la monarchia pontificia in un'oligarchia, molto diffusa all'epoca dei concili riformatori, svanì in ogni cardinale non appena lui stesso divenne papa.

Già da cardinale Barbo, accanto alla sua chiesa titolare di S. Marco di fronte al Campidoglio, aveva fatto costruire un palazzo, il Palazzo di

1. Sulla persona e il pontificato: Modigliani 2000 (e Ead. in DBI, vol. 81, 2014, pp. 93-98). Capitolazione elettorale: Becker 2008, pp. 343-345.

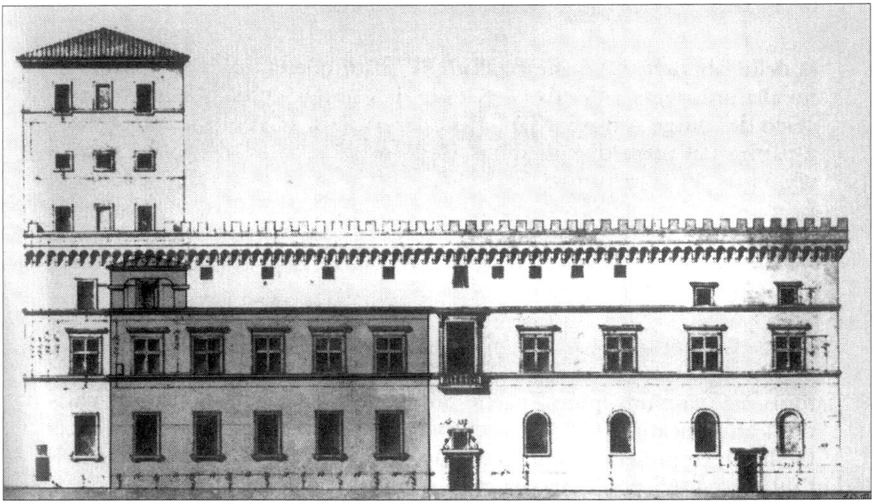

Fig. 55. Il Palazzo di S. Marco come palazzo cardinalizio di Pietro Barbo nel 1455, la ricostruzione è disegnata nel palazzo papale di Paolo II (da Frommel 2006).

S. Marco (poi Palazzo Venezia): un edificio insigne ancora dotato dei tradizionali elementi fortificati (merlatura, torre), ai quali i palazzi romani avrebbero presto rinunciato. In questo palazzo, più che in quello apostolico (dove si era meno liberi di riorganizzare la propria residenza), risiedette tra il 1466 e il 1468, anche una volta diventato papa: il palazzo cardinalizio fu notevolmente ingrandito (fig. 55) per ampliare gli spazi cerimoniali necessari al pontefice, la vecchia chiesa di S. Marco divenne la cappella palatina e fu dotata di una loggia delle benedizioni (che imitava le arcate del piano terra del Colosseo).[2] Il papa si adoperò anche per attirare attività, rendendo così l'area circostante al suo palazzo un nuovo centro della vita cittadina. Le sue riflessioni sull'argomento, che ci sono state tramandate, sono molto interessanti: innanzitutto i mercanti e i banchieri di corte fiorentini avrebbero dovuto prendere alloggio là e non più nella zona di ponte S. Angelo (*deinceps habitent loca iuxta ecclesiam et palatium Sancti Marci*), poi avrebbero seguito naturalmente gli artigiani,

2. Frommel 2006, pp. 157-313 (le riflessioni di Paolo: p. 257). Sulla questione dell'architetto anche Gargano 2011.

che per lo smercio dei loro prodotti dipendevano dai mercanti. E ovviamente la piazza adiacente sarebbe stata riconfigurata a fini di rappresentanza. Bartolomeo Marasca, maggiordomo del cardinale Francesco Gonzaga, racconta nel 1467 alla marchesa di Mantova del grandioso progetto del papa – poi non portato a compimento – di spostare la statua equestre in bronzo di Marc'Aurelio dal Laterano e i Dioscuri dal Quirinale davanti al suo palazzo: *lo cavallo de Sancto Ianni... lo vole metere pur a Sancto Marcho. Dicese etiam vole condure le statue de Phidia e Praxitelle che sonno dui cavalli e dui homini.*[3]

Dalle finestre di questo palazzo guardava correre cavalli, ebrei, vecchi, bufali, asini, spettacoli rozzi che lui, ampliandoli con gare di corsa più raffinate, aveva fatto spostare dal Testaccio e altri luoghi del carnevale romano nell'ultimo tratto dell'asse stradale (ora chiamato per questo motivo *il Corso*) fra Porta del Popolo e il Campidoglio. Poi offrì un banchetto grandioso davanti al suo palazzo ai funzionari romani e ai cittadini del ceto dirigente, ma anche al popolo. L'inviato milanese Agostino Rossi, nel 1466, restituisce un'immagine vivida di questo banchetto sontuoso (e dell'allestimento della piazza di fronte al palazzo): si diede da mangiare a circa 2.000 persone, ci si versava il vino dalle botti disposte tutt'intorno, e per preparare le pietanze furono usate 30-40.000 uova. In alcuni piatti erano nascoste delle monete e così le persone si misero nelle tasche, nei berretti e nei calzoni i maccheroni avanzati per portarseli a casa, sotto lo sguardo divertito del papa, che in seguito gettò anche denaro dalla finestra – perché anche Cesare l'aveva fatto. Nel complesso uno stile di rappresentazione molto meno sublime di quello del suo predecessore, perciò dagli effetti più ampi e addirittura determinato a stabilire un confronto con le antiche forme imperiali. Il comune rispose con una festa che si svolse con uno spirito molto pagano, come difficilmente sarebbe venuto in mente agli stessi romani senza il supporto degli umanisti: Diana dichiarò a Paolo II che avrebbe abbandonato volentieri il cielo e i suoi boschi se fosse stata accolta benevolmente dal papa, con il proprio seguito, come suddita.[4]

3. Marco Aurelio e i Dioscuri (e il contesto più ampio dell'attività edilizia di Paolo II): Modigliani 2004b e 2009. Sulla costruzione del palazzo con giardino (Palazzetto Venezia): Mosca 2015.

4. Banchetto del 1466: Modigliani 2004c, in partic. pp. 264-268; cfr. Laurioux 2006, cap. V; Diana: Modigliani 2011, p. 256.

Della libertà del comune romano non era rimasto più che un pallido riflesso e, quando il papa nel 1469 mise mano a un'accurata revisione degli statuti cittadini del 1363, il peso dello stato di fatto fece sì che non fosse necessario cambiare granché nel testo normativo: il Senatore, i conservatori, i magistrati, i tribunali e l'amministrazione delle finanze in sostanza potevano essere mantenuti così com'erano, se solo la corte avesse esercitato un controllo complessivo. Naturalmente *presens popularis status* fu sostituito da *status Pauli pape et Sancte Romane Ecclesie*, e tutte le scelte avvennero per nomina papale. Ma perfino la data della festa del 20 maggio, che un tempo era collegata al *popularis status* di Cola di Rienzo, venne mantenuta, solo che fu dichiarata giornata dedicata a s. Bernardino da Siena! In effetti il rapporto fra il papa e i romani, che almeno si sentivano rispettati sul piano formale da Paolo nei loro diritti comunali e gradirono la prosecuzione della politica anti-baronale (esautoramento dei conti di Anguillara), fu poco conflittuale, cosa che non si potrà dire per Sisto IV.[5]

Molto era cambiato rispetto al predecessore e voleva anche essere diverso, infatti Barbo non aveva mai avuto una buona intesa con Pio II, i cui cardinali, i *pieschi*, come dimostrano le lettere di Jacopo Ammannati Piccolomini, osservavano con occhio critico questo papa, il quale – amante dello sfarzo, munifico, consapevole e fiero del suo aspetto attraente, sotto la tiara particolarmente preziosa che indossava con una frequenza insolita, appassionato di ogni tipo di cerimonia – concepì il suo ufficio in modo molto diverso da Pio II.

Le tensioni tra il nuovo papa e i curiali avevano invece motivazioni diverse rispetto al pontificato precedente. Alla curia la compravendita delle cariche era diventata una consuetudine, fino a Paolo II per posti i cui titolari vivevano di tariffe (*scriptores*, abbreviatori), poi anche per quei posti i cui titolari ricevevano uno stipendio (chierici di camera, giudici camerali); Sisto IV fonderà addirittura nuovi collegi acquistabili con 244 posti complessivi, e così si continuerà fino a posizioni sempre più elevate. L'acquisto degli incarichi aveva le proprie regole e tariffe, e chi – come ora Paolo II – intervenne in questo mercato (la rotazione incrementava gli introiti pontifici, ma irritava chi ne era coinvolto) e sciolse il collegio degli abbreviatori che sotto il suo predecessore traboccava di umanisti, dovette scontrarsi con una quantità di segretari, *scriptores*

5. Revisione degli statuti: Rehberg, Modigliani 2004, II, pp. 111-136. Lettere dei *pieschi*: Cherubini P. 1997.

e abbreviatori, eloquenti e consapevoli del proprio ruolo, che vedevano persi i loro investimenti.

Del resto, questi umanisti avevano poco rispetto della cultura e del livello intellettuale di questo papa che non sapeva parlare latino. Mentre Pio II, già grazie alla sua levatura spirituale, aveva pacatamente tenuto a distanza una schiera di cortigiani umanisti, Paolo percepì acutamente il loro atteggiamento critico e, quando immaginò che dietro ci fosse una congiura in piena regola, li colpì con risolutezza. Le persone coinvolte (realmente o ipoteticamente) in questa «Congiura degli Accademici» del 1468, in buona parte curiali umanisti della cerchia dell'Accademia romana riunita intorno a Pomponio Leto e soprattutto delle *familiae* dei cardinali creati da Pio II, i *pieschi*, furono imprigionati o fuggirono.[6] La persecuzione alla fine cessò per mancanza di prove, ma gli umanisti, soprattutto Platina, si vendicheranno di Paolo II in maniera duratura dipingendo un'immagine fosca del papa.

Questo papa del primo Rinascimento ebbe un rapporto ambivalente con l'antico: buono con l'antico che toccava con mano (come già dimostra l'impressionante inventario del suo palazzo nel 1457: all'epoca possedeva la collezione di gran lunga più ampia di gemme, cammei e bronzetti antichi), cattivo con quello letterario. Definì amorali numerosi poeti pagani, pare che abbia addirittura vietato la loro lettura nelle scuole romane; guardò senza comprenderlo e con sdegno il "falso Rinascimento" (nell'espressione di Pastor quello pagano), che sapeva essere diffuso dagli umanisti anche della sua cerchia più stretta (in effetti, parte della loro produzione appariva bizzarra). Oltre all'ampliamento del suo palazzo portò avanti anche la nuova costruzione di S. Pietro avviata da Niccolò V, *su li principii et secondo li designi de papa Nicolao* (come nota l'inviato milanese nell'ottobre 1468); poco prima della sua morte arrivò ancora una flotta carica di blocchi di marmo destinati a un progetto edilizio non meglio identificato.[7]

Nella politica italiana entrò in conflitto con le potenze vicine, perché Paolo, ostinandosi nella *libertas ecclesiastica*, non intendeva accettare la sempre più frequente tassazione del clero. L'equilibrio tra le cinque potenze della pace di Lodi del 1454 (Venezia, Milano, Firenze, il papa, Napoli) si mantenne ancora e nel 1468 e 1470 venne confermata dal papa una volta

6. Vendita degli uffici: Schimmelpfennig 1984; collegio degli abbreviatori: Schwarz 1972; conflitto con gli umanisti: v. sopra, pp. 204 s.

7. Collezione di antichità: v. sopra, pp. 246 s.; Pastor 1925-26, vol. II pp. 337 s.; S. Pietro: Modigliani 2011; flotta con i marmi: Esch 2007a, pp. 251 s.

di più, anche in considerazione della minaccia turca. Ma l'espansionismo di Venezia in Italia settentrionale inquietò gli altri e all'interno di questa lega generale si formarono alleanze parziali. A Roma si avvertiva soprattutto la vicinanza del Regno. È vero che il re di Napoli era vassallo del papa: ma Ferrante, appena ne aveva l'occasione, ingeriva sempre nelle questioni romane. Soprattutto questa insicurezza – osserva l'inviato milanese – spinse Paolo II a trasferirsi di nuovo in Vaticano. La successione di Sigismondo Malatesta a Rimini divenne un problema politico complesso a causa dell'interesse dei vicini, ma Paolo seppe comunque governare lo Stato della Chiesa. Nella sfera della grande politica si mosse poco. L'impegno contro i turchi che ci si aspettava da lui, come veneziano, si limitò al sostegno economico fornito a Skanderbeg e al generoso aiuto prestato a chi fuggiva dai turchi.

Con la morte inaspettata di Paolo II nel luglio 1471 si concluse un pontificato breve, incompiuto, esente da imprese belliche spettacolari, durante il quale Roma e lo Stato della Chiesa si erano sentiti governati in modo relativamente giusto. Che i posteri, sempre influenzati dal ritratto astioso di Platina, l'abbiano visto solo come un papa tra Pio II e Sisto IV, diminuì la sua figura.

Sisto IV

La morte inattesa di Paolo II rimescolò di nuovo le fazioni tra i cardinali che entravano in conclave. Nel collegio, che per la prima volta da molto tempo aveva una netta maggioranza italiana, nomi potenti come Guillaume d'Estouteville e Latino Orsini si adoperarono in modo incredibile per la propria elezione; erano considerati "papabili" anche Bartolomeo Roverella, Niccolò Forteguerri e Francesco Gonzaga. Ma ancora una volta le cose andarono molto diversamente. Due liste elettorali che seppe procurarsi l'inviato milanese Nicodemo Tranchedini, consentono di riconoscere come i voti dei 18 elettori alla fine dei tre giorni di conclave confluirono su Francesco della Rovere, generale dell'Ordine dei francescani, ritenuto un uomo molto dotto, di costumi austeri e capace di imporsi. Possiamo dedurre da questo documento confidenziale a chi lui diede il voto e chi lo votò (ma l'inviato, esperto del mondo, nella sua nota di accompagnamento a Galeazzo Maria Sforza richiamò l'attenzione sul fatto che i cardinali, con il loro voto, volevano arrivare alla propria elezione più che far diventare papa quell'altro). I voti alla fine risolutivi del cosiddetto "accesso", del passaggio, glieli diedero Borgia, d'Estouteville, Gonzaga, Barbo, e non dovettero pentirsene. Eletto il 9 agosto, della Rovere prese il nome di Sisto IV, dal santo del primo giorno di conclave. Come in molte elezioni papali, in un primo tempo si diede il benvenuto al nuovo papa con le migliori aspettative, non perché lo si conoscesse ma perché se ne aveva abbastanza del predecessore.[8]

Francesco della Rovere, nato presso Savona nel 1414, figlio di un tosatore di panni (se la famiglia fosse realmente di origini nobili, come in seguito si disse, è questione ancora aperta), venne affidato molto presto dai genitori, che avevano una prole numerosa, ai francescani conventuali e crebbe nell'ambito del loro mondo spirituale. Dei suoi due fratelli, delle sette sorelle e dei loro numerosi figli conservò un ricordo pieno di sollecitudine: gli daranno ampie opportunità di praticare un nepotismo che Roma non aveva più conosciuto da lungo tempo. Francesco studiò filosofia a Pavia, teologia a Bologna e a Padova; qui e a Bologna, Firenze, Perugia e alla fine a Roma insegnò negli anni successivi filosofia e teologia, acquistando visibilità con i suoi scritti teologici. Nel 1464 divenne generale dell'Ordine francescano, nel 1467 cardinale per iniziativa di Bessarione che lo stimava molto.

Come all'inizio di ogni pontificato, in primo luogo andava definita la propria posizione nei confronti delle grandi potenze italiane. Sisto aveva già avuto buoni rapporti con gli Sforza di Milano e fece di tutto per mantenerli tali. Con Ferrante di Napoli, che in realtà era suo vassallo ma agiva seguendo il proprio interesse, fu accondiscendente, Venezia a causa del suo ruolo nella difesa contro i turchi fu trattata con riguardo. In principio Sisto si adoperò anche nei confronti di Firenze, ma i suoi rapporti con Lorenzo de' Medici peggiorarono visibilmente. Questo si capì già dal trattamento riservato ai Medici in qualità di mercanti di corte. La depositeria della Camera Apostolica e il monopolio dell'allume era quanto di meglio a cui una ditta potesse ambire all'epoca dal papa. I Medici, che da questo punto di vista erano viziati, ora vennero a sapere che il capo della loro filiale romana, Giovanni Tornabuoni (fig. 48, p. 269), nel 1474 era stato rimosso dall'ufficio di depositario a favore del genovese Meliaduce Cicala (fig. 62, p. 345) – infatti ora suona l'ora dei liguri, che si mantiene lungo tre ponti-

8. Sulla persona e il pontificato: Lombardi 2000. Liste elettorali: Pastor 1925-26, vol. II, appendice nr. 108-109 (piuttosto per la propria elezione: ivi, p. 455). Il ciclo di affreschi in S. Spirito come cronaca illustrata della sua vita: Howe 2005; Miglio 2016, pp. 201-214.

ficati, come in precedenza era stata quella dei veneziani, dei senesi, degli spagnoli. Era ancora più offensivo che la gestione dell'allume restasse in mano ai fiorentini, ma che nel 1476 fosse tolta ai Medici e assegnata ai loro avversari politici, i Pazzi.[9] Solo un anno e mezzo ancora e questa miscela altamente esplosiva di politica interna finirà per deflagrare a Firenze, e la sua onda d'urto si propagherà anche a Roma.

La crociata contro i turchi, che continuavano nella loro avanzata inarrestabile, fu gestita energicamente: avrebbero dovuto servire al suo finanziamento le cose preziose accumulate dal predecessore, che il papa e i cardinali ispezionarono subito con stupore a Castel S. Angelo. I cardinal-legati cercarono di ottenere sostegno per l'impresa rivolgendosi a diversi paesi europei, ma ebbero scarsa eco. Comunque, a inizio estate del 1472, una flotta composta di navi veneziane, napoletane e papali al comando del giovane cardinale napoletano Oliviero Carafa salpò in direzione del Levante. Di questa spedizione un resoconto (non pubblicato) contenuto nel Cod. Ottobon. lat. 1938 restituisce un'immagine abbellita. Con tutta la sua eloquenza umanistica, l'autore Pietro Ursoleo non riesce però a nascondere l'insuccesso: qui conquistata un'isola greca con qualche fagiano, là un'isola greca con un eremita; Smirne occupata solo brevemente, ad Antalya conquistata non la città ma le catene del porto, appese in seguito orgogliosamente dentro S. Pietro.[10] E questo fu tutto – probabilmente l'impresa marittima alla cui testa otto anni prima volle mettersi il moribondo Pio II, non si sarebbe conclusa diversamente.

Invece i turchi – sempre Maometto II, il conquistatore di Costantinopoli! – ora si spinsero addirittura fino alla terraferma italiana. Quasi contemporaneamente all'assedio della fortezza dell'Ordine gerosolimitano a Rodi (il potenziale militare degli Osmani sembrava inesauribile) espugnarono nel 1480 la città portuale di Otranto, in Puglia, e finì in un bagno di sangue per la popolazione[11] (la beatificazione di chi allora fu giustiziato a causa della sua fede fu oggetto del concistoro durante il quale Bene-

9. Sul crescente estraniamento fra Sisto IV e Lorenzo de' Medici: de Roover 1966, pp. 198 s.; Fubini 1994, pp. 108-122; Daniels 2013, pp. 14-21. Su Giovanni Tornabuoni a Roma: Plebani 2002, pp. 24s.; Genovesi a Roma: Fara 2018.

10. Pietro Ursuleo, *Libellus expeditionis classis apostolice in Turcos* (Bibliotheca Apostolica Vaticana, cod. Ottob. lat. 1938 f. 1r-8v); sulla flotta: Esch 2007a pp. 218 s. La catene del porto oggi nella Fabbrica di S. Pietro.

11. Otranto: *La conquista turca* 2008. Ancora dopo anni si trovano negli atti della Penitenzieria Apostolica richieste di assoluzione di otrantini, caduti prigionieri dei turchi,

detto XVI, nel febbraio 2013, annunciò a sorpresa il suo ritiro). Eppure i pressanti appelli del papa non riuscirono a coalizzare i principi europei contro i turchi. La notizia della morte di Maometto II, festeggiata con delle processioni, raffreddò di nuovo la disponibilità delle potenze cristiane e in sostanza fu affidato a Venezia e al re d'Ungheria il compito di contrastare l'avanzata dei turchi nei Balcani.

Un tratto caratteristico di questo pontificato, il nepotismo straripante, emerse fin da subito, e fu sotto gli occhi di tutti. Nel dicembre 1471, Sisto creò cardinali – e solo loro in questa prima "infornata" – due suoi nipoti: Pietro Riario, figlio della sorella Bianca e di Paolo Riario, e Giuliano della Rovere, figlio del fratello Raffaello. Questo passo suscitò immediatamente aspre critiche. Il cardinale Jacopo Ammannati Piccolomini definì questo modo di procedere ridicolo (*ridicolum*), e *contra leges*, contrario alla capitolazione elettorale. Nel noto affresco di Melozzo da Forlì con la nomina di Bartolomeo Platina a bibliotecario si vedono entrambi i giovani cardinali ai lati del papa, Pietro seduto e Giuliano in piedi (figg. 46 e 56). Il primo morirà presto a causa del suo stile di vita dissoluto, l'altro diventerà papa, il papa di Michelangelo.

L'attenzione di gran lunga maggiore all'inizio fu attirata da Pietro Riario (fig. 56). I benefici, gli incarichi, i favori di cui Sisto ricoprì immediatamente il suo amato nipote (era contemporaneamente patriarca di Costantinopoli, arcivescovo di Firenze e di Siviglia, vescovo di, abate di, ogni volta con le entrate corrispondenti) si riversarono nelle spese mirabolanti per favolose feste romane, in stridente contrasto con lo stile di vita austero del papa, che lasciò sempre fare i suoi nipoti. La più nota tra le feste di Pietro è l'accoglienza organizzata nel giugno 1473, presso la sua chiesa titolare dei SS. Apostoli, per la figlia del re di Napoli Leonora durante il suo passaggio in direzione di Ferrara per le nozze. La festa è descritta in numerosi resoconti, divisi tra l'ammirazione e la perplessità: mantici nascosti come aria condizionata; tutt'intorno damaschi e broccati d'oro e arazzi; una serie infinita di portate succulente da gustare anche con gli occhi; e in mezzo poeti che declamavano, artisti che decoravano, attori che recitavano scene mitologiche; Perseo e Andromeda, Ercole e i Centauri; un intero zoo di animali cucinati; il pane indorato, i pesci argentati; castelli di dolciumi a malapena sgranocchiati gettati dalla loggia

che si erano convertiti all'Islam: Archivio della Penitenzieria Apostolica, *Registra matrim. et divers.*, 39, f. 168v, 230v (1489, 1490).

Fig. 56. Il cardinale Pietro Riario a fianco di Sisto IV. Melozzo da Forlì, *Nomina di Platina*, particolare. Pinacoteca Vaticana.

in mezzo al popolo, navi commestibili che veleggiavano nella sala cariche di ghiande (Rovere!) e fatte di mandorle zuccherate – e quant'altro poteva venire in mente al frate mendicante trasformato nel suo opposto e ai suoi animatori. È comprensibile che questi festeggiamenti facessero scalpore e che anche i romani comuni rimpiangessero con la morte precoce del cardinale «la fine delle nostre feste» (*et così fecemo fine alle feste nostre*).[12]

Dopo la morte di Pietro suo fratello Girolamo Riario fu promosso a nipote prediletto del papa, conosciuto ben presto a Roma per la sua ambizione e i suoi spettacolari tornei. Fatto di un'altra pasta rispetto ai due Riario, nelle grazie del papa ma sempre all'ombra del suo intrigante cugino, detestato da tutti, era il cardinale Giuliano della Rovere. Un uomo di notevole presenza, talvolta violento, anche lui con uno stile di vita grandioso, grazie all'accumulo infinito di vescovadi e abbazie, ma non sconveniente, già allora energico nel condurre la sua battaglia come legato nello Stato della Chiesa (e nello smorzare le follie politiche di suo cugino Girolamo), abile anche in missioni di politica estera come legato dal re di Francia: Giuliano lasciava già presagire quel che papa Giulio II avrebbe mostrato.

E sempre nuovi nipoti furono messi in campo: nella quarta promozione cardinalizia, del 1477, ricevettero subito dal nulla la porpora due Della Rovere, Cristoforo e Girolamo, e un diciassettenne (!) Riario, Raffaele. Se i nipoti non erano religiosi ma laici, Sisto li ammogliò in case di principi regnanti, a Napoli, Milano e Urbino, per stringere alleanze

12. Nepotismo: *ridiculum*, Cherubini P. 1997, nr. 514; Pietro Riario: Farenga 1986; le sue entrate: v. sotto, p. 342; la festa del 1473: Pastor 1925-26, v. II, pp. 484-487; fine delle feste: Infessura 1890, p. 78.

politiche esterne, e li aiutò così a procurarsi anche piccole signorie territoriali. Quel Girolamo Riario, per esempio, sposando Caterina Sforza divenne signore di Imola e poi anche di Forlì (che Caterina difenderà ancora valorosamente da Cesare Borgia). I nipoti dovevano approfittare rapidamente dell'occasione, perché sapevano che gli restava solo il tempo in cui sarebbe vissuto il papa per fare carriera. Questo poteva accadere solo a spese degli altri e provocava molta insofferenza, come dimostra proprio questo pontificato.[13]

Ma una monarchia elettiva ha altri meccanismi rispetto a una monarchia ereditaria. Come verso l'esterno, anche la compagine interna dello Stato della Chiesa fu stabilizzata servendosi di nipoti. Il papa nel corso del XV secolo era diventato sempre più un signore territoriale tra gli altri, che doveva farsi coinvolgere nel gioco delle alleanze e delle contro-alleanze – compiti che riducevano sensibilmente l'orizzonte al capo spirituale della cristianità. E chi si considerava portato per la politica secolare, come Sisto IV, contribuì a dare un ulteriore impulso a quest'evoluzione.

In un primo tempo il conflitto tra Sisto e Lorenzo de' Medici fu soprattutto di natura politico-territoriale, un conflitto che proietterà temporaneamente la sua ombra sull'intero sistema di potere italiano, e addirittura internazionale. L'attentato omicida che l'opposizione interna, guidata dai Pazzi, organizzò contro i capi dei Medici nel 1478 nel duomo di Firenze (Giuliano cadde, Lorenzo si salvò), impresse un'escalation al conflitto, dato che il papa fu riconosciuto al corrente della congiura.[14] I Medici furono scomunicati, fu lanciato l'interdetto sulla città, fu sospeso il rimborso dei notevoli crediti concessi dalla filiale romana dei Medici. Lorenzo rispose con accuse inaudite e un'imputazione fittizia da parte del clero toscano in un concilio da convocare (*Florentina Synodus*). Il conflitto fu ricomposto alla fine del 1480 grazie alla mediazione internazionale, ma isolò il papa, che in seguito a un passo coraggioso compiuto da Lorenzo nella tana del leone Ferrante, in un *renversement des alliances* perse l'appoggio del Regno di Napoli – sul quale, pensate, ora poté coltivare delle speranze il nipote del papa Girolamo Riario.

Sisto IV e Lorenzo de' Medici, anche dopo aver accantonato il confronto aperto, non si riconcilieranno mai più. «Ora (ricorda Lorenzo nel 1487 in una lettera a Bernardo Rucellai) siamo già da 12 o forse 13 anni in

13. Girolamo Riario: Farenga 2005. Raffaele Riario: v. sotto, p. 324.
14. Sulla congiura dei Pazzi il recente Daniels 2013; Simonetta 2014.

conflitto con la Chiesa, per la maggior parte del tempo addirittura in guerra aperta». Sotto il nuovo pontificato, però, la posizione dei fiorentini a Roma si consoliderà un'altra volta, al punto che Lorenzo, come dimostra la sua voluminosa corrispondenza con Giovanni Lanfredini e Nofri Tornabuoni, ebbe di nuovo nelle sue mani, sotto Innocenzo VIII, la sovranità sulle cose romane e alla fine riuscì a far creare cardinale il figlio tredicenne Giovanni, che aprì la strada ai pontificati Medici.[15]

Il conflitto fra Sisto IV e il re di Napoli Ferrante portò a Roma a una ripresa del contrasto fra Colonna e Orsini e le loro vaste clientele: affrontandosi nella stessa Roma in selvagge battaglie di strada, nella zona di confine con il Regno gli Orsini erano alleati con i Riario, i Colonna (la linea di Paliano-Genazzano) e i Savelli con re Ferrante. Una situazione disperata, che il papa alla fine riuscì a dominare solo con l'aiuto della nuova alleata provvisoria, Venezia, e del condottiero Roberto Malatesta nel 1482, grazie alla vittoria di Campomorto (l'odierna Aprilia) sul figlio di Ferrante, Alfonso.

Così la città stessa, illuminata dalla tempesta di questi eventi, torna di nuovo nell'orizzonte visivo delle fonti: la città e i rapporti fra papa e comune, i cui diritti abbiamo visto svanire sempre più, sottoposti a una progressiva erosione nel corso del XV secolo, e descritti da un romano che registrava tutto con estrema sensibilità, tutto quel che lui percepiva come un'ingerenza papale negli ultimi diritti sopravvissuti del comune: Stefano Infessura, cronista importante, che alla fine dà voce alla Roma dei romani di fronte al più eloquente linguaggio della Roma della corte.

Di famiglia illustre del quartiere Trevi, in mano ai Colonna, Stefano Infessura (circa 1440 - prima del 1500) era un giurista rinomato, assurto al ruolo di *scribasenatus*, il che gli consentiva, oltre alla sua testimonianza personale, di conoscere le delibere e gli atti del Campidoglio. Scritto con l'incisività del funzionario informato e il cuore del romano, il *Diario della città di Roma* attrae per la sua mescolanza di informazione precisa e spontaneità appassionata. I tratti specifici e i problemi della Roma del tempo emergono nitidamente: l'importanza degli allevamenti di bestiame (e la corrispondente vulnerabilità) del ceto dirigente cittadino; la sicu-

15. Dopo la pace: Lorenzo de' Medici 2003, vol. X, p. 162 (qui la citazione); impressionante la panoramica di Lorenzo sulla situazione politica del tempo, in Lorenzo de' Medici 2012, vol. XVI, nr. 1557, 17 ott. 1489 a Giovanni Lanfredini a Roma. Sulla corrispondenza di Giovanni Lanfredini come ambasciatore a Napoli o a Roma: *Corrispondenza Lanfredini* 2005. La situazione della filiale dei Medici a Roma: Bullard 1994.

rezza precaria delle vie d'accesso e l'impotenza di fronte all'aggressività dei baroni; il loro comportamento totalmente noncurante che si sottraeva a qualsiasi influenza, anche al papa dicevano di far risolvere a Colonna e Orsini tra loro le faccende che li riguardavano, senza immischiarsi, «che lasciasse fare a loro»; il ruolo dei palazzi cardinalizi ben armati nelle battaglie di strada.[16]

Autore e opera sono interamente pervasi dalla «nostalgia della Roma comunale» (Miglio 1993). Stefano rimpiange la fine del libero comune romano – non la fine dell'antica Roma come gli umanisti del suo tempo, ma l'assoggettamento della Roma municipale da parte del papato a partire da Bonifacio IX – e da allora annota con attenzione e approvazione ogni rivolta contro il dominio pontificio (1405, 1434, 1453). Soffre visibilmente per la sua Roma umiliata, caotica, e trova conforto più nelle profezie medievali che negli autori antichi.

Registra con sensibilità tutte le azioni che secondo la lettera degli statuti rappresentano attacchi della curia *contra libertatem romanam* e perciò conducono a un ulteriore svuotamento dei diritti tradizionali. Fra queste il fatto che le cariche comunali non erano più assegnate sul Campidoglio per nomina o a sorte, ma vendute e occupate a discrezione del papa, addirittura distribuite come i benefici tra i cardinali del conclave. Oppure: la promessa sotto giuramento del papa di dare solo ai romani cariche e benefici romani viene elusa con il semplice conferimento della cittadinanza romana ai candidati del papa dietro suo ordine. Stefano critica anche le ingerenze dirigistiche del papato nell'economia romana (in particolare gli interventi sul mercato locale del grano per favorire gli imprenditori genovesi), perché vedeva che il ceto dirigente romano, dopo il potere politico, in questo modo avrebbe perso anche la sua base economica (quindi annota con esattezza i prezzi del grano, spiegando le loro oscillazioni). E l'intervento più vistoso, la trasformazione urbanistica della città? Non che la *renovatio Urbis* fosse stata disapprovata da Infessura e dai romani. Ma non era la loro, anche i *magistri aedificiorum Urbis* erano diventati semplici destinatari degli ordini del pontefice, la nuova attenzione per le strade nella cronaca di Infessura viene ridimen-

16. Infessura 1890, pp. 74-169 («lasciar fare a loro» p. 126; «né guelfa né ghibellina», p. 138; palle di cannone fatte da pietra antica (resti del *pons Theodosius*, dove nel 1980 furono trovati ancora alcuni proiettili), p. 147; infamie, pp. 155 s.; sull'autore: A. Esch, *Infessura*, in DBI, vol. 62, 2004, pp. 348-353. Conflitto Colonna-Orsini: De Vincentiis 2014.

sionata al consiglio del re Ferrante, fondato su ragioni militari, di rendere rettilinee e ampliare le stradine medievali per ottenere un miglior dominio sulla città.

Ma il tratto fondamentale del presente romano, che qui emerge con la massima forza, è l'odio tra fazioni. Il *Diario* ne è completamente impregnato, nella vita del presente come nello sguardo rivolto al passato. Nella sua idealizzazione del passato comunale, al cronista sembrava addirittura che il comune romano, prima di Sisto IV, non avesse mai conosciuto una seria divisione interna in fazioni (*mai ad mei dì fu in Roma conosciuta parte alcuna, né guelfa né ghibellina, né Ursina né Colonnese*). Infessura è appassionatamente schierato con i Colonna contro gli Orsini, definisce il partito dei Colonna (o *ghibellino*) anche apertamente la *parte nostra*, e nella sua rappresentazione degli eventi mette chiaramente in luce gli intrecci delle famiglie che appartengono a questa clientela interna alla città, per cui questo conflitto di fondo a tutti i livelli (per esempio i Della Valle contro i Santacroce nelle guerre per procura in città) si può riconoscere capillarmente nella società romana.

Che il conflitto fra Colonna e Orsini, fra Colonna e papato, abbia raggiunto un'acme con Sisto IV, ha conferito nel *Diario* tinte fosche all'immagine di questo papa. Come sostenitore dei Colonna ne fa un ritratto radicalmente negativo, con amarezza, astio e sarcasmo, descrive con profonda partecipazione l'ultima cavalcata di Lorenzo Colonna dal papa, il cadavere con i segni delle torture (*e io Stefano scrittore con li miei occhi lo veddi, et con le mie mani lo sepelii*), l'abbattimento pieno di odio degli alberi nel giardino di palazzo Colonna. La rappresentazione di Infessura non è falsa ma unilaterale, non rende giustizia alle iniziative di Sisto IV e non intende neppure farlo.

Questa è Roma descritta senza (o addirittura contro) il papato rinascimentale – una prospettiva che rivela involontariamente il livello miserevole di queste lotte "romane" (i maiali che si precipitano fuori dalla porta del castello dei Colonna). Questo conflitto aperto fra Colonna e Orsini nel 1484 avrebbe conosciuto un'ulteriore escalation, i due partiti dai loro palazzi fortificati in città aizzeranno reciprocamente le loro clientele romane – fin nel profondo del successivo, fragile, pontificato di Innocenzo VIII, e ora temporaneamente con i fronti invertiti, i Colonna alleati con il nuovo papa, gli Orsini con Napoli. Il necrologio che il romano Infessura dedica al papa è solo un'invettiva astiosa, aggravata da infamie morali (di certo esagerate), che allora si era soliti scagliare contro molti grandi personaggi.

Le finanze del comune intanto erano passate sotto il controllo e a disposizione di quelle papali. Alla maggiore necessità di mezzi servì una riforma della Camera Apostolica, l'incremento della vendita delle cariche (anche di cariche fittizie), il rapporto sempre più creativo della Dataria con le sue possibilità, per esempio nel concordare ammende (composizioni), e altro ancora. Ma il risultato raggiunto, con circa 240.000 o al massimo 290.000 ducati di introiti papali all'anno (ai quali si dovrebbero comunque aggiungere le rendite dei benefici e delle cariche in tutta la cristianità, con cui veniva pagato il "personale", dallo *scriptor* al cardinale), restava nettamente inferiore alle finanze statali di regni come la Francia o l'Inghilterra.[17]

L'enorme attività edilizia prosciugava da sola grosse somme. Con S. Maria del Popolo sorge a partire dal 1472 la prima grande chiesa rinascimentale a Roma, con la Cappella Sistina dal 1473 (al posto della «Cappella magna» del Palazzo apostolico, dipinta a partire dal 1481) un primo ambiente interno di livello incomparabile, con lo Spedale di S. Spirito in Sassia dal 1473 il più moderno ospedale del suo tempo (ancora nel 1970, a quel punto però era palesemente antiquato, si potevano vedere i malati uno accanto all'altro nelle due enormi sale). Numerosi restauri e ristrutturazioni furono pensati espressamente per la preparazione dell'anno santo 1475: S. Vitale, SS. Nereo e Achilleo, SS. Quirico e Giulitta, S. Cosimato; altri furono avviati, se non per iniziativa di Sisto IV, comunque nel periodo del suo pontificato (S. Pietro in Montorio). Ma anche dopo l'anno santo 1475 la sua attività edilizia (S. Maria della Pace, dal 1482) e gli interventi urbanistici – di cui parleremo in seguito – continuarono, tutti spiegati in modo programmatico in grandi iscrizioni, con un linguaggio e in lettere classici.[18]

Anche la sua attenzione per la biblioteca papale ebbe un'importanza programmatica ed effetti duraturi. Portando avanti le premesse poste da Niccolò V, Sisto IV diede alla biblioteca una sede spaziosa, personale e i mezzi necessari, incrementò rapidamente il suo patrimonio (che nel 1481 arrivò a 3.500 volumi) e la rese accessibile a una cerchia più ampia di

17. Finanze: Bauer C. 1927; Favier 1966, pp. 687-701 (confronto con altre finanze statali); Caravale 1994, pp. 94-106; Partner 2001; controllo delle finanze comunali: Palermo 2014.

18. Benzi 1990; *Sisto IV* 2000; *S. Maria del Popolo* 2009; Cappella Sistina: Pfisterer 2013; Shearman 1986. S. Spirito: *Santo Spirito* 2001. Iscrizioni: Kajanto 1982. Incarichi esterni: Cantatore 2000. Sulla costruzione di chiese nel XV secolo: Urban 1961/62. Sulla costruzione di chiese in generale (oltre alle note opere di Buchowiecki e Hülsen) una descrizione più recente illustrativa in *Santuari d'Italia* 2012. Localizzazione precisa delle chiese scomparse nel frattempo: Lombardi F. 1996.

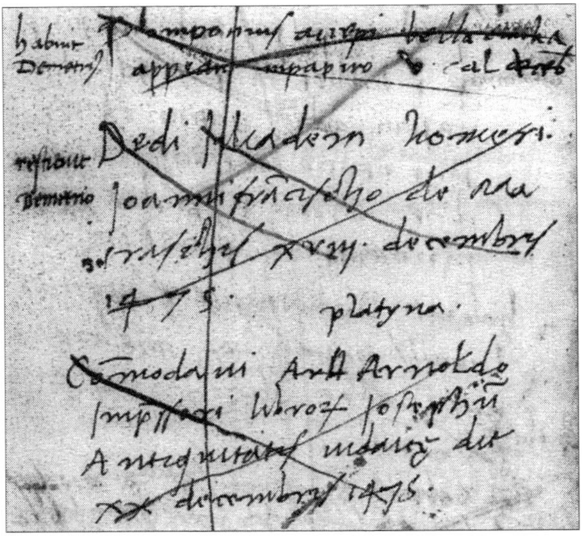

Fig. 57. La società di corte si riflette nel primo registro dei prestiti della Biblioteca Vaticana: da Platina nel dicembre 1475 Pomponio Leto prende in prestito *Bella civilia* di Appiano, un cortigiano l'*Iliade* di Omero, lo stampatore tedesco Arnold Pannartz le *Antichità giudaiche* di Flavius Josephus. Cod. Vat. Lat. 3964 fol. 5r.

persone: quindi l'anno 1475 è considerato la data di nascita ufficiale della Biblioteca Vaticana. I più antichi registri del prestito si sono conservati e consentono di avere una visione molto interessante delle preferenze in materia di lettura di questa società di corte (fig. 57). Nel 1475 un cortigiano prende in prestito l'*Iliade* di Omero, Pomponio Leto un Appiano, lo stampatore tedesco Arnold Pannartz le *Antichità giudaiche* di Flavius Josephus, il cuoco personale del papa una piccola Bibbia e un Pontificale (e così si prosegue dopo la morte di Sisto: il futuro arcivescovo di Firenze prende in prestito un manuale di stilistica greca e il Corano, il segretario di Cesare Borgia *La spedizione di Alessandro* di Arriano, ecc.). Prestiti e restituzioni registrati ogni volta da Bartolomeo Platina, l'umanista nominato da Sisto bibliotecario di corte (la cui nomina è rappresentata nel già citato affresco di Menozzo da Forlì) e ora anche biografo ufficiale, che avrebbe trasmesso ai posteri un'immagine favorevole di Sisto, così come ne trasmetterà trasmessa una malevola di Paolo II.[19]

19. Biblioteca: Manfredi 2010; sui primi spazi: Manfredi 2013. Registro dei prestiti: Bertòla 1942, quelli raffigurati qui, ivi, tav. 5. Sui primi bibliotecari C.M. Grafinger, in «Aevum», 84 (2010), pp. 711-732. Sull'ambiente umanistico: possesso di libri Bianca 2004; Lee 1978; Stinger 1985; Platina: Piacentini 2009.

Il gioco delle forze di questo mondo che – per obbligo e anche per le diverse inclinazioni personali – aveva tanto richiamato l'attenzione di Sisto, non gli ha fatto dimenticare però i suoi specifici doveri ecclesiastici. Da generale dell'Ordine che era stato prima, ai conventuali francescani confermò e incrementò subito i privilegi (il cosiddetto *Mare magnum*), favorì vistosamente sia loro che i domenicani e cercò di ricomporre i conflitti tra gli ordini mendicanti e fra il clero secolare e quello regolare. Aumentò il numero e il valore delle indulgenze plenarie (che ora si potevano applicare anche alle anime del purgatorio); quel che i romani percepirono nel modo più immediato delle sue attività spirituali fu il già descritto anno santo 1475 e l'attrattiva della sua indulgenza.

Sisto difese i diritti della Chiesa laddove poteva, ma cedette nei confronti di numerose nazioni, nel senso che conferire benefici divenne un privilegio della corona. Nell'orgogliosa Spagna di Ferdinando e Isabella ben presto non fu assegnato dal papa nessun vescovato, la nuova Chiesa di Stato si palesò soprattutto nell'Inquisizione, la cui azione dura, funzionale anche alle finalità temporali della coppia di regnanti, fu mitigata, quando era possibile, o almeno regolata da papa Sisto IV (che ancora ci provò, mentre già Alessandro VI cedette ai sovrani spagnoli in questioni riguardanti l'Inquisizione): i registri della Penitenzieria Apostolica verranno presto riempiti da spagnoli che si recavano a Roma in preda al terrore, per appellarsi contro le sentenze dell'Inquisizione spagnola.[20]

Una riforma della Chiesa – nel caso Sisto IV l'avesse progettata seriamente – non era realizzabile, con tanti nipoti nella curia e la morte di vecchi cardinali di rango (Torquemada nel 1468, Carvajal nel 1469, Bessarione nel 1472, Roverella nel 1476, Capranica nel 1478), ai quali subentrarono in massima parte non uomini della stessa levatura spirituale e morale ma *protégés* di principi.

Ancora prima della morte di Sisto IV, nell'agosto 1484 la caotica situazione romana e delle province meridionali mostrò una volta di più la minaccia che incombeva sullo Stato della Chiesa, che lo stesso papa aveva contribuito ad aggravare, irritando le potenze vicine con la creazione di signorie destinate ai nipoti. Ancora un decennio e l'invasione di Carlo VIII,

20. Provvedimenti ecclesiastici: Pastor 1925-26, vol. II, pp. 607-657; Indulgenze: *Ablasskampagnen* 2017; anno giubilare 1475: v. sopra, pp. 142-146. Inquisizione spagnola: Haliczer 1990; *Dizionario storico dell'Inquisizione* 2010, vol. III, pp. 1591 s. Numerose suppliche di spagnoli sotto accusa in Archivio della Penitenzieria Apostolica, reg. 34-36: sull'argomento Esch 2020b (in corso di stampa).

re di Francia, nel 1494 mandò a monte in un sol colpo l'equilibrio instabile delle cinque potenze italiane – l'«Italia bilanciata» di Machiavelli – e ne mise a nudo il modesto peso individuale a dispetto di tutti i virtuosismi dell'arte di governo e della diplomazia.[21]

Primi interventi urbanistici

Quel che rese manifesta la trasformazione dell'*Urbs* e fece emergere il profilo della nuova immagine della città, non furono solo gli edifici che Sisto IV costruì con munificenza proprio nei punti più frequentati della città o quelli che fece rinnovare (S. Maria del Popolo accanto all'ingresso settentrionale della città, l'Ospedale di S. Spirito all'entrata del Borgo vaticano, ponte Sisto come nuovo passaggio sul Tevere): erano anche le nuove idee sul riassetto e il controllo dell'intricato tessuto insediativo medievale, che ormai è impossibile immaginarsi nella Roma odierna.

Per descriverlo, gettiamo uno sguardo dall'atrio del Portico d'Ottavia (in cui presto si era innestata la chiesa di S. Angelo in Pescheria) lungo la via, prima della demolizione del Ghetto nel 1888 (fig. 58). I banchi del mercato del pesce – le lastre di marmo erano per lo più materiali di spoglio, lo stesso la cornice della porta a destra – rendevano ancora più angusta la via, che era solo poco più larga dell'attuale marciapiede, malgrado fosse un collegamento importante. Il percorso di un'incoronazione imperiale poteva diventare difficile in caso di resistenza, e in un intrico di strade di questo tipo era quasi impossibile tenere in scacco i romani in rivolta, come re Ferrante di Napoli fece notare a Sisto IV in occasione della sua visita a Roma nel 1475: il papa «non può essere signore di questa città» – così Infessura cita il re – «e non può tenerli sotto il suo dominio (*che non li poteva signoreggiare*) a causa di tutti i portici e delle vie strette e dei balconi sporgenti che ci sono qui...; e gli consiglia di far demolire gli aggetti e i portici e di ampliare le strade» (*che dovesse fare gittare li mignani et li porticali et allargare le vie*).

Riflessioni del genere possono essersi fatte strada nella mente di Sisto IV. Ma per lui la priorità era soprattutto il miglioramento dell'accessibilità (dalla porta settentrionale a S. Pietro, dal porto sul Tevere al centro della cit-

21. I problemi della sede vacante: saccheggi a Roma, contrasti all'interno del collegio cardinalizio ecc.: Plebani 2016.

Fig. 58. Nelle vie dell'abitato. La via del Portico d'Ottavia vista dall'atrio del Portico in direzione Arenula prima della demolizione del Ghetto (a sinistra), con i banchi del mercato del pesce. Con questo intrico di vie non si potrebbe tenere in pugno la città, osservò il re di Napoli nella sua visita a Roma da Sisto IV.

tà), in poche parole le concezioni urbanistiche a cui poi diede effettivamente attuazione. Già Niccolò V, dopo il caos mortale del traffico sul ponte S. Angelo nell'anno giubilare 1450, aveva subito fatto abbattere molte case a ridosso della testa di ponte rivolta alla città, allontanato gli ultimi banchetti addossati al ponte o sopra il ponte, e nei pressi di S. Celso aveva creato una piazza. Ma il caratteristico nodo stradale in quel punto, una versione ridotta del Tridente a Porta del Popolo, sarà realizzato solo nel XVI secolo.

Quindi seguiremo durante il pontificato di Sisto IV gli esordi di un'urbanistica pianificata, l'ampliamento e la rivalutazione del quartiere tra piazza Navona e il rione di Campo Marzio verso nord, la costruzione di ponte Sisto per migliorare l'accesso del traffico proveniente dal mare. In questo contesto sarà considerata brevemente anche la direzione degli ulte-

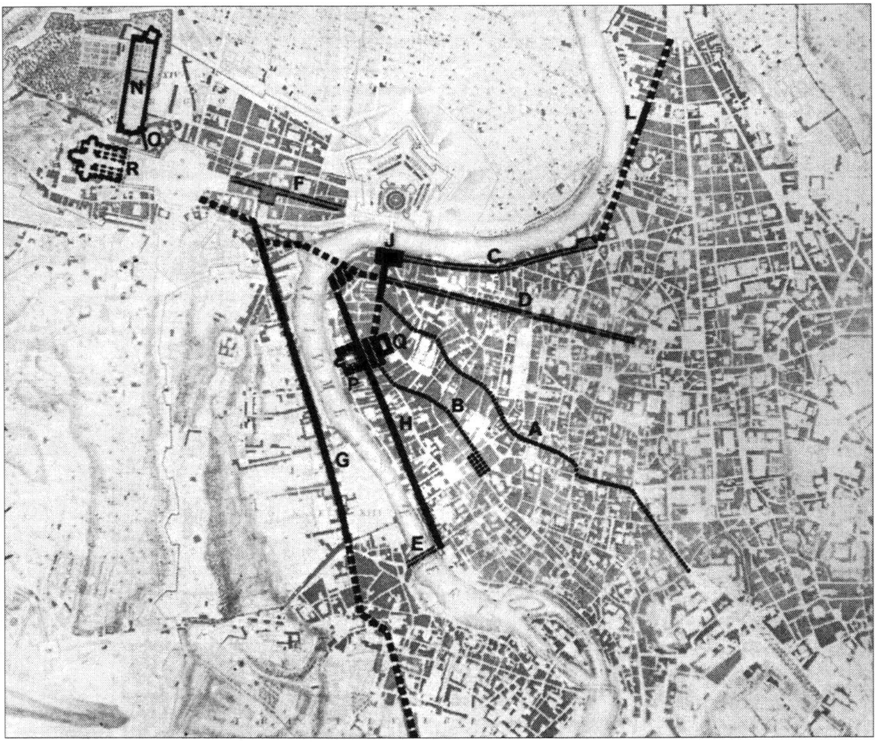

Fig. 59. Gli interventi urbanistici di Sisto IV e dei suoi immediati successori (1471-1513) nella rete stradale medievale: A via Papale; B via Mercatoria o Florea fino a Campo de' Fiori e oltre. Sisto IV: C) via Sistina, D) via Recta, E) Ponte Sisto; Alessandro VI: F) via Alessandrina; Giulio II: G) via Della Lungara, H) via Giulia, J) piazza e canale di Ponte, L) via di Ripetta e i progetti P) Palazzo dei Tribunali, Q) ampliamento della Cancelleria Vecchia (da *Raffaello architetto* 1984).

riori sviluppi, in modo da definire con maggior precisione il ruolo di Sisto IV nella *renovatio Urbis* (mappa fig. 59).[22]

Nel tardo Medioevo e nel primo Rinascimento il rione Parione, intorno a piazza Navona, aveva conquistato una posizione centrale, diventerà addirittura il vero quartiere del Rinascimento. Il mercato cittadino nel 1477 fu

22. Tafuri 1984; Benzi 1990; Modigliani 1998a, in partic. pp. 319-322; Frommel 2003, pp. 13-33; Simoncini 2004, vol. I, pp. 161-204. Il consiglio di Ferrante: Infessura 1890, p. 79.

spostato qui dai piedi del Campidoglio, e anche questo la dice lunga sulle nuove attrattive e la centralità del quartiere. Ora Parione era il quartiere in cui prendevano alloggio cardinali, prelati, alti funzionari, qui risiedevano famiglie nobili romane come i Tosti, i Sanguigni, i Massimo, attirando sia (come si è già indicato) un'immigrazione di rango dallo Stato della Chiesa, sia un'immigrazione più ampia dall'estero; qui lavoravano artigiani qualificati come orafi, copisti, stampatori, in breve: affittuari "migliori", il che corrisponderà ben presto ad affitti più alti. Allora si videro perfino curiali e famiglie illustri, all'interno di Roma, trasferirsi in questo quartiere.

Affitti più alti, contratti più brevi, spesso subaffitti: tutti indizi anche di una densità insediativa crescente e di un aumento deliberato della rendita proveniente dal patrimonio immobiliare. Certo, il rione Ponte, confinante a ovest, che convergeva come un imbuto su ponte S. Angelo e convogliava tutto il traffico su questo accesso in direzione del papa, era quello più popoloso. Ma Parione, con 33.345 abitanti per chilometro quadrato (1526/27), aveva la massima densità di popolazione. Proviamo a immaginare, a partire dallo spostamento qui del mercato, ma anche per la vicinanza delle zone di mercato e di attività artigianali del Pantheon e di Campo de' Fiori, il movimento solo per la consegna delle merci e delle materie prime nelle strette vie tutt'intorno, dai porti sul Tevere di Ripa e Ripetta e dalle porte cittadine. Vicinissimo, fra piazza Navona e il Pantheon, si trovava anche la *dogana di terra*, la postazione doganale centrale per tutte le importazioni che giungevano via terra, e vicinissimo si trovavano anche i locali dell'università, lo *Studium Urbis*, che presto, sotto Alessandro VI, avrà qui la sua sede centrale.[23]

Piazza Navona allora guardava ancora con le sue facciate verso l'esterno, dove in passato si aprivano le arcate che un tempo sostenevano le file dei posti per gli spettatori. Quindi chiese, botteghe, ingressi di abitazioni tutti orientati verso l'esterno e non, come oggi, verso l'interno. Perciò, essendo uno spazio vuoto, privo di forma, in mezzo alle facciate posteriori delle case, non si chiamava ancora *piazza* ma *campo*. Ora questo cambiò, il *campus* o *ager* con lo spostamento del mercato deciso da Sisto divenne *forum*, *platea*, verso la quale cominciarono gradualmente a voltarsi le facciate e gli ingressi. Così l'entrata di S. Giacomo degli Spagnoli, costruita

23. Sulla valorizzazione e la trasformazione di piazza Navona nel XV secolo e al principio del XVI ora i contributi di A. Esposito, A. Modigliani, O. Verdi, D. Esposito, M. Vaquero Piñeiro, S. Passigli in *Piazza Navona* 2014; Boiteux 2014; Palermo 2010. Da *campus* a *platea*, fonti: Modigliani 2014, pp. 489 s.

nel 1458, fu riorientata verso la piazza nel 1498. *Retro est campus Agonis* ora divenne nella descrizione delle case *ante est platea Agonis*, lo spazio in un certo senso venne rovesciato!

In questi paraggi si spostò la *crème* del potere e della società. Nella zona tra l'estremità settentrionale (quella semicircolare) di piazza Navona e il Tevere, accanto a S. Apollinare, abitò a partire dagli anni sessanta del Quattrocento il cardinale Guillaume d'Estouteville, dal 1446 protettore dell'ordine agostiniano, dal 1477 camerario apostolico con il controllo sui *maestri di strada* (particolarmente importante in questa fase di sviluppo), e là fece costruire dal 1479 il grandioso edificio di S. Agostino; nel 1483 ci abita – anche lui camerario apostolico e protettore dell'Ordine agostiniano – il nipote del papa Raffaele Sansoni Riario (prima di costruirsi il Palazzo della Cancelleria); nel 1488 anche il nipote del papa Girolamo Basso della Rovere, e dirimpetto a quello che sarà Palazzo Altemps il potente nipote del papa conte Girolamo Riario; costruisce qui Leonardo Griffi, segretario di Sisto IV. Vengono edificati palazzi cardinalizi anche accanto alle chiese titolari dei SS. Apostoli e di S. Pietro in Vincoli.

Con la sua bolla *Etsi de cunctarum* del 1480 Sisto IV contribuì direttamente alla trasformazione e alla crescita della densità architettonica, agevolando l'esproprio e le vendite forzate di terreni vicini – probabilmente questo si era dimostrato necessario per la costruzione di numerosi palazzi cardinalizi – e in tal modo rese possibile ai committenti di rango degli edifici un maggiore dimensionamento dei loro progetti edilizi (ma forse rese anche insicuri i proprietari comuni di case). Richiamandosi a questa bolla i Medici ingrandiranno l'area fabbricabile del progetto per il loro palazzo (nel sito del successivo Palazzo Madama) che avrebbe fatto di piazza Navona, che nel frattempo, con grande indignazione di alcuni romani, era già diventata il palcoscenico dei cortei e delle cerimonie papali e della corte, la piazza antistante alla loro residenza.[24]

In quest'area di confine a nord, fra i rioni Parione/S. Eustachio, Ponte e Campo Marzio, Sisto IV intervenne tracciando una strada che valorizzò queste zone periferiche della città del tempo e pose le premesse

24. Sulla costruzione di palazzi in dettaglio: Magnuson 1958; Benzi 1990, pp. 139-162. Sulla bolla *Etsi de cunctarum* (*Bullarium Romanum*, V, Torino 1860, pp. 273-278) Strangio, Vaquero Piñeiro 2004. Inoltre Sisto poté far demolire interi palazzi, se la famiglia (come i Della Valle) era del partito dei Colonna: Frommel S. 2014, p. 297. Sugli inizi della residenza romana dei Medici, Frommel 1973, vol. I, pp. 17-19; Ait 2014 (1505); Frommel S. 2014, pp. 349 s.

per l'edificazione di altre superfici. Ma il vero scopo di questa strada, alla quale anche i successivi papi del Rinascimento dedicheranno grande attenzione, era quello di migliorare l'accesso dalla porta del Popolo in direzione della basilica di S. Pietro. Per la parte del tracciato più vicina al Vaticano Sisto IV in un primo tempo, intorno al 1480, aprì la via Sistina, che da ponte S. Angelo portava lungo il Tevere in direzione di Ripetta e che corrisponde all'odierna via Tor di Nona più via Monte di Brianzo: «per la strada lungo il Tevere, che venne di nuovo lastricata per suo ordine, e che lui volle chiamare "via Sistina"» (*Xistinam appellari voluit*), Sisto sarebbe tornato in Vaticano da una delle sue frequenti visite in S. Maria del Popolo, per la cui costruzione aveva mostrato un vivo interesse, racconta all'epoca Jacopo da Volterra; e avendo facilitato l'accesso a S. Maria del Popolo agli abitanti del rione Ponte a ponte S. Angelo, il successore di Sisto creò addirittura un'indulgenza per pavimentare questo collegamento stradale. Sembra che il popolo abbia chiamato il nuovo rettilineo non *Sistina* ma *La Tenta* (dal nome di S. Lucia *della Tinta*). I lavori per la via Sistina, secondo le spese tramandate, consistettero in sostanza nella rettifica e congiunzione di tratti di strada già esistenti.[25] Ma così furono avviati interventi urbanistici che presto avrebbero portato all'apertura di grandi arterie come via Alessandrina, nel Borgo Vaticano, con le sue case a schiera.

L'anno santo, con i suoi necessari investimenti, offrì al papa un buon argomento per i suoi progetti di modernizzazione. Certo Sisto IV in quel suo piano stradale aveva in mente anche il porto di Ripetta, e la costruzione di ponte Sisto – il primo ponte a Roma da oltre mille anni! – a parte il traffico dei pellegrini doveva servire anche per collegare meglio il porto di Ripa Grande al centro della città. Forse la costruzione del ponte nel 1475 e lo spostamento del mercato nel 1477 – ponte Sisto e piazza Navona – sono addirittura da mettere in relazione. Infatti, così, il lungo trasporto di carri sulla via Mercatoria (fra ponte S. Maria / ponte Rotto e ponte S. Angelo, oggi all'incirca via dei Giubbonari/via del Pellegrino, per un tratto chiamata anche via Florea), sulla quale si allineavano diversi mercati (quello del pesce, Campo de' Fiori, il mercato del pollame, dei cavalli a S. Lorenzo in Damaso) e che però attraversava quartieri fittamente costruiti, poteva essere in qualche modo evitato.

25. Frommel 2009; Petrucci G. 1998; *que vulgariter dicitur "La Tenta"*: così in Archivio di Stato Roma, Collegio dei Notai Capitolini, vol. 58 f. 500r.

La costruzione del ponte, fra l'altro, fu finanziata con una grossa somma richiesta dal papa ai curiali tedeschi per il rilascio di un collega condannato. Fu elogiato anche l'intervento di Sisto sulla *via Recta* (oggi via dei Coronari), che su un tracciato antico dal *Canale Pontis* presso ponte S. Angelo portava verso est in direzione del Corso fino all'estremità settentrionale di piazza Navona: era l'accesso più breve dal Vaticano a piazza Navona e, in senso inverso, poteva essere usata anche dai visitatori di Roma che entravano da Porta del Popolo per raggiungere S. Pietro (vedi fig. 59 e la pianta alle pp. 12 e 13). Un altro collegamento molto frequentato con ponte S. Angelo e il Vaticano, la *via papalis*, passava rasente all'estremità meridionale di piazza Navona.[26]

Il tratto di strada detto sistino, via Tor di Nona/via Monte di Brianzo, che poi proseguirà lungo la direttrice di via Condotti, incrociava nell'area chiamata (già allora) *della Scrofa* il tracciato che da Porta del Popolo arrivava al porto di Ripetta sul Tevere; in seguito sarebbe stata edificata da Leone X (1513-1521) diventando via Leonina, l'asse occidentale del futuro Tridente: quindi due tratti di strada relativamente rettilinei che, congiungendosi ad angolo ottuso, assicuravano un accesso diretto dalla Porta del Popolo a ponte S. Angelo e così al Vaticano (fig. 59).

Naturalmente questa nuova strada Sistina-Leonina aveva i suoi antecedenti: un susseguirsi di tratti di strada irregolari, non rettilinei, non pavimentati, che entrando in città da Porta del Popolo si potevano percorrere fino al Vaticano. Una descrizione precisa di questo tracciato è fornita da Pio II, quando nei suoi *Commentarii* racconta la processione con cui furono accolte solennemente le reliquie di s. Andrea nel 1462. «Il papa – dice di sé Pio – svoltò [da S. Maria del Popolo dove aveva pernottato] a destra verso il Tevere e proseguì lungo la riva del fiume, lasciando alla sua sinistra il Mausoleo di Augusto, dove quest'area, che di solito là offre molto spazio, quel giorno non era vuota ma ricolma di persone...». Quindi da S. Maria del Popolo, fra il Tevere e il Mausoleo di Augusto, attraverso un'area "spaziosa", "vuota" (cioè non ancora edificata a quel tempo) «di nuovo lungo il fiume, finché si raggiunse la zona più fittamente costruita sulla destra» (*donec ventum est ad frequenta Urbis edificia dextro itinere*). Poi, però, non dritto verso la basilica di S. Pietro (come la nuova via Sistina), ma attraverso il

26. Via di Ripetta: Bilancia, Polito 1973; Zanchettin 2003/04. *Via mercatoria, via recta, via papalis*: Modigliani 1998, *ad indicem*. Sulla *via papalis* nel suo tratto centrale: Valtieri 2018. Finanziamento di Ponte Sisto: Schwarz U. 1991.

Fig. 60. La Porta del Popolo non ancora del tutto configurata, porta settentrionale della città molto utilizzata per gli ingressi cerimoniali; accanto la facciata della chiesa di S. Maria del Popolo riedificata sotto Sisto IV, ancora priva degli interventi successivi. Marten van Heemskerck, intorno al 1534/36 (particolare). Berlino, Kupferstichkabinett.

Pantheon e Campo de' Fiori. Il fatto che la testa della processione avesse già raggiunto la basilica quando il papa ancora non si era messo in moto a S. Maria del Popolo, non rivela solo la quantità di persone presenti (è quel che vuole descrivere il papa) ma anche le difficili condizioni del traffico all'interno di Roma prima delle iniziative urbanistiche di Sisto IV.[27]

Tutti questi progetti e tracciati facevano riferimento a Porta del Popolo, l'accesso settentrionale, dal quale affluiva a Roma la maggior parte dei visitatori. Chi allora entrava da Porta del Popolo – all'epoca ancora priva di una forma elaborata (fig. 60) – e rivolgeva lo sguardo alla città, vedeva in primo luogo un'ampia cintura di giardini e vigne che risalivano obliquamente dal Tevere lungo il colle del Pincio. Anche dietro proseguiva questo paesaggio campestre, tanto che ci si poteva chiedere dove fosse la città. Ma se pure S. Maria del Popolo doveva sembrare piuttosto fuori mano ed era ancora abbastanza isolata, questo non significava che qui non accadesse nulla. Al contrario: dato che anche i visitatori illustri provenivano soprattutto da nord e al più tardi dovevano essere accolti solennemente a Porta del Popolo, questa porta vide ingressi fastosi più di qualsiasi altra porta cittadina romana: sovrani e principi, papi e cardinali che rientravano a Roma. La valorizzazione che la chiesa aveva conosciuto di recente per merito di Sisto IV, la rese anche luogo di sepoltura di prelati e nepoti di alto rango: da vivi non volevano abitare qui, da morti non conoscevano posto migliore.[28]

27. Da Porta del Popolo a S. Pietro: descrizione in Pius II, *Commentarii*, VIII, 2, in partic. pp. 479 s.

28. *Santa Maria del Popolo* 2009, con numerosi contributi.

Il carattere rurale di questo rione Campo Marzio andò presto perduto, i giardini e le vigne divennero terreni edificabili, come si può ricostruire con precisione dai documenti relativi ad affitti e vendite degli anni successivi (soprattutto del patrimonio archivistico di S. Maria del Popolo e di S. Giacomo *in Augusta*, il grande ospedale presso il Mausoleo di Augusto, poi chiamato *degli Incurabili*). Sotto Sisto la situazione non era ancora arrivata a questo punto, ma la sua via Sistina e la sua S. Maria del Popolo indicarono la direzione e la nuova crescita demografica riempirà le superfici vuote all'interno delle mura cittadine, qui a nord assai più fittamente che a sud oppure a ovest.

L'intensa attività edilizia che ebbe presto inizio nel rione Campo Marzio fu svolta spesso da squadre di operai provenienti dalla Lombardia, e i lombardi – stagionali o residenti a lungo termine – sono fortemente rappresentati anche in questa zona, qui Sisto IV nel 1474 assegnò loro una propria chiesa, la futura S. Carlo al Corso. I primi palazzi cardinalizi si spostarono verso nord, come quello con giardini di Rodrigo Borgia che da Ripetta si estendeva fino alla chiesa dei lombardi, quindi quasi dal Tevere fino al Corso (e che donerà, come Alessandro VI, al suo elettore cardinale Ascanio Sforza). Il Tridente – il caratteristico tracciato stradale che da Porta del Popolo si irradia a ventaglio nel rione Campo Marzio – che dava accesso al quartiere di nuova costruzione, non aveva ancora preso forma: naturalmente la strada centrale che andava dritta da Porta del Popolo verso il Campidoglio, la via Lata (a partire da Paolo II *il Corso*, per le corse di cavalli), esisteva già, infatti era l'antica via Flaminia; il tratto orientale verso piazza di Spagna (la futura via del Babuino) è un po' più tardo, sarà tracciato sotto Clemente VII (1523-34) e Paolo III (1534-49). Il tratto occidentale, l'odierna via di Ripetta, portava a via Sistina realizzata da Sisto IV: una strada che deve esserci sempre stata, in modo più o meno definito, infatti non solo era la più diretta per andare dalla porta settentrionale alla basilica di S. Pietro, ma anche al porto di Ripetta sul Tevere.[29]

Questo secondo porto, di dimensioni più ridotte, serviva al traffico fluviale che risaliva il Tevere verso l'interno, mentre il grosso porto di Ripa

29. Per un'accurata analisi dell'urbanizzazione del rione Campo Marzio, fondata su catasti, *libri di canoni*, imbreviature notarili, rinvio a Fregna, Polito 1972 (qui anche proprietà immobiliare di San Silvestro in Capite); Bilancia, Polito 1973; Zanchettin 2003/2004; Esch 2019. I palazzi citati: Frommel 2008.

Grande di fronte all'Aventino smaltiva il traffico marittimo diretto dal Tevere verso il mare. Intorno a Ripetta risiedevano già allora molti «schiavoni», dalmati, che erano fuggiti dalla loro patria sotto l'incalzare dei turchi e costruirono subito al porto, al posto della chiesa andata in rovina di S. Marina de Posterula (ceduta loro nel 1453 da Niccolò V), la chiesa di S. Girolamo degli Illirici o Schiavoni. Qui a Ripetta, a portata di sguardo dalla Porta del Popolo, i barcaioli con i loro *burchi* provenienti da Magliano, Nazzano, Orte, Narni, scaricavano le loro merci: vino, ceramica d'uso comune dal Lazio settentrionale, i fichi della Sabina e molto legname, come mostra la *gabella lignaminis*: legname da costruzione e soprattutto legna da ardere, di cui la città e la corte avevano un gran bisogno. In breve: quel che si poteva osservare qui, a Ripetta, era il commercio locale con prodotti delle campagne, non come a Ripa il commercio a largo raggio con le sue merci più spettacolari.[30]

Da qui, in un itinerario fittizio attraverso la città verso la basilica di S. Pietro, si potrebbero illustrare le vie, i monumenti, i tratti caratteristici del quartiere cittadino percorso. Ma lo storico, che è restio a questo tipo di finzione, ha altre risorse: il *census* del 1526/27 consente di seguire le strade percorse all'epoca dai funzionari impegnati nel censimento della popolazione (a scopi pratici, non statistici), tutti i nuclei familiari romani, una via dopo l'altra, una casa dopo l'altra. Bisogna solo accompagnarli lungo il loro tragitto. Nel punto in cui entrano da ponte S. Angelo nel rione Ponte, registrano innanzitutto un banchiere fiorentino dietro l'altro, e nelle case retrostanti verso il Tevere pescatori e mugnai. Proseguendo, all'improvviso un cappellaio dietro l'altro, a quanto pare siamo proprio in via dei Cappellari; poi molti fabbricanti di catini, tutti provenienti da Bergamo, dove si lavoravano i metalli: è vicolo dei Catinari – la caratteristica concentrazione delle attività artigianali emerge del tutto naturalmente da questa fonte. Lo stesso vale per l'ammassamento di stranieri in alcuni quartieri della città. In mezzo a loro i palazzi cardinalizi con 150, 200, addirittura 300 persone della *familia*. E tutto ciò si ricava dalla serie di annotazioni degli scriventi, sotto forma di itinerario attraverso la città. Questo solo per richiamare l'attenzione sulla testimonianza non intenzionale di una fonte disponibile.[31]

30. Il porto fluviale: Ait 2008.

31. Censimento del 1526/27: Lee 1985 e 2006; un itinerario fittizio attraverso la città: Esch 2008c. Di integrazione al censimento le prime rilevazioni parrocchiali e i libri di proprietà dei conventi, p. es. A. Esposito, *La descriptio parochie S. Trifonis* in Ead. 1995, pp. 57-74; Pedrocchi 2018.

Anche la concentrazione di ebrei nel rione S. Angelo già prima che fosse istituito il Ghetto emerge chiaramente in questa e altre fonti. Il loro numero nel XV secolo non era ancora molto elevato. Si stima che la comunità ebraica nella prima metà del secolo contasse 700-800 persone, in seguito con la cacciata degli ebrei dalla Spagna e dalla Sicilia nel 1492, dal Portogallo nel 1497, crebbe rapidamente, soprattutto per quanto riguarda gli ebrei sefarditi che qui gestivano tre "scuole". Ma vengono citati anche alcuni ebrei tedeschi e francesi. La loro condizione in un primo tempo rimase ancora tollerabile qui e nello Stato della Chiesa, ma nel XVI secolo si fece sensibilmente più restrittiva. La loro attività consisteva soprattutto nel commercio di abiti usati e rottami di metallo, i registri doganali li nominano nel commercio a breve raggio con lino e filati grezzi. Inoltre, anche a Roma c'erano fra gli ebrei medici stimati, che venivano consultati dai papi e trattati con rispetto.[32]

Torniamo alla topografia e all'urbanistica di questo pontificato. Gli studi topografici, che in un primo tempo si sono concentrati solo sull'esempio di una zona a lungo poco considerata, collegata da Sisto IV, si sono rivolti poi in misura crescente alla fonte delle imbreviature notarili. L'utilizzo di questi documenti privati poco appariscenti contribuisce, in caso positivo, a rendere più nitida e vivida la nostra immagine di settori minimi della città, addirittura di singoli terreni. Questo vale anche per il *disabitato*, i vasti campi di rovine spopolati, i pascoli per il bestiame e le vigne all'interno (!) delle antiche mura cittadine, *infra menia Urbis*. Vedute del *disabitato* mostrano ancora nel XIX secolo solitari paesaggi di rovine che talvolta sono stati considerati erroneamente dagli storici dell'arte come Campagna all'esterno delle mura (fig. 61), a tal punto il carattere urbano si era dissolto in alcuni punti in mezzo alla città.[33]

Queste vigne compaiono nei contratti d'affitto e per la fornitura di vino di tutti i notai (talvolta redatti subito, nella vigna stessa, *actum in dicta vinea*), anche da quel notaio tedesco già menzionato (anche lui possedeva una vigna sul Piccolo Aventino a S. Saba). Un familiare del cardinale Gonzaga vende una vigna *in loco qui dicitur Colliseum*, quindi nei pressi del Colosseo. Vengono nominate, come facenti parte della vigna, la *gripta* (quindi una "grotta") e una *vascha* per fare il vino (spesso si trattava di un sarcofago antico) vicino alla *ecclesia Sanctorum Quadraginta* subito a est/nord-est del Colosseo. La *gripta*, come accade quasi

32. Sulla comunità ebraica soprattutto Esposito 1995a e 2011.
33. Confusione tra *disabitato* e Campagna: Esch 1996, in partic. pp. 649-652.

Fig. 61. Questa veduta non mostra un acquedotto nel paesaggio vuoto della Campagna romana, come si è ritenuto erroneamente per questa e altre vedute, ma il "disabitato", la campagna cittadina romana all'interno delle mura, dove le arcate della parte interna con i cammini di ronda sono state spesso scambiate per acquedotti. Carl Johann Bähr (1801-69), veduta da Villa Mattei/Celimontana verso Porta Appia. Dresda, Gemäldegalerie, Neue Meister.

sempre, potrebbe denominare sostruzioni romane, in questo caso fondazioni delle terme di Traiano, quindi forse la *Domus Aurea*, che presto sarà esplorata da pittori come Ghirlandaio e Pinturicchio: proprio le *gripte*, le "grotte", della *Domus Aurea* poco più tardi daranno il nome allo stile "a grottesche", perché i suoi elementi stilistici vegetali e animali mescolati in modo bizzarro furono osservati qui, per la prima volta, negli ambienti dipinti finiti sotto terra – e in seguito furono rielaborati da Raffaello e dalla sua bottega. Vigne all'interno e vigne all'esterno, per esempio lungo la via Appia *in loco qui dicitur "Domine quo vadis"*. O colonie di api, date in *soccida* (affitto) davanti al notaio, che raccoglievano il loro miele là fuori, in un punto particolarmente bello sulla via Appia vicino alla tomba di Cecilia Metella.[34]

34. Esposito D. 2004; Cortonesi 2020; sull'esempio di un notaio: Esch 2001b, pp. 205-207; topografia della *Domus Aurea*: *Lexicon topographicum*, vol. II, pp. 49-64.

14. Commissioni artistiche, mecenatismo, importazione d'arte

Il risveglio nel primo Rinascimento

Chi pensa alla trasformazione di Roma dal Medioevo al Rinascimento, ha di fronte agli occhi innanzitutto le nuove forme artistiche che nell'arco di pochi decenni hanno dato alla città un'impronta completamente nuova in architettura, pittura, scultura, progettazione urbanistica. Questo sviluppo vertiginoso qui non sarà presentato come un inventario dei singoli generi artistici (perché si ripeterebbero molte cose note, infatti l'arte della Roma del primo Rinascimento è stata studiata molto prima e più sistematicamente rispetto, per esempio, all'economia). Si partirà piuttosto – per restare più aderenti alla formulazione storica da integrare – dalle commissioni e dai committenti, si vedrà negli incarichi artistici oltre alla bella intenzione anche lo scopo concreto, la disponibilità di mezzi, l'idea della rivalità e l'autocelebrazione. In tal modo potrà guadagnare visibilità il contesto spirituale, politico, economico in cui il nuovo si va configurando.[1]

In questo risveglio dell'Italia nel primo Rinascimento è interessante, dal punto di vista storico, la distribuzione disuguale per quanto riguarda regioni, decenni, generi artistici. Si comincia a Firenze, dove le commissioni artistiche in un primo tempo coinvolgono più la scultura che la pittura su tavola; a breve distanza segue Roma, dove i singoli generi sono presi in considerazione diversamente a seconda dei singoli pontificati; e in Liguria,

1. Sulla base economica del mecenatismo, per es.: *Arte, committenza ed economia* 1995; *Aspetti economici del mecenatismo* 1985/2000; *Economia e arte* 2002. Per la trattazione della questione relativa al rapporto tra arte ed economia, artisti e committenti, talento e domanda, seguo le riflessioni esposte nella mia prolusione in *Economia e arte* 2001, e in *Arte, committenza ed economia*, Esch 1995b, pp. 3-49.

in questo XV secolo, quasi non se ne vede ancora traccia. Anche i talenti artistici, a quanto sembra, sono distribuiti in modo molto disomogeneo nello spazio e nel tempo. Inserire Roma in questo quadro complessivo e dare così un risalto più netto alla situazione romana, è un compito importante per lo storico dell'arte e per lo storico.

In questo contesto bisogna prestare attenzione al fatto che entrambi dovrebbero trovare una formulazione comune della domanda, senza però confondere le loro metodologie, perché sono a tal punto diverse che molti dubitano a priori che tra due poli così distanti come la storia economica e la storia dell'arte possa scoccare una scintilla che porti a una formulazione interdisciplinare. Se per giunta lo storico ha a che fare con *historical economists* (e non, secondo la pratica distinzione di David Landes, con *economic historians*), può trarre ben poco dalla purezza delle loro teorie e dei loro modelli. Infatti quel che lo storico ha da offrire in quest'ambito è contaminato a priori dalla storia stessa.

In primo luogo si prenderanno in considerazione le premesse economiche. È opinione diffusa che la fioritura del Rinascimento romano si spieghi con la ricchezza del papato rinascimentale, l'arte e l'economia che prosperano vanno di pari passo, condividono "congiunture" convergenti. Ma si tratta in senso letterale di un cortocircuito. Nemmeno lo storico che maneggia i dati economici e finanziari del tempo e, non avendo quindi timori di contatto con il marxismo, non ha intenzione a priori di smascherare nell'arte (presunti inconfessati) fondamenti economici, può confermare questa tesi per la Roma del primo Rinascimento. E non vale nemmeno l'inverso, come aveva proposto di spiegare lo storico dell'economia Roberto S. Lopez quando, negli anni Cinquanta del Novecento, si fece strada temporaneamente l'opinione che il Rinascimento non fosse stato un'epoca di fioritura bensì di depressione economica.[2]

Oggi la situazione economica non è vista più così cupa. L'Italia nel tardo Medioevo, infatti, ha raggiunto gradualmente i limiti della sua incredibile crescita economica, tuttavia mostra una notevole capacità di adattamento e di resistenza ed è in grado di compensare in altro modo le perdite in singoli settori economici o regioni. Secondo Lopez il mercante avrebbe investito, naturalmente nella sua attività imprenditoriale, finché l'economia prosperava e avrebbe messo da parte il denaro per l'arte solo

2. Lopez 1953. Sull'effetto stimolante della tesi (presto smentita) della depressione per es. Ferguson 1960. Distribuzione difforme: Burke 1972, pp. 34-36.

in caso di recessione, se non avesse più avuto un'alternativa economica. In conclusione, l'arte ha per così dire una "domanda elastica" (bisogna avere le materie prime, non bisogna avere un Donatello). Come ogni tipo di "ribaltamento" questa tesi molto discussa di Lopez ha avuto un effetto stimolante, ma non per questo è calzante. Si dimostrerà che in gran parte delle commissioni artistiche la parola *er-übrigen*, "spendere l'eccedenza", non è la definizione giusta e che tra arte ed economia uno spazio ampio dev'essere dato alla storia culturale e alla storia sociale. Qui procederemo solo su questo piano di concretezza: vedere una corrispondenza sotterranea tra l'invenzione della prospettiva in pittura e l'invenzione della partita doppia in economia, è un tipo di *macro-approach* che qui non sarà tentato a priori.

È corretto nella tesi di Lopez sostenere che ogni investimento nell'arte è innanzitutto qualcosa di improduttivo in senso economico, una distruzione intenzionale di capitale, mentre invece è produttivo il reinvestimento dei guadagni nell'attività imprenditoriale. Il mercante questo lo sa, infatti conosce le alternative. Invece di costruirsi un palazzo di rappresentanza, con lo stesso denaro potrebbe anche far costruire due o tre navi commerciali, comprare una o due vaste tenute o gestire alcune manifatture per la produzione della seta. L'investimento nell'arte ha molte alternative per il mercante, perciò si tratta di una decisione, di un'opzione – tranne quando nelle famiglie mercantili, anche allora, come nel caso dei Buddenbrook, già alla terza generazione la mentalità imprenditoriale si era persa e quindi avrebbero speso il capitale, che non avevano creato in prima persona, investendo nell'arte e in analoghe anticaglie, belle ma improduttive, improduttive ma belle. E il mercante sa anche come si realizza il denaro. Papa e cardinali questo non devono saperlo e gli umanisti, che forniscono loro la teoria del mecenatismo, non lo sapevano nemmeno, infatti non erano esposti alla cruda necessità di tenere i conti. Quando si parla del "mecenatismo rinascimentale", si devono considerare in primo luogo queste differenze, prima di trovare il denominatore comune.

Anche il mercante che calcolava in modo razionale, quindi, sapeva evidentemente quel che faceva se spendeva così il suo denaro e si aspettava una "redditività" di altro tipo, non economico: sotto forma di prestigio e di immortalità. In effetti: che ne sapremmo noi di Mecenate o dei Medici se avessero speso i loro soldi sempre e solo in un'ottica economica? Data la grande mobilità sociale che ancora si può osservare nel XV secolo sia a Firenze che a Roma (nel XVI secolo è già molto diminuita, e poi si aggiunge il caratteristico spostamento delle famiglie ormai affermate dal commercio alla proprietà terriera e ai diritti di sovranità), saranno proprio le famiglie in ascesa a sentire l'esigenza di investire nel prestigio. Questo determina l'ampiezza della dimensione della domanda, necessaria per mettere in moto uno sviluppo nuovo; infatti nel Rinascimento non è solo questione di grandi prestazioni dei singoli ma del risveglio di molti. Quindi lo storico dell'arte partirà più dall'offerta (gli artisti disponibili e i loro lavori), lo storico più dalla domanda: il bisogno di sempre più oggetti artistici, sempre più generi artistici, sempre più raffinati arredi di residenze.[3]

Osservando le date di nascita dei grandi artisti del primo Rinascimento attivi a Firenze, si comprende facilmente che la domanda è un fattore importante di incentivo e la storia dell'arte non è una semplice successione di geni che compaiono inaspettatamente. Il modo in cui si distribuiscono queste date di nascita salta all'occhio. Nel decennio 1375-85 sono nati i grandi scultori, da Nanni di Banco a Ghiberti, a Donatello: solo scultori e nessun pittore. Due decenni dopo (all'incirca 1395-1405) emergono i grandi pittori, da Paolo Uccello a Masaccio, a Filippo Lippi: tutti pittori e nessuno scultore. Questa strana concentrazione dei diversi generi artistici – prima scultura, poi pittura – è impossibile da spiegare sulla base di un'infornata biologica di talenti. Lo storico dirà piuttosto: non si tratta del fatto che questi artisti sono nati in un unico decennio, quindi non è la loro data di nascita a creare questo gruppo di scultori o pittori, ma quel che importa è che ricevono *incarichi* in un decennio successivo – o detto ancora più rudemente: sono le commissioni del 1410 che li hanno fatti nascere nel 1380!

Quel che si delinea così è il *trend* dalle commissioni pubbliche, collettive, di istituzioni come corporazioni o comuni, alle commissioni private, individuali, di singole persone o famiglie. In altre parole: sono le commissioni di statue da parte di arti e comuni che a Firenze, intorno al 1400, fanno entrare in azione gli scultori e indirizzano la scultura su percorsi nuovi; e, una generazione dopo, dal 1425-30, sono le commissioni di quadri da parte di singoli personaggi e famiglie a lanciare una sfida ai talenti pittorici, infatti alla sfera personale e alle esigenze private del

3. Sul dibattito tra storici dell'arte e storici dell'economia Esch 2002a. L'aspetto della domanda è stato messo giustamente in risalto soprattutto da Goldthwaite 1993. Equivalenze (costi palazzo/ navi e altro) sull'esempio genovese: Doria 1986. Date di nascita cfr. Gilbert 1959, pp. 85 s.

committente individuale corrispondeva la pittura (su tavola) più che l'arte di grande formato.

In questo *trend* dalle commissioni pubbliche a quelle private, ora, si riflette per lo storico la strada percorsa all'epoca da Firenze nella società e nella forma di governo: la strada che porta dallo Stato corporativo all'oligarchia.[4] Il governo corporativo fu gradualmente minato e sostituito dal regime oligarchico, prima degli Albizzi e poi dei Medici. L'allentamento della struttura corporativa ora lasciava uno spazio maggiore alla committenza di singoli personaggi dominanti, di singole famiglie dominanti, che rivaleggiando fra loro commissionavano opere d'arte anche a proprio nome e per la propria gloria.[5] Qui emerge nel modo più lineare la sfida che la situazione può lanciare al talento – nella misura in cui il talento c'è e si riconosce l'interazione: cioè che il talento, da parte sua, dà impulso e determina lo sviluppo, ma senza commissioni le cose non funzionano. Altrimenti, invece di diventare il pittore Giotto, si può anche restare pecoraio sulle colline di Colle di Vespignano, o essere notaio di campagna a Caprese invece che Michelangelo a Roma.

Il terreno fiorentino ha prodotto una tale quantità di talenti che, come osserva Vasari (ed è interessante vedere come questo primo storico dell'arte abbia considerato le implicazioni economiche più della maggior parte dei suoi colleghi successivi), non poteva più nutrirli tutti, e a causa dell'incredibile pressione della concorrenza li spingeva a prestazioni sempre maggiori, finché gli artisti alla fine dovettero cercarsi commissioni all'esterno. Queste commissioni provenivano soprattutto da corti principesche, anche e proprio da Roma. Già allora ci si chiedeva cosa fosse più vantaggioso per lo sviluppo e la promozione dell'arte e dell'artista: la società cittadina o la corte, la repubblica o il principato? Un interrogativo importante, che ci riporta a Roma. Forse si può dire a questo proposito che per la formazione del talento è meglio l'ampia e dura competizione di artigiani altamente qualificati nella società cittadina, invece per la promozione costante dell'artista già preparato la corte.[6]

4. Dallo Stato corporativo all'oligarchia: Brucker 1977; Fubini 1994, pp. 41-62. La visione consentita dal catasto del 1427: Herlihy, Klapisch-Zuber 1978. Sulle presunte relazioni, testimonianze nei contributi citati alla nota 1.

5. Commissioni dei primi Medici: Gombrich 1960; e di altre famiglie: Goldthwaite 1990; *Patronage, art, and society* 1987; Marchand, Wright 1998; *Art, memory, and family* 2000.

6. Vasari: Chastel 1973; repubblica o principato: Burke 1972 pp. 229-232; Warnke 1985, parte I.

La corte concentra in misura crescente sui prìncipi le forze del territorio. La corte succhia mezzi e beni, li usa per esercitare il dominio e per la rappresentazione di sé e li ridistribuisce secondo i propri scopi. L'élite sociale fa riferimento sempre di più alla persona del principe. Con la corte il principe può controllare l'esercizio della sovranità, vincolare a sé famiglie nobili e ricompensarle in modo esclusivo, monopolizzare le opportunità di carriera, dare visibilità alla distanza di rispetto. Ora anche signori meno importanti, rivaleggiando tra loro, si sentono in dovere di creare una corte, di costruirsi una residenza e dare prova di mecenatismo.

È evidente che proprio nel caso dei signori di una città e dei prìncipi l'attenzione per l'arte poteva anche avere una motivazione politica, e già per questo giustificava l'impiego di ingenti mezzi finanziari. I programmi edilizi procurano un prestigio visibile e quindi favoriscono l'accettazione, aspetto importante per una giovane signoria che ancora non ha la legittimazione di un antico principato; i programmi edilizi creano lavoro e contrastano l'effetto già allora destabilizzante in senso politico della disoccupazione. Ma soprattutto, attraverso un uso ponderato di strumenti artistici, il principe esprime in maniera "moderna" la sua concezione della sovranità, può mettere in scena una rappresentazione di sé, come ci si aspetta da lui. E quando a un principe mancava il denaro (o la pazienza, o entrambi) per realizzare grandi progetti edilizi, poteva almeno farsi *dipingere* le piazze e le facciate dei suoi sogni.

Dove procurarsi i mezzi per finanziare simili progetti edilizi e coinvolgere artisti rinomati, era questo l'interrogativo che tutti loro dovevano porsi. Nel complesso si potrà dire che non solo un aumento generale della ricchezza ma anche la concentrazione crescente della ricchezza nelle mani di pochi era favorevole alle commissioni. Cosimo de' Medici, che solo gli studi più recenti hanno liberato dall'ombra di suo nipote Lorenzo il Magnifico, ricavava i guadagni della sua ditta soprattutto dalla filiale Medici alla curia di Roma, ed è stato possibile calcolare che talvolta solo le sue spese destinate all'edilizia in un anno superavano in media di un terzo gli introiti al netto, quindi le commissioni artistiche intaccavano le sostanze della ditta![7]

Da tutt'altra fonte provenivano i mezzi finanziari a Urbino. Federico da Montefeltro, naturalmente, non ha ricavato dal suo piccolo territorio le enormi somme per il suo imponente palazzo (*città in forma di palazzo*

7. Cosimo: De Roover 1965; Gombrich 1960; Kent 2000.

dirà Baldassarre Castiglione, non restava spazio per testimonianze edilizie dell'autonomia comunale), ma dal soldo che le grandi potenze – anche il papa – gli pagavano, essendo il condottiero più ricercato del suo tempo, per fare la guerra e addirittura per non fare la guerra e restare inattivo.[8] Il duca di Milano disponeva di un'amministrazione delle finanze ben ordinata, già in grado perfino di stanziare un budget. Per promuovere l'arte ovviamente bisogna anche *volerlo* (delle condizioni e delle forze trainanti non-economiche si parlerà sull'esempio di Roma). Il duca riuscì a costruire l'Ospedale Maggiore con le finanze comunali, eppure ne fu considerato il committente.

Considerando queste corti principesche, bisogna sempre chiedersi se questo tipo di cultura di corte si irradiava anche sulla città, sul territorio che la circondava. E in due sensi: in primo luogo, vengono scovati anche talenti artistici *locali* dopo che all'inizio venivano chiamati artisti *da fuori*? E, in secondo luogo, anche la società cittadina *al di fuori* della corte viene sollecitata a promuovere l'arte? Federico da Montefeltro si rivolse ad artisti di fuori – ma poi ne nasceranno anche lì: Raffaello, Bramante.

E ora veniamo a Roma. Se qui questa città è stata considerata in un primo tempo nella cornice più ampia dello sviluppo generale e con particolare riferimento alla situazione fiorentina è per dare maggior risalto alle condizioni specificamente romane. E perché sia i mercanti di corte e i banchieri papali fiorentini (ed erano uomini che – proprio in quanto fiorentini – sapevano trattare sia con il denaro che con gli artisti), sia poi gli artisti fiorentini saranno determinanti nella Roma del Rinascimento. Nella Roma del Rinascimento si arriva solo passando per Firenze.

Quindi ci si aspetta che nella Roma del Rinascimento le commissioni artistiche provengano da cerchie diverse: dal papa in prima persona; dal suo entourage più stretto, soprattutto i cardinali, ma anche da altri membri della curia; da inviati e altri personaggi di alto rango con obblighi di rappresentanza nella cerchia più estesa della corte, e – in una città che il papato riesce ad addomesticare solo in questo XV secolo – anche dal ceto dirigente comunale, che ora ricade in misura crescente nella sfera di influenza della corte.[9]

8. Urbino: Clough 1973; Tönnesmann 1995, p. 406; Roeck, Tönnesmann 2005, pp. 119-174.

9. Diversificare le cerchie (invece di parlare in generale di "commissioni artistiche romane") è assolutamente necessario. Qui seguo i miei contributi: Esch 1992, 1995b, 2002a, 2007a, 2011/2012.

Iniziamo dal papa. Dopo che nel secolo e mezzo precedente del tardo Medioevo non era successo quasi nulla, ora a Roma con Niccolò V – con ritardo, ma saltando semplicemente le fasi intermedie di sviluppo – cominciò tutto in una volta con un carattere di incredibile novità. Nuova è soprattutto la volontà di costruire, la coerenza: non si ripara qualcosa qui e là, non si fa un nuovo edificio qui e là, ma si ricostruisce tutto il Borgo, si vuole ricostruire tutta la basilica di S. Pietro. In questo cumulo di macerie che è Roma, ora si vuole evitare che la propria concezione edilizia sia condizionata da piste già battute, ma al contrario si vogliono osare le prime aperture di percorsi nuovi. Sisto IV costruisce una prima via Sistina, Alessandro VI una via Alessandrina, Giulio II la via Giulia.

Non è che tra Martino V e Niccolò V non fosse accaduto proprio niente: Martino, di famiglia romana, ha tentato con piena consapevolezza di dare avvio a un nuovo inizio e per questo ha ricevuto anche il riconoscimento che gli spettava dai suoi contemporanei, all'epoca, e dagli storici dell'arte, oggi. Allora a Roma per il papa ha lavorato Gentile da Fabriano, Masaccio e Masolino per il cardinale Branda da Castiglione. Ma non bisogna farsene un'idea esagerata: era poco più di un lavoro di riparazione, una città andata in rovina per lo scisma veniva resa di nuovo appena confortevole. Non veniva costruito il Rinascimento ma si rattoppava il Medioevo.

Lo scintillio esteriore del papato rinascimentale induce a credere che fossero a disposizione mezzi ingenti e inesauribili, ma è l'esatto contrario. Uno sguardo alle finanze papali rivela che Sisto IV intorno al 1475 non aveva più entrate di Gregorio XI intorno al 1375, cento anni prima, ma meno. Eppure Sisto ha costruito quanto nessuno dei suoi predecessori.[10]

All'interno di questo margine finanziario ridotto dobbiamo inserire anche cifre come le enormi spese edilizie di un Niccolò V, che intorno al 1450 impresse alla promozione delle arti una dinamica e una coerenza inedite – spese che fanno saltare gli schemi prestabiliti della gestione delle finanze papali e consentono di riconoscere criteri radicalmente nuovi. Queste somme non venivano investite in commissioni artistiche ed edilizie perché erano avanzate, ma dovevano semplicemente essere a disposizione perché il papa voleva usarle così e non altrimenti, senza alcun riguardo per altre necessità e per il budget della Chiesa.

10. Bauer C. 1927; Favier 1966 (p. 689 prospetto); Caravale 1994 pp. 94-106; Partner 2001.

Quindi per il papato atteniamoci a questo dato: non è stata la disponibilità di mezzi finanziari a sbloccare o anche solo a determinare le committenze dei papi del Rinascimento. No, il mecenatismo qui non era – come per lo più anche in altri casi – una questione di denaro in abbondanza, in eccesso, ma una decisione, il che ora significa: fissare nuove priorità.

Fissare priorità anche nell'ambito delle commissioni artistiche poteva essere qualcosa di molto individuale, molto personale, e di conseguenza risultare molto diversificato, come si può osservare nel caso di cinque papi che nel corso di un solo quarto di secolo, 1447-71, si sono susseguiti uno dietro l'altro: Niccolò V chiama pittori ma non scultori; Pio II (a Roma) quasi unicamente scultori e nessun pittore, Paolo II né pittori né scultori, ma orafi; Sisto IV solo per la decorazione della sua Cappella Sistina nell'ottobre 1481 chiamerà quattro pittori prestigiosi (Domenico Ghirlandaio, Sandro Botticelli, Pietro Perugino, Cosimo Roselli). Ma si poteva anche non far niente: sotto Callisto III i pittori non dipingevano le pareti delle chiese ma tutt'al più gli stendardi per la crociata. Quindi i mezzi finanziari a disposizione talvolta venivano dirottati unilateralmente su un solo settore. Il risultato fu che il papato del primo Rinascimento in questo modo, forse più di altre corti, promosse i singoli generi artistici – e con un avvicendamento abbastanza rapido, perché il tempo in cui restava in carica un papa (dato che spesso era eletto in età avanzata) era quasi sempre più breve di quello a disposizione di un giovane principe che succedeva al padre. Avvicendamento anche in senso regionale, infatti l'origine molto diversa dei papi (e dei cardinali) può mettere in gioco artisti molto diversi: un cardinale mantovano se possibile chiamerà artisti mantovani.[11]

In una dinastia ereditaria le cose vanno diversamente: un'unica famiglia, una generazione dopo l'altra, abbellisce con continuità una città con l'arte. Ma il papato non è una monarchia ereditaria, bensì una monarchia elettiva, e questo comporta delle conseguenze. Mentre Ferrara tra il 1393 e il 1505 è governata e abbellita da solo due generazioni di Este, nello stesso arco di tempo a Roma le commissioni sono frammentate sotto più di una dozzina di papi con una breve aspettativa di vita a causa dell'età e con inclinazioni estremamente diversificate (o inesistenti). I progetti imponenti

11. Sull'attività di committenza dei papi menzionati v. la letteratura citata per i pontificati; panoramica: Golzio, Zander 1968; *La committenza artistica dei papi* 2016, con il contributo di A. Cavallaro, *Il XV secolo* (pp. 361-380).

che un Niccolò V lasciò incompiuti (e che il suo secondo successore Pio II definiva proprio "rovine": *sicut ruinae murorum*) sono una testimonianza eloquente di quest'attività di committenza irregolare.

L'iniziativa – spesso davvero discontinua – della monarchia elettiva dei papi è stata comunque integrata e bilanciata da un'altra peculiarità della corte papale: la committenza dei cardinali.

Anche nel caso dei cardinali non si trattava semplicemente di quanto denaro avessero in esubero, ma di quanto denaro volessero spendere per questo tipo di commissioni. Innanzitutto bisogna avere ben chiaro che con una drastica crescita delle spese di rappresentanza sempre più cardinali dovevano spartirsi le entrate finanziarie della Chiesa, riequilibrando con inventiva l'accumulo di vescovati (ma spesso i prìncipi avevano da obiettare su queste assegnazioni) e di commende in mano ai singoli cardinali. È stato possibile in diversi casi calcolare le entrate nominali di alcuni cardinali (se corrispondano alle entrate reali è già dubbio a causa dell'affitto e delle commissioni a ditte fiorentine per i trasferimenti di valuta nel caso di benefici e uffici lontani).[12]

Naturalmente variavano notevolmente: dal cardinale che arrivava al limite dei 4.000 fiorini, e nel caso fosse inferiore il papa doveva intervenire con sovvenzioni, per garantire al poveretto con l'aiuto dei cosiddetti *piatti cardinalizi* un tenore di vita adeguato al suo stato (diciamo, un cardinale con una residenza che comprendeva 40 familiari, in un palazzo che non era una costruzione nuova, in poche parole quanto bastava per considerarlo ancora degno di un cardinale), fino al nipote del papa, Pietro Riario, con le sue feste favolose che procuravano il pane a tante persone: fornitori e cuochi, fabbricanti di tessuti e artigiani, attori e poeti, e anche artisti per le grandiose seppure effimere decorazioni. Negli unici due anni del suo cardinalato, 1472-73, Riario con i suoi presunti 60.000 fiorini (e non il minimo di 4.000) di entrate annuali e i suoi 500 (e non 40) familiari avrebbe sperperato 200.000 o addirittura 300.000 fiorini. Non si fatica a crederlo, se il suo necrologio dichiara che non voleva vedere nessun conto (*nulla computa exigere volebat*). È interessante non tanto che forse non l'abbia fatto realmente, ma soprattutto che in un necrologio si possa elogiare un comportamento simile! Spendere soldi senza curarsene era diventata una

12. Su entrate e patrimoni, per es.: *The Possessions of a cardinal* 2010. Numerosi studi su singoli cardinali, per es. Brosius 1974; sul cardinale Francesco Gonzaga, esemplare Chambers 1976a e 1992. Limite di 4.000 fiorini (dal 1458): Becker 2008.

virtù, l'investimento dissipato nella rappresentanza e nel mecenatismo è celebrato come *liberalitas* o *magnificentia*![13]

Il clima spirituale generale era cambiato. Cardinali e curia cadevano sempre più nel vortice delle aspettative che si diffondevano nella corte papale: l'aspettativa che in una simile posizione non solo si potesse ma si dovesse spendere per l'arte e la rappresentanza. L'elemento scatenante non è la pressione ad impiegare il capitale, ma sono appunto le aspettative della società. Se la situazione si spinge tanto in là che i cardinali non sanno più se vogliono o devono, allora questa dinamica genera per così dire la propria domanda. Molto viene messo in moto anche in senso economico, quindi ha inizio un grandioso drenaggio di denaro da tutta la cristianità, perché – sotto forma di entrate cardinalizie – sia impiegato per promuovere l'arte a Roma, tanto più che le entrate dei cardinali nel complesso raggiungevano il livello di quelle papali: un *recycling*, per così dire, degli introiti ecclesiastici per finalità artistiche. E per la scienza, l'umanesimo, la letteratura, oggetto anch'essi di una promozione mecenatistica; e per la creazione di patrimoni librari, che si volesse leggere o li si volesse semplicemente ostentare. Anche in questo modo il Rinascimento addensa la sua atmosfera, penetra nei capillari del tempo.

Questi cambiamenti climatici a corte sono le premesse degli eventi che sono stati descritti qui. Anche senza commissioni artistiche e mecenatismo: lo stile sempre più sontuoso della curia, che dopo i cupi esordi del secolo doveva saltare all'occhio con particolare forza, ora veniva giustificato con argomentazioni verbose e ricche di inventiva, poiché si avvertiva che il confine tra "lecito" e "inadeguato" ormai si era spostato in maniera duratura.

E i cardinali erano tanti. Bonifacio IX nel 1404 concluse il pontificato con 10 cardinali (che per metà erano imparentati con lui); Sisto IV cominciò nel 1471 con 25 cardinali che nel corso del pontificato, in otto infornate, aumentò di altri 34 (superò così di gran lunga il limite richiesto da Costanza e dalla capitolazione elettorale fissato a 24 cardinali), molti dei quali a Roma e con una grande *familia*, il seguito diretto dei cardinali. Queste *familiae* potevano essere molto ampie, di solito più ampie rispetto al limite di 40-60 persone previsto nelle proposte di riforma, e questo naturalmente dipendeva dall'apparato e dalla volontà di rappresentanza dei singoli cardinali: nel 1472 Rodrigo Borgia, vice-cancelliere, arrivò a 142

13. Necrologio di Pietro Riario: Pastor II, p. 493. *Magnificentia*: Fraser Jenkins 1970; Howard 2008. Giustificazione: v. i contributi in *Pompa Sacra* 2010.

(!) familiari, d'Estouteville a 91, Marco Barbo a 88, Bessarione a 83, Latino Orsini a 54 – e questi erano solo i familiari religiosi senza contare quelli laici e i *protégés*, per i quali all'inizio del pontificato di Sisto IV i cardinali (e solo per questo motivo conosciamo le cifre) richiesero le candidature ai benefici.[14]

Per quanto riguarda le commissioni artistiche, con una simile quantità di cardinali si pensi solo agli incarichi per i monumenti funerari, che ora, dopo quelli tradizionali ancora all'inizio del secolo, mostrano una nuova impostazione, grandiosa nella struttura e nella figura giacente, ed erano affidati agli artisti più importanti: Mino da Fiesole, Giovanni Dalmata, Andrea Bregno (talvolta in collaborazione), monumenti funerari per cardinali e papi (di regola su incarico dei nipoti), iniziando con la lastra tombale in bronzo di Donatello per Martino V (fig. 12, p. 88), la nuova tipologia di tomba per Eugenio IV, e così via.[15] E i banchieri di corte, se non si facevano seppellire a casa loro, a Firenze o a Genova, non volevano ovviamente essere secondi a nessuno (fig. 62).

Ma l'autorappresentazione dei cardinali si esprime soprattutto nella loro attività edilizia. A cominciare da Palazzo Venezia intorno al 1455, i palazzi cardinalizi d'ora in poi spianano interi quartieri cittadini medievali e creano intorno a sé, a spese degli altri e senza alcuno scrupolo, quella tangibile distanza sociale che Palazzo Capranica nel 1450 non aveva ancora rivendicato. Già richiamava l'attenzione il luogo in cui il veneziano Pietro Barbo, da cardinale, aveva costruito il suo palazzo accanto alla chiesa titolare di S. Marco, portato a termine da papa ed eletto a residenza pontificia: lontano dal Palazzo Vaticano *in centro Urbis* (come diceva l'iscrizione), questa centralità era data in pratica dalla vicinanza di via Flaminia e della via Papalis; si intendeva però il centro dell'*antica* Roma con il Campidoglio e il Foro.

In Palazzo Venezia incontriamo tanti aspetti del Rinascimento incipiente come in nessun'altro edificio di questi decenni: bisogno di prestigio e di comodità personale ma anche aspirazione alla rappresentazione principesca, all'esibizione di grandezza e potere; cerimoniale papale e tradizione papale ma anche il legame molto personale con s. Marco; il rinnovamento

14. Numero dei familiari: Schwarz U. 1993.

15. Sui monumenti funerari in dettaglio la banca dati *'Requiem'. Die römischen Papst- und Kardinalsgrabmäler der frühen Neuzeit*; Garms et al. 1981-94; per il periodo precedente Borgolte 1989; Gardner 1992; Crescentini 2000; *Andrea Bregno* 2008. Sulla scultura del Quattrocento a Roma i recenti contributi in *La forma del Rinascimento* 2010.

di un quartiere cittadino scialbo ma anche l'esproprio spregiudicato ai danni dei suoi abitanti; la vicinanza all'antico sia topografica che formale (Frommel 2006).

Paolo II progettò addirittura di ornare la piazza di fronte al suo palazzo con statue antiche.[16]

Fig. 62. Monumento funerario del banchiere di corte genovese Meliaduce Cicala in S. Giovanni dei Genovesi. Bottega di Andrea Bregno (foto: Tobias Daniels).

Oppure, a mezza strada fra il Campidoglio e il Vaticano, il possente palazzo che il cardinale Raffaele Riario, nipote di Sisto IV, si fece costruire vicino Campo de' Fiori (che in seguito, sottratto al cardinale caduto in disgrazia con Leone X, fu sede della Cancelleria papale). Il precedente palazzo cardinalizio in cui ancora aveva investito Francesco Gonzaga, era situato poco più a nord verso via dei Leutari (non ancora divisa da corso Vittorio), poi però si sviluppò nella zona odierna, da cui i cardinali titolari scalzarono sempre più i canonici. Nel 1489 il giovane Riario concepì il progetto di un edificio completamente nuovo eliminando perfino l'antica basilica. Nell'arco di sei anni venne ultimata la possente facciata del nuovo palazzo (fig. 63). Il grandioso cortile interno con le sue gallerie probabilmente era destinato anche a rappresentazioni teatrali, che allora erano diventate di moda. La contabilità relativa al cantiere si è conservata negli atti di una banca fiorentina, gli scavi hanno riportato alla luce la basilica paleocristiana che la costruzione del palazzo aveva fatto completamente sparire. Indagini sulla disposizione degli spazi in questo palazzo (per dimensioni e forse anche nelle intenzioni) dichiaratamente papale hanno reso visibili i percorsi del cerimoniale, gli inventari hanno

16. Frommel 1982, p. 29. Sui palazzi cardinalizi v. anche Aurigemma 2004, Schelbert 2007. Il progetto di ornare con statue la piazza di fronte a Palazzo Venezia: v. sopra, p. 305.

Fig. 63. Il palazzo del cardinale Raffaello Riario costruito a partire dal 1489. Dopo il 1517 Palazzo della Cancelleria, sede della Cancelleria papale.

aggiunto l'allestimento interno. E il trattato di Paolo Cortesi *De cardinalatu* dà a tutto questo la cornice teorica: in che modo un cardinale doveva rappresentare se stesso, abitare, comportarsi.[17]

Lungo lo stesso tratto di strada via del Pellegrino/via dei Banchi Vecchi, un po' più vicino a ponte S. Angelo, aveva già costruito Rodrigo Borgia (fig. 64). I 41 alberelli di arance che si fece portare da una nave del sud, erano destinati però al giardino del suo palazzo in Campo Marzio. Gli Orsini costruirono su Monte Giordano a ponte S. Angelo e presto fecero dipingere il palazzo.[18]

Qualunque fosse la rappresentazione, questi palazzi cardinalizi erano al tempo stesso castelli di città, ben fortificati e pieni di armi. «Tutti i cardinali tenevano armi ed erano ben equipaggiati nei loro palazzi, come fossero delle fortezze», osserva il cronista romano Stefano Infessura nella situazione tesa che si era creata alla morte di Sisto IV, «il cardinale Marco Barbo affermava addirittura che il suo palazzo fosse più robusto di Castel S. Angelo» – e gli si può credere vedendo i cardinali Colonna, Orsini, d'Estouteville importare armi.[19] Naturalmente armi non destinate alla difesa di Roma verso l'esterno ma per le lotte interne alla città. La magnifica facciata della Cancelleria ha ancora al suo interno, nell'angolo meridiona-

17. *L'antica basilica di San Lorenzo in Damaso* 2009; sull'area fra antichità e Medioevo *ibid.* Pentiricci I, pp. 199-232, sul precedente palazzo cardinalizio Frommel I, pp. 420 s.; Cortesi: Weil-Garris, D'Amico 1980. Cantiere: Valtieri 1982; Bentivoglio 1982.

18. Palazzo Borgia (Cancelleria Vecchia): oggi Palazzo Sforza Cesarini, con ingresso all'epoca da questo tratto di strada (Corso Vittorio Emanuele confonde anche qui la situazione originaria; via del Pellegrino già allora chiamata così: Esch 2014, p. 256); alberelli d'arance: Esch 2007a, p. 236; palazzo con giardino v. sopra, p. 305; pitture a Monte Giordano (1432): Amberger 2003.

19. Palazzi fortificati, armi: Esch 2007a p. 174; supplica alla Penitenzieria: Esch 2014 pp. 256 s.

Fig. 64. Il palazzo del cardinale Rodrigo Borgia costruito a partire dal 1458 su via del Pellegrino / Banchi Vecchi (poi palazzo Sforza Cesarini), arcate del cortile interno.

le, appena riconoscibile, una torre. In una supplica alla Penitenzieria degli stessi anni un chierico irlandese descrive come, venendo dall'università per la *via recta* (l'odierna via dei Coronari), è finito in mezzo a una battaglia di strada, nella quale una fazione entra in azione al grido «Borja!», e lui, fra morti e feriti, con i suoi libri e lanciando pietre intorno a sé, si apre un varco verso il palazzo del cardinale Borgia.

I materiali che i cardinali importavano per i loro imponenti progetti edilizi si possono ricavare ancora una volta dai registri doganali. Da una nave da carico proveniente da Piombino il cardinale Rodrigo Borgia, nel 1462, ritira 86 piccole travi, il cardinale Bessarione tutto il resto, il primo forse per il suo nuovo palazzo in via dei Banchi Vecchi, l'altro per quello vicino ai SS. Apostoli (lo storico fornisce le travi a partire dalle sue fonti, lo storico dell'arte deve trovare il cantiere in cui collocarle); il cardinale Latino Orsini nel 1475, per S. Salvatore in Lauro, prende in tre consegne 75 travi di abete, 2011 assi di abete, 8 ceste di guarnizioni di metallo. E ancora enormi carichi di travi, assi, ganci di ferro, destinati a cardinali smaniosi di costruire come Carafa, Nardini, d'Estouteville, della Rovere. Intere flottiglie con blocchi di marmo per i progetti edilizi papali approdano nel 1463 e 1471 nel porto romano sul Tevere.[20]

20. Materiali edili per i cardinali: Esch 2007a, cap. VIII.

I palazzi edificati, però, dovevano anche essere arredati, richiedevano mobilio raffinato, arazzi spettacolari, cornici delle porte intagliate, vasellame pregiato, in poche parole: un simile boom edilizio produce commissioni corrispondenti, mette in gioco sempre più arti e artigiani.[21] E non sono solo cardinali e curiali a costruire e arredare: sono anche famiglie romane del ceto dirigente o di ascesa recente, che privi di alternative dopo la disgregazione del comune, ora devono farsi strada nella società di corte e stare in qualche modo al passo, come abbiamo già visto in precedenza. Il *bourgeois gentilhomme* avverte un'esigenza particolarmente forte di recuperare la rappresentazione di sé. Così questi sviluppi conoscono un'espansione che, nella rivalità di artisti e committenti, di *molti* artisti e *molti* committenti, può anche convertire la quantità in qualità.

Diventa difficile per i curiali, più poveri, stare al passo con queste nuove aspettative, perciò il vero gioco di prestigio diventa questo: come si poteva essere mecenate (o meglio: essere considerato un mecenate), se in realtà non si disponeva di denaro a questo scopo? Che si fosse consapevoli di questo problema e si riflettesse sui margini di possibilità, lo dimostrano alcuni trattati di architettura che richiamano espressamente l'attenzione di potenziali committenti sul fatto che un determinato stile in rapporto ai soldi spesi fa una gran bella figura, che l'artista quindi è in grado di suscitare grande impressione con poco denaro.[22] E in effetti alcuni cardinali riescono ad essere considerati mecenati più che esserlo realmente. E dato che avevano ben chiaro che il loro patrimonio dopo la morte di regola sarebbe finito alla Santa Sede, diversi cardinali forse preferivano, a maggior ragione, spendere il loro denaro a proprio nome, ossia per la gloria postuma.

E anche il concetto di mecenatismo allora viene già impiegato in questo contesto: *alter nostri saeculi Maecenas* («nuovo Mecenate del nostro tempo»), Flavio Biondo definisce così intorno al 1455 il cardinale Prospero Colonna, che in effetti si dedicava con passione alla scienza e all'arte, mise insieme precocemente una raccolta di antichità e a Firenze, con i propri mezzi, che lì erano disponibili in abbondanza, diede incarico di eseguire la lapide bronzea del papa Colonna Martino V (fig. 11, p. 69). Infatti, non a Roma, poco dopo la morte del papa, nel 1431, venne fuso lo splendido pezzo, come supponevano gli storici dell'arte sulla scia di Vasari, ma un

21. Arredo dei palazzi, il succedersi delle commissioni Goldthwaite 1993, pp. 224-242.
22. Aspetti economici nei trattati di architettura: Thoenes 1995, p. 61.

decennio più tardi a Firenze, come è risultato dall'annotazione dell'importazione per nave nei registri doganali romani del 1445 (quindi nello stesso anno in cui furono incardinate a S. Pietro le porte di bronzo di Filarete) – e un decennio è un periodo lungo nel Quattrocento. Prospero si rivolse a Cosimo de' Medici, quello stesso Medici che aveva già commissionato a Donatello e Michelozzo il monumento funebre di Giovanni XXIII, il predecessore di Martino V – e Donatello è anche l'artista al quale gli storici dell'arte, partendo da questa nuova notizia, ora attribuiscono la figura giacente della lapide.[23] Inclinazione personale, disponibilità di mezzi nel posto giusto, accordo con personalità di spicco: è così che ora si realizzano le commissioni di rango. Ma la figura di Prospero Colonna si precisa ulteriormente quando negli stessi registri doganali vediamo questo cardinale amante dell'arte equipaggiarsi di armi, come patrono della sua potente famiglia con la sua grande clientela: 36 corazze, 80 elmi, 8 cannoni, 4 ceste di dardi, 4.000 punte di freccia, 150 punte di lancia, 25 moschetti nell'aprile 1461, in un'unica fornitura!

La rappresentazione grandiosa, dimostrativa, diventa quindi qualcosa di consentito, addirittura di obbligato – non un semplice dispendio di denaro ma commissioni artistiche mirate, in competizione reciproca, sotto lo sguardo dal gusto sicuro di un papa colto e di un pubblico sempre più competente. Appendere solo alla finestra un tappeto più costoso di quello di un altro cardinale non bastava più: dalla descrizione di Pio II della processione del Corpus Domini a Viterbo, illustrata in modo così diverso rispetto alle processioni nei libri cerimoniali pontifici, si intuisce che seppe educare al primo Rinascimento le persone di cui si circondava.

Quindi ormai bisognava farsi venire in mente qualcosa di più. Il semplice dispendio di denaro non aveva ancora reso nessuno un mecenate, committenti mediocri troveranno nel lungo termine solo talenti mediocri. Invece c'erano alcuni personaggi talmente in sintonia con gli artisti da trasformarla in un'influenza reciproca, un dare e avere vicendevole concordato di volta in volta. Inoltre, è giusto che ci si chieda in misura crescente quanto fosse coinvolto il committente nella creazione artistica, invece che attribuire al committente semplicemente "il fornire denaro" e unicamente all'artista "l'avere delle idee". Se Filarete dice che

23. Lapide di Martino V: Esch 1992; Prospero Colonna: i suoi mezzi finanziari a Firenze, v. sopra, p. 87; attribuzione a Donatello: Poeschke 1990, pp. 109 s.; Rosenauer 1993 pp. 316 s.; acquisti di armi di Prospero: Esch 2007a, p. 52.

il committente è il padre e l'architetto la madre dell'edificio, vuol dire che ha assegnato al committente (questo forse oggi bisogna aggiungerlo esplicitamente) un ruolo non modesto.[24] Anche il committente, e non solo l'artista, diventa sempre più consapevole del proprio ruolo. Come gli artisti con la loro crescente professionalità entrano in competizione tra loro, così anche i committenti con la loro crescente competenza estetica entrano in competizione tra loro. L'autentica competenza era diffusa. Bisogna dirlo esplicitamente, perché oggi si esagera un po' insinuando che queste commissioni artistiche siano state soprattutto strumentalizzate in senso politico, sociale o economico. Ma non dovremmo abbassare i grandi mecenati al nostro livello, dovremmo piuttosto rallegrarci della loro grandezza.

Il crescente apprezzamento nei confronti dell'artista, che ora è considerato più di un artigiano, non si esprime solo nella sintonia più forte tra committente e artista esecutore, ma anche nella definizione del prezzo. La quota dell'onorario vero e proprio rispetto al prezzo complessivo – il pagamento per l'ingegno dell'artista, «per il suo pennello» – cresce rispetto ai costi del materiale e della lavorazione pura e semplice.[25] Per i lavori di oreficeria per la fabbricazione della cosiddetta Rosa d'oro Eugenio IV, intorno al 1440, pagò agli artisti una percentuale dell'onorario compresa fra un settimo e un quinto. Questo ora cambierà, come dimostrano i contratti del Quattrocento, e cento anni più tardi, in casi eccezionali, come Federigo Melis ha calcolato per il *Perseo* di Cellini, ha potuto addirittura raggiungere il 70%!

Però, allora, il prestigio del committente poteva riflettersi sul prestigio dell'artista, facendo argomentare ai nipoti di Paolo III che Tiziano, per il privilegio di aver eseguito il ritratto di papa Farnese, non avrebbe dovuto aspettarsi alcun compenso. Un simile innalzamento del rango del lavoro artistico all'epoca non fu compreso da tutti. A proposito di alcuni mercenari svizzeri che nel primo Cinquecento combattevano in Lombardia e si erano imbattuti con stupore nei prodotti dell'industria milanese del lusso, si dice in una fonte coeva che si sarebbero meravigliati, chiedendosi come mai dei sandali alla moda costassero il doppio di un paio di solide scarpe, e come mai il lavoro fosse più caro del materiale. Non

24. Antonio Averlino 1972, p. 40; cfr. Thoenes 1995, p. 56.

25. Baxandall 1972, in partic. pp. 17-27; Melis 1972, pp. 57-60; Tiziano: Zapperi 1990, p. 35. Il giudizio dei mercenari svizzeri: Esch 2005b, p. 77.

riuscivano a capire la definizione del prezzo per gli articoli di lusso italiani. A Roma lo si capiva.

È certo che quest'attività di committenza e una simile sensibilità sarebbero state ancora impensabili a Roma all'inizio dello stesso XV secolo. Chi conosce un Bonifacio IX e i suoi cardinali sa che avrebbero speso il loro denaro in modo diverso! Se alla fine del secolo poteva venire in mente l'idea di indurre il papa a fare qualcosa mettendogli a disposizione un artista rinomato, cento anni prima un simile gesto, nei confronti di un Urbano VI o di un Bonifacio IX, sarebbe stato un pensiero assurdo, che nessuna delle parti avrebbe formulato.[26] Ma nel corso di quest'unico secolo, in quest'ambito, le mentalità sono completamente cambiate. Ora anche un cardinale modesto può, anche un cardinale povero deve, anche un cardinale ignorante vuole spendere soldi a questo scopo.

Per concludere, uno sguardo su Roma al di fuori della corte. Dalle famiglie dominanti romane non ci si aspetta quel che abbiamo visto realizzare dalle famiglie del ceto dirigente fiorentino. La Roma comunale non aveva l'indole giusta per mettere in moto uno sviluppo analogo. Certamente c'erano state committenze da parte di famiglie sia antiche che in ascesa, è quel che già dimostrano edifici come palazzo Santacroce o il palazzo che si fa costruire Lorenzo Manili, con la sua monumentale iscrizione del 1468, il cui linguaggio deliberatamente anticheggiante si rivolge in modo programmatico all'antica Roma repubblicana e non a quella papale. Ma quel che le fonti romane rivelano in merito alle commissioni artistiche non è affatto spettacolare. Se ne ricava piuttosto l'impressione che questo ceto dirigente romano, alla fine esautorato dal papato, sia finito nella scia della corte papale, delle sue opportunità di carriera, dei suoi dettami di gusto. Fino a che punto la corte papale ora sia diventata un modello anche in questioni di stile, lo si desume dai dettagli, come la richiesta esplicita da parte di committenti romani che il ballatoio nella loro casa avesse «l'aspetto di quello del palazzo del cardinale Colonna», oppure che i mattoni fossero «come quelli del vicario del papa».[27]

26. Sull'attività artistica alla corte di Bonifacio IX: *Il pontificale di Bonifacio IX* 2007. Mettere a disposizione un artista come Francesco II Gonzaga il pittore Andrea Mantegna a Innocenzo VIII.

27. Sul riferimento all'antico repubblicano, cittadino, a Roma Miglio 1984 e 2003; Casa dei Manili: Tucci 2001. – Commissioni: Miglio 1995b. Modelli (citazioni): Corbo 1990, pp. 50 s. (1447) e 55 (1452).

Senza dubbio dall'ambiente della società cittadina, al di fuori dell'influenza della corte, giunse l'importante committenza per il ciclo di affreschi a Tor de' Specchi (datato al 1468), che mostra i miracoli di santa Francesca Romana, da poco scomparsa, ai suoi concittadini. Dato che i risanati raffigurati sono in gran parte riconoscibili grazie alle iscrizioni in volgare e alle dichiarazioni relative al primo processo di canonizzazione, si possono identificare con una certa verosimiglianza anche le famiglie committenti, tra cui i *bovattieri*, così caratteristici della Roma tardo-medievale, i grandi allevatori di bestiame arrivati a una nuova ricchezza, con le loro esigenze da *parvenu*, con in testa il già menzionato Lellus Petrucii. Anche questo naturalmente contribuiva a promuovere l'arte. Ma non era di certo promozione artistica.

L'esecuzione di questo ciclo di affreschi unico nel suo genere è attribuita ad Antoniazzo Romano, il più importante pittore romano del primo Rinascimento, con la sua bottega. La sua ricca produzione, oltre agli affreschi anche numerose pale d'altare con Madonne (opere certe dal 1464), aveva un'ampia cerchia di committenti. La sua bottega ben avviata in via della Cerasa (oggi piazza Rondanini), nei pressi del Pantheon, lavorava per il Palazzo Apostolico, per alti prelati, famiglie nobili (i Caetani a Fondi, gli Orsini a Bracciano), chiese romane e confraternite, i cui libri delle spese talvolta (come nel caso del quadro di Antoniazzo per la cappella della confraternita della SS. Annunziata in S. Maria sopra Minerva) consentono di seguire tutte le fasi dell'incarico e dell'esecuzione.[28] Confraternite con commissioni e finanziamenti collettivi si trovano, com'è noto, anche altrove come committenti: modesti a Roma (*pengniere la figura di essa santa*, forse su stendardi processionali), importanti nelle Scuole Grandi a Venezia.

I registri doganali romani gettano una luce preziosa sulla domanda di oggetti artistici e le raffinate esigenze legate all'arredo. Infatti lo storico, essendo onnivoro, può fornire per questa tematica tipi di fonte con cui lo storico dell'arte non ha dimestichezza, perché per le sue formulazioni sono per lo più ininfluenti.[29] Dato che i registri doganali non annotavano le

28. Affreschi di Tor de' Specchi e identificazione delle persone v. sopra, pp. 107 s. Su Antoniazzo (e la pittura a Roma nel XV secolo) i contributi in *Antoniazzo Romano* 2013; confraternita della SS. Annunziata ivi, App. nr. 46-56; commissioni di altre confraternite Esposito 1995b, pp. 107-120.

29. Fonti storiche per questioni di storia dell'arte: Esch 2011-2012.

importazioni via terra in franchigia per la curia, se ne può dedurre che gli oggetti in arrivo fossero destinati soprattutto ad acquirenti romani o a stranieri benestanti (ma non esentati dalle tasse doganali) che soggiornavano a Roma. Di conseguenza, qui prendiamo visione dell'importazione d'arte *al di sotto* di una certa soglia, quindi arte che non aveva la possibilità di raggiungere una chiesa e in seguito il museo che la salva; arte ancora come *merce*, non ancora nobilitata. Casse di statuette di santi, fasci di quadri di Madonne, per esempio *VIII Cristi picolini de gesso*, 1453; *XXX taolelle de nostra donna pinte*, 1453; *XLI immagini de nostra donna*, 1456; *uno fardeletto de carte pente de nostra donna*, 1457 (per cui il doganiere incappa per due volte in un lapsus freudiano scrivendo *un imagine* non "di nostra donna" ma *di nostra dogana*).[30]

Tra gli oggetti, come si riconosce dalle tariffe doganali, ci sono molte cose a buon mercato, apparentemente anche molte xilografie tedesche, probabilmente merci di massa per i molti pellegrini romei che vivevano a nord delle Alpi, i quali poi probabilmente riportavano subito questi fogli di nuovo al di là delle Alpi. Inoltre, l'importazione di sculture: *1 cassa chon 15 peze de fegure, uno barile de ymagine de alabastro, 3 teste de marmo lavorato*, e così via (veniamo a sapere come il *Cristo* di Michelangelo giunse a Roma passando per la dogana da altre fonti, dal *Carteggio* e dai *Ricordi* dell'artista, con l'amara accusa *volevano che Christo pagasse ghabella a entrare a Roma*).

Accanto alle riproduzioni artistiche in serie, che allora si conquistano progressivamente uno spazio crescente, nei registri doganali compaiono anche singoli pezzi più pregiati e tassati (con quale criterio il funzionario della dogana, che verosimilmente di arte non se ne intendeva, tassasse questi oggetti, lo possiamo solo presumere: dimensioni, numero delle figure, uso del costoso blu nella veste della Madonna, questo tipo di fattori rientrava di certo nella definizione del prezzo). Nel 1475 entrano *magestate 2 pinte in tavola*, quindi «due Madonne in trono (maestà) dipinte su tavola», del valore stimato di 6,8 ducati ciascuna, oppure «tre immagini di Madonne», 5 ducati e ½ ciascuna, un valore piuttosto alto per questo genere di immagini che intorno al 1460 arrivano intorno ai 2-4 ducati (valore stimato dal doganiere, non necessariamente prezzo di mercato). Oppure le «due immagini de nostra donna dipinte», che nel

30. Importazione d'arte nei registri doganali romani: Esch 2007a cap. IV e V; il Cristo di Michelangelo: Wallace 1994, pp. 333 s.

1477 porta un *Lionardo dipintore de Firenze* (non è dato sapere se fosse il giovane Leonardo da Vinci, che comunque all'epoca dipinge le sue prime Madonne: Madonna Benois, Madonna del garofano).[31] È interessante che le immagini fossero fornite anche da mercanti fiamminghi, direttamente dalle Fiandre, in aggiunta al carico di prodotti tipicamente fiamminghi: nel 1478 un Jacobo Fiamengo sdogana *uno volume de imagine dipente in tela*, quindi un libro (o balle?) di immagini dipinte su tela (non su legno), nel 1480 un Pietro de Fiandra *100 carte pinte*. È noto l'alto apprezzamento per la pittura fiamminga, perfino nell'esigente Firenze del Quattrocento, evidentemente «le immagini fiamminghe» trovavano smercio anche a Roma.[32]

Ma sono soprattutto i mercanti fiorentini, alcuni dei veri e propri specialisti in questo ramo, a consegnare le pitture a Roma, soprattutto Madonne o semplici «immagini», oltre a cassapanche dipinte, begli altarini da viaggio, scacchiere, carte dei tarocchi dipinte (l'importazione romana di queste carte ha subito raddoppiato il volume complessivo dei *trionfi* finora conosciuti), tutto di produzione fiorentina. Nel diario di lavoro della bottega di Neri di Bicci vengono addirittura descritte Madonne che Andrea di Biagio *merchatante di Firenze e sta a Roma* (ben noto ai registri doganali per l'importazione d'arte) ha venduto in questa città![33] Dato che immagini, statuette, e così via, erano importate anche da rinomati mercanti romani come Massimo, Santacroce, Cesarini, si deve anche pensare ad acquirenti romani di un certo rango sociale.

«30 tavole con la Madonna», «41 immagini», e così via, queste quantità – immagini devozionali per la camera da letto – non erano di certo ordini individuali. Evidentemente, i mercanti fiorentini e fiamminghi contavano piuttosto sul fatto di poter smerciare simili quantità a Roma anche senza un'ordinazione, in poche parole: contavano su un *mercato*. È un elemento che va messo in risalto, dato che fra gli storici dell'arte talvolta si esprime l'opinione che di un "mercato dell'arte" si

31. Importazioni v. Esch 2007a (sotto le date); Lionardo ivi, p. 243. Produzione seriale già nel XV secolo: risultati degli studi v. Esch 2002a pp. 34-37. Sulla definizione del prezzo Kubersky-Piredda 2005.

32. Apprezzamento della pittura fiamminga: *Italienische Frührenaissance* 1993; Rohlmann 2003.

33. Neri di Bicci alla dogana: Esch 2007a pp. 238-240; carte da gioco Esch 2007a, pp. 50s; Esch, Esch 2015-16, pp. 152-155.

può parlare solo nel XVI secolo.[34] Ma la libera produzione per un *presunto* bisogno, non solo la produzione mirata a un *determinato* bisogno, c'era già nel Quattrocento. Naturalmente si dovrà differenziare più in dettaglio per generi, non è possibile generalizzare. *Imaginette* e *carte pente* saranno state in larga misura fogli poco costosi per il mercato. Ma in modo non diverso sarebbero state presumibilmente definite anche le xilografie e le incisioni su rame di Albrecht Dürer, che come ha detto lui stesso venivano smerciate fino a Roma. E un altro caso limite: se «50 pezzi di carta dipinta» che un tedesco fa arrivare da Norimberga nel 1462 si rivelano parte di «15 mappamondi» (*L peze de carte pente sono XV mappamondi*), corrispondevano a un'ordinazione, o agli albori dell'età delle scoperte si poteva addirittura speculare già su un grosso smercio di mappamondi a Roma? Bisogna essere altrettanto cauti con altri generi. La maiolica mauro-ispanica tanto ambita, che a Roma divenne di moda al più tardi con il pontificato di Callisto III e la cricca catalana Borgia, è presente in modo massiccio nei registri doganali romani (e nel frattempo veniva dissotterrata anche a Roma). Ma si poteva anche consegnare personalizzata, quindi su ordinazione e inviando a Valencia lo stemma di famiglia.[35]

E anche tutti gli altri oggetti artistici e bei soprammobili, come quelli che si vedono dipinti sullo scrittoio e gli scaffali di s. Girolamo o s. Agostino di Ghirlandaio, Carpaccio o Botticelli, si ritrovano nelle importazioni romane: calamai di avorio, cassette intarsiate, statuette, immagini, recipienti artistici, strumenti musicali, e così via. Una volta giunti nelle dimore romane, li si trova anche in altri generi di fonti, più private, cioè negli inventari delle eredità o nei testamenti, dai Sanguigni o dai Porcari o dai Caffari, una volta anche *una statua che pare fiorentina* – forse una terracotta invetriata della bottega dei della Robbia, oppure cosa potrebbe essere «sembrato fiorentino» a un romano in una statua nel 1473? Quindi le cose fiorentine non arrivano solo alla corte, ma nella città di Roma le immagini devozionali fiorentine arrivano nelle camere da letto dei *bovattieri* romani.

34. Sugli inizi di un mercato dell'arte per es. (oltre a numerosi altri atti di convegni): *Art markets in Europe* 1998; *Art market in Italy* 2003; Kubersky-Piredda 2005.

35. Mappamondo: Esch 2007a p. 82; maiolica: Spallanzanı 2006; Esch, Esch,2014. Oggetti d'arte negli inventari degli assi ereditari romani: Esch 2007a pp. 263-265 («pare fiorentina», pp. 237 s.).

Al boom edilizio di nuovi palazzi si accompagna una crescita dell'attività edilizia per la costruzione di abitazioni ordinarie. Che anche all'interno di queste abitazioni si delinei un cambiamento, è messo in luce dai Catasti del grande patrimonio immobiliare di importanti confraternite, soprattutto dove è possibile fare un confronto con la forma originaria (in prevalenza piante strette, allungate a nastro). L'abitazione comune del Rinascimento suddivide l'interno dello spazio racchiuso dai muri in modo diverso rispetto al Medioevo: crea l'accessibilità attraverso un corridoio al posto del passaggio da una stanza all'altra, dà alle scale interne più spazio e dignità, integra corti interne nell'abitazione (fig. 65).[36]

L'incremento dell'attività edilizia per la costruzione di abitazioni ordinarie è riconoscibile anche dagli atti notarili – e ora vediamo una Roma in cui fervono i cantieri. Questa Roma, *l'abitato*, che nel corso di cento anni è cresciuta almeno raddoppiando il numero degli abitanti, si espande e si infittisce a vista d'occhio. Ora nel quartiere Campitelli viene edificato un terreno fra due case, utilizzato fino a quel momento come giardino. Si costruisce più stretto, si costruisce più alto: su piazza Giudia il proprietario di una casa si fa garantire con un atto notarile che il dirimpettaio non costruisca più in alto delle sue finestre. Nella registrazione di un'eredità da dividere tra i figli viene descritta anche un'area edificabile e vengono inventariati pure i fabbricati che la circondano. Dovevano avere un aspetto meno spettacolare le quattordici *domunculae* che nell'autunno del 1475 vengono affittate vicino al Ponte rotto, di cui otto casette una attaccata all'altra sulla strada che da là portava verso il Circo Massimo: non era lontano dalla sponda del Tevere di Ripa Grande e perciò, forse, era oggetto di speculazioni. Indizio dell'attività edilizia sono anche due forniture di calce, ma soprattutto la comparsa molto frequente di *scarpellini* e *marmorarii*.[37]

E così, in questi scarni documenti notarili, si delinea involontariamente una volta di più quel che tipi di fonte più eloquenti come i resoconti degli inviati, i trattati umanistici e la storiografia papale proclamano intenzionalmente al mondo: dalla piccola, misera Roma del Medioevo finalmente cresce la Roma sfolgorante del Rinascimento.

36. Catasti: Portoghesi 1971 II, pp. 535-590; Broise, Maire Vigueur 1983, in partic. pp. 146 s. con figg. 140/141 (confraternita del SS. Salvatore).

37. Boom edilizio riconoscibile negli atti notarili: esempi in Esch 2001b pp. 207-209; Curcio 1986; Ait 1996b; Ait, Vaquero Piñeiro 2000.

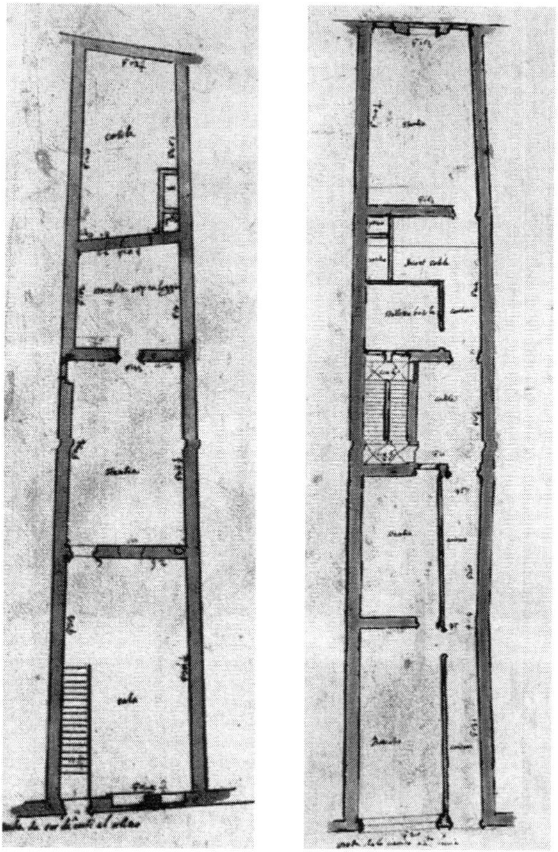

Fig. 65. Anche all'interno delle case d'abitazione comuni lo spazio viene articolato diversamente, come mostrano le piante catastali delle proprietà immobiliari: corridoi invece di stanze una dietro l'altra, creazione di scale interne. Confraternita del Salvatore.

Quindi, invece della consueta cesura cronologica del 1494 (discesa di re Carlo VIII dalla Francia in Italia), per Roma si potrebbe scegliere anche un'altra data come limite cronologico, il 1496: il giovane Michelangelo arriva a Roma[38] – alla sua morte Roma è diventata un'altra, anche per opera sua.

38. Le fonti sul giovane Michelangelo a Roma: *Michelangelo e Jacopo Galli* 2018.

Bibliografia

Abbreviazioni

ASI	Archivio Storico Italiano
ASR	Archivio della Società romana di storia patria
BiblDHI	Bibliothek des Deutschen Historischen Instituts in Rom
BISIME	Bullettino dell'Istituto storico italiano per il medioevo
CEFR	Collection de l'École française de Rome
DBI	Dizionario biografico degli Italiani
JWCI	Journal of the Warburg and Courtauld Institutes
Muratori	L.A. Muratori, *Rerum Italicarum Scriptores*. Nuova edizione
QFIAB	Quellen und Forschungen aus italienischen Archiven und Bibliotheken
RR	Roma nel Rinascimento

Ablasskampagnen 2017: *Ablasskampagnen des Spätmittelalters. Luthers Thesen von 1517 im Kontext*, a cura di A. Rehberg, Berlin-Boston 2017 (BiblDHI Rom, 132).
Accame 2008: M. Accame, *Pomponio Leto. Vita e insegnamento*, Tivoli 2008.
Adams 1985: N. Adams, *The acquisition of Pienza 1459-1464*, in «Journal of the Society of Architectural Historians», 44 (1985), pp. 99-110.
Adinolfi 1857-81: P. Adinolfi, *Roma nell'età di mezzo*, Roma 1857-1881 (rist. 1981 ss.).
Ait 1981: I. Ait, *La dogana di S. Eustachio nel XV secolo*, in *Aspetti della vita economica* 1981 [v.], pp. 81-147.
Ait 1988: I. Ait, *Un aspetto del salariato a Roma nel XV secolo: la "fabrica galearum" sulle rive del Tevere (1457-58),* in *Cultura e società nell'Italia medievale. Studi per P. Brezzi*, I, Roma 1988, pp. 7-25.
Ait, Esch 1993: I. Ait, A. Esch, *Aspettando l'Anno Santo. Fornitura di vino e gestione di taverne nella Roma del 1475*, in «QFIAB», 73 (1993), pp. 387-417.
Ait 1996a: I. Ait, *Tra scienza e mercato. Gli speziali a Roma nel tardo Medioevo*, Roma 1996.
Ait 1996b: I. Ait, *Salariato e gerarchie del lavoro nell'edilizia pubblica romana del XV secolo*, in «Rivista Storica del Lazio», 4/5 (1996), pp. 101-130.
Ait 2000: I. Ait, *Urbano VI*, in *Enciclopedia dei Papi II* 2000 [v.], pp. 561-569.

Ait, Vaquero Piñeiro 2000: I. Ait, M. Vaquero Piñeiro, *Dai casali alla fabbrica di San Pietro. I Leni. Uomini d'affari del Rinascimento*, Roma 2000.
Ait 2004a: I. Ait, *Roma fra il fiume e il mare: porti e navigazione nel basso medioevo*, in «ASR», 127 (2004), pp. 77-109.
Ait 2004b: I. Ait, *Elementi per la presenza della donna nel mercato del credito a Roma nel bassomedioevo*, in *Roma donne libri* 2004 [v.], pp. 119-139.
Ait 2005: I. Ait, *Aspetti della produzione dei panni a Roma nel basso medioevo*, in *Economia e società* 2005 [v.], pp. 33-59.
Ait 2008: I. Ait, *Il Tevere e le attività produttive a Roma nel basso Medioevo*, in *La città e il fiume*, a cura di C. Travaglini, Roma 2008 (CEFR, 394), pp. 81-94.
Ait 2010: I. Ait, *I Margani e le miniere d'allume di Tolfa*, in «ASI», 168 (2010), pp. 231-262.
Ait 2013: I. Ait, *Donne in affari: Il caso di Roma (sec. XIV-XV)*, in *Donne del Rinascimento* 2013 [v.], pp. 53-83.
Ait 2014: I. Ait, *"Negotia di cardinali". Giovanni de' Medici e la simulata compravendita di Palazzo Madama*, in «RR», 2014, pp. 299-314.
Alberti *De re aed.* 1966: L.B. Alberti, *De re aedificatoria*, a cura di G. Orlandi e P. Portoghesi, I-II, Milano 1966.
Alberti *Descriptio* 2000: L.B. Alberti, *Descriptio Urbis Romae*, a cura di M. Furno e M. Carpo, Genève 2000.
Alberti *Descriptio* 2005: L.B. Alberti, *Descriptio urbis Romae*, ed. J.-Y. Boriaud e F. Furlan, Firenze 2005.
Alberti. Architetture 2009: *Leon Battista Alberti. Architetture e committenti*, Atti dei Convegni internazionali del Comitato Nazionale VI Centenario della nascita di Leon Battista Alberti (Firenze, Rimini, Mantova, 12-16 ottobre 2004), a cura di A. Calzona, J. Connors, F. P. Fiore e C. Vasoli, Firenze 2009.
Alle origini 1992: *Alle origini della nuova Roma. Martino* V *(1417-1431)*, Atti del convegno (Roma, 2-5 marzo 1992), a cura di M. Chiabò, G. D'Alessandro, P. Piacentini e C. Ranieri, Roma 1992 (Nuovi Studi Storici, 20).
Allegrezza 1998: F. Allegrezza, *Organizzazione del potere e dinamiche familiari. Gli Orsini dal Duecento agli inizi del Quattrocento*, Roma 1998 (Nuovi Studi Storici, 44).
Amberger 2003: A. Amberger, *Giordano Orsinis Uomini Famosi in Rom*, München-Berlin 2003.
Andrea Bregno 2008: *Andrea Bregno. Il senso della forma nella cultura artistica del Rinascimento*, a cura di C. Crescentini e C. Strinati, Firenze 2008.
Anonimo Romano 1979: Anonimo Romano, *Cronica*, edizione critica a cura di G. Porta, Milano 1979.
Ansani 1994: M. Ansani, *"Curiales" lombardi nel secondo '400*, in *Roma capitale* 1994 [v.], pp. 415-472.
L'antica basilica di San Lorenzo in Damaso 2009: *L'antica basilica di San Lorenzo in Damaso. Indagini archeologiche nel Palazzo della Cancelleria (1988-1993)*, a cura di C. L. Frommel e M. Pentiricci, I e II, Roma 2009.
Antikenzeichnung 1989: *Antikenzeichnung und Antikenstudium in Renaissance und Frühbarock*, a cura di R. Harprath e H. Wrede, Mainz 1989.
Antiquaria a Roma 2003: *Antiquaria a Roma. Intorno a Pomponio Leto e Paolo II*, Roma 2003 (RR inedita, 31 saggi).

Antoniazzo Romano 2013: *Antoniazzo Romano Pictor Urbis (1435/40-1508)*, catalogo della Mostra (Roma, Palazzo Barberini, 31 ottobre 2013 - 2 febbraio 2014), a cura di A. Cavallaro e S. Petrocchi, Cinisello Balsamo 2013.

Art market in Italy 2003: *The art market in Italy, 15th-17th centuries*, a cura di M. Fantoni, C. Matthew e F. Matthews-Grieco, Modena 2003.

Antonio Averlino 1972: Antonio Averlino detto il Filarete, *Trattato di architettura*, a cura di A.M. Finoli e L. Grassi, I, Milano 1972.

Art markets in Europe 1998: *Art markets in Europe 1400-1800*, a cura di M. North e D. Ormrod, Farnham 1998.

Art, memory, and family 2000: *Art, memory, and family in Renaissance Florence*, a cura di G. Ciappelli e P. Lee Rubin, Cambridge 2000.

Arte, committenza ed economia 1995: *Arte, committenza ed economia a Roma e nelle corti del Rinascimento 1420-1530*, a cura di A. Esch e C.L. Frommel, Torino 1995 (Piccola biblioteca Einaudi, 630).

Aspetti della vita economica 1981: *Aspetti della vita economica e culturale a Roma nel Quattrocento*, scritti di A. Esch, I. Ait, G. Severino Polica, A. Esposito Aliano, A.M. Oliva, Roma 1981.

Aspetti economici del mecenatismo 1985/2000: *Gli aspetti economici del mecenatismo in Europa, secc. XIV-XVIII*, Atti della 27ª Settimana di studi (Prato, 1985), a cura di S. Cavaciocchi (cd-rom Istituto Datini, 2000).

Aurigemma 2001: M.G. Aurigemma, *Case di Fiorentini a Roma nell'ultimo decennio del '400*, in *Roma di fronte all'Europa* 2001, pp. 495-520.

Aurigemma 2004: M.G. Aurigemma, *Residenze cardinalizie tra inizio e fine del Quattrocento*, in Simoncini 2004 [v.], vol. II, pp. 117-136.

Avesani 1992: R. Avesani, *Appunti per la storia dello "Studium Urbis" nel Quattrocento*, in *Roma e lo Studium Urbis* 1992 [v.], pp. 69-87.

Bagrow, Skelton 1973: L. Bagrow, R.A. Skelton, *Kartographie*, Berlin 1973.

Barbaro 2014: M. Barbaro, *Le* Confabulationes *di Poggio e il "palcoscenico" della Curia*, in «Studi e problemi di critica testuale», 88 (2014), pp. 101-125.

Barone 1984a: G. Barone, *L'immagine di Santa Francesca Romana nei processi di canonizzazione e nella "Vita" in volgare*, in *Una santa tutta romana* 1984 [v.], pp. 57-69.

Barone 1984b: G. Barone, *Il movimento francescano e la nascita delle confraternite romane*, in *Le confraternite romane* 1984 [v.], pp. 71-80.

Barone 1994: G. Barone, *Società e religiosità femminile (750-1450)*, in *Donne e fede. Santità e vita religiosa in Italia*, a cura di L. Scaraffia e G. Zarri, Roma-Bari 1994, pp. 61-113.

Barone 2001: G. Barone, *Chierici, monaci e frati*, in *Roma medievale* 2001 [v.], pp. 187-212.

Bartolomei Romagnoli 1994: A. Bartolomei Romagnoli, *Santa Francesca Romana. Edizione critica dei trattati latini di Giovanni Mattiotti*, Città del Vaticano 1994.

Bartolomei Romagnoli 2009: A. Bartolomei Romagnoli, *Nel segno dell'oblazione. Francesca Romana e la regola di Tor de' Specchi*, in *Francesca Romana* 2009 [v.], pp. 87-160.

Bauer C. 1927: C. Bauer, *Studi per la storia delle finanze papali durante il pontificato di Sisto IV*, in «ASR» 50 (1927), pp. 319-400.

Bauer S. 2006: S. Bauer, *The Censorship and Fortuna of Platina's "Lives of the Popes" in the Sixteenth Century*, Turnhout 2006.

Baxandall 1972: M. Baxandall, *Painting and experience in fifteenth century Italy*, Oxford 1972.

Bec 1967: C. Bec, *Les marchands écrivains*, Paris 1967.

Becker 2008: H.-J. Becker, *Ansätze zur Kirchenreform in den päpstlichen Wahlkapitulationen der Jahre 1458 (Pius II.), 1464 (Paul II.), und 1471 (Sixtus IV.)*, in *Nach dem Basler Konzil* 2008 [v.], pp. 331-356.

Bedon 2008: A. Bedon, *Il Campidoglio. Storia di un monumento civile nella Roma papale*, Milano 2008.

Bellonci, Garavaglia 1967: M. Bellonci, N. Garavaglia, *L'opera completa del Mantegna*, Milano 1967 (Classici dell'arte, 8).

Bentivoglio 1982: E. Bentivoglio, *Nel cantiere del palazzo del Cardinale Raffaele Riario*, in «Quaderni dell'Istituto di storia dell'architettura», 27 (1982), pp. 27-34.

Benzi 1990: F. Benzi, *Sisto IV Renovator Urbis. Architettura a Roma 1471-1484*, Roma 1990.

Bertalot 1929/1930: L. Bertalot, *Cincius Romanus und seine Briefe*, in «QFIAB», 21 (1929/1930), pp. 209-255.

Bertelli 1965: C. Bertelli, *Appunti sugli affreschi nella Cappella Carafa alla Minerva*, in «Archivum Fratrum Praedicatorum», 35 (1965), pp. 115-130.

Bertòla 1942: M. Bertòla, *I due primi registri di prestito della Bibl. Apost. Vat., Cod. Vat. lat. 3964, 3966*, Città del Vaticano 1942 (Codices e Vaticanis selecti, 27).

Bianca 1994: C. Bianca, *I cardinali al concilio di Firenze*, in *Firenze e il concilio del 1439*, a cura di P. Viti, Firenze 1994, pp. 147-173.

Bianca 1997: C. Bianca, *I libri a stampa nelle biblioteche romane,* in *Gutenberg e Roma* 1997 [v.], pp. 113-120.

Bianca 2000: C. Bianca, *Martino V*, in *Enciclopedia dei Papi II* 2000 [v.], pp. 619-634.

Bianca 2004: C. Bianca, *In viaggio dentro la Curia: libri e possessori*, in *Roma donne libri* 2004 [v.], pp. 343-360.

Bianchi L. 1998: L. Bianchi, *Case e torri medioevali a Roma. Documentazione, storia e sopravvivenza di edifici medioevali nel tessuto urbano di Roma,* Roma 1998.

Bianchi R. 2004: R. Bianchi, *Paolo Spinoso e l'umanesimo romano nel secondo Quattrocento,*, Roma 2004.

Bilancia, Polito 1973: R. Bilancia, S. Polito, *Fonti d'archivio per una storia edilizia di Roma, III: Via Ripetta*, in «Controspazio», 5 (1973), pp. 18-47.

Black 1970: A. Black, *Monarchy and community. Political ideas in the Later Conciliar Controversy 1430-1450*, Cambridge 1970.

Blasio 2005: M.G. Blasio, *Il volgarizzamento dei classici nelle edizioni romane*, in *Editori ed edizioni* 2005 [v.], pp. 9-22.

Blasio 2007: M.G. Blasio, *Bartolomeo Platina e l'identità del laico*, in «RR», 2007, pp. 17-31.

Bloch 1984: H. Bloch, *Der Autor der "Graphia aureae urbis Romae"*, in «Deutsches Archiv für Erforschung des Mittelalters», 40 (1984), pp. 55-175.

Bober, Rubinstein 1986: P.P. Bober, R.O. Rubinstein, *Renaissance artists and antique sculpture*, London 1986.

Boiteux 2014: M. Boiteux, *Piazza Navona: De l'usage de la fête pour construire un lieu,* in *Piazza Navona* 2014 [v.], pp. 699-721.

Bölling 2006: J. Bölling, *Das Papstzeremoniell der Renaissance*, Berlin *et al.* 2006.

Bongiovanni 2014: M.B. Bongiovanni, *La famiglia Capranica e il suo palazzo romano*, in *Arte e committenza a Roma e nel Lazio tra Umanesimo e Rinascimento maturo*, a cura di S. Colonna, Roma 2014, pp. 121-137.

The Book of Margery Kempe 1940: *The Book of Margery Kempe*, a cura di S.B. Meech, Oxford 1940.

Borello 2003: B. Borello, *Alleanze matrimoniali e mobilità sociale e geografica. Il caso dei Pamphilj (XV-XVII secolo)*, in «Mélanges de l'École française de Rome. Italie et Méditerranée», 115 (2003), pp. 345-366.

Borsi 1986: S. Borsi, *Roma di Sisto V. La Pianta di Antonio Tempesta 1593*, Roma 1986.

Borsi 2003: S. Borsi, *Leon Battista Alberti e Roma*, Firenze 2003.

Borsi 2006: S. Borsi, *Alberti e le antichità romane. Elaborazione di un metodo archeologico*, in *Das alte Rom und die neue Zeit. Varianten des Rom-Mythos zwischen Petrarca und dem Barock*, a cura di M. Disselkamp, P. Ihring, F. Wolfzettel, Tübingen 2006, pp. 45-90.

Borsi 2009: S. Borsi, *Nicolò V e Roma. Alberti, Angelico, Manetti e un grande piano urbano*, Firenze 2009.

Borsi, Quinterio, Vasic Vatovec 1989: S. Borsi, F. Quinterio, C. Vasic Vatovec, *Maestri fiorentini nei cantieri romani del Quattrocento*, a cura di S. Danesi Squarzina, Roma 1989.

Borsook 1973: E. Borsook, *Two letters concerning Antonio Pollaiuolo*, in «Burlington Magazine», 115 (1973), p. 468.

Boschetto 2012: L. Boschetto, *Società e cultura a Firenze al tempo del Concilio. Eugenio IV tra curiali, mercanti e umanisti 1434-1443*, Roma 2012.

Boschetto 2014: L. Boschetto, *I fatti del 1434 nel giudizio degli umanisti*, in *Congiure e conflitti* [v.], pp. 69-88.

Boyle 2000: L.E. Boyle, *Niccolò V fondatore della Biblioteca Vaticana*, in *Niccolò V* 2000 [v.], pp. 3-8.

Bracke 1989: W. Bracke, *The ms Ottob. lat. 1982. A Contribution to the Biography of Pomponius Laetus*, in «Rinascimento», 29 (1989), p. 297.

Brancia di Apricena 2000: M. Brancia di Apricena, *Il complesso dell'Aracoeli sul Colle Capitolino, IX-XIX sec.*, Roma 2000.

Brandmüller 1967: W. Brandmüller, *Der* Übergang *vom Pontifikat Martins V. zu Eugen IV.*, in «QFIAB», 47 (1967), pp. 596-629.

Brandmüller 1991-97: W. Brandmüller, *Das Konzil von Konstanz 1414-1418*, I e II, Paderborn 1991-97 (Konziliengeschichte, A. Darstellungen, 11).

Brandmüller 2002: W. Brandmüller, *Das Konzil von Pavia-Siena 1423-1424*, Paderborn 2002 (Konziliengeschichte, A. Darstellungen, 21).

Braudel 1980: F. Braudel, *Civilisation matérielle, économie et capitalisme*, II, Paris 1980.

Der Briefwechsel 1912: *Der Briefwechsel des Eneas Silvius Piccolomini*, a cura di R. Wolkan, II, Wien 1912 (Fontes rerum Austriacarum, II. Abt.: Diplomata et Acta, 67).

Broise, Maire-Vigueur 1983: H. Broise, J.-C. Maire Vigueur, *Strutture famigliari, spazio domestico e architettura civile a Roma alla fine del Medioevo*, in *Storia dell'arte italiana Einaudi*, XII, Torino 1983, pp. 99-160.

Brosius 1974: D. Brosius, *Die Pfründen des Kardinals Enea Silvio Piccolomini*, in «QFIAB», 54 (1974), pp. 271-327.

Brosius 1978: D. Brosius, *Eine Reise an die Kurie im Jahre 1462. Der Rechenschaftsbericht des Lübecker Domherrn Albert Krummediek*, in «QFIAB», 58 (1978), pp. 411-440.

Brucker 1957: G.A. Brucker, *The Medici in the 14th century*, in «Speculum», 32 (1957), pp. 1-26.
Brucker 1977: G.A. Brucker, *The Civic World of Early Renaissance Florence*, Princeton 1977.
Bruschi 2007: A. Bruschi, *Alberti "storico" dell'architettura? Lo studio dell'architettura del passato nel "De re aedificatoria"*, in *Leon Battista Alberti teorico* 2007 [v.], pp. 437-450.
Buccilli 1990: G. Buccilli, *L'aggionamento riguardante reliquie e indulgenze in alcune edizioni romane di "Libri indulgentiarum" a stampa del sec. XV*, in «QFIAB», 70 (1990), pp. 328-347.
Buchowiecki, Kuhn-Forte 1967-1997: W. Buchowiecki, B. Kuhn-Forte, *Handbuch der Kirchen Roms*, I-IV, Wien 1967-1997.
Buddensieg 1983: T. Buddensieg, *Die Statuenstiftung Sixtus' IV. im Jahre 1471*, in «Römisches Jahrbuch für Kunstgeschichte», 20 (1983), pp. 33-73.
Bulgarelli 2005: M. Bulgarelli, *1450-1471. Roma e Firenze*, in *La Roma di Leon Battista Alberti* 2005 [v.], pp. 150-165.
Bullard 1976: M.M. Bullard, *Mercatores florentini Romanam curiam sequentes in the early 16th century*, in «Journal of Medieval and Renaissance Studies», 6 (1976), pp. 51-71.
Bullard 1994: M.M. Bullard, *Fortuna della banca medicea a Roma nel tardo Quattrocento*, in *Roma capitale* 1994 [v.], pp. 235-251.
Buonocore 2004: M. Buonocore, *Tra i codici epigrafici della Biblioteca Apostolica Vaticana*, Faenza 2004.
Buonocore 2012: M. Buonocore, *Dal codice al monumento. L'epigrafia dell'Umanesimo e del Rinascimento*, in «Veleia», 29 (2012), pp. 208-228.
Burcardus, *Liber notarum* 1910-12: Johannes Burcardus, *Liber notarum*, a cura di E. Celani, in Muratori, XXXII 2, 1910-1912.
Burckhardt 1860: J. Burckhardt, *Die Cultur der Renaissance in Italien. Ein Versuch*, Basel 1860; nuova edizione nell'ambito dell'edizione critica integrale, vol. 4, München 2018.
Burdach 1913: K. Burdach, *Rienzo und die geistige Wandlung seiner Zeit*, Berlin 1913.
Burke 1972: P. Burke, *Culture and Society in Renaissance Italy 1420-1540*, London 1972.
Burroughs 1982, C. Burroughs, *Below the Angel: An Urbanistic Project in the Rome of Pope Nicholas V*, in «JWCI», 45 (1982), pp. 94-124.

Caffari 2009: S. Caffari, *Stefano Caffari: Memoria di una famiglia della Roma del Quattrocento*, a cura di A. Ingletto e S. Santi, Roma 2009 (Miscellanea della Società romana di storia patria, 54).
Calabi Limentani 1968: I. Calabi Limentani, *Epigraphia latina*, Milano 1968.
Calabi Limentani 1970: I. Calabi Limentani, *Sul non saper leggere le epigrafi classiche nei secoli XII e XIII*, in «Annali d. Fac. di Lettere dell'Univ. di Milano», 23 (1970), pp. 253-282.
Caldelli 2006: E. Caldelli, *Copisti a Roma nel Quattrocento*, Roma 2006.
Caldelli 2007: E. Caldelli, *I codici datati nei Vaticani latini 1-2100*, Città del Vaticano 2007, nr. 147-148 e 151-153.

Calvesi 2001: M. Calvesi, *Gli affreschi del Beato Angelico nella Cappella Nicolina*, in *Il Beato Angelico e la Cappella Nicolina, storia e restauro*, a cura di F. Buranelli, Novara-Città del Vaticano 2001, pp. 45-62 (e 41-44).

Calzona 2005: A. Calzona, *Da Mantova a Roma. La "rivincita" dell'Alberti negli ultimi anni del pontificato di Pio II*, in *La Roma di Leon Battista Alberti* 2005 [v.], 134-149.

Campanelli, Pincelli 2000: M. Campanelli, M.A. Pincelli, *La lettura dei classici nello Studium Urbis tra Umanesimo e Rinascimento*, in *Storia della Facoltà* 2000 [v.], pp. 93-195.

Caneva 2004: G. Caneva, *Amphitheatrum naturae: Il Colosseo. Storia e ambiente letti attraverso la sua flora*, Milano 2004.

Canfora 1996: D. Canfora, *Due fonti del "De curialium miseriis" di Enea Silvio Piccolomini: Poggio Bracciolini e Lucrezio*, in «ASI», 154 (1996), pp. 479-494.

La canonizzazione di S. Francesca Romana 2013: *La canonizzazione di S. Francesca Romana. Santità, cultura e istituzioni a Roma tra medioevo ed età moderna*, a cura di A. Bartolomei Romagnoli e G. Picasso, Firenze 2013 (Studia Olivetana, 10).

Cantatore 2000: F. Cantatore, *Aspetti della committenza straniera nella Roma di Sisto IV: S. Pietro in Montorio e S. Giacomo degli Spagnoli*, in *Sisto IV* 2000 [v.], pp. 417-425.

Capgrave 1911 e 1999: John Capgrave, *Ye Solace of Pilgrimes*, a cura di C.A. Mills, London 1911 (nuova edizione italiana a cura di D. Giosuè – Roma nel Rinascimento – Roma 1999).

Capoferro Cencetti 1979: A.M. Capoferro Cencetti, *Variazioni nel tempo dell'identità funzionale di un monumento: il Teatro di Pompeo*, in «Rivista di Archeologia», 3 (1979), pp. 72-85.

Caravale, 1994: M. Caravale, *Le entrate pontificie*, in *Roma capitale* 1994 [v.], pp. 73-106.

Carli 1966: E. Carli, *Pienza. La città di Pio II*, Roma 1966.

Carocci 1993: S. Carocci, *Baroni di Roma: Dominazioni signorili e lignaggi aristocratici nel Duecento e nel primo Trecento*, Roma 1993 (Nuovi Studi Storici, 23).

Carocci 1996: S. Carocci, *Governo papale e città nello Stato della Chiesa. Ricerche sul Quattrocento*, in *Principi e città* 1996 [v.], pp. 151-224.

Carocci, Vendittelli 2004: S. Carocci, M. Vendittelli, *L'origine della Campagna Romana. Casali, castelli e villaggi nel XII e XIII sec.*, Roma 2004.

Carteggio degli oratori sforzeschi 2013: *Carteggio degli oratori sforzeschi alla corte pontificia*, I 1 e 2, *Niccolò V (27 febbr. 1447-30 apr. 1452)*, a cura di G. Battioni, Roma 2013 (RR inedita, 58 carteggi).

Carruba 2006: A.M. Carruba, *La lupa capitolina: un bronzo medievale*, Roma 2006.

Cassandro 1994: M. Cassandro, *I banchieri pontifici del XV secolo*, in *Roma capitale* 1994 [v.], pp. 207-234.

Cavallaro 1992: A. Cavallaro, *Antoniazzo Romano e gli Antoniazzeschi. Una generazione di pittori nella Roma del Quattrocento*, Udine 1992.

Cavallaro 1997-98: A. Cavallaro, *La pittura al tempo di Martino V*, in *Storia dei Giubilei* I [v.], pp. 312-327.

Cavallaro 2013: A. Cavallaro, *Musica, danza e svaghi di corte in un ciclo di figure femminili nel castello Orsini di Bracciano*, in *Donne del Rinascimento* 2013 [v.], pp. 105-131.

Cavallaro 2016: A. Cavallaro, *Il XV secolo*, in *La committenza artistica dei papi* 2016 [v.], pp. 361-380.

Cavallini, *Polistoria* 1995: G. Cavallini, *Polistoria de virtutibus et dotibus Romanorum*, a cura di M. Laureys, Stuttgart-Leipzig 1995.

Celenza 1999: C.S. Celenza, *Renaissance humanism and the Papal Curia. Lapo da Castiglionchio the Younger's De curiae commodis,* Ann Arbor 1999.

Celenza 2000: C.S. Celenza, *Lapo da Castiglionchio il Giovane, Poggio Bracciolini e la "Vita curialis". Appunti su due testi umanistici*, in «Medioevo e Rinascimento», 14 (2000), pp. 129-145.

Chambers 1976a: D.S. Chambers, *The housing problems of Cardinal Francesco Gonzaga*, in «JWCI», 39 (1976), pp. 21-58.

Chambers 1976b: D.S. Chambers, *Studium Urbis and gabella studii. The university of Rome in the fifteenth century*, in *Cultural Aspects* 1976 [v.], pp. 68-110.

Chambers 1981: D.S. Chambers, *Il Platina e il cardinale Francesco Gonzaga*, in *Bartolomeo Sacchi il Platina (Piadena 1421-Roma 1481)*, Atti del Convegno internazionale di studi per il V centenario (Cremona, 14-15 novembre 1981), a cura di A. Campana e P. Meldioli Masotti, Padova 1986, pp. 9-19.

Chambers 1992: D.S. Chambers, *A Renaissance cardinal and his worldly goods: the will and inventory of Francesco Gonzaga, 1444-1483*, London 1992.

Chambers 2006: D.S. Chambers, *Popes, cardinals and wars. The military church in Renaissance and Early Modern Europe*, London-New York 2006.

Charlet 2015: J.-L. Charlet, *La contribution de Niccolò Perotti à l'Humanisme: acquis de la recherche depuis 1981*, in «Studi Umanistici Piceni», 35 (2015), pp. 35-52.

Chastel 1973: A. Chastel, *Vasari économiste*, in *Mélanges en l'honneur de Fernand Braudel*, I, Toulouse 1973, pp. 145-150.

Chastel 1983: A. Chastel, *Il Sacco di Roma 1527*, Torino 1983.

Cherubini G. 1991: G. Cherubini, *Un'agricoltura pittorica dopo la scoperta dell'America*, in *1492-1992. Animali e piante dalle Americhe all'Europa*, a cura di L. Capocaccia Orsini, G. Doria e G. Doria, Genova 1991, pp. 89-98.

Cherubini P. 1992: P. Cherubini, *Studenti universitari romani nel secondo Quattrocento a Roma e altrove*, in *Roma e lo Studium Urbis* 1992 [v.], pp. 101-132.

Cherubini P. 1997: P. Cherubini, *Iacopo Ammannati Piccolomini, Lettere (1444-1479)*, 3 voll., Roma 1997 (Pubblicazioni degli Archivi di Stato, Fonti 25).

Cherubini P. 2001: P. Cherubini, *Una fonte poco nota per la storia di Roma: i processi della curia del Campidoglio (sec. XV)*, in *Roma. Memoria e oblio* 2001 [v.], pp. 157-182.

Cherubini P. 2006: P. Cherubini, *Scritture e scriventi a Roma nel secolo XV: gruppi sociali, presenze nazionali e livelli di alfabetizzazione*, in *I luoghi dello scrivere da Francesco Petrarca agli albori dell'età moderna*, a cura di C. Tristano, M. Calleri e L. Magionani, Atti del convegno di studio (Arezzo, 8-11 ottobre 2003), Spoleto 2006, pp. 277-312.

Cherubini P. 2007: P. Cherubini, *Studiare da banchiere nella Roma del Quattrocento*, Milano 2007.

Cherubini P., Esposito, Modigliani, Scarcia Piacentini 1983: P. Cherubini, A. Esposito, A. Modigliani, P. Scarcia Piacentini, *Il costo del libro*, in *Scrittura* 1983 [v.], pp. 323-553.

Chittolini 2010: G. Chittolini, *Papato e Stati italiani*, in *Lo Stato del Rinascimento* 2014 [v.], pp. 421-439.

Christian 2010: K.W. Christian, *Empire without end: Antiquities collections in Renaissance Rome, c. 1350-1527*, New Haven-London 2010.

Christiansen 1994: K. Christiansen, *Rapporti presunti probabili e (forse anche) effettivi fra Alberti e Mantegna*, in *L. B. Alberti*, a cura di J. Rykwert e A. Engel, Milano 1994, pp. 336-357.

Claussen 1987: P.C. Claussen, *Magistri doctissimi romani. Die römischen Marmorkünstler des Mittelalters*, Stuttgart 1987.

Clavuot 1990: O. Clavuot, *Biondos "Italia illustrata" – Summa oder Neuschöpfung?*, Tübingen 1990 (BiblDHI, 69).

Clemens 2003: L. Clemens, *Tempore Romanorum constructa. Zur Nutzung und Wahrnehmung der antiker* Überreste *nördlich der Alpen während des Mittelalters*, Stuttgart 2003.

Clough 1973: C.H. Clough, *Federigo da Montefeltro's patronage of the arts 1468-82*, in «JWCI», 36 (1973), pp. 129-144.

Codice topografico: *Codice topografico della Città di Roma,* a cura di R. Valentini e G. Zucchetti, I-IV, Roma 1940-1953 (Fonti per la storia d'Italia, 81, 88, 90, 91).

Collezioni di antichità 2007: *Collezioni di antichità a Roma fra '400 e '500*, a cura di A. Cavallaro, Roma 2007.

Collins 2002: A. Collins, *Greater than emperor. Cola di Rienzo (ca. 1313-54) and the world of fourteenth-century Rome*, Ann Arbor 2002.

La committenza artistica 2016: *La committenza artistica dei papi a Roma nel Medioevo*, a cura di M. D'Onofrio, Roma 2016.

Le confraternite romane 1984: *Le confraternite romane. Esperienza religiosa, società, committenza artistica*, a cura di L. Fiorani, Roma 1984 (Ricerche per la storia religiosa di Roma, 5).

Congiure e conflitti 2014: *Congiure e conflitti. L'affermazione della signoria pontificia su Roma nel Rinascimento: politica, economia e cultura*, a cura di M. Chiabò, M. Gargano, A. Modigliani e P. Osmond, Roma 2014 (RR inedita, 62 saggi).

La conquista turca 2008: *La conquista turca di Otranto (1480) tra storia e mito*, a cura di H. Houben, Galatina 2008.

Corbo 1969: A.M. Corbo, *Artisti e artigiani in Roma al tempo di Martino V e di Eugenio IV*, Roma 1969.

Corbo 1973: A.M. Corbo, *I contratti di lavoro e di apprendistato nel sec. XV a Roma*, in «Studi Romani», 21 (1973), pp. 469-489.

Corbo 1990: A.M. Corbo, *Fonti per la storia sociale romana al tempo di Nicolò V e Callisto III*, Roma 1990.

Corbo 1999: A.M. Corbo, *La Cappella Papale nella prima metà del secolo XV*, in Ead., *Cantori, artisti e condottieri alla corte dei papi nel secolo XV*, Roma 1999, pp. 11-36.

Corrispondenza Lanfredini 2005: *Corrispondenza dell'ambasciatore Giovanni Lanfredini* 2005, a cura di E. Scarton, Salerno 2005 (Fonti per la storia di Napoli aragonese, 2. ser. 1).

Il cortile delle statue 1998: *Il cortile delle statue. Der Statuenhof des Belvedere im Vatikan*, a cura di M. Winner e B. Andreae, Mainz 1998.

Cortonesi 1995: A. Cortonesi, *Ruralia. Economie e paesaggi del Medioevo italiano*, Roma 1995.

Cortonesi 2020: A. Cortonesi, *Agricoltura in città. Gli orti di Roma fra XIII e XV secolo*, in *Vivere la città* 2020 [v.], pp. 85-102.

Cortonesi, Lanconelli 2016: A. Cortonesi, A. Lanconelli, *La Tuscia pontificia nel medioevo. Ricerche di storia*, Trieste 2016.

Coste 1996: J. Coste, *Scritti di topografia medievale. Problemi di metodo e ricerche nel Lazio*, a cura di C. Carbonetti, S. Carocci, S. Passigli e M. Vendittelli, Roma 1996 (Nuovi Studi Storici, 30).

Crescentini 2000: C. Crescentini, *"Andreas Marmorarius Sculptor egregius" e la sua prima produzione funeraria*, in *Sisto IV* 2000 [v.], pp. 363-383.

Le cronache volgari 2017: *Le cronache volgari in Italia*, a cura di G. Francesconi e M. Miglio, Roma 2017 (Nuovi Studi Storici 105).

Cultural Aspects 1976: *Cultural Aspects of the Italian Renaissance. Essays in honour of P.O. Kristeller,* a cura di C. H. Clough, Manchester 1976.

Curcio 1986: G. Curcio, *I processi di trasformazione edilizia*, in *Un pontificato ed una città* 1986, pp. 706-732.

Cutolo 1969: A. Cutolo, *Re Ladislao d'Angiò-Durazzo*, Napoli 1969.

D'Achille 1987: P. D'Achille, *Le didascalie degli affreschi di S. Francesca Romana*, in F. Sabatini, S. Raffaelli, P. D'Achille, *Il volgare nelle chiese di Roma. Messaggi graffiti, dipinti e incisi dal IX al XVI secolo*, Roma 1987, pp. 111-183.

D'Achille 2009: P. D'Achille, *Sul Romanesco di prima fase: Rassegna degli studi del decennio 1999-2008*, in «RR», 2009, pp. 47-83.

D'Achille 2012: P. D'Achille, *Parole: al muro e in scena. L'italiano esposto e rappresentato*, Firenze 2012.

Dacos *et alii* 1980: N. Dacos *et alii*, *Il tesoro di Lorenzo il Magnifico*, Firenze 1980.

Dallai, Ait, Ponta 2018: L. Dallai, I. Ait, E. Ponta, *Sfruttamento e commercio dell'allume tra Lazio e Toscana*, in *Entre la terre et la mer*, a cura di E. Citter *et alii*, Roma 2018, pp. 213-242.

Dandelet 2001: T.J. Dandelet, *Spanish Rome 1500-1700*, Yale 2001.

Daniels 2013: T. Daniels, *La congiura dei Pazzi: i documenti del conflitto fra Lorenzo de' Medici e Sisto IV*, Firenze 2013.

Daniels 2017: T. Daniels, *Sozialgeschichte des frühen Buchdrucks in Rom. Eucharius Silber (†1509) im Licht neuer Quellen*, in «Gutenberg-Jahrbuch», 92 (2017), pp. 71-96.

Daniels, Esch 2014: T. Daniels, A. Esch, *Casi fiorentini negli atti della Penitenzieria Apostolica 1439-1484*, in «ASI», 172 (2014), pp. 729-76.

Davies 1997: M. Davies, *Two book-lists of Sweynheym and Pannartz*, in *Libri, tipografi, biblioteche. Ricerche storiche dedicate a Luigi Balsamo*, a cura di A. Ganda e E. Grignani, Firenze 1997, pp. 25-53.

De Blaauw 1991: S. de Blaauw, *Papst und Purpur. Porphyr in frühen Kirchenausstattungen in Rom*, in *Tesserae. Festschrift J. Engemann*, Münster 1991, pp. 36-50.

De Caprio 2014: V. De Caprio, *Annio da Viterbo e i toponimi*, in *Nel cantiere degli umanisti. Per Mariangela Regoliosi*, a cura di L. Bertolini *et alii*, Firenze 2014, I, pp. 475-494.

Del Buono 2020: G. Del Buono, *Ricerche archeologiche su Roma tardo-medievale dal 1981 ad oggi*, in *Roma 1347-1527* 2020 [v.], pp. 143-156.

Delicado 1998: Francisco Delicado, *Ritratto della Lozana Andalusa*, a cura di T. Cirillo Sirri, Roma 1998.

Dello Mastro 1912: Paolo dello Mastro, *Memoriale* (1422-1482), a cura di F. Isoldi, in Muratori, XXIV 2 (1912), pp. 83-100.
Dello Schiavo 1917: Antonio di Pietro dello Schiavo, *Diario romano*, a cura di F. Isoldi in Muratori, XXIV 5 (1917).
Delumeau 1962: J. Delumeau, *L'alun de Rome*, Paris 1962.
De Roover 1948: R. de Roover, *Money, banking and credit in mediaeval Bruges. Italian merchant bankers, Lombards and money changers,* Cambridge (Mass.) 1948.
De Roover 1965: R. de Roover, *Cosimo de' Medici come banchiere e mercante*, in «ASI», 123 (1965), pp. 467-479.
De Roover 1966: R. de Roover, *The rise and decline of the Medici bank*, New York 1966.
De València a Roma 2006: *De València a Roma a través dels Borja. Congrés València 2000*, a cura di P. Iradiel, J. M. Cruselles, Generalitat Valenciana 2006.
De Vincentiis 2000: A. De Vincentiis, *Innocenzo VII*, in *Enciclopedia dei Papi II* 2000 [v.], pp. 581-584.
De Vincentiis 2014: A. De Vincentiis, *Guerre e paci dei baroni romani (1417-1484): la prospettiva curiale*, in *Congiure e conflitti* 2014 [v.], pp. 217-245.
Del Treppo 1973: M. del Treppo, *Gli aspetti organizzativi, economici e sociali di una compagnia di ventura italiana*, in «Rivista storica italiana», 85 (1973), pp. 253-275.
Del Treppo 1986: M. Del Treppo, *Il regno aragonese*, in *Storia del Mezzogiorno*, dir. G. Galasso e R. Romeo, vol. IV, *Il Regno dagli Angioini ai Borboni*, Roma 1986, pp. 89-201.
Del Treppo 1989: M. Del Treppo, *Stranieri nel Regno di Napoli: le élites finanziarie e la strutturazione dello spazio economico e politico*, in *Dentro la città. Stranieri e realtà urbane nell'Europa dei secoli XII-XVI*, a cura di G. Rossetti, Napoli 1989 (Europa mediterranea, 2), pp. 179-233.
Dendorfer, Märtl 2011: J. Dendorfer, C. Märtl, *Papst und Kardinalskolleg im Bannkreis der Konzilien – von der Wahl Martins V. bis zum Tod Pauls II. (1417-1471)*, in *Geschichte des Kardinalats* 2011 [v.], pp. 335-397.
Di Carpegna Falconieri 2002: T. Di Carpegna Falconieri, *Cola di Rienzo*, Salerno 2002.
Diener 1989: H. Diener, *Die Mitglieder der päpstlichen Kanzlei des 15. Jahrhunderts und ihre Tätigkeit in den Wissenschaften und Künsten*, in «QFIAB», 69 (1989), pp. 111-124.
Diener, Schwarz 2002: H. Diener, B. Schwarz, *Das Itinerar Papst Eugens IV. (1437-1441)*, in «QFIAB», 82 (2002), pp. 193-230
Di Santo 2010: A. Di Santo, *Monumenti antichi fortezze medievali. Il riutilizzo degli antichi monumenti nell'edilizia aristocratica di Roma (VIII-XIV sec.)*, Roma 2010.
Dizionario storico dell'Inquisizione 2010: *Dizionario storico dell'Inquisizione*, a cura di A. Prosperi in coll. con J. Tedeschi, III, Pisa 2010.
Donne del Rinascimento 2013: *Donne del Rinascimento a Roma e dintorni*, a cura di A. Esposito, Roma 2013 (RR inedita, 55 saggi).
D'Onofrio 1990: C. D'Onofrio, *Un popolo di statue racconta*, Roma 1990.
Doria 1986: G. Doria, *Investimenti della nobiltà genovese nell'edilizia di prestigio (1530-1630)*, in «Studi storici», 27 (1986), pp. 5-55.
Dupré Theseider 1952: E. Dupré-Theseider, *Roma dal comune di popolo alla signoria pontificia, 1252-1377,* Bologna 1952 (Storia di Roma, 11).
Dykmans 1968: M. Dykmans, *D'Avignon à Rome: Martin V. et le cortège apostolique*, in «Bulletin de l'Inst. historique belge de Rome», 39 (1968), pp. 203-308.

Economia e arte 2002: *Economia e arte secc. XIII-XVIII*, atti della 33ª Settimana di studi (Prato, 2001), a cura di S. Cavaciocchi, Firenze 2002.

Economia e società 2005: *Economia e società a Roma tra Medioevo e Rinascimento. Studi dedicati ad Arnold Esch*, a cura di A. Esposito e L. Palermo, Roma 2005.

Editori ed edizioni 2005: *Editori ed edizioni a Roma nel Rinascimento*, a cura di P. Farenga, Roma 2005 (RR inedita, 34 saggi).

Egger 1905-06: H. Egger, *Codex Escurialensis. Ein Skizzenbuch aus der Werkstatt Domenico Ghirlandaios*, I-II, Wien 1905-06.

Egidi 1914: P. Egidi, *Necrologi e libri affini della Provincia di Roma*, II, Roma 1914 (Fonti per la Storia d'Italia, 45).

Enciclopedia dei Papi II 2000: *Enciclopedia dei Papi*, vol. II, Roma 2000.

Das Ende des konziliaren Zeitalters 2012: *Das Ende des konziliaren Zeitalters (1440-1450): Versuch einer Bilanz*, a cura di H. Müller, München 2012.

Enee Silvii Piccolominei 2007, a cura di A. van Heck, Città del Vaticano 2007 (Studi e Testi, 439).

Enee Silvii Piccolomini 1762: *Enee Silvii Piccolomini Historia rerum Friderici III imperatoris*, in *Analecta monumentorum omnis aevi Vindobonensia*, a cura di A.F. Kollar, II, Vindobonae 1762.

Erasmo 1703: Erasmo, *Opera omnia*, vol. II, Leiden 1703

Ernst 2011: G. Ernst, *La toscanizzazione del dialetto romanesco nel Quattro e nel Cinquecento*, in «Bollettino dell'Atlante lessicale degli antichi volgari italiani», 4 (2011), pp. 45-124.

Ertl 2007: T. Ertl, *Stoffspektakel. Zur Funktion von Kleidern und Textilien am spätmittelalterlichen Papsthof*, in «QFIAB», 87 (2007), pp. 139-185.

Esch 1966: A. Esch, *Bankiers der Kirche im Grossen Schisma*, in «QFIAB», 46 (1966), pp. 277-398.

Esch 1969: A. Esch, *Bonifaz IX. und der Kirchenstaat*, Tübingen 1969 (BiblDHI, 29).

Esch 1972a: A. Esch, *Das Papsttum unter der Herrschaft der Neapolitaner. Die führende Gruppe Neapolitaner Familien an der Kurie während des Schismas 1378-1415*, in *Festschrift für Hermann Heimpel zum 70.Geburtstag*, II, Göttingen 1972, pp. 713-800.

Esch 1972b: A. Esch, *Florentiner in Rom um 1400. Namensverzeichnis der ersten Quattrocento-Generation*, in «QFIAB», 52 (1972), pp. 476-525.

Esch 1973: A. Esch, *Die Zeugenaussagen im Heiligsprechungsverfahren für S. Francesca Romana als Quelle zur Sozialgeschichte Roms im frühen Quattrocento*, in «QFIAB», 53 (1973), pp. 93-151.

Esch 1974: A. Esch, *Weitere historische Personen in Franco Sacchettis "Trecentonovelle"*, in «Zeitschrift für romanische Philologie», 90 (1974), pp. 247-252.

Esch 1976/1977: A. Esch, *La fine del libero comune di Roma nel giudizio dei mercanti fiorentini. Lettere romane degli anni 1395-98 nell'Archivio Datini*, in «BISIME», 86 (1976/1977), pp. 235-277.

Esch 1982: A. Esch, *Tre sante ed il loro ambiente sociale a Roma: S. Francesca Romana, S. Brigida di Svezia, S. Caterina da Siena*, in *Atti del Simposio internaz. Cateriniano-Bernardiniano* (Siena, Accademia Senese degli Intronati, 1980), a cura di D. Maffei e P. Nardi, Siena 1982, pp. 89-120.

Esch 1984: A. Esch, *Mauern bei Mantegna*, in «Zeitschrift für Kunstgeschichte», 47 (1984), pp. 293-319.
Esch 1985a: A. Esch, Überlieferungs-*Chance und* Überlieferungs-Zufall *als methodisches Problem des Historikers*, in «Historische Zeitschrift», 240 (1985), pp. 529-570.
Esch 1985b: A. Esch, *Die Anfänge der Universität im Mittelalter*, Bern 1985.
Esch 1987: A. Esch, *Staunendes Sehen, gelehrtes Wissen: zwei Beschreibungen römischer Amphitheater aus dem letzten Jahrzehnt des 15. Jahrhunderts*, in «Zeitschrift für Kunstgeschichte», 50 (1987), pp. 385-393.
Esch 1989: A. Esch, *Enea Silvio Piccolomini als Papst Pius II.: Herrschaftspraxis und Selbstdarstellung*, in *Lebenslehren und Weltentwürfe im* Übergang *vom Mittelalter zur Neuzeit*, a cura di H. Boockmann, B. Moeller e K. Stackmann, Gottingen 1989 (Abh. der Akad. d. Wiss. in Göttingen, Phil.-hist. Klasse III Nr. 179, 1989), pp. 112-140.
Esch 1992: A. Esch, *La lastra tombale di Martino V ed i registri doganali di Roma. La sua provenienza fiorentina ed il probabile ruolo del cardinale Prospero Colonna*, in *Alle origini* 1992 [v.], pp. 625-641.
Esch 1995a: A. Esch, *Rom in der Renaissance. Seine Quellenlage als methodisches Problem*, in «Historische Zeitschrift», 261 (1995), pp. 337-364.
Esch 1995b: A. Esch, *Sul rapporto fra arte ed economia nel Rinascimento italiano*, in *Arte, committenza ed economia* 1995 [v.], pp. 3-49.
Esch 1996: A. Esch, *Zur Identifizierung von italienischen Veduten des 19. Jahrhunderts*, in *Ars naturam adiuvans. Festschrift für M. Winner zum 11. März 1996*, a cura di von V. v. Flemming e S. Schütze, Mainz 1996, pp. 645-661.
Esch 1997: A. Esch, *Römische Straßen in ihrer Landschaft*, Mainz 1997.
Esch 1998a: A. Esch, Überweisungen *an die Apostolische Kammer aus den Diözesen des Reiches unter Einschaltung italienischer und deutscher Kaufleute und Bankiers. Regesten der vatikanischen Archivalien 1431-1475*, in «QFIAB», 78 (1998), pp. 262-387.
Esch 1998b: A. Esch, *Il giubileo di Sisto IV (1475)*, in *Storia dei Giubilei* II [v.], pp. 106-123.
Esch 1998c: A. Esch, *Il progetto di statua equestre per il Campidoglio 1436. Il problema della tradizione*, in *I Vitelleschi* 1998 [v.], pp. 21-22.
Esch 2000a: A. Esch, *Rome entre le Moyen Âge et la Renaissance*, Stuttgart 2000 (Conférences annuelles de l'Institut Historique Allemand, 6).
Esch 2000b: A. Esch, *Immagine di Roma tra realtà religiosa e dimensione politica nel Quattro e Cinquecento*, in *Roma, la città del papa*, a cura di L. Fiorani e A. Prosperi, Roma 2000 (Storia d'Italia, Annali, 16), pp. 5-29.
Esch 2000c: A. Esch, *Bonifacio IX*, in *Enciclopedia dei Papi II* 2000 [v.], pp. 570-581.
Esch 2001a: A Esch, *L'uso dell'antico nell'ideologia papale, imperiale e comunale*, in *Roma antica nel Medioevo: mito, rappresentazioni, sopravvivenze nella "Respublica Christiana" dei secoli IX-XIII*, Atti della quattordicesima Settimana internazionale di studio (Mendola, 24-28 agosto 1998), Milano 2001, pp. 3-25.
Esch 2001b. A. Esch, *Un notaio tedesco e la sua clientela nella Roma del Rinascimento*, in «ASR», 124 (2001), pp. 175-209.
Esch 2002a: A. Esch, *Economia ed arte: la dinamica del rapporto nella prospettiva dello storico*, in *Economia e arte secc. XIII - XVIII*, Atti della trentatreesima settimana di studi (30 aprile - 4 maggio 2000), Firenze 2002, pp. 21-49.

Esch 2002b, A. Esch, *Rom I: Grundzüge der Stadtgeschichte*, in *Der Neue Pauly, Enzyklopädie der Antike. Rezeptions-und Wissenschaftsgeschichte*, XV 2, Stuttgart 2002, coll. 841-863.

Esch 2003: A. Esch, *Monumenti antichi nelle descrizioni medievali dei confini nei dintorni di Roma*, in «Arte medievale», n.s., 2 (2003), pp. 9-14.

Esch 2005a: A. Esch, *Wiederverwendung von Antike im Mittelalter. Die Sicht des Archäologen und die Sicht des Historikers*, Berlin-New York 2005 (Hans Lietzmann-Vorlesungen, 7).

Esch 2005b: A. Esch, *Mercenari, mercanti e pellegrini. Viaggi transalpini nella prima Età moderna* (Biblioteca di storia 7), Bellinzona 2005

Esch 2005c: A. Esch, *L'iconografia dei muri antichi nei dipinti del Quattrocento e la descrizione delle mura di Roma di Leon Battista Alberti e Poggio Bracciolini*, in *La Roma di Leon Battista Alberti* 2005 [v.], pp. 81-89.

Esch 2006a: A. Esch, *Nobiltà, Comune e Papato nella prima metà del Quattrocento. Le conseguenze della fine del libero comune nel 1398*, in *La nobiltà romana* 2006 [v.], pp. 495-513.

Esch 2006b: A. Esch, *La società urbana. Italia e Germania a confronto*, in *L'Italia alla fine del medioevo: i caratteri originali nel quadro europeo*, I, a cura di F. Salvestrini, Firenze 2006, pp. 57-74.

Esch 2006c: A. Esch, *Deutsche Frühdrucker in Rom in den Registern Papst Sixtus' IV.*, in *Manoscritti, editoria e biblioteche dal medioevo all'età contemporanea. Studi offerti a Domenico Maffei*, a cura di M. Ascheri e G. Colli (con la collaborazione di P. Maffei), I, Roma 2006, pp. 281-302.

Esch 2006d: A. Esch, *La guerra di Troia nella Campagna Romana. I registri doganali di Roma come fonte per l'onomastica nel Lazio del Quattrocento*, in «RR», 2006 (*Scritture per Massimo Miglio*), pp. 17-19.

Esch 2007a: A. Esch, *Economia, cultura materiale ed arte nella Roma del Rinascimento. Studi sui registri doganali romani 1445-1485*, Roma 2007 (RR inedita, 36 saggi).

Esch 2007b: A. Esch, *La prima generazione dei tipografi tedeschi a Roma (1465-1480): nuovi dati dai registri di Paolo II e Sisto IV*, in «BISIME», 109 (2007), pp. 401-418.

Esch 2008a: A. Esch, *Landschaften der Frührenaissance. Auf Ausflug mit Pius II.*, München 2008.

Esch 2008b: A. Esch, *Leon Battista Alberti, Poggio Bracciolini, Andrea Mantegna. Zur Ikonographie antiker Mauern in der Malerei des Quattrocento*, in *Leon Battista Alberti. Humanist-Architekt-Kunsttheoretiker*, a cura di J. Poeschke e C. Syndikus, Münster 2008, pp. 123-164.

Esch 2008c: A. Esch, *Un giro attraverso la Roma del Rinascimento in compagnia degli ufficiali del censimento (inverno 1526/27)*, in *Scritti per Isa* 2008, pp. 339-355.

Esch 2009: A. Esch, *S. Francesca Romana e la società romana del suo tempo*, in *Francesca Romana* 2009 [v.], pp. 3-21

Esch 2010: A. Esch, *Spolia*, in *The Classical Tradition*, a cura di A. Grafton, G.W. Most e S. Settis, Cambridge (Mass.) 2010, pp. 903-905.

Esch 2011/2012: A. Esch, *Escursioni storico-artistiche attraverso fonti storiche. Cosa danno allo storico dell'arte i diversi generi di fonte?*, in «Römisches Jahrbuch der Bibliotheca Hertziana», 40 (2011/2012), pp. 355-367.

Esch 2012a: A. Esch, *Tedeschi nella Roma del Rinascimento. Nuovi dati dai registri della Penitenzieria Apostolica*, in *Roma e il papato nel medioevo. Studi in onore di Massimo Miglio*, I, a cura di A. De Vincentiis, Roma 2012 (Storia e Letteratura, 275), pp. 389-401.

Esch 2012b: A. Esch, *La Roma del primo Rinascimento vista attraverso i registri doganali*, Milano 2012 (Conferenze dell'Unione internazionale degli Istituti di Archeologia, Storia e Storia dell'Arte in Roma, 29).

Esch 2012/2013: A. Esch, Spolia minora. *Il reimpiego dell'antico lungo le strade romane nell'Italia centrale*, in «Rendiconti della Pontificia Accademia Romana di Archeologia», 85 (2012/2013), pp. 89-110.

Esch 2013: A. Esch, *In captione et direptione Urbis interfuit. Il Sacco di Roma nelle suppliche della Penitenzieria Apostolica*, in «BISIME», 115 (2013), pp. 443-466.

Esch 2014: A. Esch, *Die Lebenswelt des europäischen Spätmittelalters. Kleine Schicksale selbst erzählt in Schreiben an den Papst*, München 2014.

Esch 2016: A. Esch, *Gabione Gozzadini da Bologna banchiere papale e la sua gestione d'affari a Roma secondo le sue istruzioni*, in *Oeconomica. Studi in onore di L. Palermo*, a cura di A. Fara *et alii*, Viterbo 2016, pp. 51-66.

Esch 2017: A. Esch, *Rome. Histoire d'une ville, histoire du monde*, in *Europe, notre histoire*, a cura di E. François e Th. Serrier, Paris 2017, pp. 340-348.

Esch 2018a: A. Esch, *Historische Landschaften Italiens*, München 2018.

Esch 2018b: A. Esch, *New sources on trade and dealings between Christians and Muslims in the Mediterranean region (ca.1440–1500*), in «Mediterranean Historical Review», 33/2 (2018), pp. 135-149.

Esch 2019: A. Esch, *Il quartiere romano di Lutero. Campo Marzio, il rione tra i due conventi agostiniani*, in *Martin Lutero a Roma*, a cura di M. Matheus, A. Nesselrath e M. Wallraff, Roma 2019, pp. 63-98.

Esch 2020a: A. Esch, *Escursioni di un papa in aperta campagna: l'esperienza di Pio II*, in *I Romani e l'Altrove*, a cura di F. Niutta (in corso di stampa).

Esch 2020b: A. Esch, *Ein Ketzer in der Leibgarde des Borgia-Papstes. Aus den Appellationen gegen die spanische Inquisition in den Registern der Poenitentieria Apostolica 1478-1503*, in «Archiv für Reformationsgeschichte» (in corso di stampa).

Esch 2020c: A. Esch, *The Early History of the Portuguese Expansion Reflected in Individual Fates: Atlantic Islands and the African Coast in Supplications to the Pope (ca. 1440-1510)*, in «Anuario de Estudios medievales», 50/1 (2020), pp. 91-119.

Esch, Esch 2000: A. Esch, D. Esch, *Mit Kaiser Friedrich III. in Rom. Preise, Kapazität und Lage römischer Hotels 1468/69*, in *Reich, Regionen und Europa in Mittelalter und Neuzeit. Festschrift für Peter Moraw*, a cura di P.J. Heinig *et alii*, Berlin 2000, pp. 443-457.

Esch, Esch 2012: A. Esch, D. Esch, *Frauen nach Jerusalem. Weibliche Pilger zum Heiligen Grab in den Registern der Poenitentiaria Apostolica 1439-1479*, in «Archiv für Kulturgeschichte», 94 (2012), pp. 293-311.

Esch, Esch 2014: A. Esch, D. Esch, *L'importazione di maioliche ispano-moresche nella Roma del primo Rinascimento nei registri doganali 1444-1483*, in «Faenza», 2014, pp. 9-27.

Esch, Esch 2015/2016: A. Esch, D. Esch, *Importazioni di trionfi e carte da giocare nei registri doganali di Roma, 1466-1480*, in «Ludica. Annali di storia e civiltà del gioco», 21-22 (2015/2016), pp. 152-155.

Esch, Esch 2020: A. Esch, D. Esch, *Spätmittelalterliches Umgangslatein. Wiedergabe direkter Rede in den Akten der Penitenzieria Apostolica (ca. 1440-1500)*, in «Mittellateinisches Jahrbuch» 55 (2020), pp. 267-290

Esch D. 1998: D. Esch, *Musikinstrumente in den römischen Zollregistern der Jahre 1470-1483*, Laaber 1998 (Analecta musicologica, 30/1), pp. 41-68.

Esposito 1981: A. Esposito Aliano, *Famiglia, mercanzia e libri nel testamento di Andrea Santacroce (1471)*, in *Aspetti della vita economica* 1981 [v.], pp. 197-220.

Esposito 1994: A. Esposito, *"Li nobili huomini di Roma". Strategie familiari tra città, curia e municipio*, in *Roma capitale* 1994 [v.], pp. 373-388.

Esposito 1995a: A. Esposito, *Un'altra Roma. Minoranze nazionali e comunità ebraiche tra Medioevo e Rinascimento*, Roma 1995.

Esposito 1995b: A. Esposito, *Le confraternite romane tra arte e devozione: persistenze e mutamenti nel corso del XV secolo*, in *Arte, committenza ed economia* 1995 [v.], pp. 107-120.

Esposito 1998a: A. Esposito, *La popolazione romana dalla fine del sec. XIV al Sacco: caratteri e forme di un'evoluzione demografica*, in *Popolazione* 1998 [v.], pp. 37-49.

Esposito 1998b: A. Esposito, *Amministrare la devozione. Note dai libri sociali delle confraternite romane (secc.XV-XVI)*, in *Il buon fedele. Le confraternite tra Medioevo e prima età moderna*, a cura di M. Zangarini, Roma 1998, pp. 195-223.

Esposito 2004a: A. Esposito, *Uomini e donne nelle confraternite romane tra Quattro e Cinquecento. Ruoli, finalità devozionali, aspettative*, in «ASR», 127 (2004), pp. 111-131.

Esposito 2004b: A. Esposito, *Mercanti e artigiani ebrei forestieri a Roma tra '400 e '500*, in *Mercanti stranieri* 2004 [v.], pp. 57-74.

Esposito 2005: A. Esposito, *La normativa suntuaria romana tra Quattrocento e Cinquecento*, in *Economia e società* 2005 [v.], pp. 147-179.

Esposito, Vaquero Piñeiro 2005: A. Esposito, M. Vaquero Piñeiro, *Rome during the sack: chronicles and testimonies from an occupied city*, in *The Pontificate of Clement VII.*, a cura di K. Gouwens e S.E. Reiss, Aldershot 2005, pp. 125-142.

Esposito, Frova 2008: A. Esposito, C. Frova, *Collegi studenteschi a Roma nel Quattrocento. Gli statuti della "Sapienza Nardina"*, Roma 2008.

Esposito 2009: A. Esposito, *Il mondo della religiosità femminile romana*, in «ASR», 132 (2009), pp. 149-172.

Esposito 2010: A. Esposito, *Le donne dell'Anima. Ospizi e "case sante" per le mulieres theutonice di Roma (secc. XV - inizi XVI)*, in *Santa Maria dell'Anima* 2010 [v.], pp. 249-278.

Esposito 2011: A. Esposito, *Gli ebrei aschenaziti a Roma nel primo Rinascimento*, in «QFIAB», 91 (2011), pp. 249-276.

Esposito 2012: A. Esposito, *Gli albanesi a Roma e nell'area laziale tra '400 e '500: prime indagini*, in *Uomini paesaggi storie. Studi di storia medievale per Giovanni Cherubini*, a cura di D. Balestracci *et alii*, I, Siena 2012, pp. 533-540.

Esposito 2013: A. Esposito, *Tra legami politici e legami clientelari. Il caso esemplare del cardinale Guillaume d'Estouteville camerlango di S.R.E. nel tardo '400*, in *Die Kardinäle* 2013 [v.], pp. 111-123.

Esposito 2014: A. Esposito, *Le minoranze indesiderate*, in *Cittadinanza e mestieri. Radicamento urbano e integrazione nelle città bassomedievali (sec. XIII-XVI)*, a cura di D. Del Bo, Roma 2014, pp. 283-297.

Esposito 2018a: A. Esposito, *Violenza psicologica, violenza fisica. Donne a Roma e nello Stato pontificio*, in *Violenza alle donne. Una prospettiva medievale*, a cura di A. Esposito *et alii*, Bologna 2018, pp. 209-218.

Esposito 2018b: A. Esposito, *Non è Francesca. Un miracolo contestato di S. Francesca Romana (a. 1460)*, in *Storie romane* 2018 [v.], pp. 33-50.

Esposito D. 2004: D. Esposito, *Vigneti e orti dentro le mura: utilizzo del suolo e strutture insediative*, in Simoncini 2004 [v.], II, pp. 205-228.

Fabroni 1788: A. Fabroni, *Magni Cosmi Medicei vita*, Pisis 1788.

Fara 2018: A. Fara, *Genovesi a Roma: i Sauli tra prestigio, visibilità e potere*, in *Storie romane* 2018 [v.], pp. 97-112.

Farenga 1986: P. Farenga, *Monumenta memoriae: Pietro Riario fra mito e storia*, in *Un pontificato ed una città* 1986 [v.], pp. 179-216.

Farenga 2005: P. Farenga, *Libri intorno a Girolamo Riario*, in *Editori ed edizioni* 2005 [v.], pp. 45-63.

Farenga 2020: P. Farenga, «Et impressores librorum multiplicantur in terra». *Considerazioni sulla stampa romana del Quattrocento*, in *Roma 1347-1527* 2020 [v.], pp. 199-232.

Favier 1969: J. Favier, *Les finances pontificales à l'époque du Grand Schisme d'Occident 1378-1409*, Paris 1969.

Ferguson 1960: W.K. Ferguson, *Recent trends in the economic historiography of the Renaissance*, in «Studies in the Renaissance», 7 (1960), pp. 7-26.

Flavio Biondo, *Roma triumphans* 2017: Flavio Biondo, *Roma triumphans: The invention of Rome: Biondo Flavio's Roma triumphans and its Worlds*, a cura di F. Muecke e M. Campanelli, Genève 2017.

Flavio Biondo, *Italia illustrata* 2005: Flavio Biondo, *Italia illustrata*, a cura di J.A. White, I, Cambridge (Ma)-London 2005 (The I Tatti Renaissance Library, 20); e di recente: a cura di P. Pontari nella "Edizione Nazionale delle opere di Biondo Flavio" (Roma 2011-14).

Flavio Biondo, *Rome restaurée* 2005-2012: Flavio Biondo, *Rome restaurée* = Roma instaurata, tradotto da A. Raffarin-Dupuis, Paris 2005-2012.

Florentine Festival Music 1981: *Florentine Festival Music 1480-1520*, a cura di J.J. Gallucci, Madison 1981.

Fodale 1973: S. Fodale, *La politica napoletana di Urbano VI*, Caltanissetta 1973.

Les Fondations 1981: *Les Fondations nationales dans la Rome pontificale*, Paris 1981 (CEFR, 52).

Forestieri e stranieri 1988: *Forestieri e stranieri nelle città basso-medievali*, atti del seminario (Bagno a Ripoli 1984), Firenze 1988 (Quaderni di storia urbana e rurale, 9).

La forma del Rinascimento 2010: *La forma del Rinascimento: Donatello, Andrea Bregno, Michelangelo e la scultura a Roma nel Quattrocento*, Catalogo della mostra (Roma, Museo Nazionale del Palazzo di Venezia, 2010), a cura di C. Crescentini e C. Strinati, Soveria Mannelli 2010.

I Fori dopo i Fori 2017: *I Fori dopo i Fori*, a cura di N. Bernacchio e R. Meneghini, Roma 2017.

Francesca Romana 2009: *Francesca Romana. La santa, il monastero e la città alla fine del medioevo*, a cura di A. Bartolomei Romagnoli, Firenze 2009.

Fraser Jenkins 1970: A.D. Fraser Jenkins, *Cosimo de' Medici's patronage of architecture and the theory of magnificence*, in «JWCI», 33 (1970), pp. 162-170.

Fregna, Polito 1972: R. Fregna, S. Polito, *Fonti di archivio per una storia edilizia di Roma. Primi dati sull'urbanizzazione dell'area del Tridente*, in «Controspazio», 7 (1972), pp. 2-18.

Frenz 1986: T. Frenz, *Die Kanzlei der Päpste der Hochrenaissance, 1471-1527*, Tübingen 1986 (BiblDHI, 63).

Frommel 1973: C.L. Frommel, *Der römische Palastbau der Hochrenaissance*, I-III, Tübingen 1973.

Frommel 1998: C.L. Frommel, *Roma*, in *Storia dell'architettura italiana. Il Quattrocento*, a cura di F.P. Fiore, Milano 1998, pp. 374-433.

Frommel 2003: C.L. Frommel, *Architettura alla corte papale nel Rinascimento*, Milano 2003.

Frommel 2005: C.L. Frommel, *Il San Pietro di Niccolò V*, in *La Roma di Leon Battista Alberti* 2005 [v.], pp. 104-111.

Frommel, 2006: C.L. Frommel, *Architettura e committenza da Alberti a Bramante*, Firenze 2006 (Ingenium, 8).

Frommel 2008: C.L. Frommel, *Die Ripetta vor dem Sacco di Roma und die Paläste von Ascanio Sforza, Lorenzo Cibo, Sigismondo Chigi und Antonio Baschenis*, in *Reibungspunkte. Ordnung und Umbruch in Architektur und Kunst, Festschrift für Hubertus Günther*, a cura di H. Hubach *et alii*, Petersberg 2008, pp. 73-82.

Frommel 2009: C.L. Frommel, *Il Tevere nel Rinascimento*, in «Roma moderna e contemporanea» 17 (2009), pp. 91-128.

Frommel S. 2014: S. Frommel, *Giuliano da Sangallo*, Firenze 2014.

Frondose arcate 2000: *Frondose arcate. Il Colosseo prima dell'archeologia*, Catalogo della mostra (Museo Nazionale Romano, Palazzo Altemps, 18 dicembre 2000 - 18. febbraio 2001), Milano 2000.

Frova, Miglio 1992: C. Frova, M. Miglio, *"Studium Urbis" e "Studium Curiae" nel Trecento e nel Quattrocento: linee di politica culturale*, in *Roma e lo Studium Urbis* 1992 [v.], pp. 26-39.

Frutaz 1962: P. Frutaz, *Le piante di Roma*, I-III, Roma 1962.

Fubini 1982: R. Fubini, *Poggio Bracciolini e San Bernardino: Temi e motivi di una polemica*, in Maffei, Nardi 1982 [v.], pp. 509-540.

Fubini 1994a: R. Fubini, *Italia quattrocentesca. Politica e diplomazia nell'età di Lorenzo il Magnifico,* Milano 1994.

Fubini 1994b: R. Fubini, *Lega Italica e politica dell'"equilibrio" all'avvento di Lorenzo de'Medici al potere*, in *Origini dello Stato* 1994 [v.], pp. 51-96.

Fubini 2003: R. Fubini, *Storiografia dell'Umanesimo in Italia da Leonardo Bruni ad Annio da Viterbo*, Roma 2003.

Fulin 1871: R. Fulin, *Il canale di Suez e la repubblica di Venezia* 1504, in «Archivio Veneto», 2 (1871), pp. 175-213.

Fusco 2006: L. Fusco, *Lorenzo de' Medici, Collector and Antiquarian*, Cambridge 2006.

Gargano 2011: M. Gargano, *Paolo II e il palazzo di Venezia: Considerazioni intorno all'architettura del Quattrocento a Roma*, in «RR», 2011, pp. 279-302.

Garms, Sommerlechner, Telesko 1981-94: J. Garms, A. Sommerlechner, W. Telesko, *Die mittelalterlichen Grabmäler in Rom und in Latium vom 13. bis zum 15. Jh.*, I-II, Wien 1981-94.

Garms 2000: J. Garms, *Roma abbreviata: edifici e monumenti come simbolo dell'Urbe*, in *Roma veduta*, a cura di M. Gori Sassoli, Roma 2000, pp. 59-68.

Gatto 1998: L. Gatto, *Riflettendo sulla consistenza demografica della Roma altomedievale*, in «*Roma medievale*» 1998, pp. 143-159.

Gauvain 2014: A. Gauvain, *Una storia dalla Roma del Quattrocento: Quaderni di Ansuino di Anticoli, parroco in Roma e beneficiato vaticano, 1468-1502*, Città del Vaticano 2014.

Gauvain 2015: A. Gauvain, *Codici, incunaboli e contesti culturali a confronto in una casa romana del secondo Quattrocento*, in «RR», 2015, pp. 59-71.

Geldner 1970: F. Geldner, *Die deutschen Inkunabeldrucker*, I- II, Stuttgart 1968-70.

Genèse et débuts 1980: *Genèse et débuts du grand schisme d'occident*, a cura di M. Hayez, Paris 1980 (Colloques internationaux du CNRS, 586).

Gennaro 1967: C. Gennaro, *Mercanti e bovattieri nella Roma della seconda metà del Trecento (da una ricerca sui registri notarili)*, in «BISIME», 78 (1967), pp. 155-203.

Geschichte des Kardinalats 2011: *Geschichte des Kardinalats im Mittelalter*, a cura di J. Dendorfer, R. Lützelschwab, Stuttgart 2011(Päpste und Papsttum, 39).

Geschichte der Universität 1993: *Geschichte der Universität in Europa*, I, *Mittelalter*, a cura di W. Rüegg, München 1993.

Ghiberti 1912: Lorenzo Ghiberti, *Commentarii*, a cura di J. v. Schlosser, Wien 1912.

Giardina, Vauchez 2016: A. Giardina, A. Vauchez, *Il mito di Roma*, Roma-Bari 2016.

Gilbert 1959: C. Gilbert, *The Archbishop on the Painters of Florence, 1450*, in «The Art Bulletin», 41 (1959), pp. 75-87.

Gionta 2015: D. Gionta, *Epigrafia antica e ideologia politica nell'Italia del Quattrocento*, in «Studi medievali e umanistici», 13 (2015), pp. 115-156.

Girgensohn 1996: D. Girgensohn, *Kirche, Politik und adelige Regierung in der Republik Venedig zu Beginn des 15. Jahrhunderts,* Göttingen 1996.

Girgensohn 1998: D. Girgensohn, *Materialsammlungen zum Pisaner Konzil von 1409*, in «Annuarium historiae conciliorum», 30 (1998), pp. 456-519.

I Giubilei 2000: *I Giubilei nella storia della Chiesa*, Città del Vaticano 2000 (Pontif. Comitato di scienze storiche. Atti e documenti, 10).

Giubilei. Spiritualità 2016: *Giubilei. Spiritualità, storia, cultura*, a cura di L. Massidda, Torino 2016.

Gnoli 1984: U. Gnoli, *Topografia e toponomastica di Roma medievale e moderna*, Roma 1939 (rist. 1984).

Göller 1907: E. Göller, *Die päpstliche Pönitentiarie von ihrem Ursprung bis zu ihrer Umgestaltung unter Pius V.*, 2 voll., Rom 1907 (Bibl. des Kgl. Preuss. Hist. Inst. in Rom, 3-4).

Goldthwaite 1990: R.A. Goldthwaite, *Il contesto economico del palazzo fiorentino nel Rinascimento*, in «Annali di architettura», 2 (1990), pp. 53-58.

Goldthwaite 1993: R.A., *Wealth and the demand for art in Italy, 1300-1600*, Baltimore 1993.

Goldthwaite 2009: R.A. Goldthwaite, *The economy of Renaissance Florence*, Baltimore 2009.

Golzio, Zander 1968: V. Golzio, G. Zander, *L'arte in Roma nel secolo XV*, Bologna 1968 (Storia di Roma, 28).

Gombrich 1960: E.H. Gombrich, *The early Medici as patrons of art*, in *Italian Renaissance Studies*, a cura di E.F. Jacob, London 1960, pp. 279-311.

Grafton 2003: A. Grafton, *Leon Battista Alberti, un genio universale*, Roma-Bari 2003.

Gramaccini 1996: N. Gramaccini, *Mirabilia. Das Nachleben antiker Statuen vor der Renaissance*, Mainz 1996.
Greenhalgh 1989: M. Greenhalgh, *The survival of Roman antiquities in the Middle Ages*, London 1989.
Greenstein 1992: J.M. Greenstein, *Mantegna and painting as historical narrative*, Chicago 1992.
Gregorovius 1872: F. Gregorovius, *Das Archiv der Notare des Capitols in Rom und das Protocollbuch des Notars Camillus Beneimbene von 1467 bis 1505*, in Sitzungsber. der Bayer. Akad. d. Wiss., Phil.-hist. Classe 1872, 4, pp. 491-518.
Gregorovius 1954-57: F. Gregorovius, *Geschichte der Stadt Rom im Mittelalter*, riedizione a cura di W. Kampf, I-III, Darmstadt 1954-57.
Gualdo 2005: G. Gualdo, *Diplomatica pontificia e umanesimo curiale*, a cura di R. Cosma, Roma 2005.
Guarino 2012: R. Guarino, *Carnevale e festa civica nei "ludi" di Testaccio*, in «Roma moderna e contemporanea», 20 (2012), pp. 475-497.
Guidi Bruscoli 2000: F. Guidi Bruscoli, *Benvenuto Olivieri. I mercatores fiorentini e la Camera Apostolica nella Roma di Paolo III Farnese*, Firenze 2000.
Güll 2003: P. Güll, *L'industrie du quotidien: production, importations et consommation de la céramique à Rome entre XIVe et XVIe siècle*, Rome 2003.
Günther 1997: H. Günther, *L'idea di Roma antica nella "Roma instaurata" di Flavio Biondo*, in *Le due Rome. Melozzo, Antoniazzo e la cultura artistica del Quattrocento romano*, Roma 1997, pp. 380-393.
Gutenberg e Roma 1997: *Gutenberg e Roma. Le origini della stampa nella città dei papi (1467-1477)*, a cura di M. Miglio e O. Rossini, Napoli 1997.

Hack 2007: A.T. Hack, *Ein anonymer Romzugsbericht von 1452*, Stuttgart 2007.
Haliczer 1990: S. Haliczer, *Inquisition and Society in the Kingdom of Valencia 1478-1834*, Berkeley 1990.
Hansekaufleute in Brügge 2000: *Hansekaufleute in Brügge*, 4, a cura di N. Jörn, W. Paravicini e H. Wernicke, Frankfurt *et alii* 2000 (Kieler Werkstücke, Reihe D, 13).
Harvey 1993: M. Harvey, *England, Rome and the Papacy 1417-1464. The study of a relationship*, Manchester 1993.
Harvey 1999: M. Harvey, *The English in Rome 1362-1420. Portrait of an expatriate commmunity*, Cambridge 1999.
Haubst 1954: R. Haubst, *Der Reformentwurf Pius' II.*, in «Römische Quartalsschrift», 49 (1954), pp. 188-242.
Hay 2000: D. Hay, *Eugenio IV*, in *Enciclopedia dei Papi II* 2000 [v.], pp. 634-640.
Heinig 1997: P.-J. Heinig, *Kaiser Friedrich III (1440-1493)*, Köln *et al.* 1997.
Helas 2010: Ph. Helas, *Schwarze unter Weißen: zur Repräsentation von Afrikanern in der italienischen Kunst des 15. Jahrhunderts*, in *Fremde in der Stadt*, a cura di P. Bell *et alii*, Frankfurt 2010, pp. 301-331.
Helas 2012: P. Helas, *Suavibus plena sonis et cantibus – Musik in der römischen Kunst in der 2. H. des 15. Jhs*, in «Troja. Jahrbuch für Renaissancemusik», 11 (2012), pp. 45-90.
Helas, Wolf 2011: Ph. Helas, G. Wolf, *Die Nacht der Bilder. Eine Beschreibung der Prozession zu Mariae Himmelfahrt in Rom aus dem Jahr 1462*, Freiburg/Br. 2011.

Helmrath 1987: J. Helmrath, *Das Basler Konzil (1431-1449): Forschungsstand und Probleme*, Köln-Wien 1987.

Helmrath 2013: J. Helmrath, *Wege des Humanismus*, Tübingen 2013.

Herde 1973: P. Herde, *Politische Verhaltensweisen der Florentiner Oligarchie 1382-1402*, in «Frankfurter Historische Abhandlungen» 5 (1973), pp. 156-249.

Herklotz 1985: I. Herklotz, *Der Campus lateranensis im Mittelalter*, Tübingen 1985.

Herlihy, Klapisch-Zuber 1978: D. Herlihy, C. Klapisch-Zuber, *Les Toscans et leurs familles. Une étude du catasto florentin de 1427*, Paris 1978.

Hoberg 1977: H. Hoberg, *Die Einnahmen der Apostolischen Kammer am Vorabend der Glaubensspaltung*, in *Hundert Jahre Deutsches Priesterkolleg beim Campo Santo Teutonico, 1876 - 1976*, a cura di E. Gatz, Freiburg/Br. 1977 (Römische Quartalschrift für christliche Altertumskunde und Kirchengeschichte, Supplementheft, 35), pp. 69-85.

Hofwirtschaft 2008: *Hofwirtschaft. Ein* ökonomischer *Blick auf Hof und Residenz in Spätmittelalter und Früher Neuzeit*, 10. Symposium der Residenzen-Kommission der Akademie der Wissenschaften zu Göttingen (Gottorf/Schleswig, 23-26 September 2006), a cura di G. Fouquet, J. Hirschbiegel e W. Paravicini, Ostfildern 2008.

Holmes 1968: G. Holmes, *How the Medici became the Pope's bankers*, in *Florentine Studies. Politics and Society in Renaissance Florence*, a cura di N. Rubinstein, London 1968, pp. 357-380.

Hoshino 1973/1974: H. Hoshino, *Interessi economici dei lanaiuoli fiorentini nello Stato pontificio e negli Abruzzi del Quattrocento*, in «Annuario dell'Istituto Giapponese di cultura», 11 (1973/1974), pp. 7-51.

Howard 2008: P. Howard, *Preaching magnificence in Renaissance Florence*, in «Renaissance Quarterly», 61 (2008), pp. 325-369.

Howe 2005: E.D. Howe, *Art and Culture at the Sistine Court. Platina's Life of Sixtus IV and the Frescoes of the Hospital of Santo Spirito*, Città del Vaticano 2005 (Studi e Testi, 422).

Hubert 1998: E. Hubert, *Population et habitat à Rome aux XIII*[e] *et XIV*[e] *siècles*, in *Popolazione* 1998, pp. 51-61.

Hülsen, Egger 1913-16: C. Hülsen, H. Egger, *Die römischen Skizzenbücher von Marten van Heemskerck im Königl. Kupferstichkabinett zu Berlin,* Berlin 1913-16.

Hülsen 1927: C. Hülsen, *Le chiese di Roma nel medio evo*, Firenze 1927 (rist. Hildesheim 1975).

Iannotius Manettius 2005: *Iannotii Manetti De vita ac gestis Nicolai Quinti summi pontificis*, a cura di A. Modigliani, Roma 2005 (Fonti per la storia dell'Italia medievale, 6).

Identità e rappresentazione 2016: *Identità e rappresentazione. Le chiese nazionali a Roma, (1450-1650)*, ed. italiana, inglese e tedesca, a cura di A. Koller e S. Kubersky-Piredda, Roma 2016.

Infessura 1890: S. Infessura, *Diario della città di Roma*, a cura di O. Tommasini, Roma 1890 (Fonti per la storia d'Italia, 5).

Inter graecos 2013: *"Inter graecos latinissimus, inter latinos graecissimus". Bessarion zwischen den Kulturen*, a cura di C. Märtl, C. Kaiser e Th. Ricklin, Berlin-Boston 2013.

Italia et Germania 2001: *Italia et Germania. Liber amicorum A. Esch*, a cura di H. Keller, W. Paravicini e W. Schieder, Tübingen 2001.

Italienische Frührenaissance 1993: *Italienische Frührenaissance und nordeuropäisches Mittelalter*, a cura di J. Poeschke, München 1993.

Jacks, Caferro 2001: P.J. Jacks, W. Caferro, *The Spinelli of Florence. Fortunes of a renaissance merchant family*, University Park (Pa) 2001.

Jacobus Volaterranus 1904: Jacobus Volaterranus, *Il diario romano*, a cura di E. Carusi, in Muratori, XXIII 3 (1904-1911).

Kajanto 1982: I. Kajanto, *Papal epigraphy in Renaissance Rome*, Helsinki 1982.

Die Kardinäle 2013: *Die Kardinäle des Mittelalters und der frühen Renaissance*, a cura di J. Dendorfer, R. Lützelschwab, Firenze 2013.

Karmon 2011: D. Karmon, *The Ruin of the Eternal City: antiquity and preservation in Renaissance Rome*, Oxford 2011.

Kent 2000: D.V. Kent, *Cosimo de' Medici and the Florentine Renaissance: the Patron's Oeuvre*, New Haven 2000.

Kinney 1986: D. Kinney, *Spolia from the baths of Caracalla in S. Maria in Trastevere*, in «The Art Bulletin», 68 (1986), pp. 379-397.

Kinney 2013: D. Kinney, *Spoliation in medieval Rome*, in *Perspektiven der Spolienforschung*, 1, *Spoliierung und Transposition*, a cura di S. Altenkamp *et alii*, Berlin 2013, pp. 261-285.

Kirshner 1969: J. Kirshner, *Papa Eugenio IV e il Monte Comune*, in «ASI», 127 (1969), pp. 339-382.

Kloczowski 1980: J. Kloczowski, *Italie et les cultures des élites ecclésiastiques de la Pologne au XVe siècle*, in *Italia, Venezia e Polonia tra medio evo e età moderna*, a cura di V. Branca, Firenze 1980, pp. 149-164.

Die Konzilien 2007: *Die Konzilien von Pisa (1409), Konstanz (1414-18) und Basel (1431-1449)*, a cura di J. Helmrath e H. Müller, Ostfildern 2007 (Vorträge und Forschungen, 67).

Das Konstanzer Konzil 2014: *Das Konstanzer Konzil als europäisches Ereignis*, a cura di G. Signori e B. Studt, Ostfildern 2014 (Vorträge u. Forschungen, 79).

Krautheimer 1956: R. Krautheimer, *Lorenzo Ghiberti*, Princeton 1956.

Krautheimer 1980: R. Krautheimer, *Rome. Profile of a City, 312-1308*, Princeton (NJ)1980.

Krüger 2006: T.M. Krüger, *Die päpstlichen Wahlkapitulationen von Eugen IV. bis zu Julius II. nach vatikanischen Handschriften*, in «Studi e Testi», 433 (2006), pp. 287-316.

Kubersky-Piredda 2005: S. Kubersky-Piredda, *Kunstwerke-Kunstwerte. Die Florentiner Malerei der Renaissance und der Kunstmarkt ihrer Zeit*, Norderstedt 2005.

Kühlenthal 1974: M. Kühlenthal, *The Alberini Sarcophagus: Renaissance Copy or Antique?*, in «The Art Bulletin», 56 (1974), pp. 414-421.

Kurie und Region 2005: *Kurie und Region. Festschrift für Brigide Schwarz*, a cura di B. Flug, M. Matheus e A. Rehberg, Stuttgart 2005 (Geschichtliche Landeskunde, 59).

Lacroix 1892: P. Lacroix, *Mémoire historique sur les institutions de la France à Rome*, Rome 1892.
Lanciani 1902-1912: R. Lanciani, *Storia degli scavi di Roma*, 2 voll., Roma 1902-1912 (rist. 1975).
Landschaft im Mittelalter 2011: *Landschaft im Mittelalter. Augenschein und Literatur*, a cura di J. Pfeiffer, Berlin 2011 (Das Mittelalter. Perspektiven mediävistischer Forschung, 16).
La Rocca, Bauer 2002: E. La Rocca, F. A. Bauer, *Rom*, in *Der Neue Pauly* XV 2, Stuttgart 2002, col. 879-904.
Laurioux 2006: B. Laurioux, *Gastronomie, humanisme et société à Rome au milieu du XV*[e] *siècle. Autour du* De honesta voluptate *de Platina*, Firenze 2006.
Lee 1978: E. Lee, *Sixtus IV. and men of letters*, Rome 1978.
Lee 1982: E. Lee, *Workman and Work in Quattrocento Rome*, in *Rome in the Renaissance* 1982 [v.], pp. 141-152.
Lee 1985 e 2006: E. Lee, *Descriptio Urbis. The Roman census of 1527*, Roma 1985; ed. ampliata in *Habitatores in Urbe. The population of Renaissance Rome/ La popolazione di Roma nel Rinascimento*, Rome 2006.
Lee 1994: E. Lee, *Gli abitanti del rione Ponte*, in *Roma capitale* 1994 [v.], pp. 317-343.
Le Pichon 1982, J. e Y. Le Pichon, *Le mystère du couronnement de la Vierge*, Paris 1982.
Lesellier 1933: L. Lesellier, *Les notaires français à Rome (1407-1625)*, in «Mélanges d'archéologie et d'histoire», 50 (1933), pp. 250-275.
Lexicon topographicum: *Lexicon topographicum urbis Romae*, a cura di E.M. Steinby, I-VI, Roma 1993-2000.
Un libro di multe 1984: P. Cherubini, A. Modigliani, D. Sinisi, O.Verdi, *Un libro di multe per la pulizia delle strade sotto Paolo II*, in «ASR», 107 (1984), pp. 51-274.
Lombardi D. 2018: D. Lombardi, *Dalla dogana alla taverna. Il vino a Roma alla fine del Medioevo e gli inediti Statuta comunitatis artis tabernariorum Alme Urbis Romae (1481-1482)*, in «RR», 2018.
Lombardi F. 1996: F. Lombardi, *Roma. Le chiese scomparse*, Roma 1996.
Lombardi G. 2000: G. Lombardi, *Sisto IV*, in *Enciclopedia dei Papi II* 2000 [v.], pp. 701-717.
Lombardi G. 2003: G. Lombardi, *Inventari di biblioteche romane del Quattrocento: un panorama*, in Id., *Saggi*, Roma 2003 (RR inedita, 30 saggi), pp. 337-361.
Lombardo 1978: M.L. Lombardo, *Camera Urbis. Dohana Ripe et Ripecte. Liber introitus 1428*, Roma 1978.
Lombardo 1983: M.L. Lombardo, *La dogana minuta a Roma nel primo Quattrocento*, Roma 1983.
Lombardo 2005: M.L. Lombardo, *Le gabelle della città di Roma nel quadro dell'attività amministrativo-finanziaria della Camera Urbis nel sec. XV*, in *Economia e società* 2005 [v.], pp. 205-228.
Lombardo 2008: M.L. Lombardo, *I giocatori di dadi e di carte a Roma nel Quattrocento nelle fonti fiscali della Camera Urbis*, in *Il gioco nello Stato Pontificio, sec. XV-XIX*, Roma 2008 (Archivi e cultura, 41).
Lombardo 2012: M.L. Lombardo, *Il notaio romano tra sovranità pontificia e autonomia comunale, sec. XIV-XVI*, Milano 2012.

Lopez 1953: R.S. Lopez, *Hard times and investment in culture. The Renaissance. A Symposion*, New York 1953.
Lorenzo de' Medici 2003: Lorenzo de' Medici, *Lettere*, X, a cura di M.M. Bullard, Firenze 2003.
Lorenzo de' Medici 2012: Lorenzo de' Medici, *Lettere*, XVI, a cura di L. Böninger, Firenze 2012.
Lori Sanfilippo 2001: I. Lori Sanfilippo, *La Roma dei Romani. Arti, mestieri e professioni nella Roma del Trecento*, Roma 2001 (Nuovi Studi Storici, 57).
Lori Sanfilippo 2006: I. Lori Sanfilippo, *Le vie della nobilitazione: percorsi di ascesa sociale (1350-1450 c.)*, in *La nobiltà romana* 2006 [v.], pp. 531-550.
Lori Sanfilippo 2007: I. Lori Sanfilippo, *Constitutiones et Reformationes del Collegio dei notai di Roma (1446). Contributi per una storia del notariato romano dal XIII al XV secolo*, Roma 2007.
Lütteken 2001: L. Lütteken in *Die Musik in Geschichte und Gegenwart, Personenteil 5* (Kassel et al. 2001), coll. 1510-1550.
Lugano 1945: P.T. Lugano, *I processi inediti per Francesca Bussa dei Ponziani (Santa Francesca Romana) 1440-1453*, Città del Vaticano 1945 (Studi e Testi, 120).
Luther 1925: Martin Luther, *Ausgewählte Werke*, a cura di H. H. Borcherdt, VIII, München 1925.

Maas 1981: C.W. Maas, *The German Community in Renaissance Rome 1378-1523*, Freiburg/Br. 1981.
Maddalo 1988: S. Maddalo, *I prototipi delle vedute di Roma: dal maestro del Vat. lat. 2224 ad Etienne Dupérac*, Città del Vaticano 1988 (Studi e Testi, 331), pp. 173-185.
Maddalo 1989: S. Maddalo, *"Andrea scarpellino" antiquario: lo studio dell'antico nella bottega di Andrea Bregno*, in *Roma centro ideale* 1989 [v.], pp. 229-236.
Maddalo 1990: S. Maddalo, *In Figura Romae. Immagini di Roma nel libro medievale*, Roma 1990.
Maddalo 1997: S. Maddalo, *Roma miniata, Roma affrescata*, in *Storia dei Giubilei* I [v.], pp. 118-133.
Märtl 2008: C. Märtl, *Unbekannte Notizen Kardinal Jacopo Ammanati Piccolominis aus Konsistorien seiner Zeit*, in «QFIAB», 88 (2008), pp. 220-243.
Maffei, Nardi 1982: *Atti del simposio internazionale Cateriniano-Bernardiniano* (Siena 17-18 aprile 1980), a cura di D. Maffei, P. Nardi, Siena 1982.
Magister I 1999: S. Magister, *Censimento delle collezioni di antichità a Roma (1471-1503)*, I, in «Xenia antiqua», 8 (1999), pp. 129-204.
Magister II 2001: S. Magister, *Censimento delle collezioni di antichità a Roma (1471-1503)*, II, in «Xenia antiqua», 10 (2001), pp. 113-154.
Magister 2002: S. Magister, *Arte e politica: la collezione di antichità del cardinale Giuliano della Rovere nei palazzi ai Santi Apostoli*, in «Atti dell'Accademia Nazionale dei Lincei, Classe di scienze morali, Memorie», ser. IX, 14 (2002), pp. 385-631.
Magister 2003: S. Magister, *Pomponio Leto collezionista di antichità, Addenda*, in *Antiquaria a Roma* 2003 [v.], pp. 51-121.
Magnuson 1958: T. Magnuson, *Studies in Roman Quattrocento architecture*, Roma 1958.
Magnuson 2004: T. Magnuson, *The urban transformation of medieval Roma, 312-1420*, Stockholm 2004.

Maire Vigueur 1981: J.-C. Maire Vigueur, *Les pâturages de l'Église et la douane du bétail dans la Province du Patrimonio, XIV-XVe siècles*, Roma 1981.
Maire Vigueur 2008: J.-C. Maire Vigueur, *La felice societas dei Balestrieri e dei Pavesati a Roma: una società popolare e i suoi ufficiali*, in *Scritti per Isa* 2008 [v.], pp. 577-606.
Maire Vigueur 2010: J.-C. Maire Vigueur, *L'autre Rome. Une histoire des Romains à l'époque communale, XIIe-XIVe siècle*, Paris 2010.
Mallett 1974: M. Mallett, *Mercenaries and their masters*, London 1974.
Mallett 2000: M. Mallett, *Calisto III*, in *Enciclopedia dei Papi II* 2000 [v.], pp. 658-662.
Manacorda 2001: D. Manacorda, *Crypta Balbi. Archeologia e storia di un paesaggio urbano*, Milano 2001.
Mancini 2001: R. Mancini, *Le Mura Aureliane di Roma. Atlante di un palinsesto murario*, Roma 2001.
Manfredi 2000: A. Manfredi, *Note preliminari sulla sezione greca nella Biblioteca Vaticana di Niccolò V*, in *Niccolò V* 2000 [v.], pp. 49-70.
Manfredi 2010: A. Manfredi, *La nascita della Vaticana in età umanistica da Niccolò V a Sisto IV*, in *Storia della Biblioteca Apostolica Vaticana* 2010 [v.], pp. 147-236.
Manfredi 2013: A. Manfredi, *La nascita della Vaticana in età umanistica da Niccolò V a Sisto IV*, in *Studi in onore del Cardinale Raffaele Farina*, a cura di A.M. Piazzoni, Città del Vaticano 2013 (Studi e Testi, 478-479), pp. 663-682.
Mantegna e Roma 2010: *Mantegna e Roma. L'artista davanti all'antico*, a cura di T. Calvano *et alii*, Roma 2010.
Manuele Crisolora 2001: Manuele Crisolora, *Le due Rome. Confronto tra Roma e Costantinopoli*, a cura di F. Niutta, trad. latina di F. Aleardi, Bologna 2001.
Marchand, Wright 1998: E. Marchand, A. Wright, *With and without the Medici: Studies in Tuscan art and patronage 1434-1530*, Aldershot 1998.
Märtl 1996: C. Märtl, *Kardinal Jean Jouffroy († 1473). Leben und Werk*, Stuttgart 1996.
Märtl 2003: C. Märtl, *Alltag an der Kurie: Papst Pius II. (1458-1464) im Spiegel zeitgenössischer Berichte*, in *Pius II* 2003 [v.], pp. 107-145.
Märtl 2005: C. Märtl, *Der Papst und das Geld: zum kurialen Rechnungswesen unter Pius II. (1458-1464)*, in *Kurie und Region* 2005 [v.], pp. 175-195.
Marta 1995: R. Marta, *L'architettura del Rinascimento a Roma (1417-1503). Tecniche e tipologie*, Roma 1995.
Matheus 2010: M. Matheus, *Roma docta. Rom als Studienort in der Renaissance*, in «QFIAB», 90 (2010), pp. 128-168.
McCahill 2013: E. McCahill, *Reviving the eternal city. Rome and the Papal Court 1420-1447*, Cambridge (Mass.) 2013.
Melis 1972: F. Melis, *Fattori e strutture del costo del Perseo del Cellini*, in «Problemi attuali di scienza e di cultura», 177 (1972), pp. 57-60.
Melis 1984: F. Melis, *Movimento di popoli e motivi economici nel giubileo del 1400*, in Id., *Opere sparse di F. Melis*, vol. 6, Firenze 1984, pp. 237-259.
Memoria dell'antico 1984-86: *Memoria dell'antico nell'arte italiana*, a cura di S. Settis, I-III, Torino 1984-86.
Meneghini 2004: R. Meneghini, *I Fori Imperiali nel Quattrocento attraverso la documentazione archeologica*, in Simoncini 2004 [v.], II, pp. 189-204.
Meneghini 2017: R Meneghini, *Roma medioevale e i Fori imperiali*, in *I Fori dopo i Fori* 2017 [v.], pp. 11-30.

Meneghini, Santangeli Valenzani 2004: R. Meneghini, R. Santangeli Valenzani, *Roma nell'Altomedioevo: Topografia e urbanistica della città dal V al X sec.*, Roma 2004.

Meneghini, Santangeli Valenzani 2007: R. Meneghini, R. Santangeli Valenzani, *I Fori Imperiali. Gli scavi del Comune di Roma (1991-2007)*, Roma 2007.

Mercanti stranieri 2004: *Mercanti stranieri a Roma tra '400 e '500*, in «Archivi e cultura», 37 (2004).

Mercato immobiliare 2020: *Mercato immobiliare e spazi urbani a Roma nel Rinascimento*, a cura di L. Palermo (in corso di stampa).

Meuthen 1976: E. Meuthen, *Nikolaus von Kues*, Münster 1976.

Meuthen 1982: E. Meuthen, *Ein neues frühes Quellenzeugnis (zu Oktober 1454?) für den* ältesten *Bibeldruck. Enea Silvio Piccolomini am 12. März 1455 aus Wiener Neustadt an Kardinal Juan de Carvajal*, in «Gutenberg-Jahrbuch», 1982, pp. 108-118.

Meuthen 1985: E. Meuthen, *Das Basler Konzil als Forschungsproblem der europäischen Geschichte*, Opladen 1985 (Rhein.-Westfäl. Akad. d. Wiss., Vorträge G 274).

Meyer 1986: A. Meyer, *Das Wiener Konkordat von 1448. Eine erfolgreiche Reform des Spätmittelalters*, in «QFIAB», 66 (1986), pp. 108-152.

Meyer 2014: A. Meyer, *Regieren mit Urkunden im Spätmittelalter. Päpstliche Kanzlei und weltliche Kanzleien im Vergleich*, in *Urkunden und ihre Erforschung. Zum Gedenken an H. Appelt*, a cura di W. Maleczek, Wien 2014, pp. 71-92.

Michalsky 2019: T. Michalsky, *Mentale Karten der frühen Neuzeit. Die Bewältigung des historischen Raums in der "Italia illustrata" von Flavio Biondo*, in *Monumenta illustrata*, a cura di D. Boschung e A. Schäfer, München 2019, pp. 45-69.

Michelangelo e Jacopo Galli 2018: *Michelangelo e Jacopo Galli nella Roma dei Borgia. Le fonti 1496-1501*, a cura di E. Lo Sardo, M.A. Quesada, Roma 2018.

Miedema 1996: N.R. Miedema, *Die "Mirabilia Romae"*, Tübingen 1996.

Miedema, 2001: N.R. Miedema, *Die römischen Kirchen im Spätmittelalter nach den Indulgentiae ecclesiarum urbis Romae*, Tübingen 2001 (BiblDHI Rom, 97).

Miedema 2003: N.R. Miedema, *Rompilgerführer in Spätmittelalter und früher Neuzeit. Die "Indulgentiae ecclesiarum urbis Romae". Edition und Kommentar*, Tübingen 2003.

Miethke 2008: J. Miethke, *Reform des Hauptes im Schatten des Türkenkreuzzugs. Die Vorschläge eines Domenico de' Domenichi und Nikolaus von Kues an Pius II.*, in *Nach dem Basler Konzil* 2008, pp. 121-139.

Miglio 1984: M. Miglio, *Roma dopo Avignone. La rinascita politica dell'antico*, in *Memoria dell'antico* 1984, pp. 75-111.

Miglio 1992: M. Miglio, *Marco Antonio Altieri e la nostalgia della Roma municipale*, in *Effetto Roma. Nostalgia e rimpianto*, Roma 1992, pp. 9-23.

Miglio, Modigliani 1992: M. Miglio, A. Modigliani, *La "Cronica" dell'Anonimo romano*, in «RR», 1992, pp. 19-37.

Miglio 1993: M. Miglio, *Scrittura, scrittori e storia*, vol. II, *Città e corte a Roma nel Quattrocento,* Manziana 1993.

Miglio 1995a: M. Miglio, *Introduzione*, in Id., *Li Nuptiali di Marco Antonio Altieri*, Roma 1995 (RR inedita, 9), pp. 7-40.

Miglio 1995b: M. Miglio, *La committenza a Roma del XV sec.: le premesse sociali*, in *Arte, committenza ed economia* 1995 [v.], pp. 93-105.

Miglio 1998: M. Miglio, *Il giubileo di Niccolò V*, in *Storia dei Giubilei* II [v.], pp. 56-73.
Miglio 2000: M. Miglio, *Niccolò V*, in *Enciclopedia dei Papi II* 2000 [v.], pp. 644-658.
Miglio 2001: M. Miglio, *Lorenzo Valla e l'ideologia municipale romana nel De falso credita et ementita Constantini donatione*, in *Italia et Germania* 2001 [v.], pp. 225-236.
Miglio 2002: M. Miglio, *Saggi di stampa. Tipografi e cultura a Roma nel Quattrocento*, Roma 2002 (RR inedita, 29 saggi).
Miglio 2003: M. Miglio, *Precedenti ed esiti dell'antiquaria romana del Quattrocento*, in *Antiquaria a Roma* 2003, pp. VII-XLI.
Miglio 2004: M. Miglio, *I luoghi di Lozana. Al margine dell'Alma Roma*, in *Studi in onore di S. Tramontana*, a cura di E. Cuozzo, Pratola 2004, pp. 291-308.
Miglio 2013: M. Miglio, *Ideologia curiale e filologia per il* De Constantini donatione *nel Quattrocento*, in *La diffusione europea del pensiero del Valla*, a cura di M. Regoliosi e C. Marsico,vol. II, Firenze 2013, pp. 361-370.
Miglio 2016: M. Miglio, *Storie di Roma nel Quattrocento*, Roma 2016 (Nuovi Studi Storici, 98).
La mobilità sociale 2017: *La mobilità sociale nel Medioevo* italiano, 5, *Roma e la Chiesa*, a cura di C. Carbonetti Vendittelli e M. Vendittelli, Roma 2017.
Modigliani 1986: A. Modigliani, *Le attività lavorative e le forme contrattuali*, in *Un pontificato ed una città* 1986 [v.], pp. 663-683.
Modigliani 1989: A. Modigliani, *Tipografi a Roma prima della stampa. Due società per fare libri con le forme, 1466-1470*, Roma 1989 (RR inedita, 3).
Modigliani 1994a: A. Modigliani, *I Porcari. Storie di una famiglia romana tra Medioevo e Rinascimento*, Roma 1994 (RR inedita, 10 saggi).
Modigliani 1994b: A. Modigliani, *"Li nobili huomini di Roma": comportamenti economici e scelte professionali*, in *Roma capitale* 1994 [v.], pp. 345-372.
Modigliani 1998a: A. Modigliani, *Mercati, botteghe e spazi di commercio a Roma tra medioevo ed età moderna*, Roma 1998 (RR inedita, 16 saggi).
Modigliani 1998b: A. Modigliani, *Continuità e trasformazione dell'aristocrazia municipale romana del XV sec.*, in *Roma medievale* 1998 [v.], pp. 267-279.
Modigliani 1999: A. Modigliani, *Statuti in tipografia*, in «RR», 1999, pp. 253-256.
Modigliani 2000: A. Modigliani, *Paolo II*, in *Enciclopedia dei Papi II* 2000 [v.], pp. 685-701.
Modigliani 2001: A. Modigliani, *Cittadini romani e libri a stampa*, in *Roma di fronte all'Europa* 2001, II, pp. 469-494.
Modigliani 2003: A. Modigliani, *Pio II e Roma*, in *Il sogno di Pio II* 2003 [v.], pp. 77-108.
Modigliani 2004a: A. Modigliani, *L'eredità di Cola di Rienzo*, in Rehberg, Modigliani 2004 [v.], parte II.
Modigliani 2004b: A. Modigliani, *"Faccio recordo io Evangelista...": Memorie di un notaio romano alla fine del Quattrocento*, in *Roma donne libri* 2004 [v.], pp. 217-257.
Modigliani 2004c: A. Modigliani, *Un ritratto di Paolo II per il duca di Milano: scelte edilizie, feste e politica cittadina*, in «RR», 2004, pp. 255-268.
Modigliani 2008: A. Modigliani, *Archivi familiari e storia di famiglie della municipalità romana nel basso medioevo. Memoria e rimozione*, in *Scritti per Isa* 2008 [v.], pp. 669-683.
Modigliani 2009a: A. Modigliani, *Disegni sulla città nel primo Rinascimento. Paolo II*, Roma 2009 (RR inedita, 40 saggi).

Modigliani 2009b: A. Modigliani, *Il testamento di Niccolò V e la gestazione della biografia manettiana*, in «RR», 2009, pp. 17-22.

Modigliani 2011: A. Modigliani, *Paolo II e i lavori a S. Pietro "...secondo li designi de papa Nicolao": La crisi del 1468 tra la "congiura dei poeti" e la sfida di Ferrante*, in «RR», 2011, pp. 255-278.

Modigliani 2013: A. Modigliani, *Congiurare all'antica. Stefano Porcari, Niccolo V, Roma 1453*, Roma 2013 (RR inedita, 57 saggi).

Modigliani 2018: A. Modigliani, *Raccontare Roma alla fine del Medioevo. Notai e cronache cittadine*, in *Notai a Roma* 2018 [v.], pp. 23-54.

Modigliani 2019: A. Modigliani, *Roma al tempo di Leon Battista Alberti (1432-1472). Disegni politici e urbani*, Roma 2019 (RR inedita, 85 saggi).

Mosca 2015: G. Mosca, *Paolo II e il viridarium del Palazzo di S. Marco a Roma: Nuove acquisizioni*, in «RR», 2015, pp. 379-400.

Muecke 2003: F. Muecke, *Humanists in the Roman Forum*, in «Papers of the British School at Rome», 71 (2003), pp. 207-233.

Muecke 2011: F. Muecke, *Ante oculos ponere*: *Vision and Imagination in Flavio Biondo's Roma Triumphans*, in «Papers of the British School at Rome», 79 (2011), pp. 275-298.

Muffel 1999: Nikolaus Muffel, *Descrizione della città di Roma nel 1452*, a cura di G. Wiedmann (testo tedesco e traduzione italiana), Bologna 1999.

Müller 2019: H. Müller, *Neue Forschungen zum Konstanzer Konzil. Literaturbericht*, in «Historisches Jahrbuch», 139 (2019), pp. 513-550.

Müller 2020: H. Müller, *Universitäten und Gelehrte auf den Konzilien von Pisa (1409), Konstanz (1414-1418) und Basel (1431-1449)*, in *Universität, Religion und Kirchen*, a cura di R.C. Schwinges (in corso di stampa).

Müntz 1878-82: E. Müntz, *Les arts à la Cour des Papes pendant le XVe e le XVIe siècle*, I-III, Paris 1878-1882 (rist. Hildesheim 1983).

Murray 2004: J. M. Murray, *Bruges Cradle of Capitalism, 1280-1390*, Cambridge 2004.

Musto 2003: R.G. Musto, *Apocalypse in Rome. Cola di Rienzo and the Politics of the New Age*, Berkeley 2003.

Nach dem Basler Konzil 2008: *Nach dem Basler Konzil. Die Neuordnung der Kirche zwischen Konziliarismus und monarchischem Papat (ca. 1450-1475)*, a cura di J. Dendorfer e C. Märtl, Berlin 2008.

Nádas 2007: J. Nádas, *The Internationalisation of the Italian Papal Chapels in the Early Quattrocento*, in *Cappelle musicali fra corte, stato e chiesa nell'Italia del Rinascimento*, a cura di F. Piperno *et alii*, Firenze 2007, pp. 247-269.

Nesselrath 1986: A. Nesselrath, *I libri di disegni di antichità. Tentativo di una tipologia*, in *Memoria dell'antico* 1986 [v.], pp. 89-147.

Nesselrath 2008: A. Nesselrath, *Impressionen zum Pantheon in der Renaissance*, in «Pegasus», 10 (2008), pp. 37-84.

Nesselrath 2014: A. Nesselrath, *Der Zeichner und sein Buch. Die Darstellung der antiken Architektur im 15. und 16. Jahrhundert*, Mainz-Ruhpolding 2014.

Nesselrath 2015: A. Nesselrath, *Papst Nikolaus V. in seiner Privatkapelle*, in *Caritas. Katalog der Ausstellung Paderborn 2015*, a cura di C. Stiegemann, Petersberg 2015, pp. 256-267.

Nesselrath, Nesselrath 2001: A. e C. Nesselrath, *Die Wappen der Erzpriester in der Lateranbasilika oder Wie Bramante nach Rom kam*, in *Italia et Germania* 2001, pp. 291-317.

Niccolò V 2000: *Niccolò V nel sesto centenario della nascita*, Atti del Convegno internazionale di studi (Sarzana, 8-10 ottobre 1998), a cura di F. Bonatti e A. Manfredi, Città del Vaticano 2000 (Studi e Testi, 397).

Niccolò Perotti 2011: *Niccolò Perotti. The Languages of Humanism and Politics*, a cura di M. Pade e C. Plesner Horster, Lund 2011 (Renaissance Forum, 7).

Nikitsch 2014: E. J. Nikitsch, *Das Heilige Römische Reich an der Piazza Navona. Santa Maria dell'Anima in Rom im Spiegel ihrer Inschriften aus Spätmittelalter und Früher Neuzeit*, Regensburg 2014.

La nobiltà romana 2006: *La nobiltà romana nel medioevo*, a cura di S. Carocci, Roma 2006 (CEFR, 359).

Nogara 1927: B. Nogara, *Scritti inediti e rari di Biondo Flavio*, Città del Vaticano 1927 (Studi e Testi, 48).

Notai a Roma 2018: *Notai a Roma, notai in Roma. Società e notai a Roma tra Medioevo ed età moderna*, a cura di O. Verdi e R. Pittella, Roma 2018 (RR inedita, 77 saggi).

Offices et papauté 2005: *Offices et papauté (XIVe - XVIIe s.). Charges, hommes, destins*, a cura di A. Jamme e O. Poncet, Roma 2005 (CEFR, 334).

Origini dello Stato 1994: *Origini dello Stato. Processi di formazione statale in Italia fra medioevo ed età moderna*, a cura di G. Chittolini *et alii*, Bologna 1994.

Ortalli 2000: G. Ortalli, *Gregorio XII*, in *Enciclopedia dei Papi II* 2000 [v.], pp. 584-593.

Pade 2000: M. Pade, *La fortuna della traduzione di Tucidide di Lorenzo Valla*, in *Niccolò V* 2000, pp. 255-293.

Päpste, Pilger, Pönitentiarie 2004: *Päpste, Pilger, Pönitentiarie. Festschrift für Ludwig Schmugge*, a cura di A. Meyer, C. Rendtel e M. Wittmer-Butsch, Tübingen 2004.

Pagano 1990: S. Pagano, *L'archivio dell'arciconfraternita del Gonfalone. Cenni storici ed inventario*, Città del Vaticano 1990 (Collectanea Archivi Vaticani, 26).

Pagano 1993: S. Pagano, *Archivi di famiglie romane e non romane nell'Archivio Segreto Vaticano*, in «Roma moderna e contemporanea», I/3 (1993), pp. 189-231.

Pagliara 1998/1999: P.N. Pagliara, *Antico e Medioevo in alcune tecniche costruttive del XV e XVI secolo, in particolare a Roma*, in «Annali di Architettura», 10-11 (1998/1999), pp. 233-260.

Palermo 1979: L. Palermo, *Il porto di Roma nel XIV e XV secolo. Strutture socio-economiche e statuti*, Roma 1979.

Palermo 1994: L. Palermo, *L'approvvigionamento granario della capitale. Strategie economiche e carriere curiali a Roma alla metà del Quattrocento*, in *Roma capitale* 1994 [v.], pp. 145-205.

Palermo 1998: L. Palermo, *Fattori della produzione e sviluppo economico a Roma nel Rinascimento*, in *Roma medievale* 1998 [v.], pp. 249-265.

Palermo 2001: L. Palermo, *L'economia*, in *Roma del Rinascimento* 2001 [v.], pp. 49-91.

Palermo 2005: L. Palermo, *I mercanti e la moneta a Roma nel primo Rinascimento*, in *Economia e società* 2005 [v.], pp. 243-275.

Palermo 2010: L. Palermo, *Il patrimonio immobiliare, la rendita e le finanze di S. Maria dell'Anima nel Rinascimento*, in *Santa Maria dell'Anima* 2010 [v.], pp. 279-325.

Palermo 2014: L. Palermo, *Un conflitto mancato: l'emarginazione della Camera Urbis nel XV secolo*, in *Congiure e conflitti* 2014 [v.], pp. 39-54.

Palermo 2020: L. Palermo, *Mercato immobiliare e crescita economica nel Rinascimento romano*, in *Mercato immobiliare* 2020 [v.].

Palmer 2014: J.A. Palmer, *Piety and Social Distinction in Late Medieval Roman Peacemaking*, in «Speculum», 89 (2014), pp. 974-1004.

Palmieri 1890: G. Palmieri, *Spicilegio Vaticano di documenti inediti e rari*, II, Roma 1890.

Pani Ermini 2001: L. Pani Ermini, *Forma Urbis: Lo spazio urbano tra VI e IX sec.*, in *Roma nell'alto medioevo*, vol. I, Spoleto 2001 (Settimane di studio del Centro Italiano di Studi sull'Alto Medioevo, 48), pp. 255-323.

Papal music 1998: *Papal music and musicians in late Medieval and Renaissance Rome*, a cura di R. Sherr, Oxford 1998.

Papato, Stati regionali 2004: *Papato, Stati regionali e Lunigiana nell'età di Niccolò V*, a cura di E.M. Vecchi, La Spezia 2004.

Paravicini Bagliani 1997: A. Paravicini Bagliani, *Il giubileo di Bonifacio VIII*, in *Storia dei Giubilei I*, pp. 168-183.

Paravicini Bagliani 2010: A. Paravicini Bagliani, *La biblioteca papale nel Duecento e nel Trecento*, in *Storia della Biblioteca Apostolica Vaticana* 2010 [v.], pp. 73-108.

Parisi Presicce 2000: C. Parisi Presicce, *I grandi bronzi di Sisto IV dal Laterano al Campidoglio*, in *Sisto IV* 2000 [v.], pp. 189-200.

Parlato 1990: E. Parlato, *Cultura antiquaria e committenza di Oliviero Carafa*, in «Studi Romani», 38 (1990), pp. 269-280.

Parlato 2001: E. Parlato, *Vista da Nord: immagini di Roma dal Medioevo al Quattrocento*, in *Roma. Memoria e oblio* 2001 [v.], pp. 199-208

Partner 1958: P. Partner, *The Papal state under Martin V: the administration and government of the temporal power in the early fifteenth century*, London 1958.

Partner 1990: P. Partner, *The Pope's men. The papal civil service in the Renaissance*, Oxford 1990.

Partner 2001: P. Partner, *A financial* Informatione *under Alexander VI*, in *Italia et Germania* 2001 [v.], pp. 237-255.

Passigli 1998: S. Passigli, *Il territorio delle parrocchie romane durante i secoli XIV, XV e XVI*, in *Popolazione e società* 1998 [v.], pp. 63-79.

Pastor 1904: L. von Pastor, *Ungedruckte Akten zur Geschichte der Päpste vornehmlich im XV., XVI. und XVII. Jahrhundert*, I, Freiburg 1904.

Pastor 1925-26: L. von Pastor, *Geschichte der Päpste seit dem Ausgang des Mittelalters*, I e II, Freiburg i. Br. 1925-1926

Patronage, art, and society 1987: *Patronage, art, and society in Renaissance Italy*, a cura di F.W. Kent e P. Simons, Oxford 1987.

Patschovsky 1999: A. Patschovsky, *Der italienische Humanismus auf dem Konstanzer Konzil*, Konstanz 1999 (Konstanzer Universitätsreden, 198).

Paulus 1922-23: N. Paulus, *Geschichte des Ablasses im Mittelalter*, Paderborn 1922-23.

Pausch 1972: O. Pausch, *Das* älteste *italienisch-deutsche Sprachbuch. Eine Überlieferung aus dem Jahre 1424 nach Georg von Nürnberg*, Wien 1972 (Österr. Akad. d. Wiss., Phil.-hist. Kl., Denkschriften, 111).

Pavan 1978: P. Pavan, *Gli statuti della Società dei Raccomandati del Salvatore ad Sancta Sanctorum*, in «ASR», 101 (1978), pp. 35-96.

Pavan 1984: P. Pavan, *La confraternita del Salvatore nella società romana del Tre-Quattrocento*, in *Le confraternite romane* 1984 [v.], pp. 81-89.

Pavan 1992: P. Pavan, *Comune romano e lo «Studium Urbis» tra XV e XVI secolo*, in *Roma e lo Studium Urbis* 1992 [v.], pp. 88-100.

Pedrocchi 2018: A.M. Pedrocchi, *Liber domorum et alia: proprietà immobiliari ed "Entrate" del convento di S. Agostino di Roma nei secoli XVI-XVI*, in «Analecta Augustiniana», 81 (2018), pp. 117-212.

Pellegrini 2000: M. Pellegrini, *Pio II*, in *Enciclopedia dei Papi II* 2000 [v.], pp. 663-685.

Pellegrini 2011: M. Pellegrini, *Das Kardinalskolleg von Sixtus IV. bis Alexander VI. (1471-1503)*, in *Geschichte des Kardinalats* 2011, pp. 399-445.

Pensabene, Pomponi 1991/1992: P. Pensabene, M. Pomponi, *I portici cosmateschi a Roma*, in «Rivista dell'Istituto Nazionale di Archeologia e Storia dell'arte», 14-15 (1991/1992), pp. 305-346.

Pertusi 1976: A. Pertusi, *La caduta di Costantinopoli*, 2 voll., Milano 1976.

Petrini 1795: P.A. Petrini, *Memorie Prenestine*, Roma 1795, pp. 448-452.

Petrone 1912: Paolo di Lello Petrone, *La Mesticanza*, a cura di F. Isoldi, in Muratori, XXIV 2, Città di Castello 1912, pp. 3-63.

Petrucci 1978: A. Petrucci, *Scrittura, alfabetismo ed educazione grafica nella Roma del primo Cinquecento: da un libretto di conti di Maddalena pizzicarola in Trastevere*, in «Scrittura e Civiltà», 2 (1978), pp. 163-207.

Petrucci G. 1998: G. Petrucci, *La Via Sistina da Porta del Popolo al Vaticano ed il programma urbanistico di Sisto IV per il Borgo*, in «Storia dell'Urbanistica», 4 (1998), pp. 35-57.

Pfisterer 2008: U. Pfisterer, *Lysippus und seine Freunde. Liebesgaben und Gedächtnis im Rom der Renaissance, oder: Das erste Jahrhundert der Medaille*, Berlin 2008.

Pfisterer 2013: U. Pfisterer, *Die Sixtinische Kapelle*, München 2013.

Piacentini 2009: P. Piacentini, *Platina, la Biblioteca Vaticana e i registri di Introitus et Exitus. Da una ricerca di G. Lombardi*, Roma 2009 (RR inedita, 42 saggi).

Piante di Roma 2012: *Piante di Roma dal Rinascimento ai catasti*, a cura di M. Bevilacqua e M. Fagiolo, Roma 2012.

Piazza Navona 2014: *"Piazza Navona, ou place Navone, la plus belle & la plus grande". Du stade de Domitien à la place moderne. Histoire d'une évolution urbaine*, a cura di J.-F. Bernard, Rome 2014 (CEFR, 493).

Piccinni, Travaini 2003: G. Piccinni, L. Travaini, *Il libro del Pellegrino. Affari, uomini, monete nell'Ospedale di S. Maria della Scala*, Napoli 2003.

Pietschmann 2009: K. Pietschmann, *Die Graffiti auf der Sängerkanzel der Cappella Sistina*, in «Analecta Musicologica», 43 (2009), pp. 225-273.

Pius II, *Commentarii*: *Pii II Commentarii rerum memorabilium que temporibus suis contigerunt*, a cura di A. Van Heck, Città del Vaticano 1984 (Studi e Testi, 212, 213).

Pius II 2003: *Pius II. "El più expeditivo pontifice" Selected Studies on Aeneas Silvius Piccolomini (1405-1464)*, a cura di Z. von Martels, A. Vanderjagt, Leiden-Boston 2003.

Platina 1998: Bartolomeo Sacchi dictus Platina, *On right pleasure and good health. De honesta voluptate,* a cura di M.E. Milham, Tempe 1998 (Medieval and Renaissance Texts and Studies).

Platina, *Liber*: Platina, *Liber de vita Christi ac omnium pontificum*, a cura di G. Gaida, in Muratori, III 1 (1913-32).

Plebani 2002: E. Plebani, *I Tornabuoni*, Milano 2002.

Plebani 2012: E. Plebani, *Una fuga programmata. Eugenio IV e Firenze (1433-34)*, in «ASI», 170 (2012), pp. 285-310.

Plebani 2016: E. Plebani, *Roma dopo la morte di Sisto IV nella testimonianza dell'ambasciatore fiorentino Guidantonio Vespucci*, in «ASR», 139 (2016), pp. 63-112.

Poeschke 1990: J. Poeschke, *Die Skulptur der Renaissance in Italien*, I, München 1990

Poesia e poetica 1987: *Poesia e poetica delle rovine di Roma. Momenti e problemi*, a cura di V. De Caprio, Roma 1987.

Poggio Bracciolini 1953: Poggio Bracciolini, *De varietate fortunae*, lib. I, in *Codice topografico* [v.], vol. IV, pp. 230-245.

Poggio Bracciolini 1980: *Poggio Bracciolini nel VI centenario della nascita*, a cura di R. Fubini e S. Caroti, Firenze 1980.

Poggio Bracciolini 1983: Poggio Bracciolini, *Facezie*, a cura di M. Ciccuto, Milano 1983.

Poggio Bracciolini 1984: Poggio Bracciolini, *Lettere*, vol. I, *Lettere a Niccolò Niccoli*, a cura di H. Harth, Firenze 1984.

Poggio Bracciolini 1993: Poggio Bracciolini, *De varietate fortunae,* nuova edizione a cura di O. Merisalo, Helsinki 1993 (Annales Academiae scientiarum Fennicae, ser. B 265).

Poggio Bracciolini 1998: Poggio Bracciolini, *De infelicitate principum*, a cura di D. Canfora, Roma 1998 (Ediz. naz. di testi umanistici, 2).

Polverini Fosi 1994: I. Polverini Fosi, *I fiorentini a Roma nel Cinquecento: storia di una presenza*, in *Roma capitale* 1994 [v.], pp. 389-414.

Pompa sacra 2010: *Pompa sacra. Lusso e cultura materiale alla corte papale nel basso medioevo (1420-1527)*, a cura di T. Ertl, Roma 2010 (Nuovi Studi Storici, 86).

Pomponio Leto 2007: *Pomponio Leto e la prima accademia romana*, a cura di C. Cassiani e M. Chiabò, Roma 2007 (RR inedita, 37 saggi).

Pomponio Leto 2011: *Pomponio Leto tra identità locale e cultura internazionale*, a cura di A. Modigliani, P. Osmond, M. Pade e J. Ramminger, Roma 2011 (RR inedita, 48 saggi).

Pontieri 1975: E. Pontieri, *Alfonso il Magnanimo re di Napoli*, Napoli 1975.

Il pontificale di Bonifacio IX 2007: *Il pontificale di Bonifacio IX. Commentario*, a cura di A. M. Piazzoni, Città del Vaticano 2007.

Un pontificato ed una città 1986: *Un pontificato ed una città. Sisto IV (1471-1484)*, atti del convegno (Roma 3-7 dicembre1984), a cura di M. Miglio, F. Niutta, D. Quaglioni e C. Ranieri, Città del Vaticano 1986.

Popolazione e società 1998: *Popolazione e società a Roma dal medioevo all'età contemporanea*, a cura di E. Sonnino, Roma 1998.

Portoghesi 1971: P. Portoghesi, *Roma nel Rinascimento*, I-II, Milano 1971.

The Possessions of a cardinal 2010: *The Possessions of a cardinal. Politics, piety, and art 1450-1700*, a cura di M. Hollingsworth, C. M. Richardson, University Park (PA) 2010.

Principi e città 1996: *Principi e città alla fine del Medioevo*, a cura di S. Gensini, Pisa 1996.

Procès de canonisation 2004: *Procès de canonisation au Moyen Âge. Aspects juridiques et religieux. Medieval Canonisation Processes. Legal and Religious Aspects*, a cura di G. Klaniczay, Rome 2004.
Prodi 1992: P. Prodi, *Il sacramento del potere*, Bologna 1992.

Il Quattrocento a Roma 2008: *Il Quattrocento a Roma. La rinascita delle arti da Donatello a Perugino*, Catalogo della mostra (Roma 2008), a cura di M. G. Bernardini e M. Bussagli, Milano 2008.

Raffaello architetto 1984: *Raffaello architetto*, a cura di C.L. Frommel, S. Ray e M. Tafuri, Milano 1984.
Rehberg 1992: A. Rehberg, *"Etsi prudens paterfamilias... pro pace suorum sapienter providet". Le ripercussioni del nepotismo di Martino V a Roma e nel Lazio*, in *Alle origini* 1992 [v.], pp. 225-282.
Rehberg 1999a: A. Rehberg, *Kirche und Macht im römischen Trecento. Die Colonna und ihre Klientel auf dem kurialen Pfründenmarkt, 1278-1378*, Tübingen 1999 (BiblDHI, 88).
Rehberg 1999b: A. Rehberg, *Die Kanoniker von S. Giovanni in Laterano und S. Maria Maggiore im 14. Jahrhundert: eine Prosopographie*, Tübingen 1999 (BiblDHI, 89).
Rehberg 2004: A. Rehberg, *Clientele e fazioni nell'azione politica di Cola di Rienzo*, in Rehberg, Modigliani 2004 [v.], parte I.
Rehberg 2010: A. Rehberg, *Il Liber decretorum dello scribasenato Pietro Rutili. Regesti della più antica raccolta di verbali dei consigli comunali di Roma, 1515-1526*, Roma 2010.
Rehberg 2012a: A. Rehberg, *Religiosi stranieri a Roma: problemi e prospettive di ricerca*, in «Rivista di storia della Chiesa in Italia», 66 (2012), pp. 4-63.
Rehberg 2012b: A. Rehberg, *Ein 'Gegenpapst' wird kreiert. Fakten und Fiktionen in den Zeugenaussagen zur umstrittenen Wahl Urbans VI. (1378)*, in *Gegenpäpste*, a cura di H. Müller e B. Hotz, Wien 2012.
Rehberg 2018a: A. Rehberg, *Nobiltà e monasteri femminili nel Trecento romano: il caso dei conventi delle clarisse di S. Silvestro in Capite e di S. Lorenzo in Panisperna*, in *Roma religiosa. Monasteri e città (sec. VI-XVI)*, n. monografico di «Reti Medievali Rivista», 19/1 (2018), pp. 403-435.
Rehberg 2018b: *Stranieri in cerca di un notaio a Roma: scelte e convenienze*, in *Notai a Roma* 2018 [v.], pp. 77-94.
Rehberg, Modigliani 2004: A. Rehberg, A. Modigliani, *Cola di Rienzo e il comune di Roma*, I-II, Roma 2004 (RR inedita, 31).
Rehm 1960: W. Rehm, *Europäische Romdichtung*, München 1960.
Reinhard 1997: W. Reinhard, *Ausgewählte Abhandlungen*, Berlin 1997.
Reinhardt 1991: V. Reinhardt, *Überleben in der frühneuzeitlichen Stadt. Annona und Getreideversorgung in Rom 1563-1797*, Tübingen 1991 (BiblDHI, 72).
Reinhardt 2013: V. Reinhardt, *Papst Pius II. Piccolomini*, München 2013.
Remesal Rodríguez 2012/2013: J. Remesal Rodríguez, *El monte Testaccio: de vertedero a archivo*, in «Rendiconti d. Pontif. Acc. romana di archeologia», 85 (2012/2013), pp. 111-128.

RPG: *Repertorium Poenitentiariae Germanicum*, I-XI, a cura di L. Schmugge, Tübingen 1996-2018.

Reuse Value 2011: *Reuse Value. Spolia and appropriation in art and architecture from Constantine to Sherrie Levine*, a cura di R. Brilliant e D. Kinney, Ashgate 2011.

Reynolds 1996: C. Reynolds, *Papal patronage and the music of St. Peter's*, Berkeley 1996.

Richardson 2009: C.M. Richardson, *Reclaiming Rome. Cardinals in the fifteenth century*, Leiden-Boston 2009.

Rodin 2012: J. Rodin, *Josquin's Rome. Hearing and Composing in the Sistine Chapel*, New York 2012.

Roeck, Tönnesmann 2005: B. Roeck, A. Tönnesmann, *Die Nase Italiens. Federigo da Montefeltro Herzog von Urbino*, Berlin 2005.

Roeck 2018: B. Roeck, *Der Morgen der Welt. Geschichte der Renaissance*, München 2018.

Rohlmann 2003: M. Rohlmann, *Arte da lontano. Pittura fiamminga nella Firenze rinascimentale*, in *Art Market in Italy* 2003 [v.], pp. 401-412.

Rollo 2001: A. Rollo, *Le due Rome a confronto: studi recenti su una fortunata epistola di manuele Crisolora*, in «RR», 2001, pp. 21-37.

Roma 1347-1527 2020: *Roma 1347-1527. Linee di un'evoluzione. Atti del Convegno internazionale di Studi Roma, 13-15 nov. 2017*, a cura di M. Miglio e I. Lori Sanfilippo, Roma 2020 (Nuovi Studi Storici, 116).

Roma capitale 1994: *Roma capitale (1447-1527)*, a cura di S. Gensini, Pisa 1994 (Pubbl. degli Archivi di Stato, Saggi 29).

Roma centro ideale 1998: *Roma centro ideale della cultura dell'Antico nei secoli XV e XVI*, a cura di S. Danesi Squarzina, Milano 1998.

Roma del Rinascimento 2001: *Roma del Rinascimento*, a cura di A. Pinelli, Roma-Bari 2001 (Storia di Roma dall'antichità a oggi, 3).

Roma di fronte all'Europa 2001: *Roma di fronte all'Europa al tempo di Alessandro VI*, Atti del convegno (Città del Vaticano - Roma, 1-4 dicembre 1999), a cura di M. Chiabò, S. Maddalo, M. Miglio e A.M. Oliva, I-III (RR), Roma 2001.

La Roma di Leon Battista Alberti 2005: *La Roma di Leon Battista Alberti. Umanisti, architetti e artisti alla scoperta dell'antico nella città del Quattrocento*, Catalogo della mostra (Roma 2005), a cura di F.P. Fiore con la collaborazione di A. Nesselrath, Milano 2005.

Roma donne libri 2004: *Roma donne libri tra medioevo e rinascimento. In ricordo di Pino Lombardi*, Roma 2004 (RR inedita, 32 saggi).

Roma e lo Studium Urbis 1992: *Roma e lo Studium Urbis. Spazio urbano e cultura dal Quattro al Seicento*, a cura di P. Cherubini, Roma 1922 (Pubblicazioni degli Archivi di Stato, saggi 22).

Roma medievale 1998: *Roma medievale. Aggiornamenti*, a cura di P. Delogu, Firenze 1998.

Roma medievale 2001: *Roma medievale*, a cura di A. Vauchez, Roma-Bari 2001 (Storia di Roma dall'antichità a oggi, 2).

Roma. Memoria e oblio 2001: *Roma. Memoria e oblio*, a cura di F. Troncarelli, Roma 2001.

Romani 1948: M. Romani, *Pellegrini e viaggiatori nell'economia di Roma dal XIV al XVII secolo*, Milano 1948.

Romano 2001: S. Romano, *Arte nel Medioevo romano: la continuità e il cambiamento*, in *Roma medievale* 2001 [v.], pp. 267-289.

Rome in the Renaissance 1982: *Rome in the Renaissance. The city and the myth*, a cura di P.A. Ramsey, Binghamton 1982.

Roettgen 1996-97: S. Roettgen, *Wandmalerei der Frührenaissance in Italien*, I/II, München 1996-1997.

Rosenauer 1993: A. Rosenauer, *Donatello*, Milano 1993.

Roth 1991: A. Roth, *Studien zum frühen Repertoire der päpstlichen Kapelle unter dem Pontifikat Sixtus' IV (1471-1484)*, Città del Vaticano 1991.

Roth 1998: A. Roth, *Liturgical (and paraliturgical) music in the papal chapel towards the end of the fifteenth century*, in *Papal Music* 1998, pp. 125-137.

Rubinstein 1966: N. Rubinstein, *The Government of Florence under the Medici, 1434 to 1494*, Oxford 1966.

Rucellai 1960: G. Rucellai, *Il Zibaldone quaresimale*, a cura di A. Perosa, London 1960 (Studies of the Warburg Institute, 24).

Rusconi 1999: R. Rusconi, *Profezie e profeti alla fine del Medioevo*, Roma 1999.

Salonen 2010: K. Salonen, *Die "Skandinavier" und die "Confraternitas B. Mariae de Anima teutonicorum de Urbe"*, in *Santa Maria dell'Anima* 2010, pp. 43-61.

Santa Maria dell'Anima 2010: *Santa Maria dell'Anima. Zur Geschichte einer "deutschen" Stiftung in Rom*, a cura di M. Matheus, Berlin-New York 2010 (BiblDHI, 121).

Santa Maria del Popolo 2009: *Santa Maria del Popolo. Storia e restauri*, a cura di I. Miarelli Mariani e M. Ricchiello, Roma 2009.

Una santa tutta romana 1984: *Una santa tutta romana Saggi e ricerche nel VI centenario della nascita di Francesca Bussa dei Ponziani*, a cura di G. Picasso, Monte Oliveto Maggiore 1984.

Santi Celso e Giuliano 1966: G. Segui, C. Thoenes, L. Mortari, *Santi Celso e Giuliano*, Roma 1966 (Le Chiese di Roma illustrate, 88).

Santo Spirito 2001: *L'antico Ospedale di Santo Spirito dall'istituzione papale alla sanità del terzo millennio*, Convegno Roma 2001, in «Il Veltro», 46 (2002).

Santuari d'Italia 2012: *Santuari d'Italia. Roma*, a cura di S. Boesch Gajano *et alii*, Roma 2012.

Scaglia 1964: G. Scaglia, *The origin of an archaeological plan of Rome by Alessandro Strozzi*, in «JWCI», 27 (1964), pp. 137-163.

Scaglia 1992: G. Scaglia, *Il Frontispizio di Nerone, la casa Colonna e la scala di età romana antica in un disegno nel Metropolitan Museum of Art di New York*, in «Bollettino d'Arte», 6ª serie, 72 (1992), pp. 35-62.

Schawe 1999: M. Schawe, *Rom in Augsburg. Die Basilikabilder aus dem Katharinenkloster*, München 1999.

Schelbert 2007: G. Schelbert, *Der Palast von SS. Apostoli und die Kardinalsresidenzen des 15. Jahrhunderts in Rom*, Norderstedt 2007.

Schimmelpfennig 1973: B. Schimmelpfennig, *Die Zeremonienbücher der römischen Kurie im Mittelalter*, Tübingen 1973 (BiblDHI, 40).

Schimmelpfennig 1974: B. Schimmelpfennig, *Die Krönung des Papstes im Mittelalter dargestellt am Beispiel der Krönung Pius' II. (3. 9. 1458)*, in «QFIAB», 54 (1974), pp. 192-270.

Schimmelpfennig 1984: B. Schimmelpfennig, *Der Ämterhandel an der römischen Kurie von Pius II. bis zum Sacco di Roma (1458-1527)*, in *Ämterhandel im Spätmittelalter und im 16. Jh.*, a cura di I. Mieck, Berlin 1984, pp. 3-41.

Schmitt 1970: A. Schmitt, *Römische Antikensammlungen im Spiegel eines Musterbuchs der Renaissance*, in «Münchner Jahrbuch der Bildenden Kunst», 21 (1970), pp. 99-128.

Schmitt 1976: J.-Cl. Schmitt, *Le suicide au Moyen-Âge*, in «Annales», 31 (1976), pp. 3-28.

Schmitt 2009: O.J. Schmitt, *Skanderbeg*, Regensburg 2009.

Schmugge 1995: L. Schmugge, *Deutsche Pilger in Italien*, in *Kommunikation und Mobilität im Mittelalter*, a cura di S. de Rachewiltz e J. Riedmann, Sigmaringen 1995, pp. 97-113.

Schmugge 2000: L. Schmugge, *Die Jubiläen von 1450 und 1475 im Spiegel des Archivs der Pönitentiarie*, in *I Giubilei* 2000, pp. 359-375.

Schuchard 1987: Ch. Schuchard, *Die Deutschen an der päpstlichen Kurie im späten Mittelalter 1378-1447*, Tübingen 1987 (BiblDHI, 65).

Schuchard 2000: Ch. Schuchard, *Die päpstlichen Kollektoren im späten Mittelalter*, Tübingen 2000 (BiblDHI, 91).

Schuchard 2004: C. Schuchard, *I tedeschi alla curia pontificia nella seconda metà del Quattrocento*, in *Roma capitale*, pp. 51-71.

Schuchard, Schulz 2003: C. Schuchard, K. Schulz, *Thomas Giese aus Lübeck und sein römisches Notizbuch der Jahre 1507 bis 1526*, Lübeck 2003.

Schulte 1904: A. Schulte, *Die Fugger in Rom 1495-1523*, Leipzig 1904.

Schulz 2002: K. Schulz, *Confraternitas Campi Sancti de Urbe. Die ältesten Mitgliederverzeichnisse (1500/01-1536) und Statuten der Bruderschaft*, Freiburg/Br. 2002.

Schulz 2004: K. Schulz, *Was ist deutsch? Zum Selbstverständnis deutscher Bruderschaften im Rom der Renaissance*, in *Päpste, Pilger, Pönitentiarie* 2004 [v.], pp. 133-178.

Schulz, Schuchard 2005: K. Schulz, C. Schuchard, *Handwerker deutscher Herkunft und ihre Bruderschaften im Rom der Renaissance. Darstellung und ausgewählte Quellen*, Rom-Freiburg-Wien 2005.

Schwarz 1972: B. Schwarz, *Die Organisation kurialer Schreiberkollegien von ihrer Entstehung bis zur Mitte des 15. Jahrhunderts*, Tübingen 1972 (BiblDHI, 37).

Schwarz 1992: B. Schwarz, *L'organizzazione curiale di Martino V e i problemi derivanti dallo Scisma*, in *Alle origini* 1992 [v.], pp. 329-345.

Schwarz 2013a: B. Schwarz, *Kurienuniversität und stadtrömische Universität von ca. 1300 bis 1471*, Leiden-Boston 2013.

Schwarz 2013b: B. Schwarz, *Die Karriere L. B. Albertis in der päpstlichen Kanzlei*, in «QFIAB», 93 (2013), pp. 49-103.

Schwarz U. 1991: U. Schwarz, *Sixtus IV. und die deutschen Kurialen in Rom. Eine Episode um den Ponte Sisto*, in «QFIAB», 71 (1991), pp. 340-395.

Schwarz U. 1993: U. Schwarz, *Die Papstfamiliaren der ersten Stunde. Zwei Expektativenrotuli für Sixtus IV (1. Jan. 1472)*, in «QFIAB», 73 (1993), pp. 303-386.

Schwarz U. 2005: U. Schwarz, *Kardinalsfamiliaren im Wettbewerb*, in *Kurie und Region* 2005 [v.], pp. 129-149.

Scritti per Isa 2008: *Scritti per Isa. Raccolta di studi offerti a Isa Lori Sanfilippo*, a cura di A. Mazzon, Roma 2008 (Nuovi Studi Storici, 76).

Scrittura, biblioteche e stampa 1980-1983: *Scrittura, biblioteche e stampa a Roma nel Quattrocento. Aspetti e problemi*, Atti del seminario (1-2 giugno 1979), 1.1 a cura di C. Bianca, P. Farenga, G. Lombardi, A.G. Luciani, M. Miglio, Città del Vaticano 1980; 1.2 *Indice delle edizioni romane a stampa 1467-1500*, a cura di P. Casciano *et alii*, 1980; 2 Atti del 2° Seminario 6-8 maggio 1982, a cura di M. Miglio, 1983.
Seeber 1997: N. Seeber, *Enea Vergilianus*, Innsbruck 1997.
Seibt 1992: G. Seibt, *Anonimo Romano. Geschichtsschreibung in Rom an der Schwelle zur Renaissance,* Stuttgart 1992.
Senatore 1998: F. Senatore, *"Uno mundo de carta". Forme e strutture della diplomazia sforzesca*, Napoli 1998.
Sensi 2013: M. Sensi, *Tor de'Specchi e il movimento religioso femminile nel Quattrocento*, in *La canonozzazione* 2013 [v.], pp. 259-301.
Settis 1984-86: S. Settis, *Continuità, distanza, conoscenza. Tre usi dell'antico*, in *Memoria dell'antico* 1984-1986, III, pp. 375-486.
Setton 1978: K.M. Setton, *The papacy and the Levant*, II, Philadelphia 1978.
Setz 1975: W. Setz, *Lorenzo Vallas Schrift gegen die Konstantinische Schenkung*, Tübingen 1975 (BiblDHI, 44).
Shearman 1986: J. Shearman, *The Chapel of Sixtus IV: The Fresco Decoration of Sixtus IV*, in C. Pietrangeli, *The Sistine Chapel: the Art, the History, and the Restoration*, New York 1986, pp. 22-87.
Signorini 1985: R. Signorini, *Opus hoc tenue. La Camera dipinta di Andrea Mantegna*, Parma 1985.
Simoncini 2004: G. Simoncini, *Roma. Le trasformazioni urbane nel Quattrocento*, I, *Topografia e urbanistica da Bonifacio IX ad Alessandro VI*; II, *Funzioni urbane e tipologie edilizie,* Firenze 2004.
Simonetta 2014: M. Simonetta, *L'enigma Montesecco: una nuova scoperta sulla congiura dei Pazzi. Sisto IV e i "nuovi tiranni"*, in «RR», 2014, pp. 278-298.
Sisto IV 2000: *Sisto IV. Le arti a Roma nel primo Rinascimento*, Atti del Convegno internazionale di studi, a cura di F. Benzi, Roma 2000.
Il sogno di Pio II 2003: *Il sogno di Pio II e il viaggio da Roma a Mantova*, Atti del Convegno internazionale (Mantova, 13-15 aprile 2000), a cura di A. Calzona, F.P. Fiore, A. Tenenti e C. Vasoli, Firenze 2003.
Sohn 1997: A. Sohn, *Deutsche Prokuratoren an der römischen Kurie in der Frührenaissance, 1431-1474*, Köln *et al.*, 1997.
Sommerlechner 1999: A. Sommerlechner, *Die ludi agonis et testatie - Das Fest der Kommune Rom im Mittelalter*, in «Römische Historische Mitteilungen», 41 (1999), pp. 339-370.
Sommerlechner 2001: A. Sommerlechner, *Urkunden als Quellen zu Stellenwert und Verwendung antiker Reste im mittelalterlichen Rom*, in «Römische Historische Mitteilungen», 43 (2001), pp. 311-354.
Spallanzani 2006: M. Spallanzani, *Maioliche ispano-moresche a Roma nel Rinascimento*, Firenze 2006.
Spesso 2018: M. Spesso, *Premesse a Pienza: architettura e umanesimo integrale*, Milano 2018.
Spotti Tantillo 1975: A. Spotti Tantillo, *Inventari inediti di interesse librario tratti da protocolli notarili romani (1468-1523)*, in «ASR», 98 (1975), pp. 77-94.

La stampa romana 2016: *La stampa romana nella Roma dei papi e in Europa*, a cura di C.F. Dondi *et alii*, Città del Vaticano 2016 (Studi e Testi, 506).

Starr 1992: P.F. Starr, *Rome as the centre of the universe: Papal grace and music patronage*, in *Early Music History*, vol. 11, a cura di I. Fenlon, Cambridge 1992, pp. 223-262.

Lo stato del Rinascimento 2014: *Lo stato del Rinascimento in Italia*, a cura di A. Gamberini e I. Lazzarini, Roma 2014.

Stierle 2003: K. Stierle, *Spectaculum. Der Blick auf die Welt bei Petrarca und Jan van Eyck*, in *Der stumme Diskurs der Bilder*, a cura di V. von Rosen *et alii*, Berlin 2003, pp. 119-138.

Stinger 1985: C.L. Stinger, *The Renaissance in Rome*, Bloomington (IN) 1985.

Stopani 1988: R. Stopani, *La Via Francigena. Una strada europea nell'Italia del Medioevo*, Firenze 1988.

Storia della Biblioteca Apostolica Vaticana 2010: *Storia della Biblioteca Apostolica Vaticana*, a cura di A. Manfredi, vol. I, *Le origini della Biblioteca Vaticana tra Umanesimo e Rinascimento, 1447-1534*, Città del Vaticano 2010.

Storia della Facoltà di Lettere 2000: *Storia della Facoltà di Lettere e Filosofia de "La Sapienza"*, a cura di L. Capo, M.R. Di Simone, Roma 2000.

Storia dei Giubilei I: *Storia dei Giubilei*, vol. I (1300-1423), a cura di G. Fossi, Firenze 1997.

Storia dei Giubilei II: *Storia dei Giubilei*, vol. II (1450-1575), a cura di M. Fagiolo e M.L. Madonna, Firenze 1998.

Storiografia e archivi delle confraternite 1985: *Storiografia e archivi delle confraternite romane*, a cura di L. Fiorani, Roma 1985 (Ricerche per la storia religiosa, 6).

Storie romane 2018: *Storie romane del Rinascimento*, a cura di A. Esposito, Roma 2018 (RR inedita, 78).

Strangio, Vaquero Piñeiro 2004: D. Strangio, M. Vaquero Piñeiro, *Spazio urbano e dinamiche immobiliari a Roma nel Quattrocento*, in *Simoncini* 2004 [v.], II, pp. 3-28.

Strinati 2008: C. Strinati, *Linee di tendenza nella pittura a Roma nel Quattrocento*, in *Il Quattrocento a Roma* 2008 [v.], pp. 37-61.

Strohm 1993: R. Strohm, *The Rise of European Music 1380-1500*, Cambridge 1993.

Stromer 1970: W. v. Stromer, *Oberdeutsche Hochfinanz 1350-1450*, Wiesbaden 1970.

Supplications 2013-15: *Supplications from England and Wales in the Registers of the Apostolic Penitentiary*, a cura di P.D. Clarke e P.N.R. Zutshi, I-III, Woodbridge 2013-15.

Tafuri 1984: M. Tafuri, *"Roma instaurata". Strategie urbane e politiche pontificie nella Roma del primo Cinquecento*, in *Raffaello architetto* 1984 [v.], pp. 59-106.

Tedeschi Grisanti 1990: G. Tedeschi Grisanti, *Dalle Terme di Caracalla. Capitelli reimpiegati nel Duomo di Pisa*, in «Rendiconti. Accademia Nazionale dei Lincei, Classe di Scienze morali», ser. IX, 1 (1990), pp. 161-185.

Tewes 2001: G.-R. Tewes, *Die römische Kurie und die europäischen* Länder am *Vorabend der Reformation*, Tübingen 2001 (BiblDHI, 95).

Theodericus de Nyem 1890: *Theoderici de Nyem De scismate libri tres*, a cura di G. Erler, Leipzig 1890.

Thoenes 1995: C. Thoenes, *"L'incarico imposto dall'economia". Appunti su committenza ed economia dai trattati d'architettura*, in *Arte, committenza ed economia* 1995 [v.], pp. 51-61.

Thoenes 1995-97: C. Thoenes, S. *Pietro: storia e ricerca*, in *L'architettura della basilica di S. Pietro*, a cura di G. Spagnesi, in «Quaderni dell'Istituto di Storia dell'Architettura», n.s., 25-30 (1995-97), pp. 17-30.

Tissoni Benvenuti 1981: A. Tissoni Benvenuti, *Un nuovo documento sulla "Camera degli Sposi" del Mantegna*, in «Italia medioevale e umanistica», 24 (1981), pp. 357-360.

Tönnesmann 1990: A. Tönnesmann, *Pienza. Städtebau und Humanismus*, München 1990.

Tönnesmann 1995: A. Tönnesmann, *Il palazzo ducale di Urbino. Economia e committenza*, in *Arte, committenza ed economia* 1995 [v.], pp. 399-411.

Tognetti G. 1967: G. Tognetti, *Sul moto dei Bianchi nel 1399*, in «BISIME», 78 (1967), pp. 205-343.

Tognetti 1999: S. Tognetti, *Il banco Cambini. Affari e mercati di una compagnia mercantile-bancaria nella Firenze del XV sec.*, Firenze 1999.

Tognetti 2002: S. Tognetti, *Un'industria di lusso al servizio del grande commercio. Il mercato dei drappi serici e della seta nella Firenze del Quattrocento*, Firenze 2002.

Tomassetti 1979: G. e F. Tomassetti, *La Campagna romana*, I-IV, Roma 1979 (ed. orig. 1910-26).

Tra Campidoglio e Curia 2017: *Tra Campidoglio e Curia l'Ospedale del SS. Salvatore ad Sancta Sanctorum tra medioevo ed età moderna*, a cura di P. Helas e P. Tosini, Milano 2017.

Trexler 1967: R. Trexler, *Rome on the eve of the Great Schism*, in «Speculum», 42 (1967), pp. 489-509.

Trifone 1999: M. Trifone, *Lingua e società nella Roma rinascimentale*, Firenze 1999.

Tucci 2001: P.L. Tucci, *Laurentius Manlius. La riscoperta dell'antica Roma. La nuova Roma di Sisto IV*, Roma 2001.

Uginet 1981: F.-C. Uginet, *L'idée de "natio gallicana" et la fin de la présence savoisienne dans l'église nationale de Saint-Louis à Rome*, in *Les Fondations nationales* 1981 [v.], pp. 83-99.

Uginet 2000: F.C. Uginet, *Giovanni XXIII*, in *Enciclopedia dei Papi II* 2000, pp. 614-619.

Urban 1961/1962: G. Urban, *Die Kirchenbaukunst des Quattrocento in Rom*, in «Römisches Jahrbuch für Kunstgeschichte», 9-10 (1961/1962), pp. 73-287.

Valla 1976: Lorenzo Valla, *De falso credita et ementita Constantini donatione*, a cura di W. Setz, in *Monumenta Germaniae Historica, Quellen zur Geistesgeschichte des Mittelalters*, 10, Weimar 1976.

Valtieri 1992: S. Valtieri, *Storie e architetture intorno ad un antico percorso di Roma: la "via papalis". Il Tratto di via del Governo Vecchio*, in «Quaderni PAU», 2 (1992), pp. 9-42.

Valtieri 1982: S. Valtieri, *La fabbrica del palazzo del Cardinale Raffaele Riario (La Cancelleria)*, in «Quaderni dell'Istituto di storia dell'architettura», 27 (1982), pp. 3-25.

Valtieri 2018: S. Valtieri, *Percorrendo la via Papale da Ponte Sant'Angelo a Piazza di Pasquino: storia, società e architettura di Roma rinascimentale nei Rioni di Ponte e di Parione*, Roma 2018.

Vaquero Piñeiro 1994: M. Vaquero Piñeiro, *Una realtà nationale composita: comunità e chiese "spagnole" a Roma*, in *Roma capitale* 1994 [v.], pp. 473-491.

Vaquero Piñeiro 1999: M. Vaquero Piñeiro, *La renta y las casas. El patrimonio inmobiliario de Santiago de los españoles de Roma entre los siglos XV y XVII*, Roma 1999.

Vaquero Piñeiro 2006: M. Vaquero Piñeiro, *Die Rentenkaufverträge im spätmittelalterlichen und frühneuzeitlichen Italien*, in «QFIAB», 86 (2006), pp. 252-293.

Vauchez 1988: A. Vauchez, *La sainteté en Occident aux derniers siècles du moyen âge d'après les procès de canonisation et les documents hagiographiques*, Rome 1988.

Venire a Roma 2017: *Venire a Roma, restare a Roma. Forestieri e stranieri tra Quattro e Settecento*, a cura di S. Cabibbo e A. Serra, Roma 2017.

Verdi 1997: O. Verdi, *Maestri di edifici e di strade a Roma nel sec. XV*, Roma 1997 (RR inedita, 14).

Verdi 2005: O. Verdi, *Hic est liber sive prothocollum. I protocolli del Collegio dei trenta notai capitolini*, in «Roma moderna e contemporanea»,13 (2005), pp. 427-473.

Verdi 2014: O. Verdi, *Pro Urbis decore et ornamento. Il controllo dello spazio edificabile a Roma tra XV e XVI secolo*, in *Congiure e conflitti* 2014 [v.], pp. 363-406.

Vespasiano da Bisticci 1970-1976: Vespasiano da Bisticci, *Le vite*, a cura di A. Greco, I-II, Firenze 1970-1976.

Villa 2002: A. Villa, *Due umanisti sul Campidoglio. La Descriptio Romae del* De varietate fortunae *tra storiografia e "archeologia"*, in *Senso delle rovine e riuso dell'antico*, a cura di W. Cupperi, Pisa 2002 (Annali della Scuola Normale Superiore di Pisa, ser. 4, Quaderni 14), pp. 55-76.

I Vitelleschi 1998: *I Vitelleschi. Fonti, realtà e mito*, Incontro di studio (Tarquinia 1996), a cura di G. Mencarelli, Tarquinia 1998.

Vitolo 1986: G. Vitolo, *Il regno angioino*, in *Storia del Mezzogiorno*, dir. da G. Galasso e R. Romeo, IV, Roma 1986, pp. 11-86.

Vivere la città 2020: *Vivere la città. Roma nel Rinascimento*, a cura di I. Ait e A. Esposito, Roma 2020.

Wallace 1994: W.E. Wallace, *Miscellanea curiositae Michelangelae: A steep tariff, a half dozen horses, and yards of taffeta*, in «Renaissance Quarterly», 47 (1994), pp. 330-350.

Walser 1914: E. Walser, *Poggius Florentinus. Leben und Werke*, Leipzig-Berlin 1914 (rist. Hildesheim 1974).

Ward-Perkins 1984: B. Ward-Perkins, *From classical antiquity to the Middle Ages*, Oxford 1984.

Warnke 1985: M. Warnke, *Hofkünstler. Zur Vorgeschichte des modernen Künstlers*, Köln 1985.

Weber 2013: B. Weber, *Lutter contre les Turcs. Les formes nouvelles de la croisade* pontificale au XVe siècle, Rome 2013 (CEFR, 472).

Wegner 1957: M. Wegner, *Ornamente kaiserzeitlicher Bauten Roms*, Köln-Graz 1957.

Weil-Garris, D'Amico 1980: K. Weil-Garris, J.F. d'Amico, *The Renaissance cardinal's ideal palace. A chapter from Cortesi's De cardinalatu*, Rome 1980.

Weiss 1967: R. Weiss, *Humanism in England during the Fifteenth Century*, Oxford 1967.

Weiss 1969: R. Weiss, *The Renaissance discovery of classical antiquity*, Oxford 1969.

Weissen 2000: K. Weissen, *Ci scrive in tedesco! The Florentine merchant-banker Tommaso Spinelli and his German-speaking clients (1435-72)*, in «The Yale University Library Gazette», 74 (2000), pp. 112-125.
Westfall 1974: C.W. Westfall, *In this most perfect paradise: Alberti, Nicholas V and the invention of conscious urban planning in Rome*, University Park (PA) 1974.
Wickham 2013: C. Wickham, *Roma medievale. Crisi e stabilità di una città, 900-1150*, Roma 2013.
Wiegartz 2004: V. Wiegartz, *Antike Bildwerke im Urteil mittelalterlicher Zeitgenossen*, Weimar 2004.
Wiseman 1993: T.P. Wiseman in *Lexicon topographicum urbis Romae*, a cura di E.M. Steinby, I, Roma 1993, pp. 220-224.

Zanchettin 2003/2004: V. Zanchettin, *Via di Ripetta e la genesi del Tridente. Strategie di riforma urbana tra volontà papali e istituzioni laiche*, in «Römisches Jahrbuch der Bibl. Hertziana», 35 (2003/2004), pp. 211-286.
Zapperi 1990: R. Zapperi, *Tiziano, Paolo III e i suoi nipoti*, Torino 1990.
Zimei 2005: *Antonio Zacara da Teramo e il suo tempo*, a cura di F. Zimei, Lucca 2005.
Zippel 1912: G. Zippel, *Documenti per la storia di Castel Sant'Angelo*, in «ASR», 35 (1912), pp. 196-200.

Indice dei nomi

Indice dei luoghi

Finito di stampare
nel mese di gennaio 2021
da The Factory s.r.l.
Roma